AF648674

GRÜNES BAND DER SÜDEN

Auf dem Fernwanderweg entlang der ehemaligen innerdeutschen Grenze

Von Bad Elster nach Walkenried

37 Tagestouren

Anne Haertel

TRESCHER VERLAG

2., aktualisierte Auflage 2020

Trescher Verlag
Reinhardtstr. 9
10117 Berlin
www.trescher-verlag.de

ISBN 978-3-89794-533-3

Herausgegeben von Bernd Schwenkros und Detlev von Oppeln

Reihenentwurf und Gesamtgestaltung:
Bernd Chill

Satz und Bildbearbeitung: Bernd Chill
Lektorat: Sabine Fach
Grafiken: Bernd Chill
Stadtpläne und Karten: onmaps.de, Martin Kapp, Johann Maria Just, Bernd Chill

Das Werk einschließlich seiner Teile ist urheberrechtlich geschützt. Jede Verwertung ist ohne Zustimmung des Verlages unzulässig. Dies gilt insbesondere für den Aushang, Vervielfältigungen, Übersetzungen, Nachahmungen, Mikroverfilmung und die Einspeicherung und Verarbeitung in elektronischen Systemen.

Gedruckt auf chlorfrei gebleichtem Papier

Printed in Germany

Alle Angaben in diesem Reiseführer wurden sorgfältig recherchiert und überprüft. Dennoch können Entwicklungen vor Ort dazu führen, dass einzelne Informationen nicht mehr aktuell sind. Gerne nehmen wir dazu Ihre Hinweise und Anregungen entgegen. Bitte schreiben Sie an post@trescher-verlag.de

Titel: Plattenweg bei Frankenheim (Rhön) (→ S. 158)
vordere Klappe: Im Ulstertal (→ S. 167)
hintere Klappe: Weg der Hoffnung (→ S. 174)

VON LAND UND LEUTEN

INFORMATIONEN ZUM WANDERN

DIE WANDERTOUREN

ANHANG

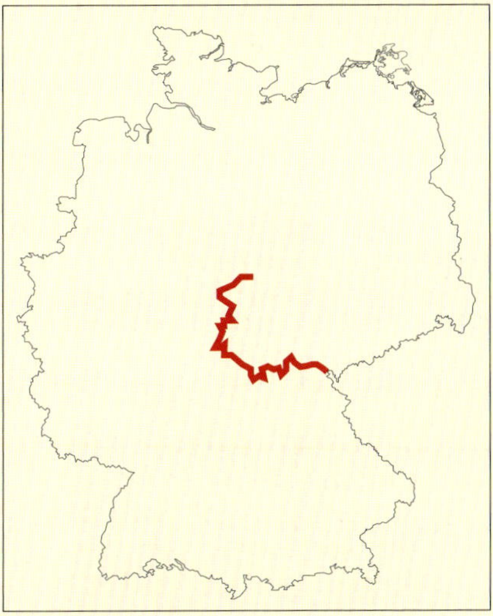

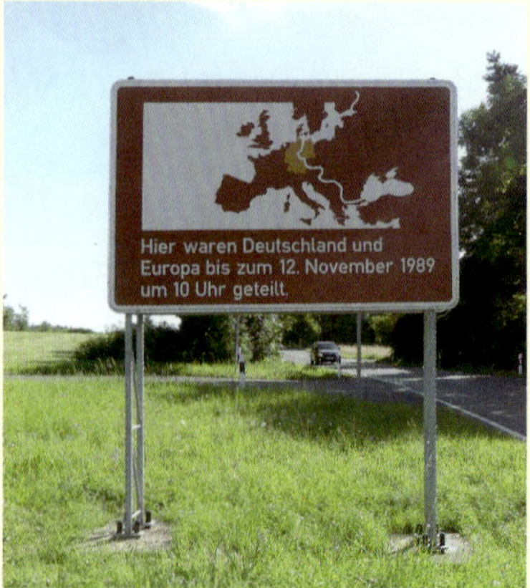
Hier waren Deutschland und
Europa bis zum 12. November 1989
um 10 Uhr geteilt.

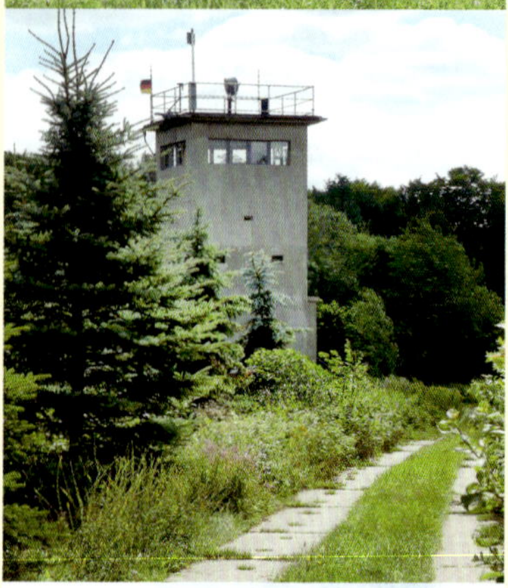

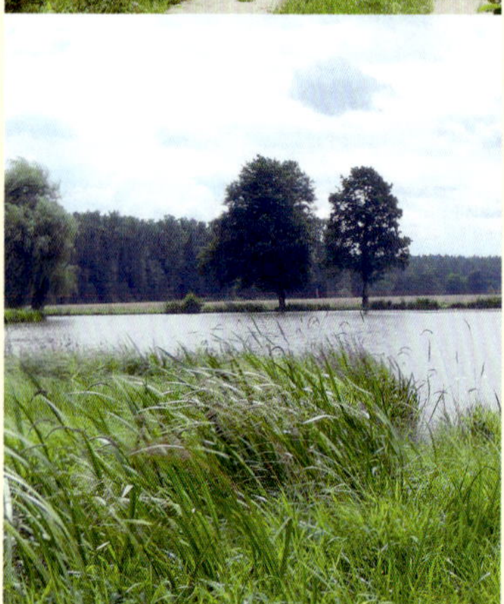

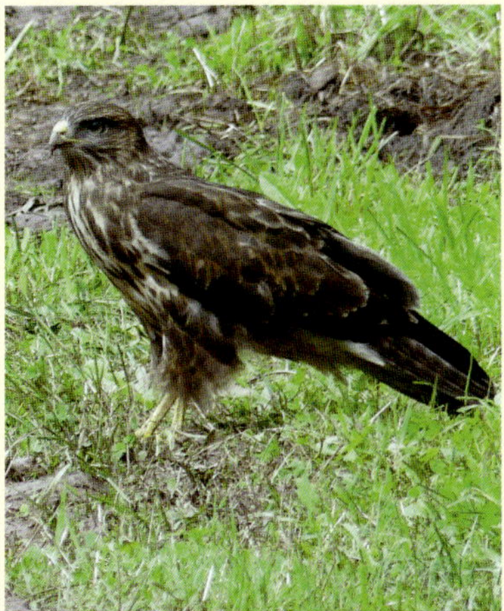

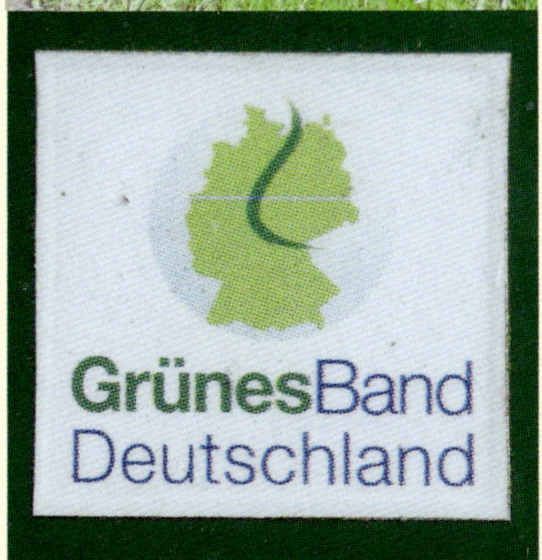
GrünesBand
Deutschland

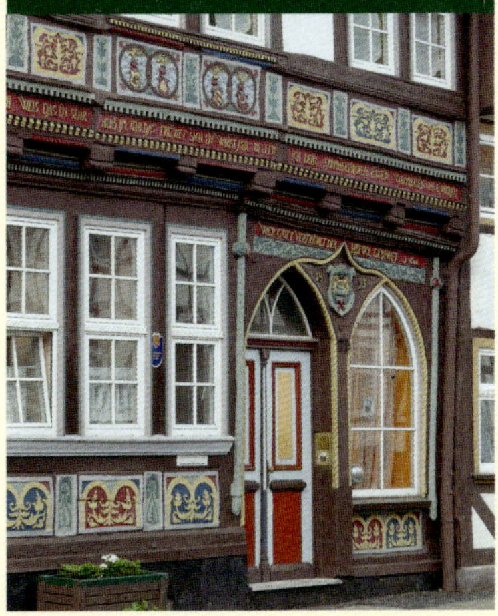

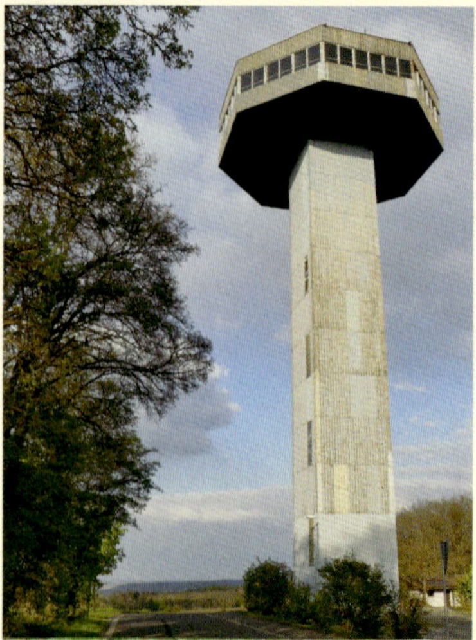

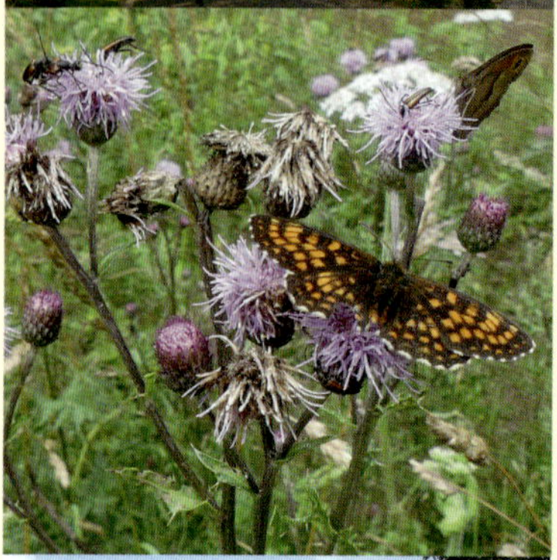

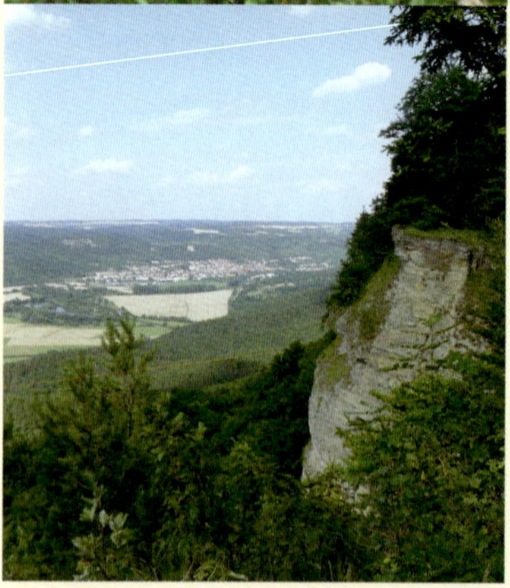

ANHANG

EXTRA

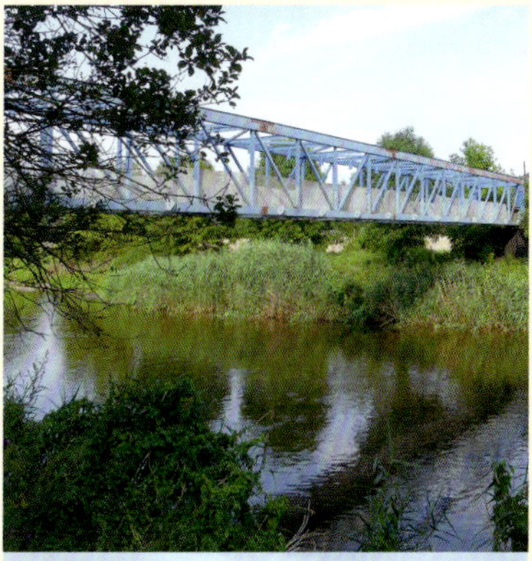

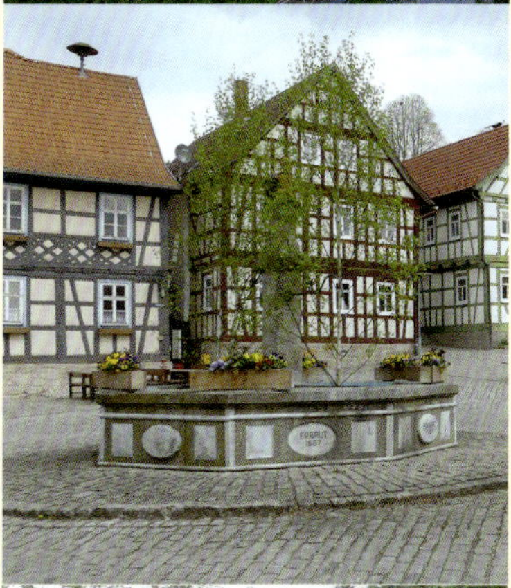

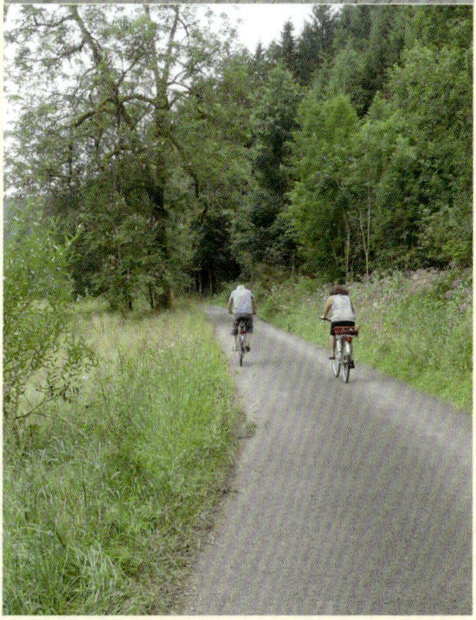

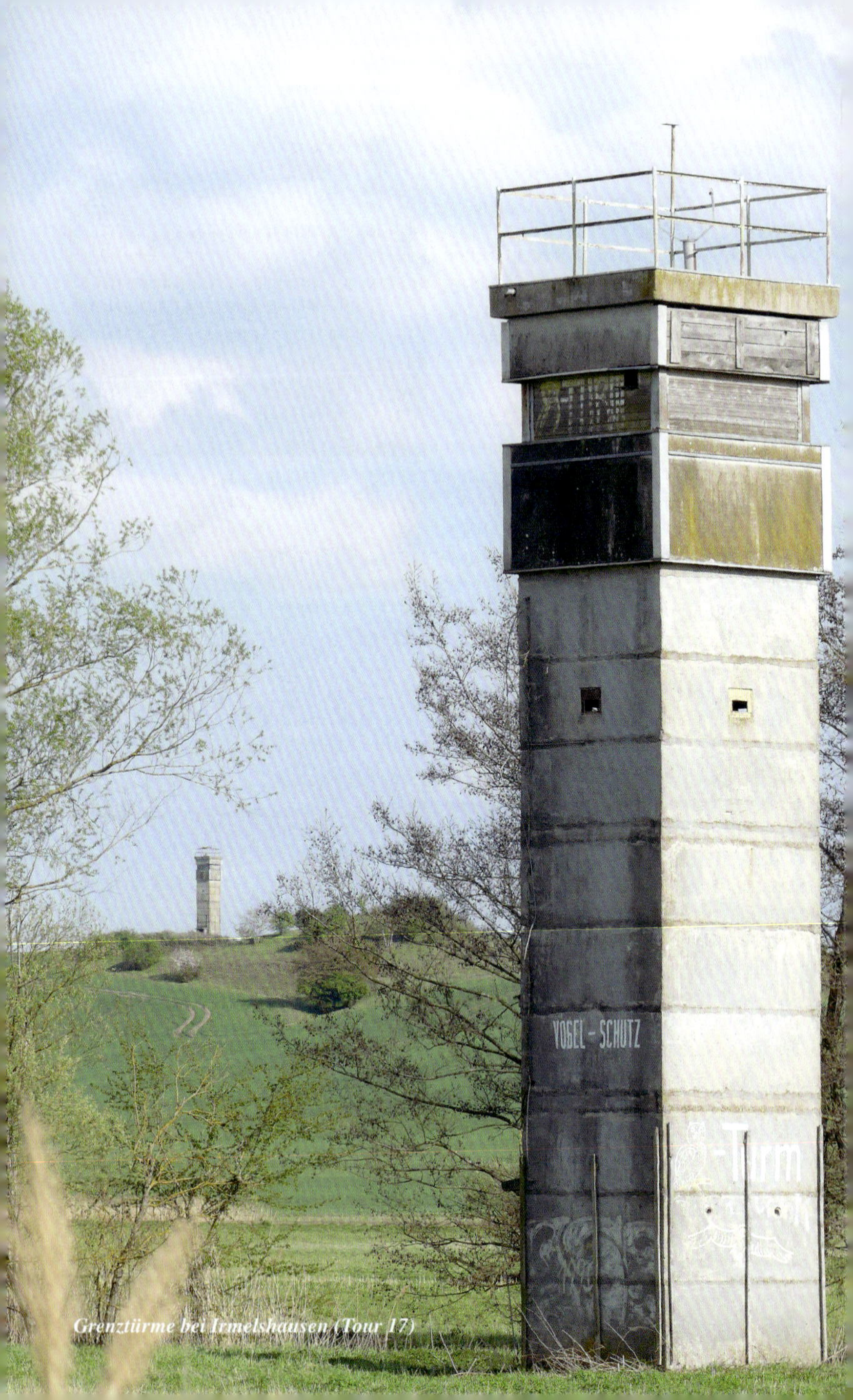

Grenztürme bei Irmelshausen (Tour 17)

Vorwort

Nachdem die 1. Auflage so eine überwältigende Resonanz zu diesem Weg brachte, freue ich mich nun über Reaktionen auf die komplett durchgesehenen und korrigierte 2. Auflage. Eine Wanderung am Grünen Band gehört zu den herausragenden Dingen im Leben, von denen man am Ende des Lebens stolz sagen möchte: Ja, das hab' ich gemacht! Beim Grünen Band handelt es sich nicht um irgendein Band an irgendeiner Stelle Europas, sondern wir wandern auf der ehemaligen deutsch-deutschen Grenze, die Deutschland zwischen 1945 bzw. 1952 und 1989 durch einen ›Eisernen Vorhang‹ teilte. Minen, Hundegebell und Scheinwerfer gehörten zum täglichen Leben an der Grenze, aber auch Abgeschiedenheit und Einsamkeit. Hier lag einige Jahrzehnte lang das Ende der Welt. Heute ist das kaum mehr vorstellbar. Während die ostdeutsche Grenzzone nur von Bewohnern und Auserwählten mit Passierscheinen betreten werden durfte, war man auf westdeutscher Seite zwar frei, aber die Entwicklung in den Orten stagnierte ebenfalls.

Auf einer Wanderung am Grünen Band lernen wir die Grenzbefestigung sowie Menschen und Siedlungen mit ihren Geschichten und Schicksalen kennen. Auch Dinge, die fehlen, haben Spuren hinterlassen. Die Natur hat in und nach der eingeschlossenen Zeit gelitten und sich dennoch entwickelt. Weitsichtigen und mutigen Menschen ist es zu verdanken, dass wir uns heute durch einen Biotopverbund bewegen können, der einzigartig in Deutschland ist.

Wandern am Grünen Band ist ein überwältigendes Erlebnis. 1396 Kilometer zieht sich die deutsch-deutsche Grenze von Bad Elster bis zur Ostsee. Wir wandern davon im südlichen Teil auf 752 Kilometern. Vom sächsischen Vogtland durch den Ascher Zipfel in Tschechien steigen wir über die Höhen der Mittelgebirge Thüringer Wald, Thüringisches und Fränkisches Schiefergebirge und Rhön ins Ulster- und Werratal hinab. Gen Norden durchqueren wir das Werrabergland, das Eichsfeld und das kleine Ohmgebirge und enden am südlichen Harzrand. Nicht weit vom Weg entfernt lohnt sich auch ein Besuch der Städte Plauen, Hof, Meiningen, Sonneberg, Neustadt, Coburg, Mühlhausen, Heilbad Heiligenstadt und Duderstadt. Der nördliche Teil des Grünen Bandes, der in einem eigenen Buch beschrieben ist, führt über den höchsten Gipfel des Harzes zur Ostsee.

Wo es seit Jahrhunderten Grenzen zwischen Grafschaften, Fürstentümern und Königreichen gab, liegen heute fünf Bundesländer. Immer wieder treffen wir auf Grenz- und Dreiherrensteine, die an die Geschichte dieser Gegend erinnern. Die 37 Tagesetappen können an einem Stück, in Abschnitten oder einzeln erwandert werden. Alle wichtigen Informationen dazu finden Sie in diesem Buch. Wenn Sie viel unterwegs sind, empfehlen wir, es immer in der Nähe zu haben. Sollten Sie in der Gegend sein, laufen Sie einfach mal wieder eine Tour.

Ich lade Sie dazu ein, ein grünes Band als Erkennungszeichen der Grüne-Band-Wanderer an Ihren Rucksack zu knüpfen. Es soll für Frieden, Gerechtigkeit, Menschenwürde und Bewahrung der Natur flattern und täglich Mut verleihen, Schritte in diese Richtung zu gehen.

›Guten Weg!‹ und vielen Dank für Ihre Hinweise und Anregungen zum Buch, die der Verlag gern entgegennimmt.

Anne Haertel, Berlin im Frühjahr 2020

Herausragende Sehenswürdigkeiten am Wegesrand

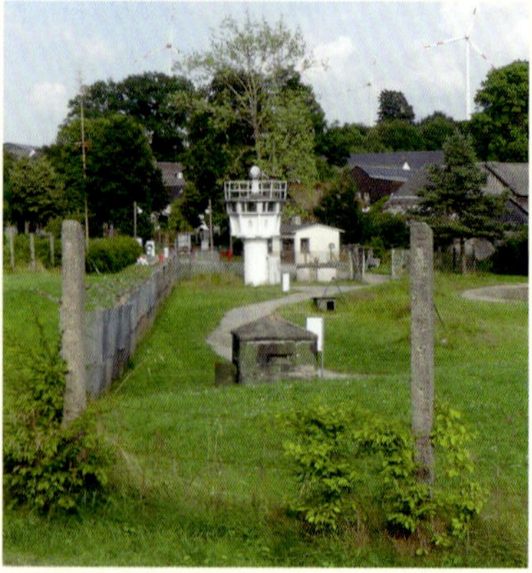

Klein-Berlin, Mödlareuth ▲
Das einst durch eine Mauer geteilte Dorf Mödlareuth hat die originalen Grenzanlagen nicht abgebaut. Was die Grenze für das Dorf bedeutete, spricht für sich. → S. 53

Das ›Haus des Volkes‹, Probstzella
Franz Itting, an den heute im Haus ein Museum erinnert, hat 1927 das mehrstöckige Gemeinschafts- und Kulturhaus im Stil der Bauhausarchitektur erbauen lassen. Danach wollten sich die jeweiligen Diktaturen das Gebäude zunutze machen, wogegen sich Itting widersetzte. → S. 78

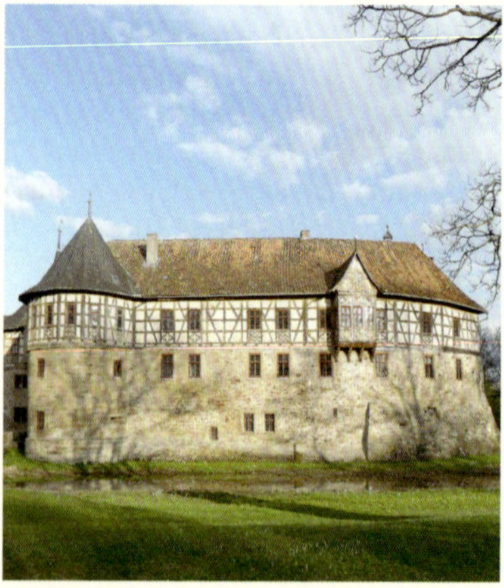

Burg Lauenstein ▼
Die schmucke Höhenburg, deren älteste Teile auf das 12. Jahrhundert zurückgehen, beeindruckt durch ihre gepflegten Renaissance- und Jugendstilelemente. Sie beherbergt eine ideenreiche Innenarchitektur und interessante Sammlungen. → S. 81

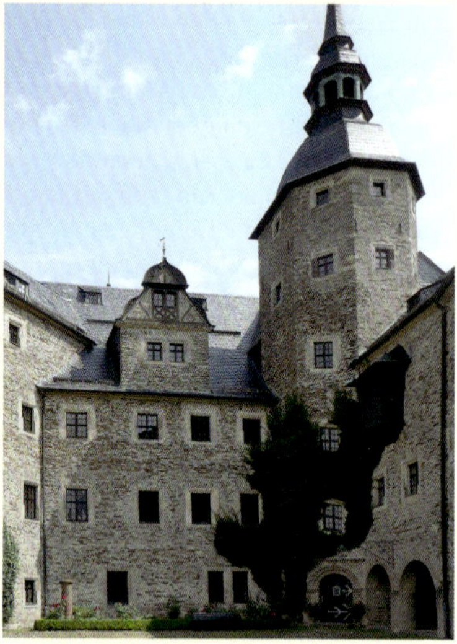

Wasserschloss Irmelshausen ◄
Das prächtige Wasserschloss der Grafen von Bibra und Stauffenberg erhielt im 12. und 15. Jahrhundert sein heutiges Aussehen. Die Festungsanlage besteht aus einer fünfeckigen Konstruktion mit steinernen Untergeschossen und einem Fachwerkaufsatz und besaß bis ins 17. Jahrhundert noch eine Zugbrücke. → S. 139

Jüdische Synagoge, Mikwe Berkach
In Franken lebten jahrhundertelang Christen und Juden in den Dörfern zusammen. Wir finden unterwegs zahlreiche Zeugnisse. In Berkach blieben trotz der nationalsozialistischen Zeit die Synagoge, die ehemalige Schule, die Mikwe und der jüdische Friedhof erhalten. → S. 145

Noahs Segel auf dem Ellenbogen
Der Ellenbogen (813 m) ist der zweithöchste Berg der Thüringer Rhön und war zu DDR-Zeiten für die Bevölkerung gesperrt. Vom Aussichtsturm ›Noahs Segel‹, der 2017 eingeweiht wurde, genießen wir einen grandiosen Blick. → S. 162

Point Alpha Geisa
Auge in Auge standen sich DDR-Grenztruppen und US-Soldaten in Geisa gegenüber. Point Alpha war das amerikanisch-westdeutsche Militärcamp zur Grenzbeobachtung. Die originale Anlage ist auch im Vergleich zur sowjetisch-ostdeutschen Grenzsicherung sehr interessant. → S. 174

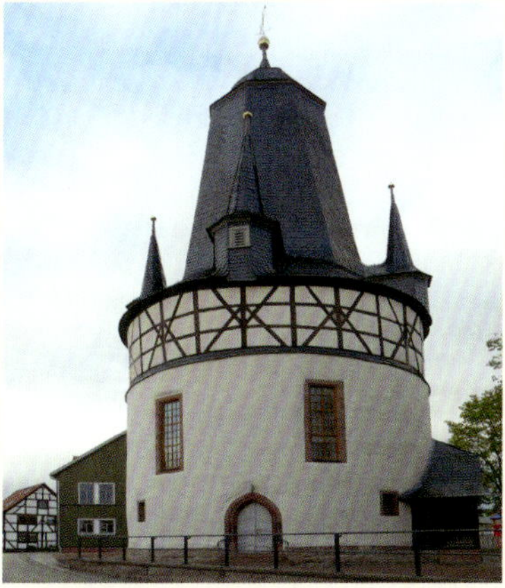

Rundkirche Untersuhl ▲
Unter den vielen liebevoll gepflegten Kirchen am Grünen Band ist die Rundkirche Untersuhl eine Rarität aufgrund ihrer Bauweise. Eine mächtige Turmhaube schmückt sie und im geräumigen Inneren sind Wandmalereien aus dem 15. Jahrhundert zu sehen. → S. 198

Kloster Hülfensberg ►
Das 900 Jahre alte Kruzifix mit dem lächelnden Jesus zieht seit Jahrhunderten Wallfahrer auf das hoch gelegene Kloster auf dem Hülfensberg. Zu DDR-Zeiten lag es direkt an der Grenze und wurde von einem letzten Pater am Leben erhalten. → S. 219

Burg Hanstein ▼
Die kompakte Burganlage ist seit dem frühen Mittelalter im Besitz der Familie von Hanstein, die in der Umgebung zum Beispiel auch das Rittergut Beesenhausen besitzt. Die Burg ist teilweise zur Ruine verfallen und wird seit der Wende 1989 Stück für Stück wieder saniert. → S. 230

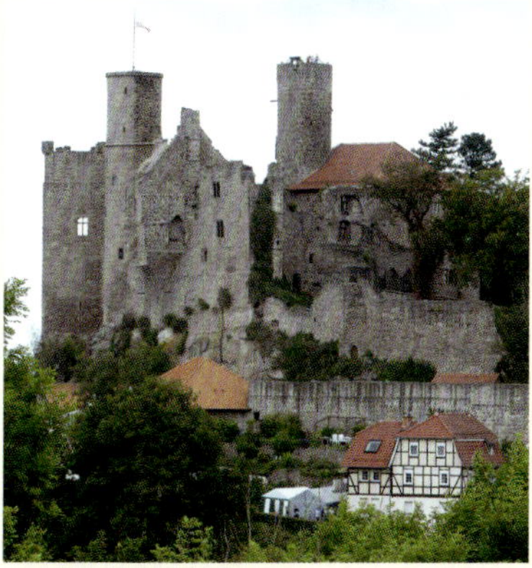

Kloster Walkenried
Die mächtigen Portale der einstigen Klostergebäude überragen die Häuser von Walkenried. Das 900 Jahre alte Zisterzienserkloster hat eine sehr wechselvolle Geschichte erlebt, die von Aufbau und Abriss, Sanierung und Zerfall geprägt war. → S. 265

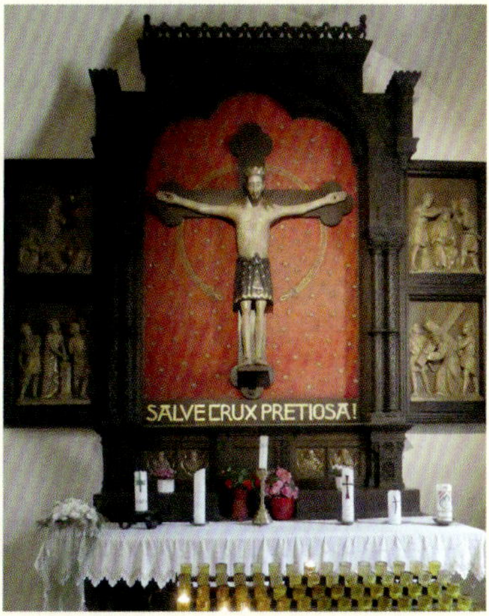

Hinweise zur Benutzung

Dieser Wanderführer soll Ihnen ein zuverlässiger Begleiter auf dem Grünen Band sein. Sie finden neben den allgemeinen Serviceinformationen für den ganzen Weg auch bei jeder der insgesamt 37 Tagesetappen Informationen zu Einkehr- und Übernachtungsmöglichkeiten, An- und Abreise, Sehenswürdigkeiten, Wanderkarten und Varianten. So können Sie individuell Ihre Tour planen. Ob Sie ein Wochenende, ein bis zwei Wochen oder die ganze Strecke wandern – alles ist möglich. Jede im Buch beschriebene Tour ist nach unserer Erfahrung an einem Tag zu schaffen. Es lassen sich aber auch je nach Wunsch Touren zusammenlegen, teilen oder verändern. Deshalb lohnt es sich, am Tag vorher schon die Beschreibung und die ausgeführten Möglichkeiten zu lesen.

Sie finden in der vorderen Klappe des Wanderführers eine **Übersichtskarte**, in der hinteren Klappe eine **Tourübersicht**, sodass Sie sich gut orientieren können.

Am Beginn des Buches stehen **geschichtliche Informationen** und **Wissenswertes zum Weg** (→ S. 16) sowie zur **Gegend und den Menschen**, die hier leben (→ S. 23). Einige **praktische Hinweise zum Wandern** und zur nötigen Ausrüstung schließen sich an (→ S. 30).

Und dann kann es losgehen: Kernstück des Buches sind die **Beschreibungen der einzelnen Touren** (→ S. 16). Die Etappen folgen in immer gleicher Form, damit Sie sich leicht orientieren können. Jede Tour ist nach ihrer Schwierigkeit klassifiziert. Es gibt **Serviceinformationen** und Tipps, einen **detaillierten Kartenausschnitt**, die Beschreibung des genauen Streckenverlaufs und meist auch einen kleinen ›Extra Kulturkasten‹, in dem ein Thema am Weg detaillierter erläutert wird. Am Ende jeder Tour steht ein **Höhenprofil**, dessen **Orientierungspunkte** Sie auch in den Karten wiederfinden. Sollte es **Varianten für schlechtes Wetter** oder für andere Wege geben, haben wir diese bei ›Wichtige Tourhinweise‹ oder an der entsprechenden Stelle in der Tour beschrieben. Wir haben die Wegbeschreibungen so ausführlich wie nötig und so knapp wie möglich gehalten, aber immer versucht, alle kniffligen Stellen detailliert zu beschreiben und auch ein paar wesentliche Hintergründe mit zu vermitteln.

Wir hoffen, dass Sie sich damit gut zurechtfinden. Reden Sie auch mit Einheimischen und entgegenkommenden Wanderern und packen Sie für alle Fälle eine Wanderkarte ein.

Die **GPS-Daten** für alle Touren können Sie auf unserer Internetseite kostenlos herunterladen: www.trescher-verlag.de

Für Hinweise an den Verlag über Veränderungen am Weg sind wir Ihnen sehr dankbar.

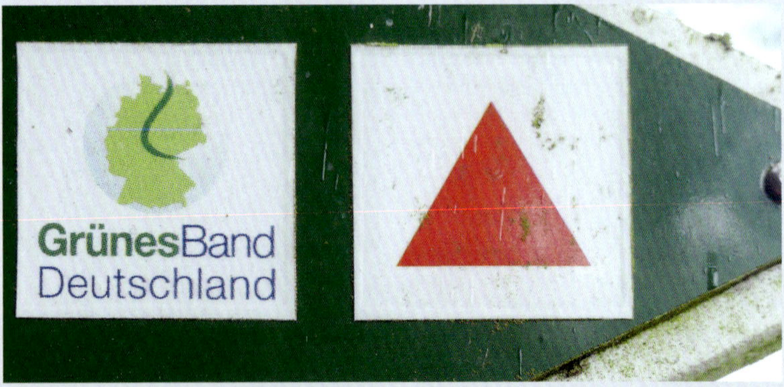

Das Grüne Band ist nicht durchgehend ausgeschildert

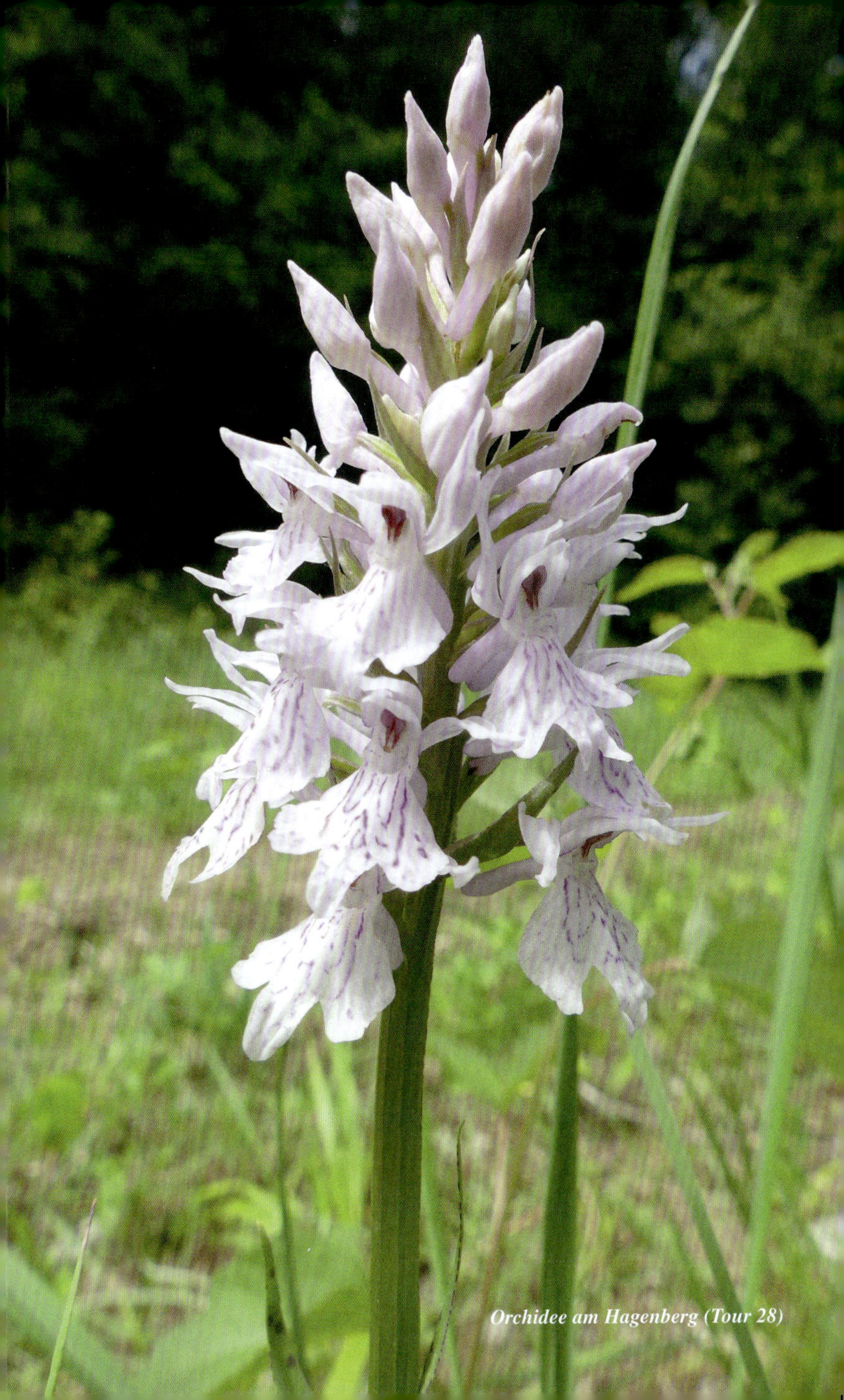

Orchidee am Hagenberg (Tour 28)

»Die Mauer wird auch in 50 oder 100 Jahren noch bestehen.«

Staats- und Parteichef der DDR, Erich Honecker am 19. Januar 1989.
Am 9. November 1989 fiel die Mauer.

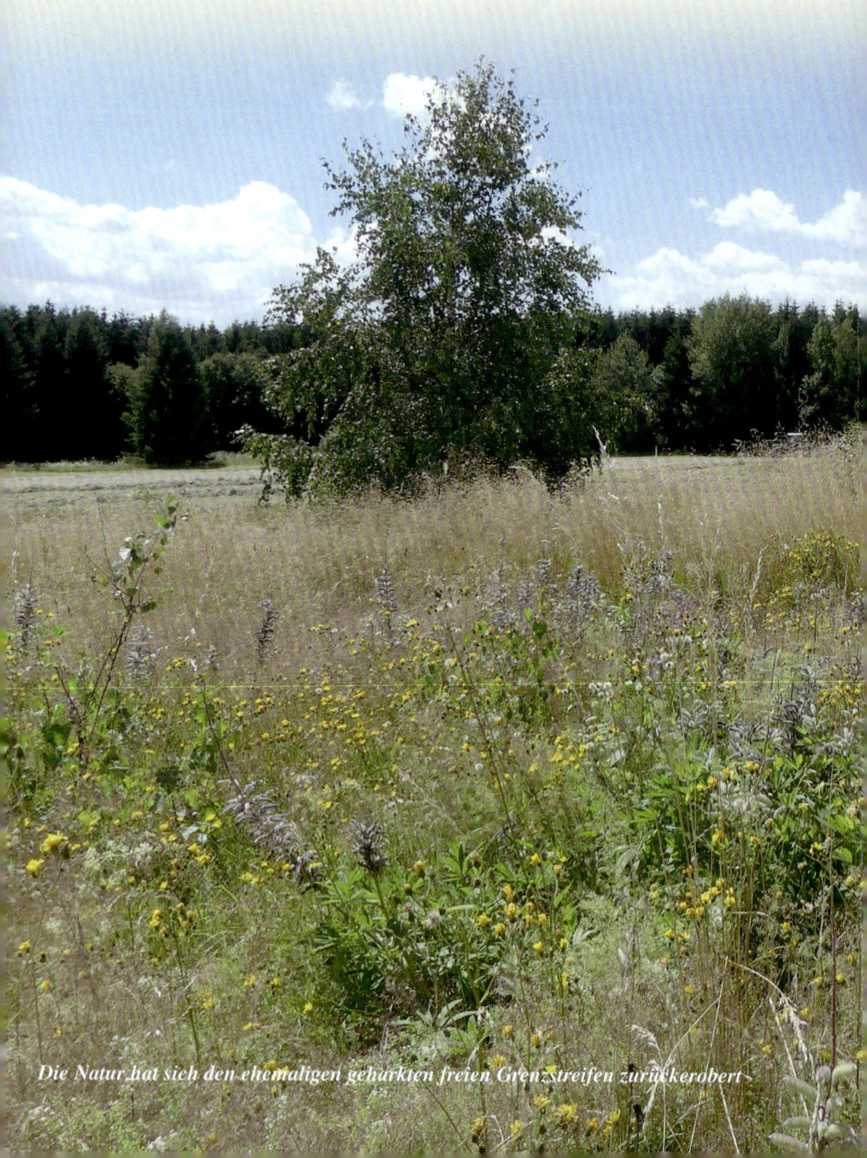

Die Natur hat sich den ehemaligen geharkten freien Grenzstreifen zurückerobert

VON LAND UND LEUTEN

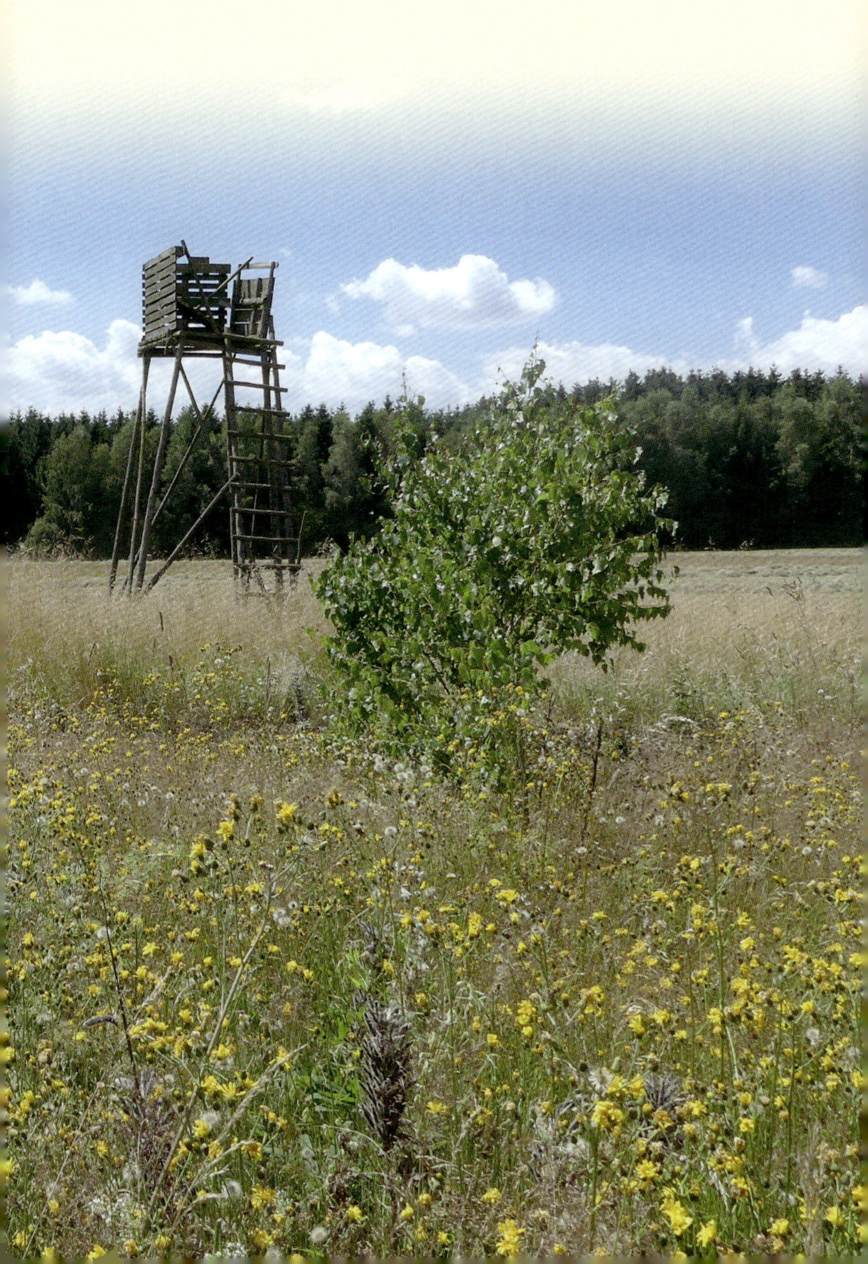

Der Weg und seine Geschichte

Die Idee des Grünen Bandes stammt von dem Jugendlichen Kai Frobel aus dem westdeutschen Hassenberg bei Coburg und seiner Naturschutz-Jugendgruppe in der Mitte der 1970er Jahre. Es begann ganz einfach mit dem Interesse, Pflanzen und Tieren Lebensräume zu lassen, sie zu beobachten, zu erforschen und sich an ihnen zu erfreuen. Und da in seiner Heimat die grüne Grenze vor der Haustür lag, war es sein Ziel, gerade die dortige Natur, die sich an der deutsch-deutschen Grenze entwickelte, zu schützen. »Als die Mauer fiel, haben wir die Chance ergriffen für unsere Idee, ein ›Grünes Band‹ aus der Taufe zu heben«, erinnerte sich Dr. Frobel in einem Interview mit dem Bund für Umwelt und Naturschutz (BUND), bei dem er seit 1985 hauptberuflich arbeitet. Bereits einen Monat nach der Maueröffnung, am 9. Dezember 1989 versammelten Dr. Frobel und Dr. Hubert Weiger 400 Naturschützer bei einem gesamtdeutschen Treffen in Hof und beschlossen dort eine Resolution mit den Worten ›Der Grenzstreifen zwischen der Bundesrepublik und der Deutschen Demokratischen Republik ist als Grünes Band und als ökologisches Rückgrat Mitteleuropas vorrangig zu sichern‹. Die Bezeichnung ›Grünes Band‹ wurde dort das erste Mal verwendet. »Die ersten Jahre zwischen 1990 und 1993 waren die schwierigsten«, erzählt er. Das lag daran, dass die Idee neu und die Naturschutzbehörden in den Ost-Verwaltungen ebenfalls neu waren. Manche Bauern wollten schnell die Chance ergreifen, ihre Ackerflächen zu erweitern. Bei anderen stand das nachvollziehbare Interesse im Vordergrund, die einst eigenen, weggenommenen Flächen wieder zurück zu erhalten und ein dritter Wunsch war, die verachtete, ›hässliche‹ Grenze komplett verschwinden zu lassen. Dass auf der Grenze inzwischen ein Biotop gewachsen war, wurde unterschiedlich bewertet und so waren etwa 2000 Hektar grüner

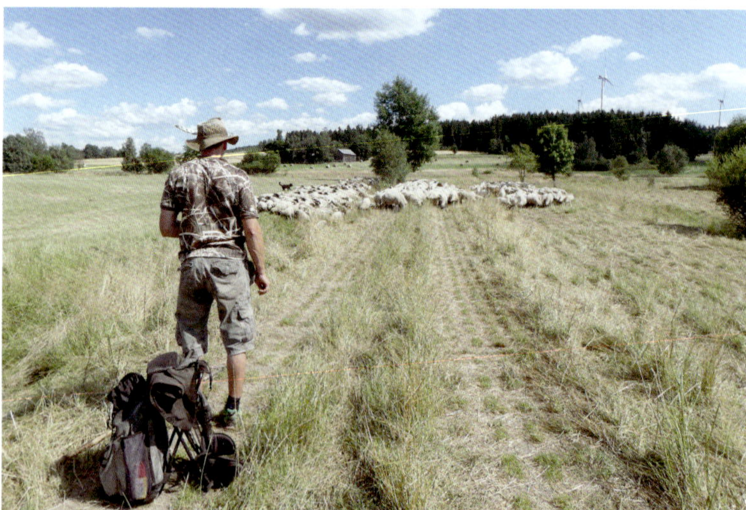

Schäfer auf dem Plattenweg

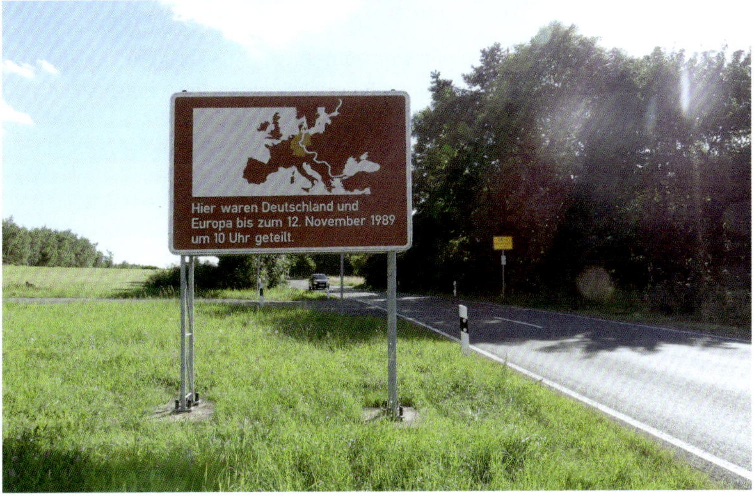

Grenzschild bei Ullitz (Tour 2)

Grenzstreifen mal schnell ›unterm Pflug‹ verschwunden. 1996 wurde das neu beschlossene Mauergrundstücksgesetz der Bundesrepublik zur Herausforderung für die Naturschützer. Bundeseigene Flächen konnten laut Gesetz nun verkauft werden. Da das Grüne Band zur Hälfte bundeseigen war, mussten Dr. Frobel und der BUND die Politik erst davon überzeugen, dass der Verkauf des Grünen Bandes nur mit der Zweckbestimmung ›Naturschutz‹ erfolgen durfte, um es zu erhalten. Das gelang ihnen zum Glück weitestgehend.

Das Grüne Band ist nicht nur ein einfacher Weg, sondern ein Streifen entlang der ehemaligen Grenze, der unterschiedlich breit und strukturiert ist. Insgesamt war die Grenze zwischen der tschechischen Grenze und der Ostsee ungefähr 1396 Kilometer lang. In diesem langen Grenzstreifen, dem Grünen Band, wurden ab Beginn der Grenzverstärkung im Mai 1952 auf der Seite der DDR durchgängig Betonplatten mit und ohne Löcher verlegt. Sie waren Teil der Grenzanlage, liefen immer parallel zum geharkten Streifen und dem Kfz-Sperrgraben und dienten den Militärfahrzeugen dazu, schnell und stetig durch das mal steile, mal matschige, mal unwegsame Gelände zu kommen. Der Weg wurde im Osten ›Plattenweg‹, im Westen ›Kolonnenweg‹ genannt, weswegen wir auch im Buch beide Bezeichnungen synonym verwenden. Dieser Weg ist zu großen Teilen erhalten geblieben und wurde inzwischen teils gangbarer gemacht und dafür mit Schotter aufgefüllt oder überzogen. Teils sind die Löcher aber auch schlicht durch Gras, Blumen oder Tannenaufwuchs zugewachsen. Dort, wo Wegeverbindungen fehlten, wurde er durch andere Wege oder Pfade neu verbunden. An anderen Stellen gibt es aufgrund der Breite des Grünen Bandes mehrere Wandermöglichkeiten. Lokale Initiativen und Naturschutzbehörden kümmern sich mehr oder weniger um die Pflege und Beschilderung des Weges. Eine einheitliche Beschilderung hat sich bisher leider nicht durchgesetzt.

Der Ausbau der Zonengrenze

Am Ende des Zweiten Weltkriegs teilten 1945 die vier Siegermächte Sowjetunion, USA, Großbritannien und Frankreich Deutschland in Besatzungszonen auf. Da die drei westlichen Besatzungsmächte ihr Gebiet später zur Trizone zusammenschlossen und die Grenzen aufgaben, gab es de facto nur noch zwei Zonen mit einer Zonengrenze, die zwischen dem sowjetischen und dem westlichen Besatzungsgebiet verlief. Im Vertrag von Jalta wurde der genaue Verlauf der Grenze festgelegt, der sich an früheren Grenzen orientierte, die durch Grenzsteine markiert, aber niemals zuvor besonders stark befestigt waren. In Folge des Vertrags kam es nach dem Einmarsch der Siegermächte und nach der Grenzfestlegung noch einmal zu Bewegungen und Rückzügen der jeweiligen Mächte auf ihre Gebiete. Unbeachtet blieben bei der Grenzfestlegung aktuelle geografische und wirtschaftliche Gegebenheiten vor Ort, was zu massiven Problemen führte. Nur wenige der daraufhin stattfindenden Verhandlungen führten erfolgreich zur Anpassung von Grenzverläufen und zu Gebietsaustauschen. Die Demarkationslinie wurde ab 1945 durch Zäune und ähnliches markiert. Wachtürme wurden aufgestellt. Zur Überschreitung benötigte man Passierscheine und es wurden offizielle Grenzübergänge eingerichtet. Wer direkt an der Grenze lebte, kannte natürlich die Grenzbefestigung und die Intensität der Überwachung sehr genau und kannte auch die Schleichwege über die sogenannte ›grüne Grenze‹. Nicht wenige nutzten so den ›schnellen Weg‹ oder halfen anderen auf dem ›Weg ohne Passierschein‹. In jener Zeit überquerten Anwohner weiterhin die Grenze, um zu ihrer Arbeitsstelle zu kommen. Im September und Oktober 1949 wurden aus den Gebieten der beiden Besatzungszonen zwei deutsche Staaten: die Bundesrepublik Deutschland und die Deutsche Demokratische Republik. Damit handelte es

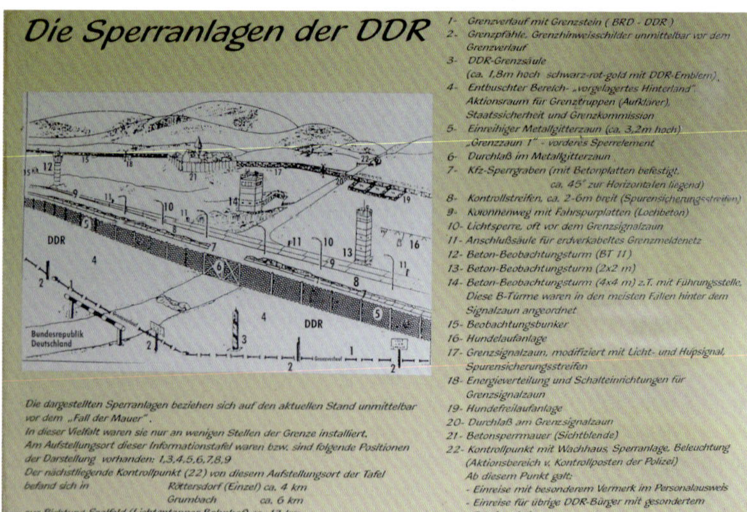

Die Sperranlagen an der Grenze

sich bei der Grenze nun um eine Staatsgrenze zwischen zwei feindlichen Weltmächten: dem Ostblock, zu dem die sozialistischen Bruderstaaten Osteuropas, die Warschauer Pakt-Staaten, gehörten und dem Westblock der Alliierten und der Europäischen Wirtschaftsgemeinschaft.

Am 26. Mai 1952 veröffentlichte die DDR eine Verordnung über Maßnahmen an der Demarkationslinie zwischen der Deutschen Demokratischen Republik und den westlichen Besatzungszonen. Darin wurde die verstärkte Abriegelung der Grenze geregelt und begründet. Zur Durchführung erging eine Polizeiverordnung (→ S. 270), die in 15 Paragrafen konkrete Aussagen darüber traf, was mit Inkrafttreten am 27. Mai 1952 im Grenzgebiet passieren sollte. Zu den Maßnahmen gehörten die Einrichtung eines 10-m-Kontrollstreifens, einer 500-m-Schutzzone und einer 5-km-Sperrzone, die Schließung von Einrichtungen und vieles mehr. Die Umsetzung begann sofort mit der Absteckung der Streifen und Zonen, dem Ziehen des Zaunes, der Verlegung der Lochplatten. Die Bewohner lebten nun aufgrund der Grenzüberwachung unter ständiger Beobachtung und waren erhöhten Verdächtigungen und Erschwernissen ausgesetzt. So mussten sie sich am Abend ab einer bestimmten Zeit zu Hause befinden, benötigten Passierscheine und konnten über ihre Gäste nicht selbst bestimmen. Parallel zum Ausbau der Grenze führte das Ministerium für Staatssicherheit (MfS) die Aktion ›Ungeziefer‹ durch. Nach zuvor erstellten Listen wurden Staatenlose, Selbständige und unliebsame Personen mit ihren Familien ohne Vorankündigung aus der Sperrzone zwangsweise deportiert, verloren ihren Besitz und ihre Heimat und durften nicht zurückkehren.

Seit dem Zweiten Weltkrieg gab es unterschiedlich starke, aber anhaltende Fluchtbewegungen von Ost nach West. Seit der Gründung der beiden deutschen Staaten nahmen diese dramatisch zu. Der Grenzausbau und die Zwangsaussiedlungen veranlassten gerade auch an der Grenze in besonderer Weise die Flucht von Einzelnen, Familien und halben Dörfern. Viele siedelten sich in der Nähe der Heimat auf der anderen Seite der Grenze an und blieben in Verbindung miteinander. Die Zuwanderung belastete wiederum die westlichen Orte erheblich. Zum Beispiel musste der Landkreis Kronach (amerikanische Zone) nach Beginn des Grenzausbaus den Notstand ausrufen. Hier konzentrierten sich die Probleme: Ein Mehrbedarf durch die Flüchtenden entstand, ein Großteil der Einwohner kam nicht mehr zu den Arbeitsplätzen, landwirtschaftliches Eigentum ging verloren, Versorgungswege waren abgeschnitten und die Versorgung brach fast zusammen. Die Bundesrepublik förderte in Folge das westlich liegende Zonenrandgebiet finanziell und strukturell. Und es begann die Zeit der Grenzlandfahrten, wo Busunternehmen Menschen zu Ausflügen mit Kaffeetrinken an die Grenze brachten, um einmal über die Grenzanlagen in den Osten zu schauen.

Am 13. August 1961 wurde die Grenzbefestigung trotz gegenteiligem ›Absichtsbekunden‹ des DDR-Staatspräsidenten Walter Ulbricht weiter verschärft. Um Westberlin und an manchen Stellen an der Zonengrenze wurden Mauern als Sicht- und Fluchtschutz gezogen. Eine weitere Zwangsaussiedlungsaktion ›Kornblume‹ fand 1961 an der Grenze statt. Und die Grenze wurde durch Minen gesichert. Erst wurden Bodentretminen verlegt, denen zahlreiche Menschen und Tiere zum Opfer fielen. Dann wurden sie entfernt und es folgten

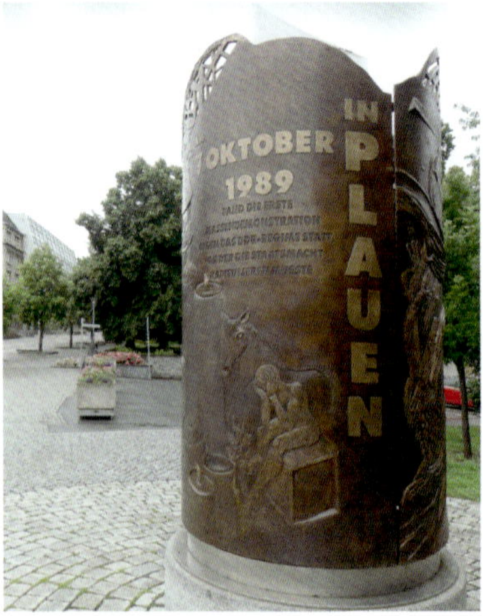

Wende-Denkmal in Plauen (Tour 2)

1970/1971 am Zaun befestigte Splitterminen, sogenannte Selbstschussanlagen. Sie wurden ab 1983 auf Druck der Bundesrepublik und im Tausch gegen einen Milliardenkredit wieder abgenommen. An der Grenze starben und verletzten sich auf beiden Seiten Tiere und Menschen.

Anfang der 1970er Jahre zeichnete sich eine neue Ostpolitik ab. Verschiedene Verträge zwischen der Bundesrepublik und der Sowjetunion sowie zwischen den Warschauer-Pakt-Staaten wurden geschlossen. Am 21. Juni 1973 trat der Grundlagenvertrag zwischen den deutschen Staaten in Kraft, der der DDR die Anerkennung als Staat durch die Bundesrepublik brachte. Artikel 1 legte die Absicht zur Entwicklung gutnachbarlicher Beziehungen fest. In weiteren Artikeln wurden zahlreiche Vereinfachungen geregelt. Dazu gehörten unter anderem die Handelsbeziehungen sowie die Einrichtung von Grenzübergangsstellen für den Personen- und Straßenverkehr. Rentner konnten ab sofort in die Bundesrepublik zu Verwandten reisen. In Artikel 3 verpflichteten sich die Regierungen, bei der Beilegung von Streitigkeiten auf Gewalt zu verzichten und die gegenseitigen Grenzen zu achten. Die ›Unverletzlichkeit der Grenzen‹ schlösse eine Grenzänderung in beidseitigem Einvernehmen nun nicht mehr aus.

Das Ende der deutsch-deutschen Grenze begann nach den Bürgerprotesten und Demonstrationen 1989 mit der Verkündung von Reiseerleichterungen für die DDR-Bürger in die Bundesrepublik durch Günter Schabowski bei einer Pressekonferenz am 9. Oktober 1989, die in den Medien übertragen wurde. Seine gestammelte Aussage, dass dies seines Wissens ›ab sofort‹ gelte, führte dazu, dass sich vor allem in Berlin tausende DDR-Bürger ›sofort‹ auf den Weg zur Grenze machten und damit die Zollbehörden so überraschten, dass diese dem Druck nachgaben und Grenzübergänge öffneten. Am Grünen Band war der Druck zum Öffnen der Grenze verständlicherweise erst ein paar Tage später groß genug. In

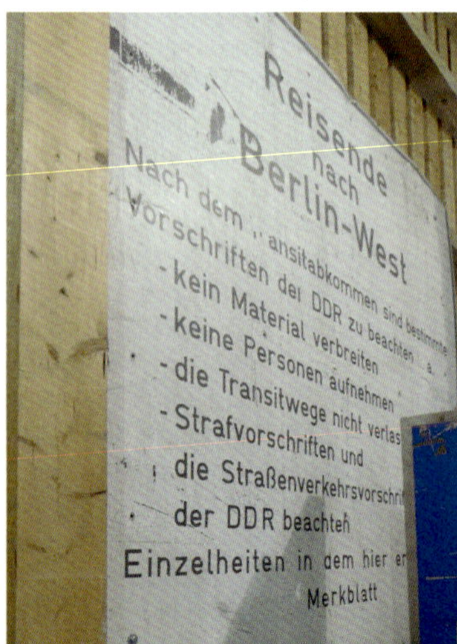

Im Museum von Mödlareuth (Tour 3)

der Sperrzone wohnten inzwischen im Vergleich zu 1945 nur noch wenige Menschen, die häufig handverlesene staatstreue oder sich aus guten Gründen ruhig verhaltende Bürger waren. An der Grenze kam der Druck auf die Grenzöffnung auch von westlicher Seite. Die ehemals Geflüchteten wollten in ihre Heimat schauen. Eine große Rolle spielten auch die Kirchengemeinden in Ost und West und das Kuratorium ›Unteilbares Deutschland‹, die die persönlichen Beziehungen über die Grenze hinweg gepflegt hatten und dadurch Anknüpfungspunkte geschaffen hatten, sich gegenseitig zu besuchen.

Die Aktion ›Ungeziefer‹

zum Beispiel am 5. Juni 1952 in Ummerstadt

In Ummerstadt wurden 28 Menschen, darunter der Bürgermeister, durch DDR-Volkspolizisten aus dem Schlaf gerissen: Im Namen der Regierung der Deutschen Demokratischen Republik hätten sie innerhalb von zwei Stunden das Haus zu verlassen. Es stünden Lastkraftwagen zur Weiterbeförderung zur Verfügung.

Die Menschen waren von der Aktion so überrascht, dass kein größerer Protest entstand. Zahlreiche Polizisten waren nach Ummerstadt entsandt worden. Vermutlich hatte man mit Widerstand gerechnet, da die Ummerstädter für ihre Solidarität bekannt waren. Der Hausrat der betroffenen Familien wurde mit Unterstützung von ›freiwilligen Helfern‹ auf die LKWs verladen. Die Fahrt ging über Heldburg nach Hildburghausen. In jedem Fahrzeug saß neben dem Kraftfahrer ein ›Polizist‹ in Zivil. Da inzwischen der Widerstand im nahegelegenen Streufdorf bekannt war, wurden die beladenen Fahrzeuge aus Ummerstadt hinter Heldburg über Westhausen umgeleitet. Am Güterbahnhof Hildburghausen wurden sowohl das Hab und Gut als auch die Menschen in einen Zug verladen. Als der Zug in den Abendstunden abfuhr, wusste niemand, wohin die Fahrt führen würde. Viele befürchteten, dass man in die Sowjetunion deportiert würde, was in dieser Zeit noch mit Menschen aus der DDR passierte.

In den frühen Morgenstunden wurden die Ummerstädter und andere Menschen aus dem Landkreis Hildburghausen in Plaue (Thüringen) in einem Saal unter Bewachung versammelt. Ihnen wurde eigene Schuld an ihrer Aussiedlung aufgrund von mangelnder Staatstreue vorgeworfen. Begründet wurde das mit angeblichen Straftaten, die in so gut wie keinem Fall je durch ein DDR-Gericht erhoben, geschweige denn bestätigt worden waren. Die Familien wurden über ganz Thüringen, schwerpunktmäßig aber auf den Landkreis Arnstadt verteilt.

Viele Menschen wandten sich an die Behörden, baten um Rückkehr, legten Beschwerde ein und verlangten Klärung. Diesen Gesuchen wurde fast nie stattgegeben, statt dessen erhielten sie standardisierte Antworten.

Eine der ganz wenigen, die doch in ihre Heimat zurückkehren durfte, war Martha Schüler, eine 65-jährige alleinstehende Lehrerin im Ruhestand. Sie hatte mit ihren drei Schwestern, die alle älter als sechzig Jahre waren, in Ummerstadt zusammengelebt. Die Schwestern waren erst wenige Jahre zuvor 1945 aus dem Sudetenland vertrieben worden. Für Martha Schüler wiederholte sich am 5. Juni ihr Trauma der ersten Vertreibung.

Der Besitz der Vertriebenen wurde meistens beschlagnahmt und 1953 in Volkseigentum überführt oder mit einer sogenannten ›Abfindung‹ entschädigt. Dabei wurden von dem sehr geringen Geldbetrag, der auf ein Sperrkonto eingezahlt wurde und von dem die meisten Betroffenen nie eine Auszahlung erhielten, noch Kosten für die ›Weiterführung‹ des enteigneten Betriebes abgezogen.

Die Menschen erlebten teilweise dramatische Situationen, erfuhren unermessliches Leid, Wut und Hilflosigkeit gegenüber der Willkür des Staates. Überwachung und Druck auf die Familien der Vertriebenen hörten auch nach den Deportationen nicht auf. Bespitzelungen, Verdächtigungen, Diskriminierung, berufliche Nachteile und teilweise auch Verhaftungen aus nichtigen Gründen folgten.

Fast alle der in Ummerstadt von der Vertreibung Betroffenen sind später in die Bundesrepublik Deutschland geflüchtet und haben sich dort eine neue Existenz aufgebaut. Für alle Deportierten war die plötzliche Vertreibung aus der Heimat mit den vielfachen Verlusten ein schweres traumatisches Ereignis. Erst nach der Wende 1989 haben einige von ihnen einen Teil an Linderung erfahren. Viele waren schon vorher verstorben.

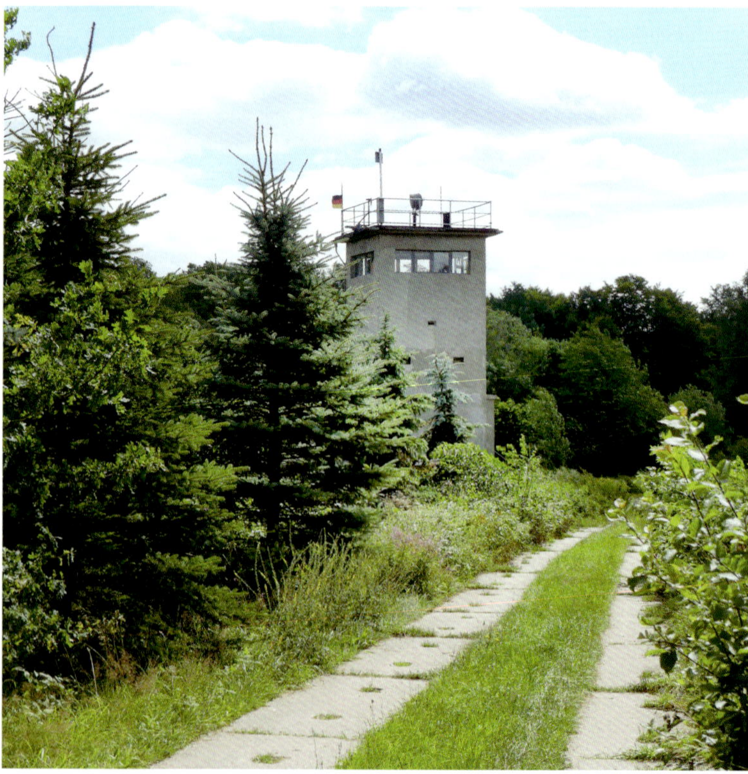

Der private Führungsturm an der Grenze bei Bartolfelde (Tour 36)

Völker und Regionen

Völker und Herrschaften rund ums Grüne Band

Im Gebiet des Grünen Bandes fand die erste menschliche Besiedlung vor 600 000 bis 800 000 Jahren statt. Damals lebten hier bereits Thüringer, Alemannen und Franken. In der Antike drangen die Römer vor und besetzten bis zum Beginn des frühen Mittelalters die germanischen Gebiete. Das Reich der Thüringer (›Thoringi‹) wurde 531 von den Franken unterworfen. Gleiches passierte in dieser Zeit auch den Hessen. Nur die starken Sachsen behaupteten sich noch bis ins 9. Jahrhundert gegenüber den Franken, dann wurden sie ebenfalls eingenommen. Im 10. Jahrhundert rückten die Mainzer Erzbischöfe territorial vor und gewannen an Einfluss. Sie übernahmen die weltliche Herrschaft von Erfurt, der größten Stadt der Region.

Es folgte ab dem 12. Jahrhundert die Zeit der Landgrafschaften in Thüringen, Hessen, Franken und auf dem Gebiet des heutigen Niedersachens. Die Landschaft war in zahlreiche kleinere und größere Herrschaften zerteilt, wovon die vielen Dreiherrensteine zeugen. Am 2. Juli 1500 wurde das Frankenreich durch Kaiser Maximilian I. als Folge der Reichsreformbewegung in Reichskreise eingeteilt. Das beförderte die Bildung der ohnehin stark ausgeprägten fränkischen Identität. Nach dem Thüringisch-Hessischen Erbfolgekrieg Mitte des 13. Jahrhunderts bestand Thüringen im Wesentlichen aus Wettin, Schwarzburg-Rudolstadt, Sondershausen und einigen reußischen Fürstentümern. Drei der vier damaligen Wettiner Kleinstaaten liegen am Grünen Band: Sachsen-Weimar-Eisenach, Coburg-Gotha und Meiningen.

In Folge der Neuaufteilungen des Wiener Kongresses (1814–1815) kamen große Teile Frankens zum Königreich Bayern. Sie bilden heute im Wesentlichen Ober-, Mittel- und Unterfranken. Fränkisches Leben und fränkische Identität umfassen aber eine nicht eindeutig abgrenzbare Region: Sie kommen auch in Teilen Baden-Württembergs, Südthüringens und Hessens vor.

Das sogenannte Gebiet von Niedersachsen wurde beim Wiener Kongress in die Länder Braunschweig, Hannover, Oldenburg und Schaumburg-Lippe geteilt. Allerdings wurde die Bezeichnung ›Niedersachsen‹ erst 1866 eingeführt. Der Grund war, dass Hannover seine Eigenständigkeit verloren hatte und preußische Provinz wurde. Durch einen Geheimvertrag zwischen Napoleon und Preußen kamen 1815 einige nördlichen Teile Thüringens, wie das Eichsfeld, Mühlhausen, Hohenstein und Heiligenstadt von Mainz zu Preußen. Preußen wurde so zur stärksten Macht in diesem Raum. 1920 entstand aus acht Kleinstaaten wieder ein thüringischer Staat, allerdings ohne die preußischen Gebiete.

Nach dem Ende des Zweiten Weltkrieges regelte das Abkommen von Jalta die Aufteilung Deutschlands in vier Besatzungszonen. Damit standen sich zwei feindliche Lager gegenüber: Ostblock und Westblock, deren Front die deutsch-deutsche Grenze, der ›Eiserne Vorhang‹ wurde. Thüringen wurde der sowjetischen Besatzungszone zugeordnet, während Bayern, Hessen und Niedersachsen zur amerikanischen Zone kamen. Kurzzeitig war 1945 das Land Thüringen wieder eingeführt worden, zu dem nun die preußischen Gebiete da-

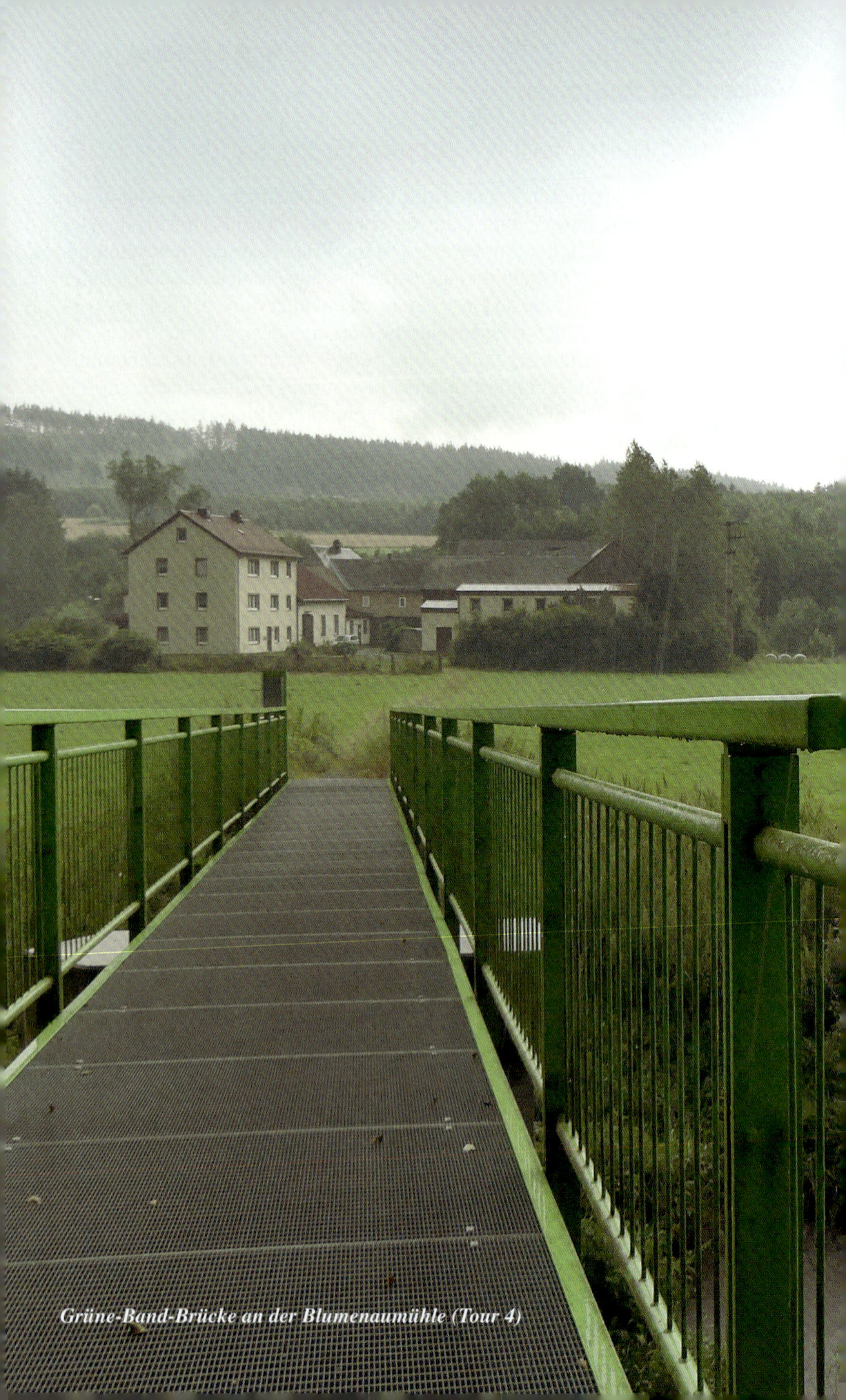

Grüne-Band-Brücke an der Blumenaumühle (Tour 4)

zugehörten. Die DDR, die am 7. Oktober 1949 gegründet wurde, teilte Thüringen in die drei Bezirke Gera, Erfurt und Suhl auf und löste somit das Land Thüringen wieder auf.

Die politische und wirtschaftliche Entwicklung vollzog sich östlich und westlich des ›Eisernen Vorhangs‹ sehr unterschiedlich. In der sowjetischen Zone wurde eine zentralistische Struktur stalinistischer Philosophie als sogenannte sozialistische ›Diktatur des Proletariats‹ eingeführt, die eine Reihe an Zwangsmaßnahmen vornahm. Angehörige der sogenannten ›Intelligenz‹, Privateigentümer, Funktionsträger im Nationalsozialismus, religiöse und unkonventionelle Menschen wurden geächtet und verfolgt. Viele verließen das Land. In Westdeutschland schlossen sich die drei Besatzungszonen erst zur Bi-, dann zur Trizone zusammen, so dass deren Grenzen keine Rolle mehr spielten. Sie führten gemeinsam eine föderale Verwaltungsstruktur und ein demokratisches System mit dreigliedriger Gewaltenteilung ein.

In allen Besatzungszonen musste nach dem Zweiten Weltkrieg das zerstörte Land wieder aufgebaut werden und Reparationsleistungen in Form von Industrieanlagen erbracht werden. Wesentlich stärker als die anderen Besatzungsmächte ließ die Sowjetunion Betriebe, Maschinen, Anlagen und Schienen in ihrer Zone abbauen und im eigenen Land wieder aufbauen. Für den westdeutschen Wiederaufbau genehmigte die USA Anfang April 1948 ein Wiederaufbauprogramm über 12,4 Milliarden Dollar, das als ›Marshall-Plan‹ bekannt wurde und das Lebensmittel, Waren, Rohstoffe und Kredite umfasste. Aufgrund dieser ungleichen Bedingungen entwickelte sich die Wirtschaft beider Seiten immer stärker auseinander.

Nach dem Ende der DDR wurde mit der Deutschen Einheit 1990 das Land Thüringen neu geschaffen und steht seitdem auf gleicher Ebene wie die Länder Bayern, Hessen und Niedersachsen.

Das jüdische Unterfranken

Mit Beginn der Kreuzzüge am Ende des 11. Jahrhunderts wurden Juden erstmalig als Sündenböcke verrufen, massakriert, verfolgt und aus den Rheinmetropolen in die größeren Städte Würzburg und Nürnberg vertrieben. Nach einer ruhigen Phase nahmen die Beschuldigungen wieder zu und gipfelten 1298 im ›Rintfleisch-Pogrom‹. Der Pogrom beruhte auf Gerüchten über eine Hostienschändung in der fränkischen Kleinstadt Röttingen. Animiert durch einen Adeligen namens Rintfleisch verübten sogenannte Judenschläger in ganz Franken Massaker in den örtlichen Gemeinden. Die Verfolgungswelle forderte zwischen 4000 und 5000 Opfer. Weitere Pogrome, eingeschränkte Rechte und Steuerauflagen führten dazu, dass die jüdischen Bewohner ab Mitte des 16. Jahrhunderts vor allem in den ländlichen Regionen Zuflucht suchten. Hier fanden sie Schutz bei nicht wenigen Rittern und Grafen der damaligen Zeit, die sie auch aus finanzpolitischen Gründen gezielt anwarben und durch die erhobenen Schutzabgaben zusätzlich ihre Kassen aufbessern konnten. Die zersplitterten Herrschaftsverhältnisse und Konkurrenzen zwischen den kleinen Fürstentümern und Grafschaften führten in Bayern zu einer ungleichen Verteilung der jüdischen Bevölkerung.

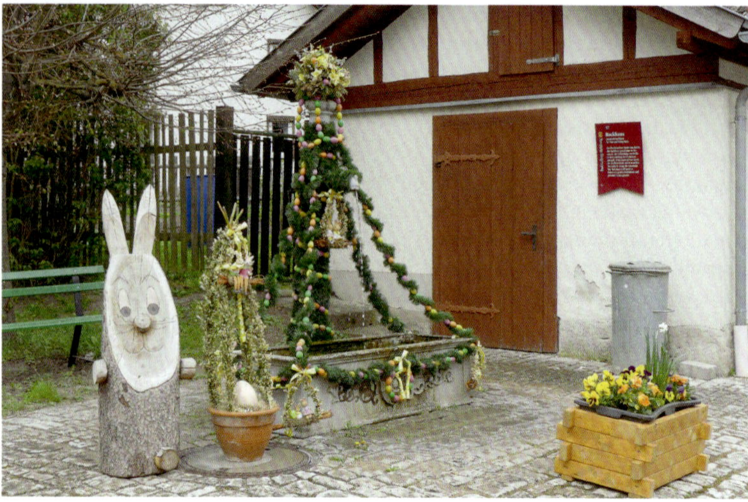

Backhaus in Lindenau (Tour 15)

Ab 1813 wurden die jüdischen Religionsgemeinschaften in Bayern erstmalig in einem Edikt anerkannt. Diese Anerkennung als ›Privatkirche‹ schränkte die Menschen jedoch in ihrer Freizügigkeit ein. Denn es war genau festgelegt, wie viele jüdische Familien in den einzelnen Gemeinden leben durften. Es durften nur so viele Personen sein, wie zum Zeitpunkt des Erlasses in der Kommune bereits gelebt hatten. 1817 betraf das 200 Orte in Unterfranken. 1840 lebten deshalb fast 90 Prozent der bayerischen Juden auf dem Land, obwohl die allgemeine Abwanderung in die Städte bereits begonnen hatte. In mancher Landgemeinde war nahezu die Hälfte der Bevölkerung jüdischen Glaubens. So standen in der Dorfmitte eine Synagoge und eine Kirche. Das änderte sich nach Aufhebung des Wohnortbestimmungsrechts. Viele nutzten die Möglichkeit und zogen in die aufstrebenden Städte. Zivilrechtlich bereits 1862, wurden Juden schließlich 1871 mit der Gründung des Deutschen Reiches auch formal gleichwertige Bürger des deutschen Staates. Mit der Gründung der Weimarer Republik wurden alle jüdischen Gemeinden im Deutschen Reich als Körperschaften des öffentlichen Rechts anerkannt.

Bis zum Beginn der Judenvernichtung durch die Nationalsozialisten war der Viehhandel in Franken der klassische Erwerbszweig der Landjuden. Andere fanden Arbeit und Brot als Hausierer oder Weinhändler. Zwar gab es hier und da Juden, die es zu Wohlstand brachten, aber die meisten lebten einfach und arm.

Der überwiegende Teil der bayerischen Juden lebte bis zum Nationalsozialismus in den fränkischen Regionen zwischen Würzburg, Nürnberg, Bayreuth und Ansbach. Eine vergleichbare Dichte an jüdischen Ansiedlungen hat es nur in wenigen anderen Teilen Deutschlands so gegeben. In der Zeit des Nationalsozialismus kam es in Bayern häufiger als im restlichen Reichsgebiet zu Anschlägen auf jüdische Einrichtungen. Von sämtlichen 1930 in Deutschland registrierten Schändungen jüdischer Friedhöfe entfielen vierzig Prozent auf Bayern. Die fränkischen Bezirke galten als eine Hochburg des Antisemitismus. Nach dem Zweiten Weltkrieg hat sich ein jüdisches Leben auf dem Lande in keinem der beiden deutschen Staaten wieder etabliert.

Handwerk und Kultur

Die kulturelle Prägung einer Gegend geht von jeher mit den örtlichen Gegebenheiten und den Möglichkeiten des Broterwerbs einher. In den höher gelegenen Wäldern und landwirtschaftlich schlecht nutzbaren Gegenden nutzten die Menschen die Natur, die Forstwirtschaft, den Bergbau sowie handwerkliche Tätigkeiten wie Töpfern, Schnitzen, Klöppeln und anderes zum Überleben. In den hügeligen Gegenden mit fruchtbaren Böden wie in Südniedersachen spielte die Landwirtschaft eine größere Rolle. Hier gehörten auch Pferdehaltung, Fischzucht, Jagd und das Betreiben von Mühlen zum täglichen Leben dazu.

Die Gegend des heutigen Grünen Bandes ist über die Zeit hinweg bis heute durch kleine gemischte Dorf- und Gutsgemeinschaften geprägt. Die Familien trafen sich zur gemeinsamen Handarbeit, zur Unterstützung bei der Feldarbeit und zum gemeinschaftlichen Brot backen und Bierbrauen. Religiöse Bräuche, ob nun katholisch, evangelisch oder jüdisch, gehörten mindestens bis zum Anfang des 20. Jahrhunderts zum alltäglichen Leben dazu. Interessant sind dabei die christlich-jüdischen Dorfgemeinschaften unter anderem in Berkach und der stark ausgeprägte Katholizismus im Eichsfeld.

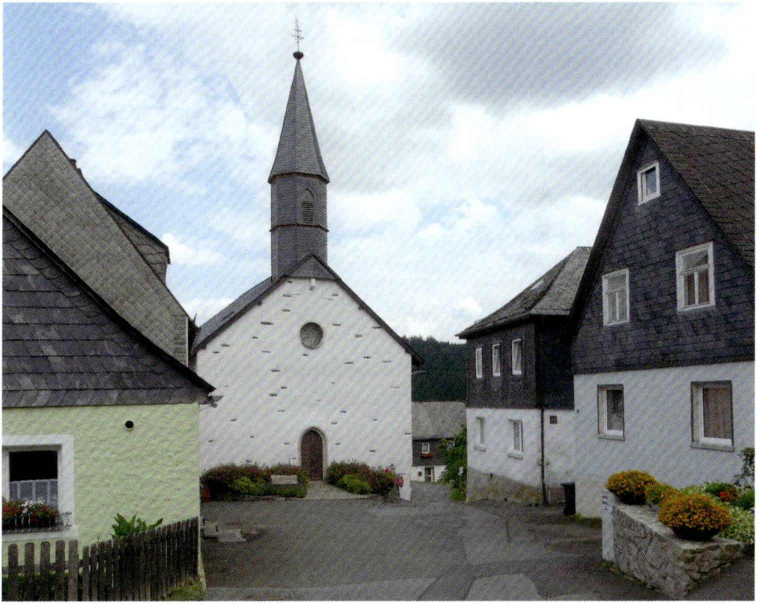

Marienkapelle in Nordhalben (Tour 5)

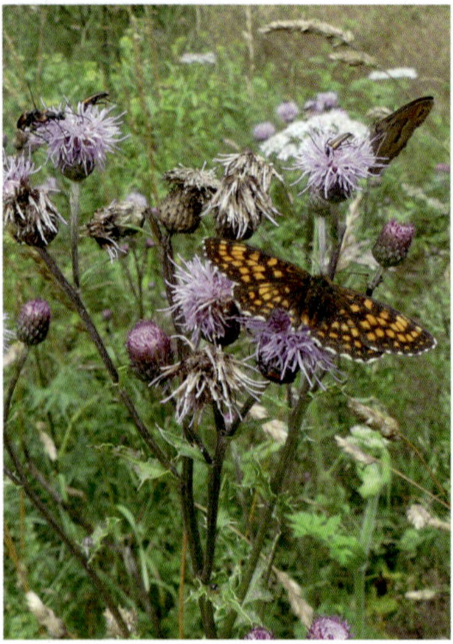

Ehrenpreis und Scheckenfalter

Gemeinsames Brotbacken und Bierbrauen sowie die althergebrachte Verarbeitung zu Lebensmitteln sind traditionsreiche Gewerke, die zu einigen Regionen am Grünen Band gehören. Manches Dorf besaß in der Vergangenheit mehrere Backhäuser. Sie mussten in der Sowjetzone, in den Orten an der Grenze, in den 1950er Jahren abgerissen werden, weil sie nach Meinung der Behörden Verstecke für Flüchtende bieten würden. Nach 1989 gründete sich vielerorts wie in Mupperg ein Verein, der gemeinschaftlich ein Backhaus errichtete und mit jährlichen Backofenfesten die Tradition neu belebte. Bier wird um Ummerstadt gebraut. In ähnlicher Weise gründeten sich Laienspielgruppen und Kulturvereine, die regional und mal auch grenzübergreifend aktiv sind. Frei organisierte traditionelle Feste, wie das Eichsfelder Kuhschwanzfest, Wallfahrten im katholischen Eichsfeld und Veranstaltungen zum Tag der Grenzöffnung oder Deutschen Einheit gehören zu den jährlichen Highlights der Region, die man nicht verpassen sollte. Museen und Gedenkstätten zur Grenze entstanden. Die Geschichte und Geschichten an der Grenze inspirierten zu künstlerischer Betätigung. Burgen und Kirchen wurden durch viel persönliches Engagement saniert und laden zu Hoffesten ein. Dorfgemeinschaftshäuser bieten räumliche Möglichkeiten für allerlei Veranstaltungen. Musik, Literatur, Theater und andere Künste finden in Sommertouren ihren Weg aufs Land.

Wirtschaft und Tourismus

Die Entwicklung der Wirtschaft ist regional sehr unterschiedlich verlaufen. Auf beiden Seiten der Grenze sind große Betriebe und Wirtschaftszweige ab Mitte der 1990er Jahre weggebrochen. In den traditionellen Gewerken gab es häufig keine Alternativen, Arbeit zu finden, sodass Arbeitslosigkeit, berufliches Pendeln über weite Strecken hinweg und die Abwanderung beträchtlich waren. So veränderte sich die Bevölkerungsmischung und das Leben an der Grenze radikal. Thüringen steht heute im Vergleich zu den ostdeutschen Bundesländern wirtschaftlich ganz gut da. Seine Wirtschaftsstruktur gleicht dem gesamtdeutschen Durchschnitt. Während der Anteil an öffentlichen Dienstleistern etwas höher ausfällt, liegen die Anteile in den Bereichen Finanzierung-Vermietung-Unternehmensdienstleistung und Handel-Verkehr-Gastgewerbe-Kommunikation unter dem Durchschnitt. Die Branchen Kraftwagengewerbe, Metallbranche und Elektrotechnik-Optik sind mit je 15 bis 16 Prozent die stärksten Industriezweige. Ihnen folgt das Ernährungsgewerbe mit 12 Prozent. Die Arbeitslosenquote von 7,2 Prozent ist in den letzten zehn Jahren deutlich gesunken und liegt unter dem Durchschnitt der ostdeutschen Bundesländer (9 Prozent), aber etwas höher als der Bundesdurchschnitt mit 6,3 Prozent.

Im ländlichen Raum gibt es auf beiden Seiten des Grünen Bandes Nachwuchsprobleme, da junge Leute zur Ausbildung abwandern, aber kaum zurückkehren. Außer in den traditionellen touristischen Gebieten, wie dem Thüringer Wald und der Rhön, hat der Tourismus in anderen Gegenden noch Potential: Gasthöfe fehlen. Dafür gibt es aber unberührte Natur, Ruhe und Einsamkeit in der Mitte Deutschlands - ein echter Geheimtipp. Zu viel Ruhestörung würde aber auch der Natur wiederum schaden. Nachteilig wäre, wenn sich aus zu wenig Tourismus folgender Kreislauf ergäbe: wo keine Besucher, dort keine Übernachtung, dort keine Gaststätte, dort kein Bus, deshalb keine Besucher... Auch die Orte profitieren dann vom Tourismus. Für einen sanften, naturnahen Tourismus gibt es einzelne hoffnungsvolle Projekte, wie zum Beispiel die Initiative Rodachtal, die Idee der Pilgerzimmer und Radfahrerkirchen, Rufbusse sowie Kultur und Produkte aus der Region.

Natur am laufenden Band

Das Grüne Band ist zum Paradies für Pflanzen und Tiere geworden. Es beherbergt zahlreiche seltene Arten. In der Zeit der geschlossenen Grenze haben sich Tierpopulationen von Schwarzstörchen über Flussperlmuscheln bis zu Wildkatzen angesiedelt oder wieder erholt. Die ökologische Vielfalt reicht von Wald, Mittelgebirgen und Felsspornen über Fluss- und Tallandschaften, Trocken- und Magerrasen, Moore, Wiesen bis zu verschiedenartigen und -farbigen Böden und Gesteinen wie Buntsandstein und Gipskarst

Ob im Wald oder am Feldrand – überall finden wir Bäume, Pflanzen und Kräuter, die sich die Menschen auch zur Gesunderhaltung bis heute nutzbar machen. Unseren Weg säumen Fransenenzian und Himmelschlüsselchen, verschiedene Orchideenarten, Johanniskraut, Heide, Trollblumen und vieles mehr. Sie unterscheiden sich nach den Böden und Lebensbedingungen, die sie bevorzugen.

Mit großer Wahrscheinlichkeit treffen wir Feldhasen, Zauneidechsen, Rehe, Blindschleichen und Wildschweine. Außerdem leben zahlreiche Vogel-, Schmetterlings- und Insektenarten in den Hecken und Greifvögel kreisen über unseren Köpfen. Ein seltener Zufall ist hingegen eine Begegnung mit einer scheuen Wildkatze.

Ziegen und Schafe sowie Rinder, aber auch die Menschen sind damit beschäftigt, das Grüne Band vom reinen Zuwachsen frei zu halten und so vielen Arten Lebensräume zu ermöglichen. Um die Artenvielfalt und die Landschaften zu schützen, wurden zahlreiche Naturschutzgebiete und das Biosphärenreservat Rhön ausgewiesen. Einzelne Verwaltungsmitarbeiter haben um 1989 die Gunst der Stunde erkannt und genutzt und damit Fauna, Flora und nicht zuletzt dem Menschen große Dienste erwiesen. Ein kompletter Biotopverbund ist bisher noch nicht entstanden. Der Bund für Umwelt- und Naturschutz (BUND) setzt sich seit 1989 dafür ein. Hubert Weiger und Kai Frobel vom BUND wurden 2017 für ihr Engagement rund ums Grüne Band mit dem 25. Bundesumweltpreis ausgezeichnet.

»»Jetzt wächst zusammen, was zusammengehört.«

10. November 1989, Alt-Bundeskanzler Willy Brandt

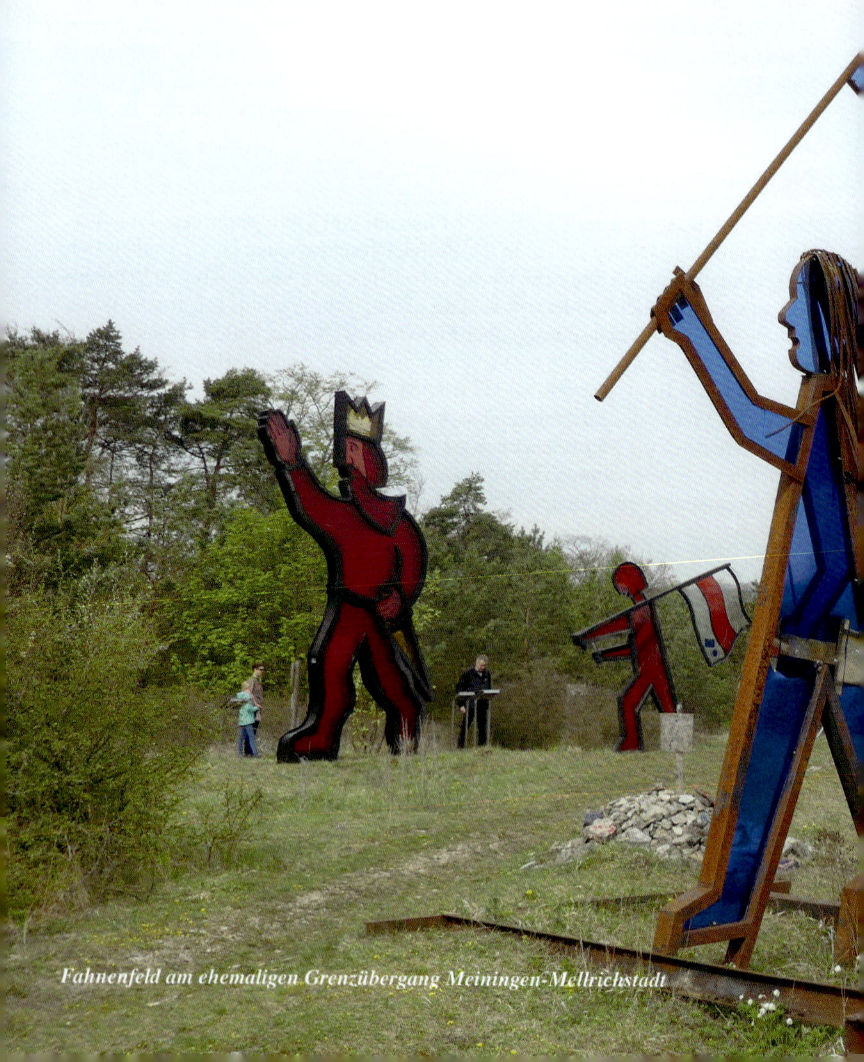

Fahnenfeld am ehemaligen Grenzübergang Meiningen-Mellrichstadt

INFORMATIONEN ZUM WANDERN AM GRÜNEN BAND

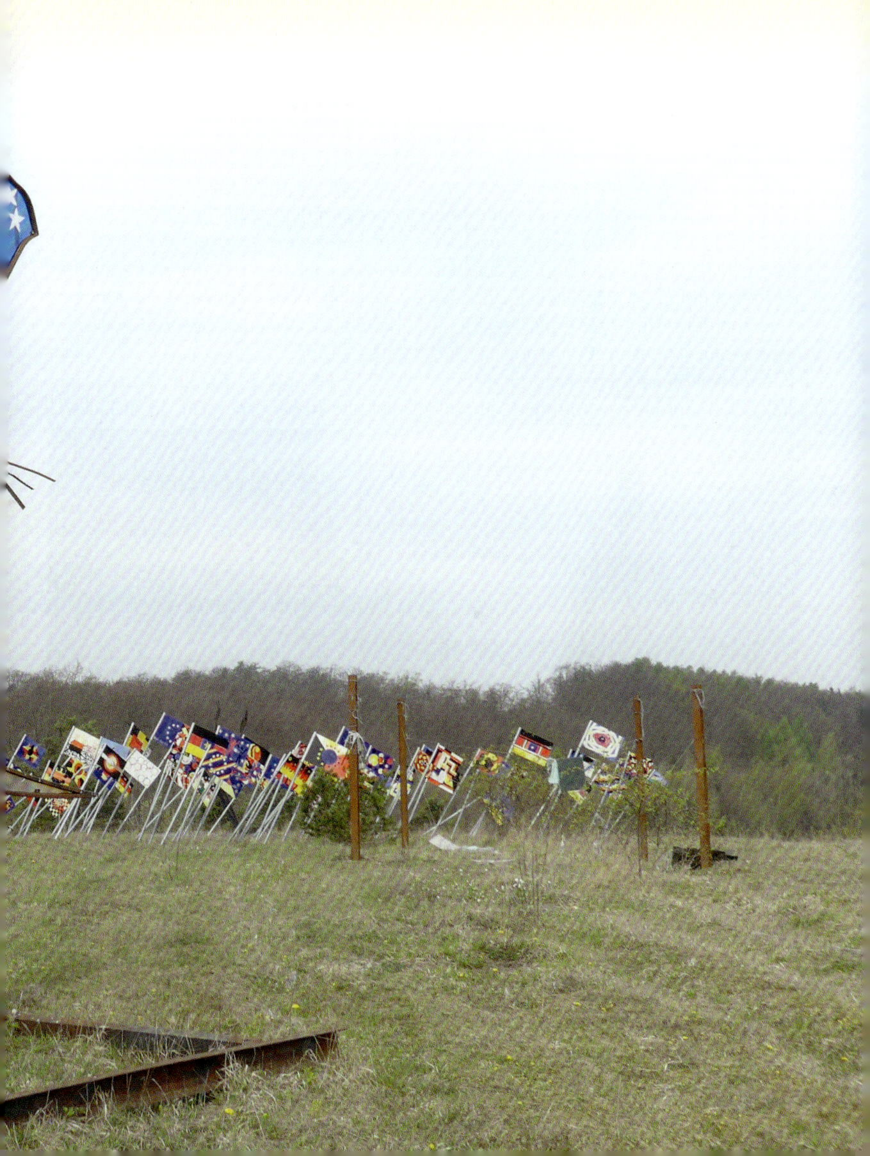

Anforderungen und Vorbereitung

Das Grüne Band hat alles zu bieten, was Sie sich wünschen: leichte Wanderungen, federnder Waldboden, abwechslungsreiche mittlere Wege und schwierige Etappen mit steilen Aufstiegen und Gipfelbesteigungen. Der Weg ist für junge und ältere Menschen, für Geübte und weniger Erfahrene gleichermaßen geeignet und interessant. Zur Sicherheit orientieren Sie sich an den Beschreibungen in den Etappen.

Das Grüne Band führt manchmal längere Strecken über den ehemaligen Kolonnenweg, der aus Betonplatten mit und ohne Löchern besteht. Diese bieten Vor- und Nachteile für die Wanderung. Vorteile der Lochplatten sind die problemlose Orientierung und der feste Untergrund. Nachteile können die schnellere Ermüdung der Füße und die höhere Konzentration, nicht in die Löcher zu treten, verbunden mit Stolpergefahr, darstellen. Trittsicherheit und feste Wanderschuhe sind deshalb wichtig. Die Länge mancher Touren ist anspruchsvoll. Leider war das nicht zu ändern, da es dann unterwegs keine Übernachtungsmöglichkeiten gab. Vielleicht beruhigt es Sie, dass wir festgestellt haben, dass wir uns an den Plattenweg und auch an die Länge der Touren schnell gewöhnt haben. Es ist zwar anstrengend, aber am nächsten Morgen ist die gute Laune wieder da. Die Kondition steigt mit der Herausforderung. Je besser Ihre körperliche Kondition, Ausdauer und Kraft sind und je leichter der Rucksack ist (8–10 kg!), umso leichter fallen Ihnen die Etappen. Es lohnen sich also ein paar Wandertage mit Gepäck zur Vorbereitung.

Ein Picknick und ausreichend Wasser oder Tee sollte immer dabei sein, da die Einkehr-

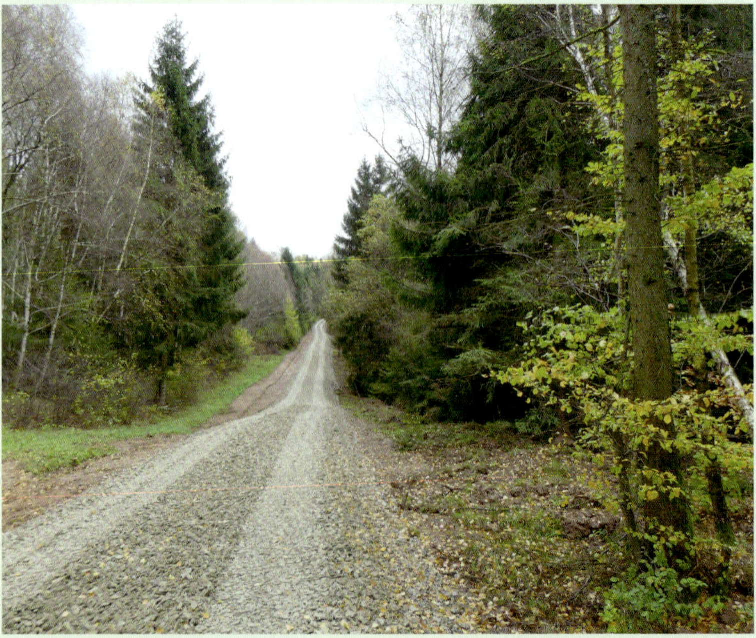

Kolonnenweg mit frischem Schotterüberzug

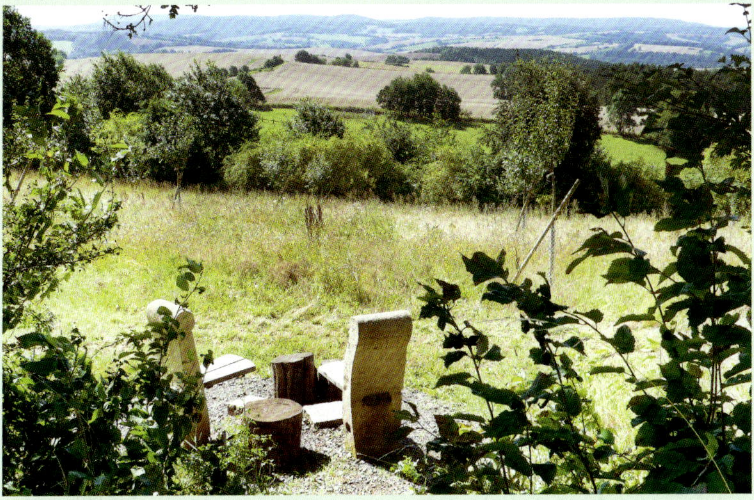

Rastplatz am Harzrand

und Einkaufsmöglichkeiten auf etlichen Touren beschränkt sind. Auch sind an vielen Stellen unterwegs Sitzbänke rar, so dass wir sie extra angegeben haben.

Wegkategorien ›leicht, ›mittel, ›schwierig‹

Die Bewertung der Wege in ›leicht‹, ›mittel‹ und ›schwierig‹ werden im hochalpinen Gelände anders definiert als im Mittelgebirge. Deshalb lassen Sie sich von den schwierigen ›schwarzen‹ Wegen im Buch nicht gleich abschrecken. Wir unterscheiden die Schwierigkeiten nach folgenden Kategorien:
Leicht: angenehme ebene Wege, keine bis sehr geringe An- und Abstiege
Mittel: gut gangbare Wege mit kurzen, wenigen nicht zu steilen An- und Abstiegen
Schwierig: mehrere sehr steile An- und Abstiege, stellenweise wildes, unwegsames Gelände

Tourenvorbereitung und Ausrüstung

Um sich auf die Tour vorzubereiten, empfehlen wir die Lektüre des kompletten Vorbereitungsteils dieses Buches und dazu die Beschreibung der in Frage kommenden Etappen. Wer sich zum ersten Mal einen Fernwanderweg vornimmt, dem raten wir zu einer Vorbereitungswanderung mit Gepäck.
Wir stellen Ihnen gern unsere Packliste zur Verfügung und empfehlen Ihnen folgendes Vorgehen: Legen Sie alles, was Sie mitnehmen wollen, vor sich hin und sortieren sie dann nochmal aus. Es sei denn, Sie haben sich wirklich streng an unsere Packliste gehalten. Sie werden es nicht bereuen.
Nutzen Sie ein Funktionsshirt, Sie können dies bequem am Abend waschen. Am Morgen ist es wieder trocken. Niemand erwartet von Ihnen, dass Sie unterwegs stets saubere Hosen tragen und gut riechen. Achten Sie auf Mehrfachnutzungsmöglichkeiten, wie die lange Leggings. Sie eignet sich als lange Unterhose für kalte Tage, als Schlafhose für noch kältere Nächte und kann sogar noch als trockene Nothose für abends fungieren.

Packliste

Wanderausrüstung
Wanderrucksack (30–45 l)
Regenüberzug für den Rucksack oder Regencape (für Mensch und Rucksack)
Regenjacke
Regenhose
Wanderschuhe
warme Fleecejacke
Stirnband oder Mütze (Frühling, Herbst)
Handschuhe (Frühling, Herbst)
Tuch für Hals und für Schweiß
Sonnenhut
Badezeug
Handtuch (z.B. Microfaser)

Wanderkleidung
1 Wanderhose
1 Wandershirt kurz
1 leichter Fleecepullover oder Fleecejacke lang (zum Drüberziehen)
1 x Unterwäsche
1 Wandersocken

Kleidung zum Wechseln
1 zweite (Wander-) Hose
1 T-Shirt kurz, 1 T-Shirt zum Schlafen
1 Leggings zum Schlafen u.a.
1 langärmliges Shirt oder Pullover
1 x Unterwäsche, Zusatzunterhose
1 Paar Socken
Badelatschen, Flipflops oder Sandalen (für die Dusche und/oder abends)

Toilettenartikel
Waschtasche mit Duschgel, Haarwäsche
Zahnbürste, Zahnpasta, Rasierzeug, Creme, Wäschewaschpaste
Klopapier, Sonnencreme, Mückenmittel
Hygienematerial und Ohropax
Kleine Rucksackapotheke (Pflaster, Schmerzmittel)

Karten, Literatur
Dieses Wanderbuch
Zusätzliche Wanderkarten
Zeitung, 1 Buch maximal

Geld, Papiere
Bargeld! im Voraus, Bankkarte
wichtige Adressen
Personalausweis
Impfausweis, Krankenversicherungsnachweis

Sonstiges
Besteck: Löffel, Messer (für Joghurts und Brot)
Handy, Ladekabel
Kamera, Ladegerät
Kleines leichtes Fernglas
Stifte, Papier, Plastiktüten (für Müll)
Stirn- oder kleine Taschenlampe
Schlafsack (bei Übernachtung im Heu/Stroh)

Proviant
Süßes wie Traubenzucker, Müsliriegel, Bonbons
Teebeutel für Teewasser, Trinkflasche(n)
Erstausstattung Picknick: Brot, Käse, Wurst, Äpfel

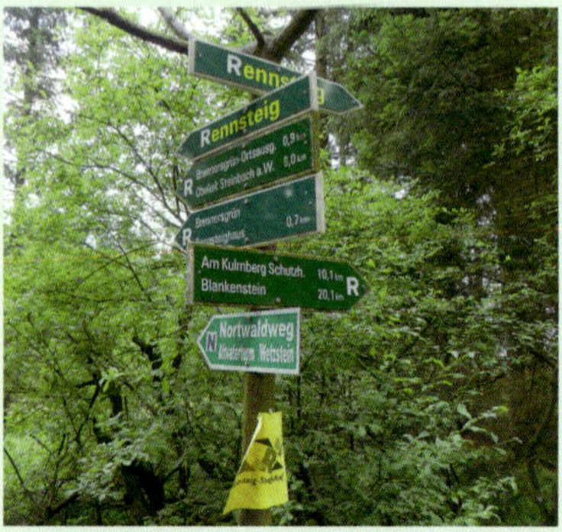

Ausschilderung am Rennsteig

Das Grüne Band am Rucksack

Als Grüne-Band-Wanderer möchten wir Sie dazu aufrufen, sich ein grünes Band als Erkennungszeichen an den Rucksack zu knüpfen. Es soll anderen zeigen: Ich bin ein Grüne-Band-Wanderer und wandere für Frieden, Gerechtigkeit, Menschenwürde und Bewahrung der Natur und für den täglichen Mut, Schritte in diese Richtung zu gehen.

Reisezeit

Das Grüne Band kann das ganze Jahr bewandert werden. Wollen Sie es am Stück erwandern, empfehlen wir als Wanderzeit Mitte April bis Mitte Oktober. Dann sind die Tage länger, die Luft ist wärmer und die Natur besonders schön. Es lohnt sich aber auch, zu verschiedenen Jahreszeiten an den gleichen Stellen vorbei zu kommen, da sich die Natur dann von einer ihrer anderen Seiten zeigt. Richten Sie sich darauf ein, dass Sie durch mehrere Gebirge und auf über 800 Meter Höhe kommen und seien Sie für alle Eventualitäten gerüstet. Von der kurzen Hose sollte bis zur Kopfbedeckung alles dabei sein. Regenschutz ist ohne Frage die Grundvoraussetzung. An steilen Stellen ist bei Nässe Vorsicht angesagt und im Schnee ist an wenig begangenen Stellen der Wegverlauf aufgrund fehlender Spuren und Schilder schwer zu erkennen. Egal, wann Sie einzelne Touren oder den gesamten Weg bewandern wollen, rechnen Sie immer damit, dass ein Wetterwechsel oder Hindernisse am Weg Ihre Planungen verändern können. Bereiten Sie sich auf warme und kalte Tage vor und planen Sie Regenzeiten mit ein. Denken Sie daran, den Wandertag früh (bis 9 Uhr) zu beginnen, da sie dann noch fitter sind. Nach mehreren Regentagen können die Wege weich und matschig sein. Haben Sie Zeit, ist ein verkürzter Wandertag oder ein Zwischenstopp noch immer die beste Alternative. Fragen Sie in den Unterkünften nach dem lokalen Wetterbericht und geben Sie bei schlechten Wettervorhersagen nicht gleich auf. Örtlich kann es sehr unterschiedlich ausfallen.

An- und Abreise

Sie erreichen Bad Elster und das Kloster Walkenried bequem mit dem Zug oder mit dem eigenen Fahrzeug. Wir können die Bahnanreise nur empfehlen: Sie entspannen schon vom Alltag, stellen sich auf die kommende Wanderung ein und brauchen sich keine Sorgen machen, ob und wie sie das Auto nach der Wanderung wiederfinden. Nicht alle Orte sind leider an jedem Tag mit öffentlichen Verkehrsmitteln zu erreichen. Auf einigen Buslinien werden am Wochenende Rufbusse eingesetzt, die Sie am Freitag vorher anmelden müssen. Andere Strecken werden gar nicht bedient. In diesem Fall lohnt es sich, bei den Unterkünften anzufragen, ob diese Sie (vielleicht gegen eine Gebühr) auch abholen würden oder eine andere Idee haben. Das ist nicht so ungewöhnlich. Bei jeder Tourenbeschreibung finden Sie Informationen darüber, wie Sie zum Ausgangspunkt gelangen können und wie Sie das Ziel am gleichen bzw. in der Regel am nächsten Tag wieder verlassen können.

Fahrradfahren am Grünen Band

Ja, man kann in der Regel etliche Touren auch mit dem Fahrrad befahren. Empfehlen möchten wir das aber nicht. Beim Fahren auf den Lochplatten mit und ohne Gepäck ist es anstrengend, die Spur und die Erschütterungen zu halten. Im Sommer kann der Weg gut zuwachsen und teils geht es sehr steil auf und ab. Es gibt unabhängig von unserem Weg die beschriebene Fahrradroute ›Am Eisernen

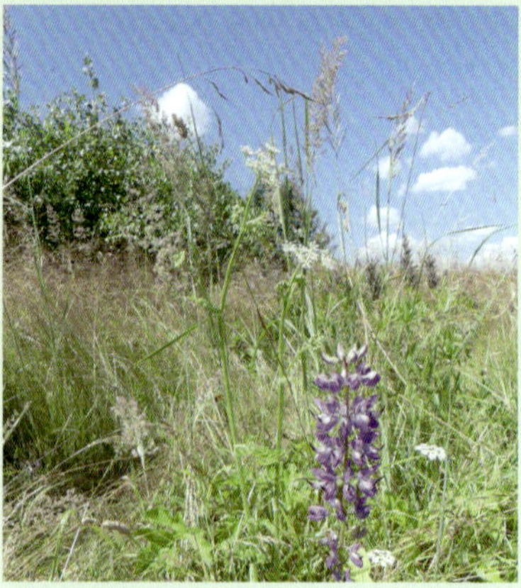

Buntes am Wegesrand

Vorhang‹, die wir bisher nicht getestet haben, die aber vermutlich geeigneter ist.

Gehzeiten

Unsere Gehzeiten sind mittlere Werte eines durchschnittlichen Wanderers. Wir empfehlen, zu Beginn die eigenen Gehzeiten mit den Angaben im Wanderführer abzugleichen und so einen Eindruck zu gewinnen, ob Sie sich eher bei den langsameren oder bei den schnelleren Wanderern einordnen und wie Sie entsprechend Ihre Zeit planen sollten. Viele kennen die Berechnung von ca. vier bis fünf Kilometer pro Stunde im Flachland und ca. 300 bis 400 Höhenmeter pro Stunde im Gebirge. Da aber die Gehzeiten unbedingt vom Wetter, von der Beschaffenheit des Untergrundes, von der Steigung und von der eigenen Tagesform abhängen, lohnen sich allgemeingültige Prognosen nicht. Deshalb geben wir auch nicht so viel auf Kilometerangaben, sondern mehr auf die Angabe von Stunden.

Kosten

Eine genaue Finanzplanung für unterwegs ist wichtig, denn wer mehrere Tage hintereinander an keinem Geldautomaten vorbeikommt, braucht ausreichend Bargeld. Auch wenn sich unterwegs kaum Gelegenheiten zum Einkaufen bieten werden, ist eine Fernwanderung kein billiger Urlaub. Zur Übernachtung, die zwischen 30 und 70 Euro für eine Person kostet (zwei Personen kommen etwas günstiger weg) kommen noch Mittag, Kaffee und Abendessen sowie Getränke hinzu. Auch diese sind meist in bar zu bezahlen. Hier rechnen wir mit täglich etwa 20 bis 40 Euro, je nachdem ob es unterwegs eine Einkehrmöglichkeit gibt oder nicht. Zusätzliche, aber vergleichsweise geringe Ausgaben ergeben sich bei Eintritten, Bus- und Bahnfahrten. Ermäßigungen gibt es in den Städten manchmal beim Vorzeigen der Gästekarte, die man in der Unterkunft erhält.

Übernachtung

Wir haben alle uns bekannten Unterkünfte am Wegesrand in den Touren aufgeführt, sodass Sie flexibel in Ihrer Tourenplanung sein können und zum Beispiel auch kürzere Touren unternehmen können.

Es gibt Hotels, Pensionen und Privatzimmer, aber oft nicht so viel Auswahl, sodass Sie nehmen müssen, was vorhanden ist. Unterwegs bieten auch Ferienwohnungen manchmal Übernachtungen für eine Nacht mit Frühstück an. Fragen kostet nichts. Wenn Sie gar nichts finden, lohnt es sich noch, auf Internetportalen wie Airbnb nach möglichen Angeboten zu gucken. Zwischen Heldra und Bornhagen bietet sich mehrmals die Möglichkeit an, im Heu oder Stroh zu schlafen und gleich noch ein paar Euro zu sparen. Dafür brauchen Sie einen leichten Schlafsack.

In Städten mit mehr als drei Übernachtungsmöglichkeiten fragen Sie am besten im Zentrum bei der Touristeninformation. Sollte diese geschlossen sein, finden Sie dort manchmal ausgehängte Auskünfte zu Übernachtungen. Für alle Übernachtungen empfehlen wir, ein paar Tage vorher anzurufen, um die Unterkunft zu reservieren. Sollten Sie mehr als zwei Personen sein, mehrere Tage an einem Ort zubringen wollen oder an Wochenenden wandern, empfehlen wir für die Ferienzeit und für Feiertage auch eine noch frühere Reservierung. Eine wochenlange Vorausreservierung lohnt sich für Fernwanderer jedoch nicht, da sich aufgrund des Wetters oder anderer Faktoren ihre Übernachtungsorte und -tage verändern können. Denken Sie unbedingt daran, vorgebuchte Übernachtungen wieder abzusagen, damit sie ein anderer Wanderer nutzen kann.

Wandern mit Gepäcktransport

Uns ist bisher kein Unternehmen am Grünen Band bekannt, das einen organisierten Gepäcktransport für kürzere Strecken oder für Fernwanderer anbietet. Wünschen Sie unbedingt einen Gepäcktransport, sollten Sie mit den Touristeninformationen bzw. mit den Unterkünften vor Ort sprechen. Einzelne Unterkünfte oder Taxiunternehmen würden möglicherweise durch diese Anfrage ein solches Angebot (gegen Bezahlung) schaffen.

Essen, Trinken, Einkaufen

Wer sich jeden Tag körperlich verausgabt, braucht dafür auch eine energiereiche Kost. Die gutbürgerliche Küche in den Gasthöfen lässt da keine Wünsche offen. Nur Vegetarier und Veganer haben es zuweilen schwerer, wenn es keine eigenen Menüs gibt. Viele Köche verwenden einheimische Produkte und kochen selbst - das erkennt man am Geschmack. Für die tägliche Wanderung benötigen wir ausreichend Wasser, das wir unterwegs eher selten, manchmal an Quellen auffüllen können. Alle anderen Getränke verstärken nur den Durst. Die Tourenbeschreibungen sagen aus, ob und wann eine Einkehr kommt. Eine kleine Essensreserve (Apfel, Keks oder Müsliriegel) für einen neuerlichen Energieschub vor dem nächsten Anstieg ist zu empfehlen. Sollte unterwegs keine Einkehr sein, sollten wir uns beim Frühstück ein Picknick machen. Meist haben die Wirte nichts dagegen und bringen noch eine Tüte zum Einpacken. Wenn doch, vereinbaren wir selbstverständlich einen Preis. Bei jeder Tour haben wir die Einkaufsmöglichkeiten aufgelistet. Es wird sich auszahlen, wenn man ein paar Tage vorausliest. Dann kann man gut haushalten und seine Vorräte planen. Noch ein Tipp: Durch manche Orte kommen zu festen Zeiten Bäcker-, Eis- und Fleischerautos. Erkundigen Sie sich danach im Ort. Noch eine Bitte: Am Grünen Band fährt kein Müllauto. Bitte nehmen Sie Ihre Reste mit in die nächste Unterkunft. So erhalten Sie die Schönheit und die Gesundheit der Natur.

Wandern mit Kindern

Kinder machen bei Wanderungen, insbesondere bei Fernwanderungen, großartige Erfahrungen und erhalten damit Rüstzeug für ihr ganzes Leben. Deshalb empfehlen wir, Kinder schon von klein an auf Wanderungen mitzunehmen. Für Wanderungen am Grünen Band spielt die Wandererfahrung, die Ausdauer und die Trittsicherheit Ihres Kindes eine entscheidende Rolle. So eignen sich lange Strecken über Lochplatten mit wenig Abwechslung für Kinder unter 10 Jahren nur bedingt. Wir empfehlen deshalb, die Tourenbeschreibungen von Anfang bis Ende gut zu prüfen, ob das was für Ihr Kind wäre und eine gemeinsame Testwanderung auf Lochplatten zu machen. Gut eignen sich Touren, die nicht zu lang sind, unterwegs Einkehrmöglichkeiten und Streckenalternativen anbieten. Planen

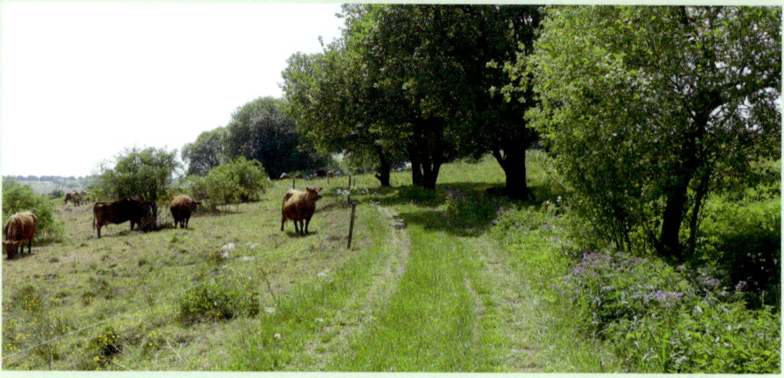

Der Kolonnenweg ist meist gut zu erkennen

Sie Zeit für Pausen ein. Schaffen Sie unterwegs Anreize, wenn die Motivation sinkt. Bei der Wahl der Tour sollten die Kondition, die Erfahrung und die Ausrüstung der Kinder genauso kritisch betrachtet werden wie bei Erwachsenen. Auch Kinder brauchen ordentliche Wanderschuhe, die über die Knöchel reichen. Entsprechend der Voraussetzungen können dann leichte, mittlere oder auch schwere Touren ausgewählt werden. Starten Sie leicht und beobachten Sie, wie das Kind mit schwierigeren Anforderungen zurechtkommt.

Wandern mit Tieren

Wer hier nur an den Hund denkt, wird sich wundern. Auch Wandertouren mit Pferden, Esel und Alpaka über mehrere Tage haben Tierfreunde am Grünen Band schon gewagt. Wenn Sie so etwas vorhaben, erkundigen Sie sich einfach bei der angestrebten Unterkunft, ob Ihr Tier mit unterkommt oder wo Sie es sicher lassen können und wie Sie die Verpflegung sicherstellen. Meist befinden wir uns auf dem Lande, da geht manchmal mehr, als man denkt.

Für Hunde sind allerdings die Lochplattenwege nicht so gut geeignet und nur für große Pfoten gut zu bewandern.

Wegmarkierung

Das Grüne Band ist bisher sehr unterschiedlich bis gar nicht ausgeschildert. Sie finden in den Tourenbeschreibungen detaillierte Angaben zu den örtlichen Wegmarkierungen und wir haben versucht, mit unserer Tourenbeschreibung alle Zweifel aus dem Weg zu räumen. Manchmal führt unser Weg über andere lokale oder Fernwanderwege, wie den Saale-Orla-Weg oder den Hochrhöner. Allerdings folgt er ihnen nie komplett. Unterwegs finden Sie auch andere Bezeichnungen für das Grüne Band, so zum Beispiel Grenzweg, Grenzlandweg. Sie weisen auf lokale Ausschilderungen hin. Orientieren Sie sich am besten an unserer Beschreibung.

Eine sichere Markierung bietet der Plattenweg selbst. An seiner linken Seite (wenn man von Süd nach Nord läuft) liegt immer die Grenze und hier erkennt man meist den ehemals geharkten Feldstreifen mit dem Sperrgraben. Es gibt aber auch Zuwege zum Plattenweg, die aus Lochplatten bestehen. Die kann man nicht verwechseln, wenn man bei dem Links-Prinzip bleibt: Zuwege können immer nur von rechts kommen.

Telefonieren

Das Telefonieren kann am Grünen Band zur Herausforderung werden, denn nicht überall haben wir Empfang. Wer Ruhe und Entschleunigung sucht, kann dafür dankbar sein. Allerdings empfehlen wir, ein Handy für Notfälle und Reservierungen dabei zu haben.

Gefahren, Notfall, Verhalten unterwegs

Notruf Polizei: 110 (jegliche Gefahr, Verbrechen, Sonstiges)
Notruf Feuerwehr: 112 (Krankenwagen)
Am Grünen Band werden immer noch Minen vermisst und die zuletzt gefundenen waren nach wie vor aktiv. Es gab verschiedene Minentypen. Die am häufigsten verlegten Minen sehen aus wie kleine runde schwarze Seifendosen im Durchmesser von etwa neun Zentimetern und einer Höhe von ca. 3,5 Zentimetern. Sie werden durch Berührung mit Gewicht (Drauftreten) ausgelöst. Beim Finden einer Mine diese keinesfalls berühren, den Standort als Gefahr markieren und bei der Polizei melden. Wir empfehlen, auf den Wegen zu bleiben.

Die Begegnung mit Tieren kann in seltenen Fällen gefährlich sein. Meist sind sie scheu oder neugierig, aber nicht aggressiv. Verhalten Sie sich ruhig und versuchen Sie die Situation einzuschätzen: Wirkt das Tier bedrohlich oder interessiert? Normale Schaf-, Ziegen- und Kuhherden tun Ihnen in der Regel nichts. Vorsicht bei Muttertieren und Hütehunden! Sollten Sie sich mit einer Herde in einer Umzäunung befinden, entfernen Sie sich sicherheitshalber hinter den Zaun. Behalten Sie beim Weggehen die Tiere im Auge und kehren Sie nicht den Rücken zu. Lautes Schreien hilft, die Tiere zu verscheuchen.

Wetterbedingte Gefahren können durch Gewitter, starke Stürme, abrutschende Hänge oder Steinschlag entstehen. Versuchen Sie in solchen Situationen, den Wald und das Gelände zu verlassen und ein sicheres Dach über den Kopf zu bekommen. Achten Sie auf Bewegungen und Geräusche im Gelände.

Egal wie erfahren oder unerfahren Sie beim Wandern sind, jeder von uns kann sich verletzen oder in eine andere Notsituation geraten oder Zeuge eines Notfalls werden und muss darauf reagieren. Wenn Sie von einem Notfall betroffen sind, beruhigen Sie sich zuerst und bewahren Sie einen kühlen Kopf. Panik hilft nicht weiter. Testen Sie die Schwere der Verletzung. Machen Sie durch lautes Rufen auf sich aufmerksam. Versuchen Sie, Ihren Standort genau zu lokalisieren. Prüfen Sie auf der Wanderkarte, ob sich in der Nähe eine Straße, ein Parkplatz, ein Haus oder ähnliches befindet. Nutzen Sie Ihr Handy. Lassen Sie eine eventuell verletzte bzw. betroffene Person nicht allein. Sprechen Sie mit ihr und decken Sie sie unter Umständen zu.

Wanderkarten

Alle Kartenausschnitte, die für die Tour benötigt werden, sind im Wanderführer abgedruckt. Sie sind jeweils den einzelnen Touren zugeordnet. Das spart Gepäck. Dazu gibt es eine Überblickskarte. Wer dennoch gern Wanderkarten mitnehmen möchte, findet die Angaben im dazugehörigen Serviceteil der einzelnen Touren. Wir haben dort die Nummern der Wanderkarten der Topographischen Karten (Maßstab: 1:50 000) der jeweils zuständigen Vermessungsämter und weitere Wanderkarten angegeben. Manchmal benötigt man für eine Tour zwei Karten. Nicht immer waren die Karten auf dem neusten Stand. Den aber haben wir in unseren Karten berücksichtigt. Sollten Sie Abweichungen entdecken, geben Sie uns gern Bescheid.

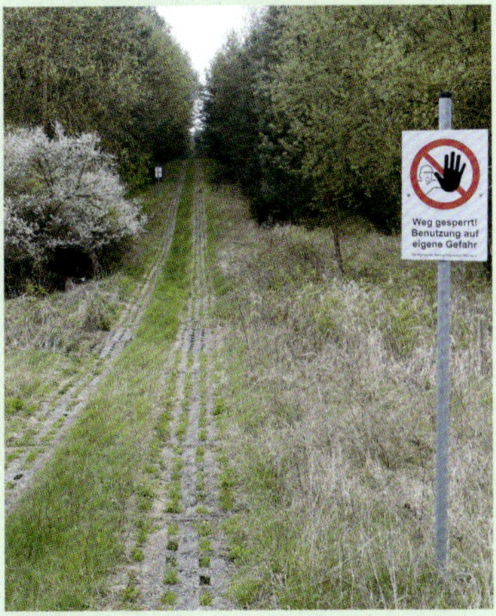

An manchen Stellen ist Vorsicht geboten

»... man kann einen Menschen aus der Heimat vertreiben, aber nicht die Heimat aus dem Menschen«

Kunstprojekt ›Deutsche Einheit‹

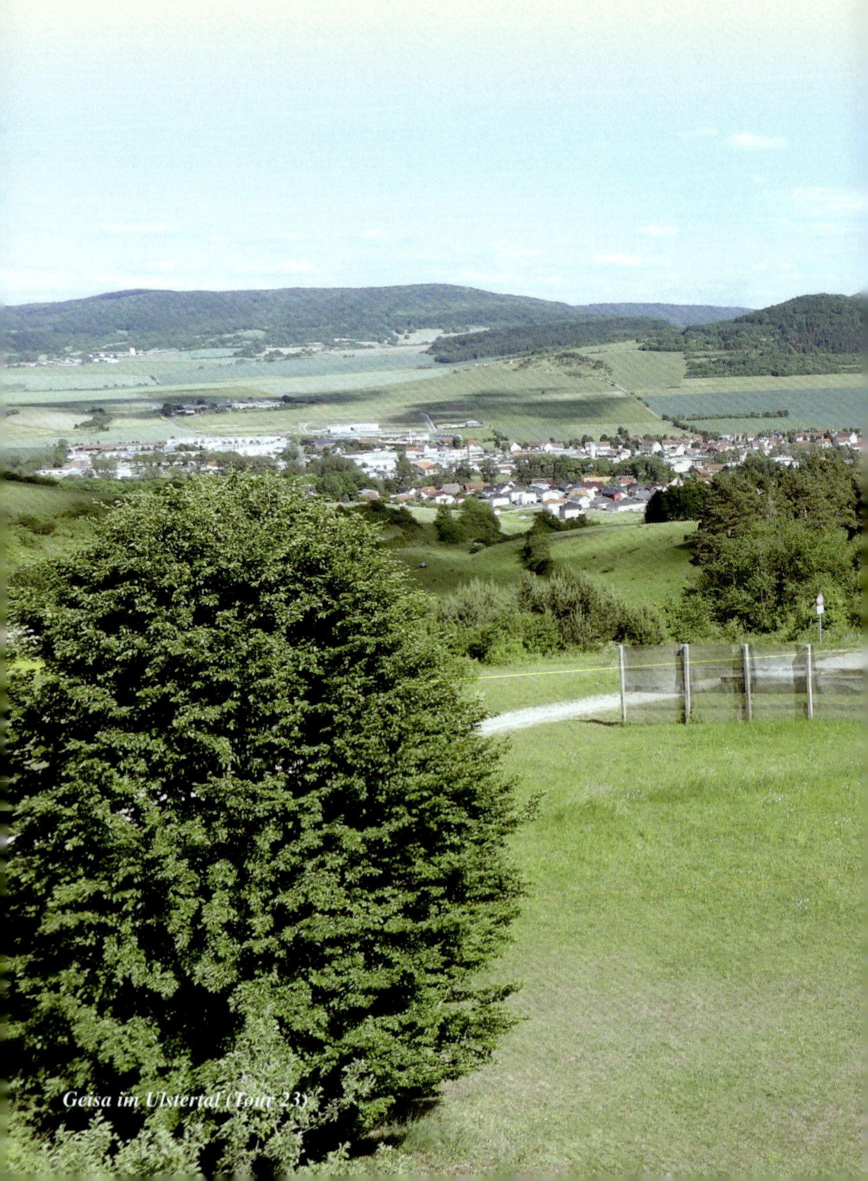

Geisa im Ulstertal (Tour 23)

WANDERBESCHREIBUNGEN

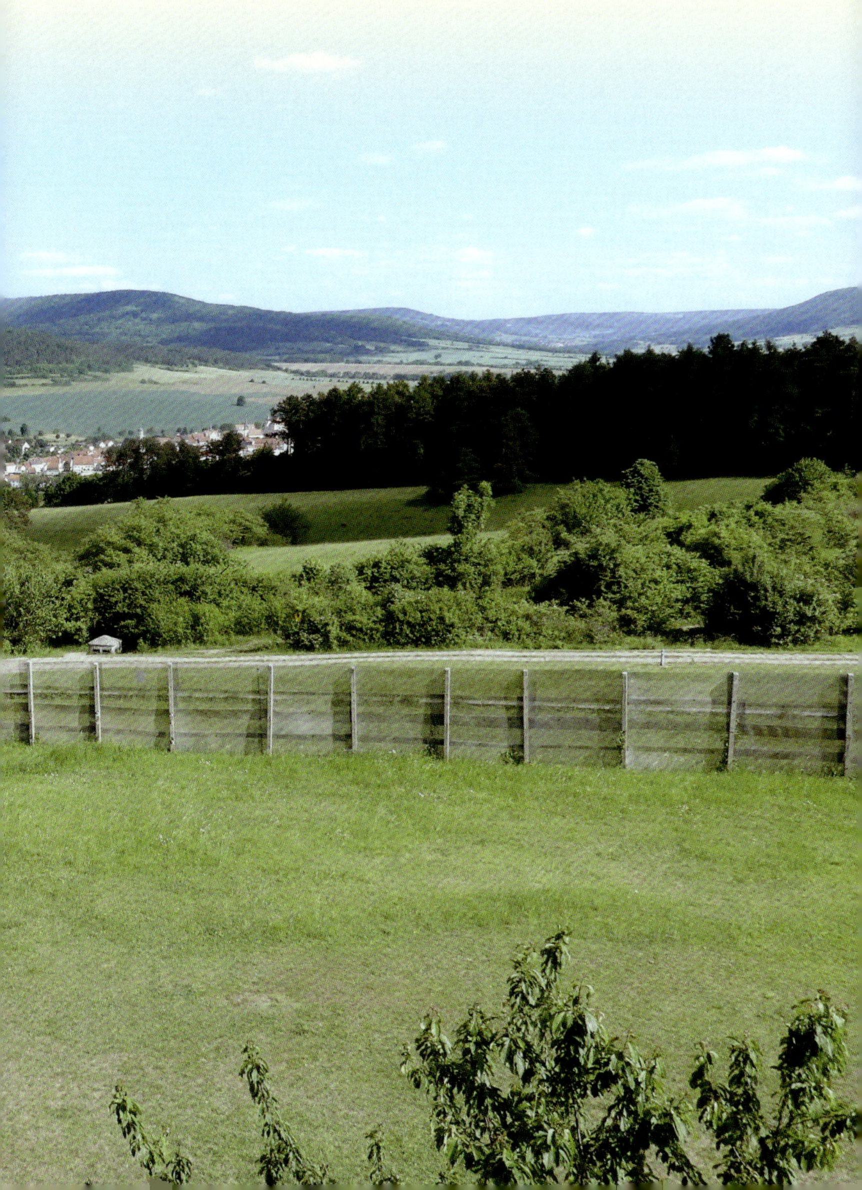

Königlicher Auftakt

➲ Tour 1: Von Bad Elster nach Hranice

›› 6 km/2 Std.

Kurzcharakteristik

Bad Elster bietet uns für unsere Wanderung am Grünen Band einen königlichen Auftakt. So können wir hierher in Ruhe anreisen, ein kulturelles oder gesundheitliches Highlight mit einer Stadtbesichtigung verknüpfen und entspannt die erste Nacht verbringen. Wenn wir es aber nicht erwarten können und die Pension in Hranice geöffnet ist, machen wir uns noch am gleichen Tag auf den Weg und erreichen Hranice (Roßbach) nach zwei Stunden hinter dem Kuhberg und jenseits der deutsch-tschechischen Grenze.

Wegebeschaffenheit: gut zu gehende Waldwege, asphaltierte Nebenstraßen
Markierung: grünes Dreieck auf dem Kuhbergweg, ab der Grenze: blauer Strich
Schwierigkeit: mittel
Wanderkarten: LVG Bayern UK 50-5 Hof–Selb–As 1:50 000
Einkauf: Supermarkt in Bad Elster, Geschäfte in den Kolonnaden am Badeplatz in Bad Elster und Lebensmittelgeschäft in der Ortsmitte von Hranice
Einkehr: diverse in Bad Elster, Husova-Pizza an der Hauptstraße hinter der Ortsmitte in Hranice, Biergarten der Pension Kim in Hranice.
Teilstrecken: keine
Besondere Tourhinweise: **Achtung**! Zurzeit (2020) ist die **Pension Kim in Hranice geschlossen, die Wiedereröffnung steht noch nicht fest**. Eine Möglichkeit wäre, zeitig in Bad Elster loszugehen und die 1. und 2. Tour zusammenzulegen. Wenn Ihnen das zu lang ist, nehmen Sie ein Taxi bis zur Grenze oder bis nach Hranice und gehen von dort los.

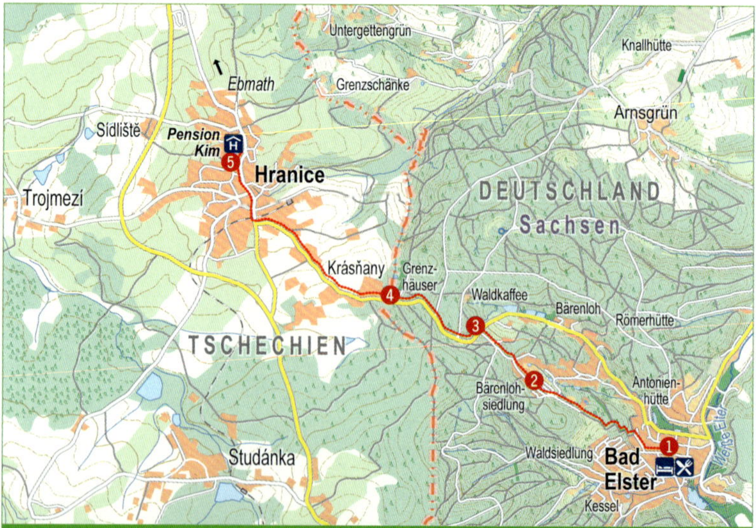

Tour 1: Bad Elster–Hranice

Streckenverlauf

Wir beginnen unsere Wanderung in **Bad Elster am Kirchplatz** vor der Evangelischen Trinitatiskirche. Ihre schöne grünrote Fassade wurde 2015 umfassend saniert. Wer noch einen Blick hineinwirft, beachte die Fotos im Fenster auf der linken Seite. Sie zeigen den zu klein gewordenen Vorgängerbau und die damalige Gestaltung der Umgebung.

Mit der Kirche im Rücken laufen wir die Hagerstraße leicht aufwärts und biegen hinterm Edeka auf den ersten rechten Fußweg, den Kuhbergweg ab. Nach dem Ende der Asphaltierung biegen wir wenige Meter später nach links ab auf den Wanderweg (Achtung schwer zu erkennen!) und folgen ihm und dem Wanderzeichen ›Grünes Dreieck‹ nun in Kehren hinauf in den Wald. Wir kommen an einer Informationstafel mit Bank vorbei und erreichen als Nächstes die Bärenlohsiedlung, die wir geradeaus durchqueren und am Ende links aufwärts – auf dem Kuhbergweg – in den Wald verlassen.

Dann erreichen wir die asphaltierte **Untere Bärenlohstraße** und folgen ihr links hinauf bis zur **Grenze** auf 624 m Höhe. Im tschechischen Zollgebäude befindet sich heute ein Heim für Senioren und behinderte Menschen. Als Variante zur beschriebenen Route kann man auch über asphaltierte Nebenstraßen nach Hranice gelangen: Vom Badeplatz folgen wir der Lindenstraße, die in die Roßbacher Straße und schließlich in die Untere Bärenloher Straße übergeht. Auf dieser wandern wir bis zur deutsch-tschechischen Grenze. Weiter geht es dann auf der Hauptroute. Das deutsche Gebäude steht zum Verkauf. Unser Weg führt nun mit dem Wanderzeichen ›Blauer Strich‹ zwei Kilometer auf der Straße und geradeaus in die **Stadt Hranice** hinein.

Wir biegen rechts ab, unterqueren eine Bahnbrücke und folgen der Hauptstraße

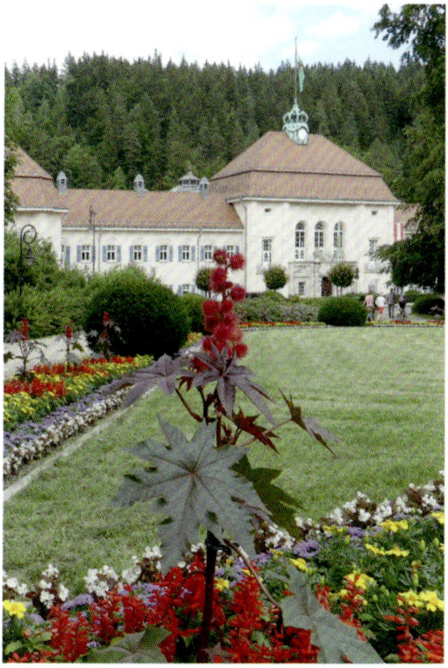

Das Albertbad in Bad Elster

weiter geradeaus. Bald erreichen wir die neu gestaltete **Ortsmitte** mit Lebensmittelmarkt und dem weißen Pferd als Wahrzeichen für Hranice, das lange Zeit ›Roßbach‹ hieß. Hinter dem Pferd steht eine Etage höher die sehenswerte evangelische **Kirche St. Martin** (Schlüssel im links daneben stehenden Haus beim Küster). Sie entstand 1492 aus einer kleinen Kapelle. Ab 1710 schnitzte Johann Simon Zeitler aus Grün (Doubrava) die heute zu sehende Innenausstattung. Interessant ist auch der **Friedhof**. Die vielen deutschen und nicht-tschechischen Namen weisen auf die vielfältige Herkunft, Sprachen und Kulturen der lokalen Bevölkerung hin. Auch heute noch leben in Hranice Tschechen, Sudentendeutsche, Ukrainer und mindestens eine Engländerin. Um zur **Pension Kim**, der einzigen Pension im Ortzu gelangen, gehen wir die Hauptstraße weiter aufwärts bis zum übernächsten Platz, wo wir das Haus linker Hand nicht übersehen können.

Roßbach oder Hranice?

Hranice hieß die meiste Zeit seiner Existenz Roßbach. Nach dem Zweiten Weltkrieg und der Aussiedlung vieler Sudetendeutscher war der deutsche Ortsname politisch nicht mehr erwünscht, sodass man sich für Hranice entschied, der in deutscher Übersetzung schlicht ›Grenze‹ bedeutet. Das Wahrzeichen des Ortes ist dennoch das weiße Ross geblieben. Es erinnert daran, dass für Reisende auf ihrer langen beschwerlichen Reise nach Rom der Bach lebensnotwendig für Mensch und Tier war und als Pferdetränke genutzt wurde. Während im Mittelalter die Bürger im einst reichen Roßbach vor allem von der Leinenweberei lebten, entwickelte sich im 18. Jahrhundert die Textilproduktion mit dem Einsatz mechanischer Webstühle rasant weiter. Allerdings war die lokale Randlage ungünstig für den Transport und die guten wirtschaftlichen Zeiten verebbten. Heute existieren in und um Hranice wieder wichtige Produktionsstätten, zum Beispiel zur Produktveredelung in der Glas- und Automobilindustrie und im Maschinenbau. Leider profitiert der Ort nur teilweise davon, da die Arbeiter zur Arbeit per Bus gebracht werden und sich nicht ansiedeln.

Königlich-sächsisch baden und chursächsisch genießen

Bad Elster wurde 1324 erstmalig urkundlich erwähnt und gelangte durch die vorhandene Heilquelle, die 1669 medizinisch untersucht wurde, zu großer Berühmtheit. Mit seinen heute elf mineralischen Heilquellen und dem gesundheitsfördernden Naturmoor zählt der Kurort bis heute zu den renommiertesten Heilbädern Deutschlands. 1795 soll Johann Wolfgang von Goethe von der Quelle für sein Epos ›Hermann und Dorothea‹ inspiriert worden sein. Etwa 20 Jahre später wurden ab 1818 die ersten ›Curen‹ angeboten und 1848 wurde Bad Elster der Titel ›Königlich Sächsisches Staatsbad‹ verliehen. Neben den ersten Curen entstand etwa gleichzeitig ein für diese kleine Stadt beachtliches Kulturangebot. So wurde 1817 die Chursächsische Philharmonie gegründet, die Bad Elster einen weiteren Titel, nämlich ›Chursächsische Kultur- und Festspielstadt‹ einbrachte.

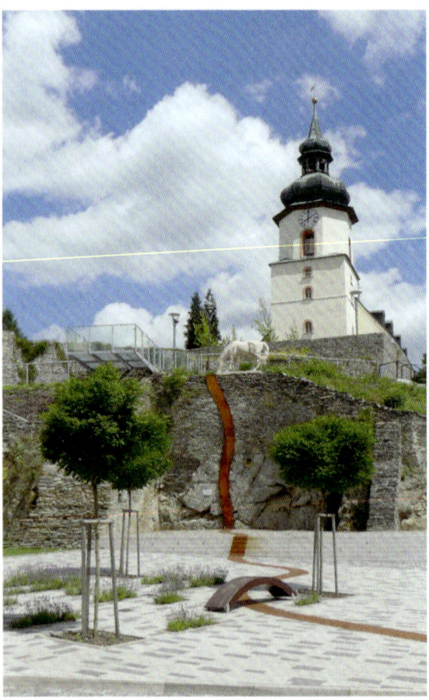

Ortsmitte von Hranice mit St. Martin

▲ Karte S. 42

Heute verfügt Bad Elster über sieben historische Veranstaltungsstätten, das König Albert Theater, das Königliche Kurhaus, die KunstWandelhalle, das NaturTheater und drei Musikpavillions, die sich in den verschiedenen Parks befinden. Jährlich veranstaltet die Chursächsische Veranstaltungsgesellschaft etwa 1000 Kulturveranstaltungen mit internationalen Stars in den verschiedensten Genres. Es lohnt sich mit Sicherheit, eine davon am Vorabend unserer Wanderung zu besuchen. Vorher sollten wir aber auf einen Schluck aus der Moritz- und Marienquelle nicht verzichten und dem Sächsischen Bademuseum einen Besuch abstatten. Danach können wir in der Sole des 1909/1910 im Jugendstil errichteten Albert-Bades schweben und uns vom Alltag entspannt auf die kommenden Wandertage auf naturkundlichen Pfaden und historischen Spuren einstimmen. Wer noch nicht genug hat, der kann den Abend am Ufer des Louisa-Sees, dem sogenannten Gondelteich, genießen.

Tour 1

Touristeninformation Bad Elster, Tel. 037437/53900, täglich 10–12.30, 13.30–18 Uhr, Badstraße 25, 08645 Bad Elster.
touristinfo@badelster.de
www.badelster.de
Gemeinde Hranice, Tel. 0042/354/599951, U Pošty 182, 35124 Hranice.
info@mestohranice.cz
www.mestohranice.cz.

An-/Abfahrt Bad Elster: Vogtlandbahn bis Bad Elster, vom Bahnhof 2,1 km zu Fuß durch den Wald oder Vogtlandbahn bis Adorf und dann Bus Nr. 9 Richtung Cheb nach Bad Elster-Rosengarten (Innenstadt), Tel. 037600/777642
www.vogtlandbahn.de
Taxi von Bad Elster nach Hranice: Gästetransfer Schimmer-Tours, Ascherstraße 23a, Tel. 037437/2577
www.schimmer-tours.de
An-/Abfahrt Hranice: Bahnstrecke Cheb–Hranice v Cechach

Pension Kim, Husova nam. 156, 35124 Hranice u Ase, Tschechien.
www.pensionkim.xf.cz
(zuletzt geschlossen)

Rundweg in Hranice: In Hranice lohnt sich ein etwa 30-minütiger Rundweg zum Denkmal für den am 5. März 1945 abgestürzten englischen Bomber und seine siebenköpfige Besatzung. Wir gehen gegenüber der Pension den Berg hoch, geradeaus über die Felder, in den Wald, leicht abwärts. Am nächsten Querweg geht es nach links. Er endet am Waldrand an dem Rast und Gedenkplatz mit Tisch, Bänken, Infos und Kunst zum Anfassen. Zurück nehmen wir erst den gleichen Weg, bleiben dann aber immer geradeaus. Wo wir aus dem Wald treten, laufen wir hinüber zu den Häusern und erreichen einen asphaltierten Weg nach rechts, dem wir bis zum Kirchplatz folgen können.

Höhenprofil Tour 1

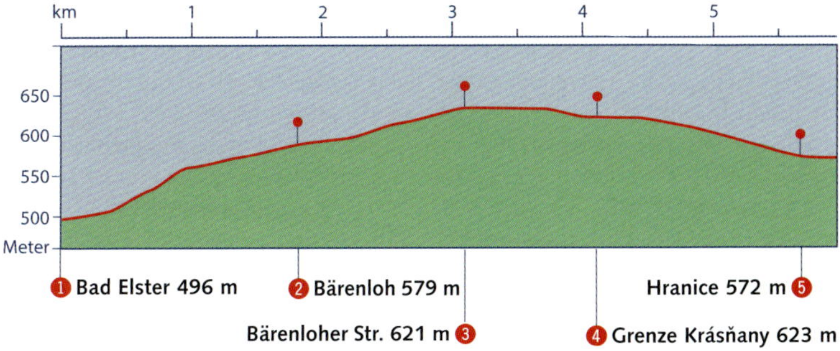

Durch den Ascher Zipfel zum Start am Dreiländereck

Tour 2: Von Hranice (Rossbach) nach Ullitz » 22 km/6 Std.

Kurzcharakteristik

Von Hranice (Rossbach) wandern wir durch den wilden Ascher Zipfel und nähern uns über bunte Felder und durch grüne Wälder dem Dreiländereck der einstigen Königreiche Bayern, Sachsen und Böhmen. In den Grenzbächen Rokytnice, Wolfs- und Zinnbach leben, gut getarnt, seltene Flussperlmuscheln. Nach dem Überschreiten der Grenze folgen wir dem Kolonnenweg zwischen landwirtschaftlich bewirtschafteten Feldern hindurch. Wir passieren mehrere Erinnerungsorte an verschwundene Dörfer und lesen ihre Geschichten. Im Sommer treffen wir auch auf die Herde von Schäfer Michael Ulsamer. Sie frisst uns den Weg frei und hilft der Natur, ihre Vielfalt zu erhalten. In Ullitz an der B 173 enden wir und haben die Qual der Wahl: Hof oder Plauen? Darüber entscheidet wohl der erste Bus, der kommt.

Wegebeschaffenheit: gut zu gehende Waldwege, asphaltierte Nebenstraßen, Kolonnenweg
Markierung: kurzzeitig E3 mit blau-weißem Strich, dann gelber Strich, WSO (Wanderweg zu Schicksalsorten)
Schwierigkeit: leicht, aber lang
Wanderkarten: LVG Bayern UK 50-5 Hof-Selb-As 1:50 000
Einkauf: unterwegs nicht, Lebensmittelgeschäft in Trogen, Hofladen in Großzöbern, diverse Geschäfte in Hof und Plauen
Einkehr: keine in Ullitz und Trogen, diverse in Hof und Plauen
Teilstrecken: keine
Besondere Tourhinweise: Die Etappe ist lang und endet in Ullitz an der sehr befahrenen B 173. Von hier können wir jenseits der Straße zwei Kilometer nach Trogen weiterlaufen. Die Buslinie Nr.21 zwischen Hof und Plauen wurde leider eingestellt. In Richtung Plauen liegt in ca. 6 Minuten Fahrzeit der Ort Großzöbern, wohin man entweder man trampen oder sich von der Unterkunft abholen lassen muss. Details siehe Verkehrsverbindungen.

Streckenverlauf

Hinter der **Pension Kim** laufen wir entweder die unten beschriebene Variante oder aber gleich links die Straße auf die Höhe hinauf. Dort überqueren wir die Umgehungsstraße 217 As-Ebmath und folgen geradeaus dem asphaltierten Weg durch **Sidliste**. Nach einem alleinstehenden Haus rechts und einem malerisch gelegenen Gehöft links laufen wir in eine Senke, wo hinter dem kleinen Bach links ein Weg in den Wald führt, den wir bei schönem Wetter empfehlen und den wir bis zur querenden Straße von Trojmezi wandern. Ist es feucht und nass, bleiben wir an dieser Stelle auf dem asphaltierten Weg. Dieser führt uns unter Kirschbäumen bis zur gleichen Stelle in Trojmezi. Unterwegs kommen wir nach insgesamt 30 Minuten Wegezeit an einem Denkmal für den Ort **Gottmannsgrün** vorbei. Von den ca. 900 Einwohnern, den Häusern und dem regen kulturellen Leben ist heute nichts mehr zu sehen. Nur das Kriegerdenkmal und die große Kastanie sind stehen geblieben. Nachdem die sudetendeutsche Bevölkerung nach dem Zweiten Weltkrieg vertrieben worden war, zerfiel der Ort, weil sich niemand ansiedeln wollte. Mitte der 1960er Jah-

▸ Karte S. 48/49

re wurde schließlich als letztes Gebäude die Schule abgerissen, die direkt an dem Denkmal gestanden hat.
Nach den ersten Häusern von Trojmezi, das selbst weiter links liegt, gehen wir rechts und sind nun auf dem Weg in **Richtung Tristati** (Dreiländereck)/St. Hranice (Grenzstation). Geradeaus geht es, oberhalb des **Baches Rokytnice** entlang. Wir kommen zu einem Naturlehrpfad. Mal geht es am Wald entlang, mal durch Felder mit herrlichen Ausblicken. Eschen, Birken, Kiefern, gelbes Johanniskraut und rote Vogelbeeren grüßen uns von den Seiten. An den Haltepunkten erfahren wir etwas über das frühere Leben der Sudetendeutschen in dieser Gegend, das bis Anfang der 1950er Jahre noch lebendig existierte. Kurz vor dem Dreiländereck kommen wir zum **Kaiserhammer**, der 40 Jahre nicht betreten werden durfte. Hier steht ein altes Sühnekreuz als Zeuge dafür, dass die Schuldigen eines Verbrechens, das durch ein Duell zwischen zwei Offizieren ausgetragen wurde, ihre Sünden abgearbeitet haben. Der Sündige musste nach altem Sühnerecht dieses Kreuz anfertigen.
Kurz darauf präsentiert sich uns schon das **Dreiländereck** (538 m) in einem herrlichen grünen Kleid. Ein ausgiebiger Rastplatz mit Infotafeln über die verschiedenen Grenzsteine und drei Klohäuschen gehören dazu. Die Grenzsteine zeigen an, wo wir uns gerade befinden, und so folgen wir dem Holzbohlenweg über den Bach Rokytnice auf die andere, die sächsische Seite. Die hier und im Wolfs- und Zinnbach vorkommenden Flussperlmuscheln werden wir aufgrund der zugewachsenen Bäche und ihrer eigenen perfekten Tarnung kaum entdecken. Wir verlassen den schönen Ort und folgen dem blau-weißen Strich, dem Europawanderweg E3. Achtung, es geht übers Feld zu einer Bank hinauf, dann wieder übers Feld und durch einen kleinen Birkenhain. Dahinter wartet auf uns das erste Stück auf dem Plattenweg, dem Patrouillenweg der DDR-Grenzbeamten. Dieser wurde hier zur absoluten Sicherheit auch noch etwa 50 km nach Osten, entlang der sächsisch-tschechischen Grenze, verlängert. Dahinter, noch östlicher, war die Grenze zwischen den ›sozialistischen Bruderländern‹ längst nicht so ausgebaut, wie die deutsch-deutsche.
Wir gehen hier nach links in Richtung Hasenreuth. Dann überqueren wir die Straße und laufen leicht rechts versetzt weiter. Wir verlassen den E3 und wandern mit dem gelben Strich, der auch den WSO ›Wanderweg zu Schicksalsorten‹ anzeigt, weiter. Rechts hoch geschaut, sehen wir einen stehengebliebenen Wachturm der DDR-Grenzbefestigung. Dann wandern wir über mal mehr, mal weniger überwachsene Lochplatten durch die weiten Felder in Richtung **Hasenreuth**. Der ganze ehemalige Grenzstreifen steht in Sachsen unter Naturschutz, sodass zahlreiche Kräuter um uns herum duften: Kamille, Arnika, Johanniskraut, Schafgarbe, Wilde Möhre und Lupine. An irgendeiner Stelle werden wir hier mit Sicherheit auch Michael Ulsamer

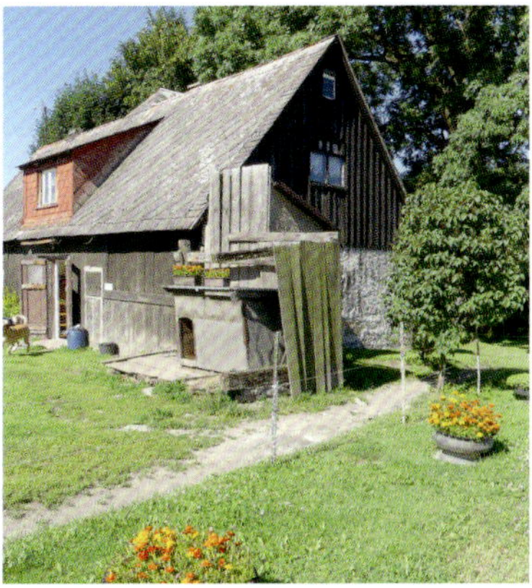

Im Weiler Sidliste

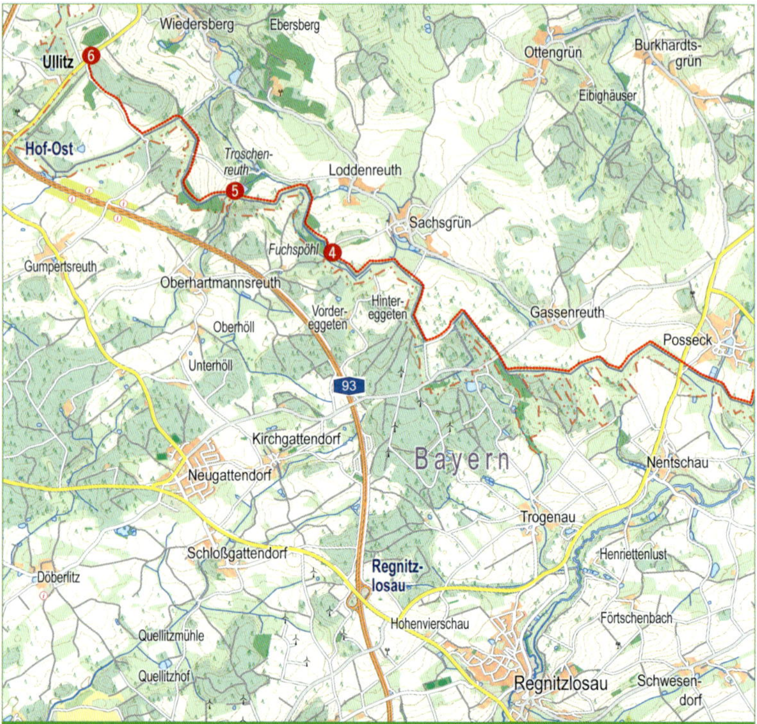

Tour 2: Hranice–Ullitz

mit seiner Schaf- und Ziegenherde und den beiden emsigen Hütehunden treffen. Sie werden sich über die willkommene Abwechslung eines kleinen Schwatzes freuen. Nach Pfarrhübel erreichen wir Hasenreuth, ein ebenfalls unsichtbar gewordenes Gehöft. Brunnen, Erinnerungstafel und Bank zeugen von der Vergangenheit.

Nach einem entspannenden Stück Kiesweg treffen wir wieder auf den Kolonnenweg, an den wir uns schon gewöhnt haben, und gehen rechts. Wir wandern am ca. 250 m entfernten Sachsgrün vorbei und erreichen nach einem kurzen Anstieg am Fuchspöhl eine Bank mit Gedenktafel für den Heimatforscher Prof. Dr. Eduard Johnson, der 1903 hier in der Nähe auf einer Wanderung verstarb. Auf und ab führt unser Weg. Am nächsten Wegekreuz geht es dann links hinab, bis ein steiler Anstieg neben dem rechts liegenden Dorfteich des Ortes **Troschenreuth** beginnt. Mehr ist auch hier nicht übrig geblieben. Der Kolonnenweg bleibt unsere Orientierungslinie, der wir in großen Bögen folgen. Die nächsten rechten Abzweige sind noch nicht unsere.

Erst wenn wir kurz vor Ende unserer Wanderung noch einmal auf die Höhe hinauf gestiegen sind und die Bundesstraße 173 sehen und hören, biegen wir auf den nach rechts gehenden Weg (kein Hinweis) vom Plattenweg ab. An dieser Stelle würde uns auch der Kolonnenweg ans Ziel bringen. Allerdings

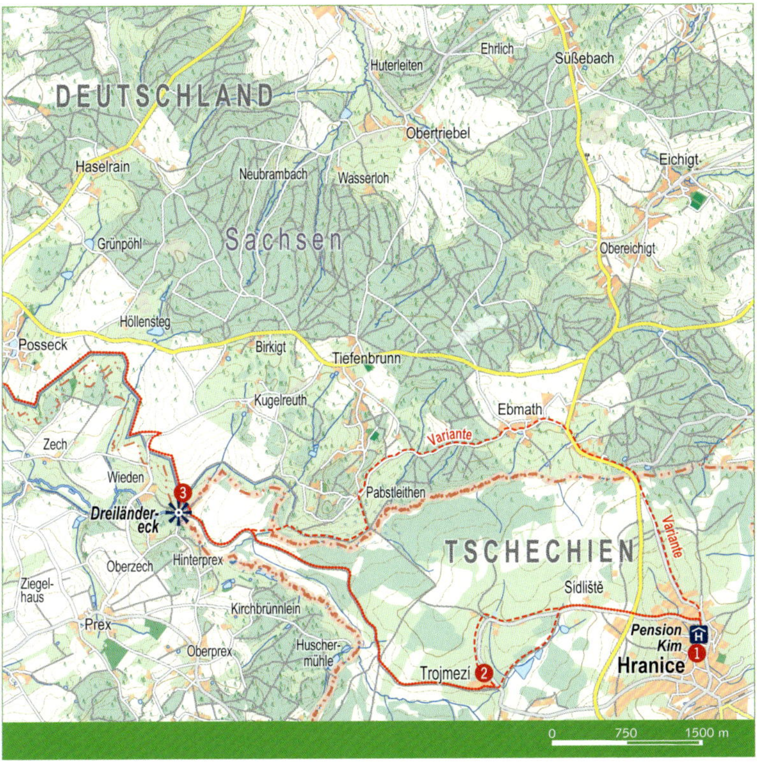

verläuft er in einer großen U-Schleife rund um das vor uns liegende Feld und endet dann kurz vor der Straße wieder auf unserem Weg. Das sparen wir uns und erreichen nach einer weiteren Viertelstunde die Bundesstraße 173 mit den wenigen Häusern von **Ullitz**. Hier endet unser erster Wandertag. Gegenüber kann man noch 2 km weiter nach Trogen laufen (Übernachtung, Lebensmittelladen, keine Gaststätte). Links geht es Richtung Hof, rechts Richtung Großzöbern.

Variante: Zu Beginn können wir statt über Trojmezi auf der Hauptstraße Husova weiter in Richtung Norden zwei Kilometer bis über die Grenze ins sächsischen Ebmath wandern. Am Bratwurst-Imbiss halten wir uns links ins Ortszentrum und am reiterhof wieder links gen Westen und folgen dem Radwanderweg HO-10 durch Wald und Wiese zum Weiler Pabstleithen, der dem Erdboden gleichgemacht wurde. Zwei Kilometer weiter, bald, nachdem der Radweg rechts in die Feldflur hinaufführt, zweigen wir im spitzen Winkel links auf einen Weg übers Feld ab, der zum Kolonnenweg führt, dem wir rechts weiter folgen. Wo dieser nach einem weiteren Kilometer scharf nach rechts abbiegt, folgen wir dem Schild nach links und erreichen nach fünf Minuten zwei Mal übers Feld, in den Wald und über ein Brückchen das Dreiländereck. Von hier gehen wir danach wieder zum Kolonnenweg zurück und folgen der Beschreibung der Hauptroute.

Tour 2

Touristeninformation Plauen, Mai–Okt Mo–Do 10–18, Fr–Sa, 10–16 Uhr, Nov.–April Mo–Do 10–17, Fr–Sa, 10–14 Uhr, Tel. 03741/2911027, Unterer Graben 1, 08523 Plauen. touristinfo@plauen.de, www.plauen.de

Touristeninformation Hof, Mo–Fr 10–17 Uhr, Sa 10–13 Uhr, Tel. 09281/8157777, Ludwigstraße 24, 95028 Hof touristinfo@stadt-hof.de, www.hof.de

Die Buslinie 21 wurde leider eingestellt, sodass man sich in Richtung Großzöbern, Plauen oder Hof abholen lassen muss.

Taxi 3033 von/nach Ullitz-Hof: 09281/3033, 0800/1113033

Pension Anders Großzöbern (zwischen Ullitz und Plauen), Tel. 037436/84243, 0170/9611166, Plauener Landstraße 29, 08538 Großzöbern pension-anders@web.de www.pension-anders.de

Ferienzimmer Grimm Großzöbern, Tel. 037436/2521, 0170/7571742, Plauener Landstraße 14, 08538 Großzöbern.

Ferienwohnung der Agrargenossenschaft Großzöbern, Tel. 037436/2503, Plauener Landstraße 12, 08538 Großzöbern. post@ag-grosszoebern.de www.ag-grosszoebern.de

Zimmer mit Frühstück in Trogen (2 km von Ullitz): Familie Schmidt, Tel. 09281/8330060, 0172/6965111, Hauptstraße 54, 95183 Trogen.

Gästewohnung Salvete, Familie Mitschke/Wandel, Tel. 09281/44215, 09281/42167, Hauptstraße 20, 95183 Trogen.

Zimmervermietung Ute Reimer, Tel. 0151/20024127, Regnitzstraße 36, 95183 Trogen.

Hotel Alte Schule, Tel. 09281/8407890, 0160/7773113, Eggeten 8, 95183 Trogen. alte-schule@live.de

In Hof oder Plauen jeweils schöne Jugendherbergen sowie Unterkünfte in verschiedenen Kategorien.

Hofladen in Großzöbern, Di–Fr 9–18 Uhr, Tel. 037436/12631, Plauener Landstraße 25, 08538 Großzöbern. post@ag-grosszoebern.de www.ag-grosszoebern.de

Sehenswürdigkeiten in Plauen: Altes Rathaus, Rathausturm, Galerie e.o.plauen mit Vogtlandmuseum, Spitzenmuseum und Schaustickerei Plauener Spitze, Weberhäuser, Denkmal zu Friedlichen Revolution 1989 u.a.

Sehenswürdigkeiten in Hof: Altstadt, Franziskanerkloster, Hofer Fernwehpark, Museum Bayrisches Vogtland u.a.

Höhenprofil Tour 2

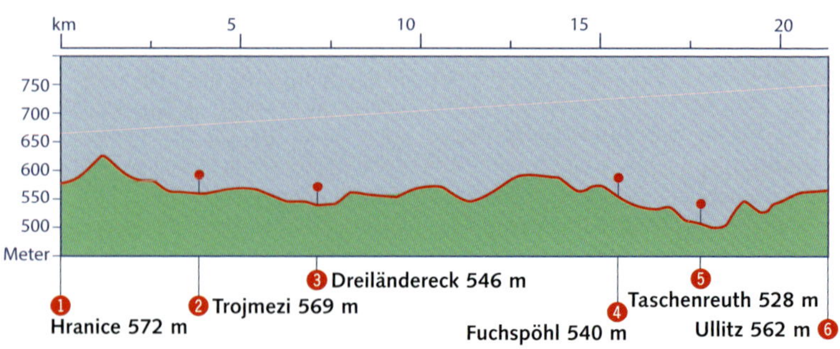

► Karte S. 48/49

Durchs Himmelreich nach Klein-Berlin

➲ Tour 3: Von Ullitz nach Juchhöh » 22 km/6 Std.

Kurzcharakteristik
Mit Blick über das weite Vogtland wandern wir von der geräuschvollen B 173 auf dem Plattenweg ins Naturschutzgebiet ›An der Ullitz‹. Wir kommen mitten durch das stille, für Fauna und Flora aber sehr geschäftige ›Himmelreich‹. Dahinter nehmen die Fahrgeräusche wieder zu, bis wir erst die Autobahn A 72 und dann auch die Bahntrasse hinter uns gelassen haben. Wir genießen die weiten Blicke über die bunten Felder und Wiesen und passieren das Dreiländereck der Freistaaten Sachsen, Bayern und Thüringen. Am Nachmittag erwartet uns die Gedenkstätte Mödlareuth, die uns anschaulich die Geschichte des geteilten Ortes erzählt. Hier, in der räumlichen Enge einer leichten Bachsenke, werden die Bedeutung der Grenze und das Ausmaß der Sicherungsanlagen besonders anschaulich.

Wegebeschaffenheit: Kolonnenweg, Feld- und Waldwege, asphaltierte Nebenstraßen
Markierung: Die Lochplatten sind heute unsere häufigste Orientierung. Zwischendurch treffen wir zusätzlich auf blau-weiße und grün-weiße Striche.
Schwierigkeit: Leicht
Wanderkarten: LVG Bayern UK 50-5 Hof–Selb–As 1:50 000
Einkauf: unterwegs und am Ziel keine Möglichkeit
Einkehr: in Mödlareuth und Juchhöh
Teilstrecken: keine
Besondere Tourhinweise: Am Ortsende von Mödlareuth biegen wir von der Grenze ab, um in dem 2 km entfernten Juchhöh zu übernachten. In Mödlareuth gibt es keine Übernachtungsmöglichkeiten.

■ Streckenverlauf

Wir beginnen unsere Wanderung an der **B 173 in Ullitz**. Dort, wo wir gestern die Straße erreichten, führt unser Weg jenseits, leicht links versetzt, über Lochplatten durch Felder und aufwachsende Natur in das **Naturschutzgebiet ›An der Ullitz‹**. Wir bleiben immer auf dem Kolonnenweg, verlassen bald den Jakobsweg und den E3/Kammweg und wandern am Fuße des Blosenbergs (591 m) entlang.

Als nächstes Ziel erreichen wir das **Himmelreich**, ein Naturschutzgebiet für die hier vorkommenden Feuchtwiesen, Flachmoore, Tümpel und Gräben und die daran angepassten Tier- und Pflanzenarten. Viele gefährdete Arten mit so schönen Namen wie der Wasserfrosch, die Glänzende Binsenjungfer, der Fieberklee, die Einbeere und der Seidelbast finden hier Schutz und Lebensgrundlage.

Erst wird der Wald um uns dichter, dann öffnet er sich und nach etwa einer Stunde Gesamtgehzeit liegt die Autobahn A 72 vor uns. Wir gehen nicht bis zur Autobahn vor, sondern biegen nach Verlassen des Waldes rechts über die Wiese in **Richtung Heinersgrün** ab. Beim Hinabgehen halten wir uns links und steigen links zum Feldweg ab, auf dem wir die **Autobahn unterqueren** können. Dahinter halten wir uns an den Kreuzungen zwei Mal links und kommen zurück zur Autobahn. Nun auf der anderen Seite der tosenden Fernstraße verlassen wir den blau-weißen Strich und laufen rechts auf einem Feldweg parallel zur Fahrbahn

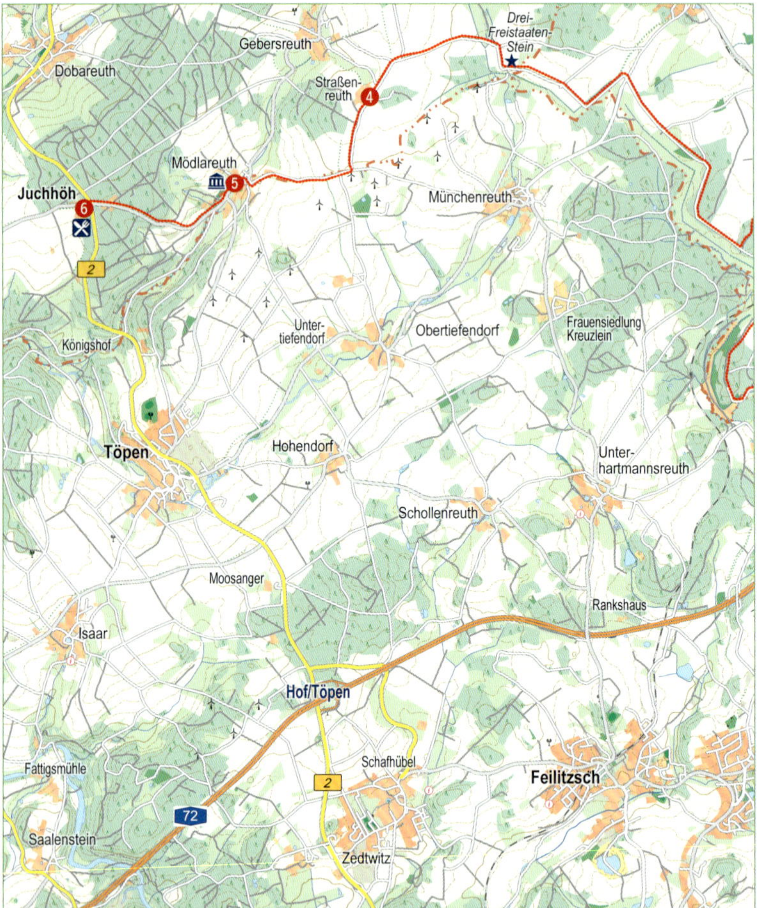

Tour 3: Ullitz–Juchhöh

bis zu der Stelle, wo die Straße den Kolonnenweg verdrängt hat. Hier geht es nun wieder auf Lochplatten rechts in den Wald. Die Geräusche werden schwächer, ein herrliches Wanderstück erwartet uns. Kurz hinter Sachsenwiese sehen wir zum ersten Mal die **Bahntrasse Hof–Plauen**, an der wir noch ca. eine halbe Stunde entlang laufen werden. Statt sie an einer Wiese überqueren zu können, führt unser Weg leicht aufwärts, sodass die Bahn nun unter uns ist. Erst danach, kurz vor Gutenfürst, bleiben wir dort, wo der Kolonnenweg von der Trasse rechts abbiegt, parallel zu den Gleisen, und wandern auf einem Wiesenweg, bis wir die Unterführung nach links erreicht haben. Dahinter gehen wir geradeaus den Hügel hinauf und wandern durch Felder, Wiesen und auf einem mehr oder weniger bewachsenen Grünen Band. Wir erreichen nach ca. 40 Minuten den ersten

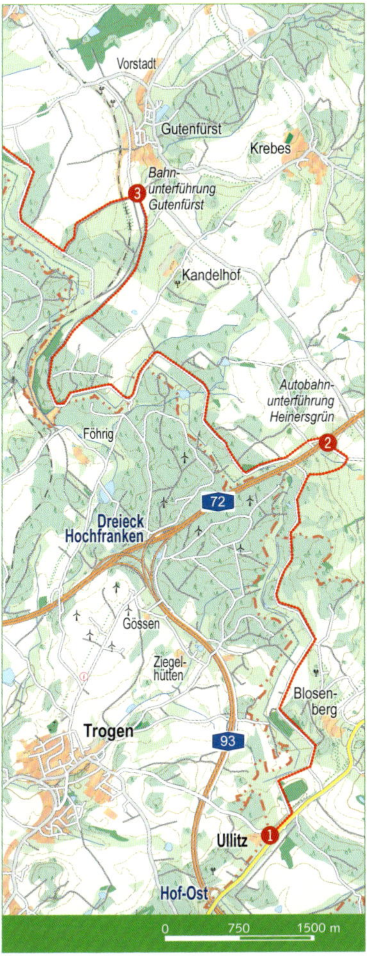

Wegweiser des Tages. Er schickt uns in Begleitung der grün-weißen und der blau-weißen Markierung für den Kammweg zu unserem nächsten Ziel, dem Drei-Freistaaten-Stein.

Oben auf dem Hügel queren wir die **Straße zwischen Münchenreuth und Grobau** und finden einen überdachten Rastplatz. Von hier sind es nun noch 1,6 km bis zum nächsten **Dreiländereck** mit Rastplatz. Fünfzehn Dreiländerecken gibt es in Deutschland, doch nur eines besteht aus drei aneinander grenzenden Freistaaten, nämlich Thüringen – ehemals Fürstentum Reuß (FR) –, Königreich Sachsen (KS) und Königreich Bayern (KB). Am 13.8.1840 wurden mit Bayern und am 23.10.1854 mit Thüringen und Sachsen einvernehmliche Regelungen geschaffen, um die Streitigkeiten zum genauen Grenzverlauf zu beseitigen. Daraufhin wurde auf der Grenze der **Drei-Freistaaten-Stein** aufgestellt, der die Grenzanlagen der DDR unbeschadet überlebte. 2006 wurde die Stelle im Rahmen der Entwicklung des Grünen Bandes umfassend neu gestaltet und am 11. Mai 2007 in einer gemeinsamen Veranstaltung der drei Freistaaten eingeweiht.

Wir verlassen den Stein und kehren zum Weg zurück. Nun folgen wir erst dem blau-weißen Zeichen des Kammweges nach rechts und biegen dann aber dort, wo sich der asphaltierte Weg zwischen zwei Windrädern teilt, links nach **Straßenreuth** ab, das schon vor uns auf der Höhe liegt. Wir durchqueren den kleinen Ort geradeaus.

Die Straße führt uns wieder hinaus, den Hügel hinab. An der bald folgenden Querstraße wenden wir uns nach rechts und wandern nun nach **Mödlareuth** hinab. Wir befinden uns hier auf der bayrischen Seite. Auf dieser Straße reisten zahllose Grenzlandfahrer (ca. 50 000 Menschen alleine in den 1980er Jahren), um sich das geteilte Dorf anzuschauen. In der kleinen Ortsmitte kommen wir an dem **Grenzmuseum** vorbei, das die Geschichte des Ortes und der deutschen Teilung anhand eines Films, Originalfotos und Geschichten erzählt. Sobald wir den Tannbach, den nicht mal fünf Meter breiten Grenzbach erblicken, wissen wir auch, welche der Häuser vierzig Jahre lang in einem anderen Staatssystem, hinter dem ›Eisernen Vorhang‹ lagen.

Um weiter zu wandern und die originalen Grenzanlagen zu besichtigen, überqueren wir die unsichtbar gewordene Grenze über die Bachbrücke. Wir folgen auf der anderen Seite, wo auch eine Gaststätte zum Rasten einlädt, der Straße nach links. Der Weg führt uns geradeaus aus dem Ort hinaus. Bevor sich jedoch die **Straße nach Juchhöh** den Berg hinauf windet, erkennen wir links die Grenzanlagen mit geharktem Boden und Kolonnenweg, wo wir am nächsten Morgen weiter wandern. Nach einem guten Kilometer durch den Wald erreichen wir das kleine Juchhöh mit seinem Gasthof. Gegenüber wohnte von 1797 bis 1799 der damalige Forsteleven Friedrich Fröbel, der spätere Begründer der Kindergärten.

Und plötzlich Klein-Berlin...

Ende Mai 1952: Die Obere Mühle war erst acht Monate zuvor nach ihrer Komplettsanierung eingeweiht worden, da wurde der unscheinbare Tannbach zum Schicksal des Ortes und seiner ca. 50 Bewohner. Der alte Grenzverlauf durch den Tannbach hatte hier jahrzehntelang keine Rolle gespielt und war nie befestigt gewesen. Nun gab es plötzlich ein bayrisches und ein thüringisches Mödlareuth. Ab sofort wurden in großer Geschwindigkeit Grenzanlagen errichtet. Die Obere Mühle wurde weggerissen, alle Bäume in der Ortsmitte gefällt, Menschen ausgesiedelt. Aufgrund der Senklage des Ortes konnte man sich über den Zaun zuwinken – das war aber nicht erlaubt. Die thüringischen Kinder wurden in eine thüringische Schule umgeschult, die Familien gingen ab sofort am Sonntag in einen anderen Gottesdienst. Eine 700 Meter lange und 3 Meter hohe Betonsperrmauer sowie Schlagbaum und Nachtlicht bestimmten nun die Ansicht des Dorfes, das fortan ›Klein-Berlin‹ genannt wurde.

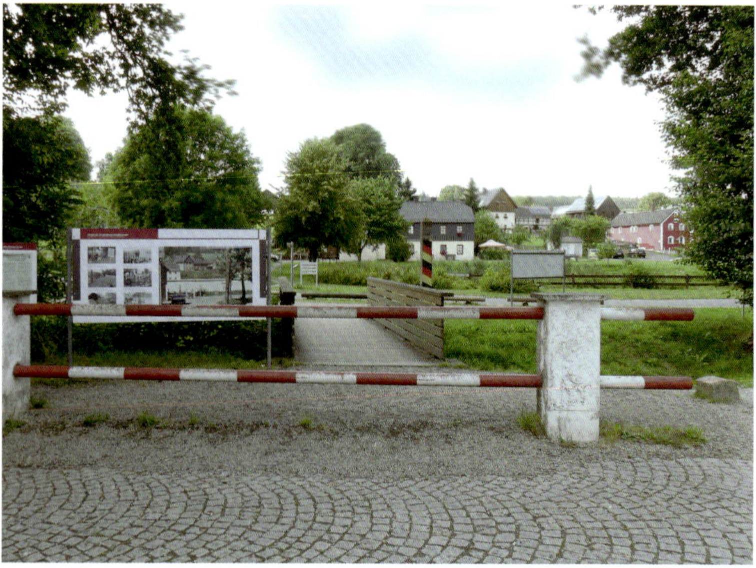

Die Grenze verlief in der Mitte des Tannbachs, über den heute eine Brücke führt

▲ Karte S. 52/53

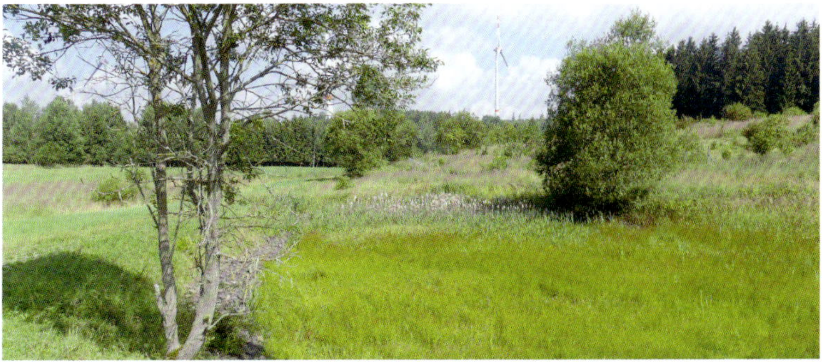

Im Feuchtbiotop Himmelreich

Tour 3

Touristeninformation über Stadtverwaltung Hirschberg, Tel. 036644/4300, Marktstraße 2, 07927 Hirschberg www.stadt-hirschberg-saale.de

An-/Abfahrt Ullitz: Bus 21 von Hof oder Plauen, Oberer Bahnhof; **An-/Abfahrt Juchhöh**: Bus 155 von Schleiz oder Hof

In Juchhöh bietet das Gasthaus keine Übernachtung mehr an. Die nächstgelegene Möglichkeit ist die **Ferienwohnung Albinus in Venzka**, 2 km westlich Richtung Hirschberg, Venzka 9, 07927 Hirschberg Tel. 036644/21301 und 0174/9195955, roland.albinus@gmx.de. Küche vorhanden, Frühstück möglich für 5,- €, Saunabenutzung möglich für 5,- €.

Gasthaus Juchhöh, Tel. 036649/80007, Juchhöh 61, 07927 Juchhöh. gasthaus-juchhoeh@gmx.de
Gaststätte ›Zum Grenzgänger‹, in der ehemalige Schule, Mo–So 10/11–18 Uhr, Winter: Mo, Di Ruhetag, Tel. 036649/79256, Mödlareuth 17, 07926 Mödlareuth (Gefell). zum-grenzgaenger@gmx.de http://zum-grenzgänger.de
Gedenkstätte Mödlareuth: Getränke.

Deutsch-deutsches-Museum Mödlareuth, März–Okt Di–So von 9–18 Uhr, Nov–Feb 9–17 Uhr, Tel. 09295/1334, Mödlareuth 13, 95183 Mödlareuth (Töpen). Dauerausstellung zur deutschen Teilung, Fahrzeuge, Außengelände: Grenzsicherungsanlagen im Dorf. info@museum-moedlareuth.de www.moedlareuth.de

Höhenprofil Tour 3

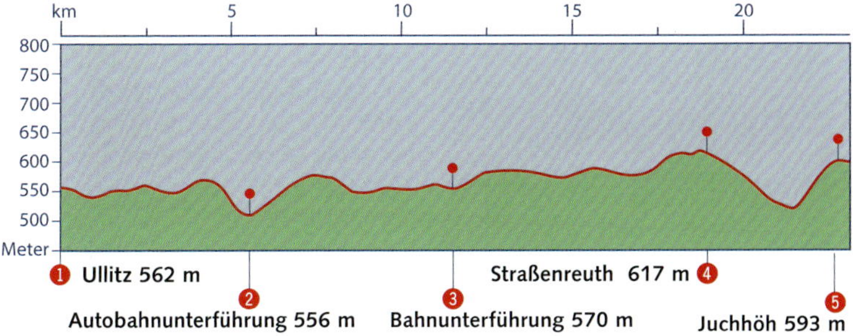

An der Saale grünem Strande

Tour 4: Von Juchhöh nach Blankenstein » 23 km/6,5 Std.

Kurzcharakteristik
Auf dieser abwechslungsreichen Tour begleiten uns die beiden Grenzflüsse Tannbach und Saale durch Wald und Wiesen. Wir kommen an einer Bank vorbei, die es ins Guinessbuch der Rekorde geschafft hat. In Hirschberg lernen wir Heinrich Maximilian Knoch und seine inzwischen abgerissene Lederfabrik kennen. Sie war einst zur Saale durch eine Doppel-Mauer abgeschottet. Hinter Sparnberg wechseln wir mehrfach zwischen der thüringischen und der bayrischen Uferseite hin und her. Wir laben uns an der Saalbachquelle. Bei Pottiga schauen wir von der futuristischen Aussichtsplattform über die Saaleschleifen und die Blumenaumühle. Eine weitere atemberaubende Aussicht bietet sich uns kurz vorm Ziel vom Hochzeitskorb auf das Wanderdrehkreuz Blankenstein.

Wegebeschaffenheit: Kolonnenweg, Feldwege, Naturpfade, asphaltierte Nebenstraßen
Markierung: Wir folgen dem roten Dreieck des Saale-Orla-Weges und zwischendurch dem blau-weißen Kammweg.
Schwierigkeit: mittel, mit ein paar kurzen steilen Anstiegen
Wanderkarten: LVG Bayern UK 50-5 Hof–Selb–As 1:50 000
Einkauf: in Hirschberg und Blankenstein
Einkehr: in Hirschberg, Blankenstein, Blankenberg, Pottiga
Teilstrecken: Juchhöh–Hirschberg (10 km), Hirschberg–Blankenstein (13 km)
Besondere Tourhinweise: Wer sich mehr Zeit nehmen will, kann in Hirschberg übernachten.

Streckenverlauf

Von **Juchhöh** laufen wir zurück in Richtung Mödlareuth die Straße hinab, bis wir kurz vor Ortsbeginn nach rechts in den **Kolonnenweg** einbiegen. Linker Hand ist der originale Grenzaufbau deutlich zu erkennen: Streckmetallzaun, gerodeter, geharkter Ackerstreifen und Kolonnenweg. Dahinter fließt der Tannbach, die eigentliche Grenze. Er wird noch vor Hirschberg in die Sächsische Saale fließen.

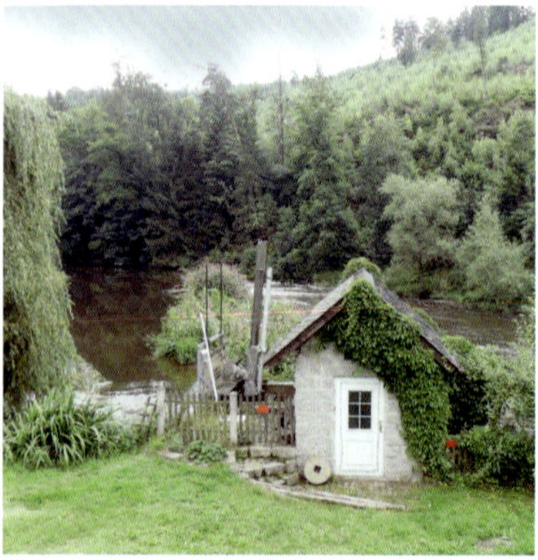

An der Saale bei Sparnberg

▲ Karte S. 58/59

Unsere Wanderung führt uns heute die meiste Zeit auf dem schönen **Saale-Orla-Weg** (Rotes Dreieck) entlang. Nach ca. 25 Minuten durch das Tannbachtal überqueren wir die **Straße Juchhöh–Töpen** leicht rechts hinüber und wandern geradeaus weiter. Zehn Minuten später werden wir von einer Bank mit Tisch in der Nähe der Erinnerungstafel an die 1477 hier erstmals erwähnte Kegelmühle überrascht. Von einer Mühle ist weit und breit nichts zu sehen. 1952 mussten die Bewohner die Mahl- und Schneidemühle verlassen und die Gebäude wurden abge-

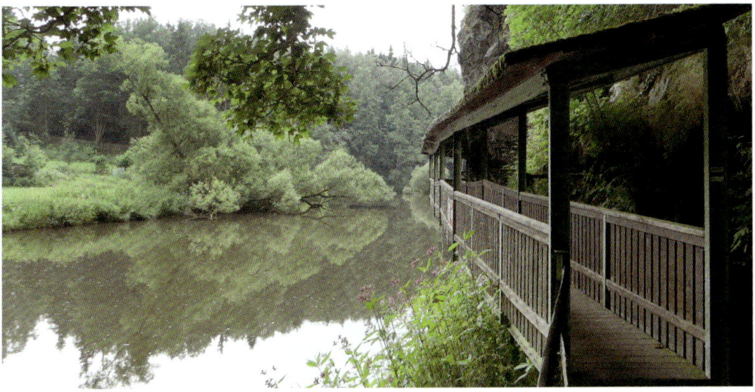

Hängesteeg entlang der Saale

rissen. Die Nachfahren der Besitzer leben heute in Juchhöh und Töpen.

Wir laufen weiter, an einem Abzweig vorbei, der zu einem überdachten Aussichtspunkt führt und erreichen die Höhe. Rechter Hand liegen die ersten Gebäude von **Venzka**. Wir wenden uns nach links. Nach Hirschberg geht es nun weiter im Auf und Ab. Wir umlaufen eine nicht enden wollende Wiese und steigen bald danach im Wald sehr steil an. Oben verlassen wir an einem Abzweig mit Schildern den Kolonnenweg nach links und wandern auf einem schmalen Waldpfad weiter. Hier ist unsere volle Aufmerksamkeit gefragt, denn nach den Lochplatten müssen wir uns erst wieder an den weichen, wurzeligen Waldboden gewöhnen. Wir passieren schöne Aussichten mit Bänken und steigen dann steil abwärts. Am Ende erreichen wir Stufen und überqueren eine hölzerne Brücke. Von hier geht es kurz rechts steil hinauf, bis zur nächsten schon sichtbaren Abzweigung nach links, die uns weiter durch den Wald des Naturschutzgebietes Hag führt.

Unser nächstes Ziel ist die 30,125 m lange ›**Saalbänk**‹, die 97 Sitzplätze bietet und es für ihre Einzigartigkeit 2009 ins Guinessbuch der Rekorde schaffte. Am 25. Mai 1991 wurde das erste Exemplar hier aufgestellt und 2002 durch eine neue Bank ausgetauscht. Für die Bank wurde ein einziger, 130 Jahre alter Baum verwendet. Wir wandern weiter und kommen zu einem Felsvorsprung, in dem sich die Wenzelshöhle verbirgt. Wir überqueren den am Fels befestigten Hängesteg und schauen auf das **Saalewehr** hinab. Hier befindet sich auch eine beliebte Einstiegsstelle für Kanuten. Mit dem Steg biegen wir um die Ecke und sehen die ersten Häuser von Hirschberg vor uns. Über uns wacht auf einem Felsvorsprung der Hirschberger Hirsch.

Wir laufen geradeaus an der Saale auf dem Saale-Orla-Weg weiter und erreichen nach insgesamt etwa zweieinhalb Stunden Wanderung das **ehemalige Bürogebäude der Ledergerberei**, die hier rund herum auf den nun grünen Wiesenflächen unmittelbar an der Grenzmauer stand. Heute ist die Dimension der Fabrik, die das Gelände zwischen Saale und Ort komplett einnahm, kaum noch vorstellbar. Von 1774 bis 1992 war die Gerberei eine der wichtigsten Arbeitgeber in der Region. Heinrich Maximilian Knoch entwickelte ab 1864 die Sohlenlederfabrik seines Vaters mit bis zu tausend

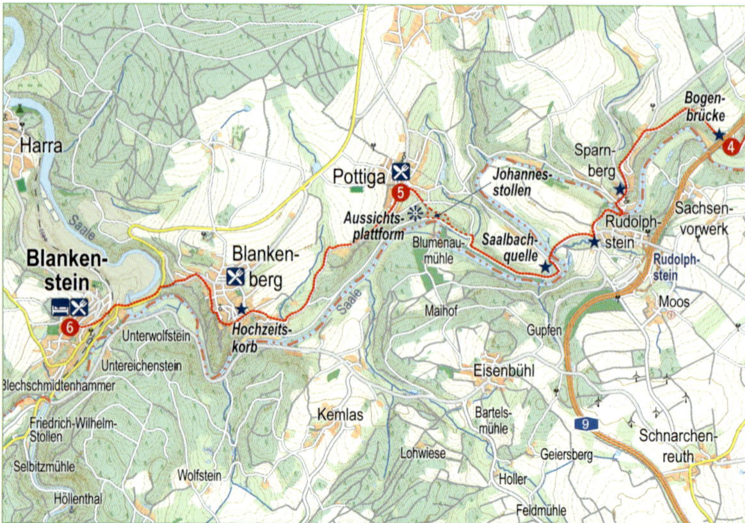

Tour 4: Juchhöh–Blankenstein

Mitarbeitern zu weltweiter Bekanntheit. Diese sehr erfolgreiche Zeit endete 1946 mit der Enteignung und Verstaatlichung des Betriebes, die der Familie Knoch die Existenzgrundlage raubte. Der nun ›volkseigene‹ Betrieb VEB Lederfabrik wurde trotz Sperrzone bis zur Wende weitergeführt. Nach der Wende wurde der Betrieb in eine GmbH umgewandelt und ging doch 1992 in Konkurs. Für 40 Millionen Deutsche Mark wurde zwischen 1993 und 1996 das ganze Gelände abgerissen. Übrig blieben das Direktionsgebäude und eine ganze Reihe verfallener Häuser in Hirschberg. Gegenüber erinnert ein Gedenkstein aus Heberndorfer Granit an das Familienunternehmen. Leider ist das **Museum**, das über die Geschichte der Gerberei und den Alltag an der Grenze berichtet, nur selten geöffnet. Dafür können uns die Außenanlagen auch einiges erzählen. Bänke laden zur Rast ein und der Blick auf Hirschberg wirkt von hier aus freundlicher als vom Saalewehr.

Wir wandern auf dem Saale-Orla-Weg weiter, an der **Grenzbrücke** vorbei und genießen die kurzzeitige Nähe zur Saale. Dann geht es wieder steil bergauf und bergab. Wir folgen den Schildern nach Sparnberg. Wir wandern eine ganze Weile an der deutlich hörbaren, aber nicht sichtbaren Autobahn Berlin–Nürnberg entlang. Dann geht es vermeintlich in die falsche Richtung, doch bald darauf erreichen wir etwa 50 Minuten hinter Hirschberg die hohe doppelte **Bogenbrücke**, auf der die A9 das Saaletal überquert. Wir bleiben geradeaus und unterqueren die Brücken auf dem oberen Weg. Nun wird es steiler, bis wir aus dem Wald hinaustreten und am oberen Ende von **Starnberg** stehen. Wir gehen links die Straße bis zur Kirche hinunter. Hier gibt es einen Briefkasten, eine Bushaltestelle (Rufbus), weiter unten links einen ehemaligen Gasthof und rechts ein Kinderspielareal.

Wir folgen hinterm Gasthof nach links und überqueren die bald sichtbare **Brücke** nach rechts über die Saale von der

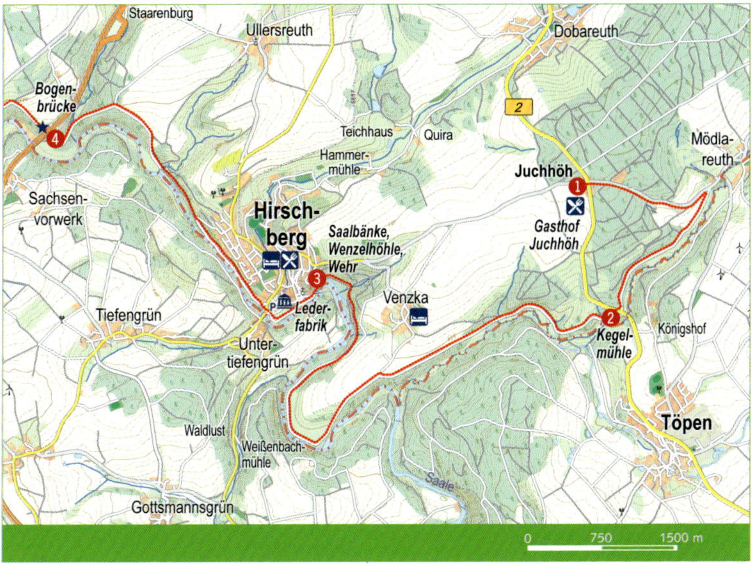

thüringischen auf die bayrische Seite. Ein Blick zurück auf die liebevoll restaurierten Fachwerkhäuser lohnt sich. Hinter der Brücke wandern wir einen Kilometer rechts hinauf ins bayrische **Rudolphstein**. Auch hier war der Dorfgasthof zuletzt geschlossen. Wir durchqueren den Ort und folgen bald hinterm Gasthof dem blauen Strich des Kammwegs auf einer asphaltierten Straße rechts abwärts, an der Kläranlage vorbei. Die Straße endet an der 2005 errichteten blauen Saalbrücke, die wir überqueren. Damit haben wir nun eine Saaleschleife abgekürzt und in kürzester Zeit zwei Grenzen überschritten.

Auf der Thüringer Seite betreten wir das **einstige Gehöft Saalbach**, von dem noch eine Gruft zeugt. In den einst sechs Häusern wohnten bis zur Zwangsaussiedlung 1952 etwa 40 Menschen. Die Gebäude wurden zwischen 1955 und 1960 abgerissen. Die Mineralquelle (Trinkwasser) wurde 1959 entdeckt. Seit Hirschberg sind inzwischen zwei Stunden vergangen.

Nun erwartet uns hinter einem Hirschgehege ein herrliches Stück an der Saale entlang. Am folgenden Wegweiser wandern wir entweder entgegen der Kennzeichnung geradeaus, an der bayrischen **Blumenaumühle** vorbei und auf Höhe der **Grüne-Band-Brücke** nach rechts zum Bergrand mit Stolleneingang der Johanneszeche. Oder wir biegen hier mit dem Saale-Orla-Weg und dem Grüne Band-Zeichen nach rechts ab, nehmen dann am Bergfuß den linken Wanderweg und erreichen in etwa der gleichen Zeit rechts den Stollen und links die Grüne-Band-Brücke.

Ein kurzes Stück folgen wir nun dem Kolonnenweg rechts hinauf und wechseln dann nach rechts auf einen Wiesenpfad, der uns in wenigen Minuten hinauf zur **Aussichtsplattform** bringt. Nach der überwältigenden Aussicht gehen wir auf dem Saale-Orla-Weg nach Pottiga bis zum Marktplatz. Wir folgen von dort dem Saale-Orla-Weg nach links durch die Waldstraße wieder aus dem Ort hinaus. Erst geht es oberhalb der

Saale entlang, dann steigen wir hinauf, hinab und wieder hinauf nach Blankenberg hinüber. Wir kommen an der Kirche und dem Gasthof mit seinem einladenden kinderfreundlichen Garten vorbei und folgen dann dem Kammweg zum Hochzeitskorb. Eine gigantische Aussicht auf Blankenstein und die Schlote der **Zellulosefabrik**, die hier seit 1877 produziert und zum Teil besichtigt werden kann, eröffnet sich uns.

Nach einem kurzen Stück an der Felskante geht es nach rechts wieder in den Ort und dann nach links zur Bahnhofstraße. Der Saale-Orla-Weg biegt hier nach rechts oben ab. Wir halten uns aber abwärts und biegen links auf einen sehr steilen Fußweg ein, der bei Nässe rutschig sein kann. Nun sind es nur noch sieben Minuten bis zur **Saalebrücke**. Hinter der Brücke führen die Stufen links zum Supermarkt und weiter zum Wandertreff (rechts oberhalb) sowie zum Drehkreuz des Wanderns links über die nächste Brücke.

Gehen wir geradeaus und halblinks weiter, sehen wir links das **Gasthaus Rennsteig**. Dort überqueren wir die Schienen nach rechts und gehen links zum Bahnhof und daran vorbei, bis die Straße Am Rennsteig beginnt. Nach dem langen Wandertag haben wir das kleine, aber bei Wanderern bekannte **Blankenstein** erreicht. Fernwanderwege wie der Rennsteig, der Frankenweg, der Kammweg und der Fränkische Gebirgsweg enden bzw. starten hier. Trotzdem bietet der Ort nur eine sehr kleine Auswahl an Restaurants, Übernachtungs- und Einkaufsmöglichkeiten.

10359 Tage eingesperrt

Bis zum Herbst 1989 prägten Mauern, Stacheldraht und Todesstreifen nachdrücklich das Leben und Arbeiten in der Stadt Hirschberg. Am 26. Mai 1952 gab der Ministerrat der DDR die ›Verordnung über Maßnahmen an der Demarkationslinie‹ zwischen der DDR und der BRD heraus, die eine Totalabriegelung der innerdeutschen Grenze bedeutete. Hirschberg lag nicht nur in der 5-km-Sperrzone, sondern auch im sogenannten 500-m-Schutzstreifen.

Aus den anfänglichen Holzzäunen entstand an der Lederfabrik in Hirschberg bis 1966 eine 1400 Meter lange Mauer, zu der 1983 eine weitere 230 Meter lange Mauer zwischen dem Laborgebäude und dem Bürogebäude und entlang der Uferstraße hinzukam. Alle Bewohner benötigten eine Wohn- und Aufenthaltsgenehmigung. Die Einreise war nur über die Kontroll-Passier-Punkte in Dobareuth und über die Autobahn A9 möglich. Besucher mussten einen Passierschein beantragen, der nicht immer genehmigt wurde. Bis in die 1970er Jahre kam es häufig zu nächtlichen Ausgangssperren.

i Tour 4

Stadtverwaltung Hirschberg, Touristeninformation, Tel. 036644/430-0, Marktstraße 2, 07927 Hirschberg. info@stadt-hirschberg-saale.de, www.stadt-hirschberg-saale.de

Touristeninformation in Blankenstein im Wanderstützpunkt, April–Okt Mo–So 12–17 Uhr, Tel. 036642/29533. touristik-info@blankenstein-am-rennsteig.de www.blankenstein-am-rennsteig.de

An-/Abfahrt Juchhöh: Bus 155 von Schleiz oder Hof. **An-/Abfahrt Hirschberg**: Mo–Fr Bus 710, 721 über Frössen bzw. Gefell/Schleiz. **An-/Abfahrt Blankenstein**: täglich mit der Erfurter Bahn über Saalfeld

Karte S. 58/59

Hotel Kleeblatt, Tel. 036644/434870, Gartenstraße 1, 07927 Hirschberg/Saale. www.hotel-kleeblatt.de

Gaststätte & Pension An der Lohmühle, Tel. 036644/21424, Bahnhofstr. 21a, 07927 Hirschberg. info@saalerast.de, www.saalerast.de

Hotel und Gasthof Rüdiger, Tel. 036642/3010, Anger 4a, 07366 Pottiga. info@hotel-pension-ruediger.de www.hotel-pension-ruediger.de

Gasthof Blankenberg, Tel. 036642/23913, Schlossberg 9, 07366 Blankenberg. kriegelgasthof@t-online.de www.kriegels-gasthof.de

Café & Pension am Rennsteig, Tel. 036642/23207, 0172/3509846, Am Rennsteig 3, 07366 Blankenstein. info@cafe-pension-am-rennsteig.de www.cafe-pension-am-rennsteig.de

Gasthaus Rennsteig, Tel. 036642/22230, Lobensteiner Straße 3, 07366 Blankenstein. gasthaus-rennsteig@t-online.de www.gasthaus-rennsteig.de

Gästezimmer Enke, Tel. 036644/21338, Ernst-Thälmann-Straße 2, 07927 Hirschberg, HansEnke@kraeuter-bitter.de

Gästezimmer Weitermann, Tel. 036644/21428, August-Bebel-Straße 4, 07927 Hirschberg.

Pension Langheinrich, Tel. 036642/22595, August-Bebel-Str. 3, 07366 Blankenstein.

Gästepension Straubel, Schulstraße 13, 07366 Blankenstein, Tel. 036642/22628. 0160/7639112, horststl@gmx.de, www.gaestepension-straubel.de

Imbissgaststätte Marktstube, Mo–Fr 8.30–13.30, Mi 16–19, Fr 17–22 Uhr, Sa nur auf Vorbestellung, So 10–13.30 Uhr, Tel. 036644/22006, Marktstraße 11, 07927 Hirschberg.

Imbiss im Wanderstützpunkt am Wanderdrehkreuz, April–Okt 11–17 Uhr, Tel. 0151/11661248, Selbitzplatz 1, 07366 Blankenstein.

Gasthaus De Mitt, ab 17 Uhr, dienstags geschlossen, Tel. 036642/22709, Schulstraße 9, 07366 Blankenstein. rotedemitt@t-online.de

Museum für Gerberei und Stadtgeschichte in der ehemaligen Lederfabrik, Di+Do 10–16 Uhr, Tel. 036644/43139, Saalgasse 2, 07927 Hirschberg/Saale, Postanschrift: Marktstraße 2. info@museum-hirschberg.de www.museum-hirschberg.de

Rast auf der ›Saalbänk‹, Blick von der Aussichtsbrücke in Pottiga, Besichtigung des Gerbereimuseums in Hirschberg (am Weg gelegen, auch Außenanlagen), Besuch des Wanderdrehkreuzes in Blankenstein.

Wandertouren

Höhenprofil Tour 4

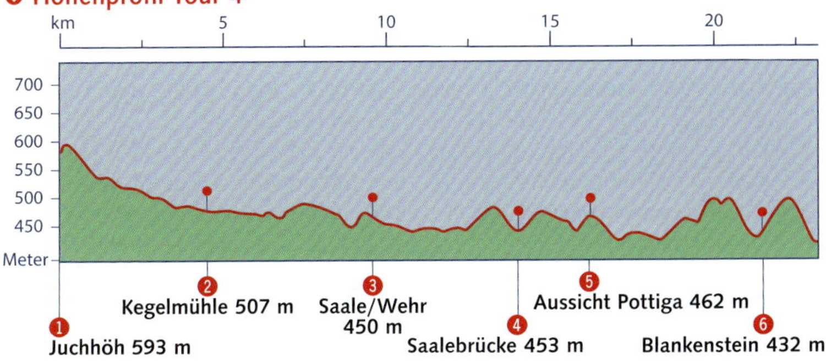

Durchs malerische Muschwitztal

Tour 5: Von Blankenstein nach Nordhalben » 17 km/5 Std.

Kurzcharakteristik
Die Thüringische und die Fränkische Muschwitz sind heute unsere murmelnden, fröhlichen Wegbegleiter. Wir genießen die schöne Wanderzeit im Wald. Ein kleiner Abstecher bringt uns zur Krötenmühle, die auf die Geschichte auf der westfränkischen Seite der Grenze hinweist. Wir erfahren von der seltsamen Geschichte des auf der falschen Seite liegengebliebenen Tagebuches mit ausführlichen Grenzinformationen. Eine besondere Atmosphäre umfängt uns am Schwarzen Teich mit seinen Seerosen und dem kleinen Flößerhäuschen. Am Ende der Wanderung durchqueren wir den tief eingeschnittenen Titschengrund und erklimmen in kürzester Zeit etwa 100 Höhenmeter, um im fränkischen Nordhalben-Markt den Tag ausklingen zu lassen. Ein Besuch der Klöppelschule (Museum) lohnt sich.

Wegebeschaffenheit: wurzelige und geschotterte Waldwege, Kolonnenweg, geteerte Wege
Markierung: Weg 14, RT 34, Aufkleber ›Grünes Band‹
Schwierigkeit: leicht, mit steilem Aufstieg kurz vor Nordhalben
Wanderkarten: LVG Bayern UK 50-4 Naturpark Frankenwald 1:50 000
Einkauf: in Blankenstein und Nordhalben
Einkehr: in Nordhalben
Teilstrecken: keine
Besondere Tourhinweise: Wer in Nordhalben seine Reise beginnt oder beendet, kann dazu – je nach Wochentag – eine Fahrt mit dem historischen Schienenbus ausprobieren (siehe An-/Abfahrt).

Streckenverlauf

Wir verlassen **Blankenstein** auf der Absanger Straße, wo wir oberhalb des Bahnhofs gen Westen an der Apotheke vorbeikommen. Nach ca. 350 Metern halten wir uns links (Lichtenberger Straße) und biegen nach insgesamt einer Viertelstunde hinter dem Ortsausgangsschild rechts in den beschilderten Wanderweg in Richtung Krötenmühle (5,5 km) ab.

Wir sind wieder auf dem Plattenweg, biegen aber bald darauf rechts in den schönen Waldweg Nr. 14, den ›Carlsgrüner Rennweg‹ ein. Nach ungefähr 20 Minuten weist uns eine Bank auf die gegenüberliegende Dorschenmühle hin. Wir laufen mal näher, mal weiter entfernt an der **Thüringischen Muschwitz** entlang und genießen den leicht federnden Untergrund trotz Wurzeln und Steinen. Angenehme Einsamkeit umfängt uns im Wald. Wir bleiben parallel zum Bach, bis wir die **Straße zwischen Lichtenbrunn und Lichtenberg** erreichen. Wir überqueren sie nach rechts versetzt und laufen gegenüber auf dem Kolonnenweg weiter, der hier mit einem Rundwanderweg namens ›Grenzerweg‹ identisch ist. Nach insgesamt etwa eineinhalb Stunden Gehzeit erreichen wir nicht beschildert (!) einen kleinen Platz mit einem Pfad nach links. Beide fallen durch grauen Schotterkies auf.

Hier können wir einen kleinen Abstecher zur **Krötenmühle** auf der Westseite machen und folgen dafür dem Schotterpfad nach links über die Wiese und die Brücke, bis wir das Gelände der ehemaligen Mühle betreten. Am jenseitigen Eingang befinden sich Informationstafeln zu den

▸ Karte S. 64/65

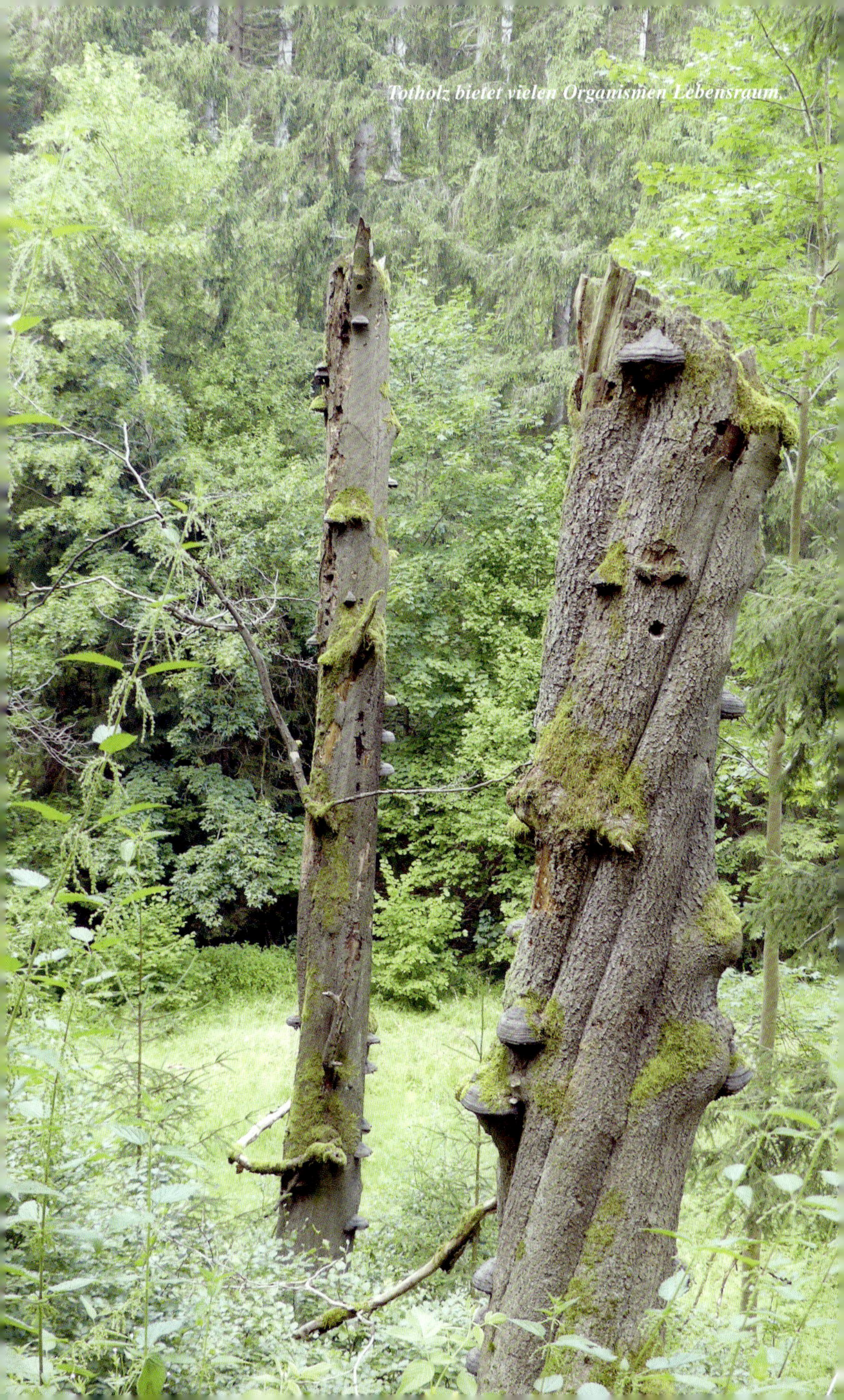

Totholz bietet vielen Organismen Lebensraum.

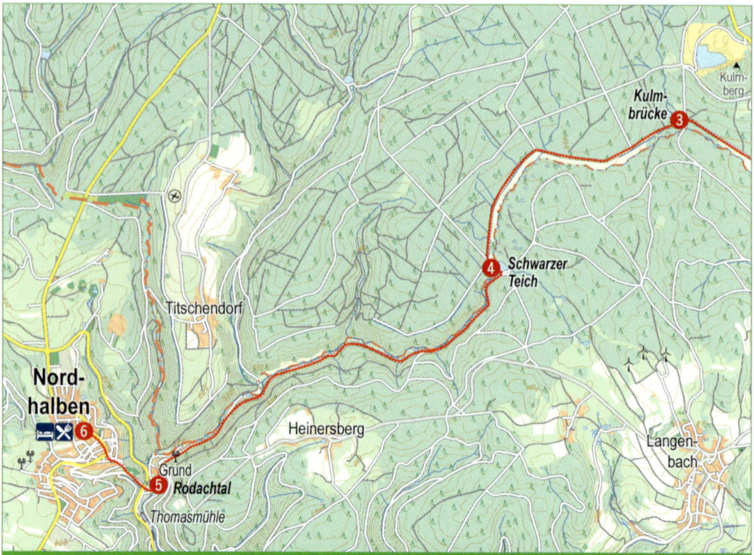

Tour 5: Blankenstein–Nordhalben

Wanderwegen und der Krötenmühle, die aufgrund ihrer versteckten Lage gerade ab 1945 bis in die 1950er Jahre ein Anlaufpunkt für Grenzer und Flüchtende war. Wir gehen auf dem gleichen Pfad zurück zur Thüringer Seite und biegen nun nach links wieder auf den Kolonnenweg ein, dem wir weiter folgen.

Nach einer knappen Stunde Weg durch bunt blühende Wiesen mit Hochsitzen und Schmetterlingen erreichen wir einen Querweg mit einer Hinweistafel (links) zur **Kulmbrücke**. Hier wird die Geschichte eines Tagebuchs erzählt, das ein DDR-Soldat auf westdeutschem Gebiet vergessen haben soll. In dem Heft fand man zahlreiche detaillierte Informationen.

Wir wandern auf dem Plattenweg weiter geradeaus, bis er eine Biegung nach links macht und wir etwa eine halbe Stunde später die Schwarzeteichstraße erreichen, die sich als ein befestigter, teils hochgewachsener Wiesenweg entpuppt. Wir gehen nach links, verlassen den Kolonnenweg, nähern uns dem **Schwarzen Teich** und einem kleinen geöffneten Flößerhäuschen mit allerlei Sprüchen an den Wänden, das uns bei Gewitter auch als Unterstand dienen kann. Hinter dem Haus hüpfen wir von Stein zu Stein über den abfließenden Bach, die Fränkische Muschwitz. Wir bewundern die schwimmenden Seerosen und sind nun im bayrischen Franken. Wir halten uns rechts und wandern auf einem bequemen, fußfreundlich angelegten Radwanderweg. Rechts, manchmal auch links, gluckert und plätschert es. Geradeaus folgen wir dem Weg RT34 an der Fränkischen Muschwitz entlang.

Der nächste Wegweiser verspricht uns noch 5 km bis nach Nordhalben, die wir in eineinhalb Stunden geschafft haben werden. Nach einer knappen Stunde schaut rechts die **Krögelmühle** durch die Bäume. Dann wandern wir auf der kaum befahrenen geteerten Straße auf ebenmäßiger Höhe weiter. Bald entde-

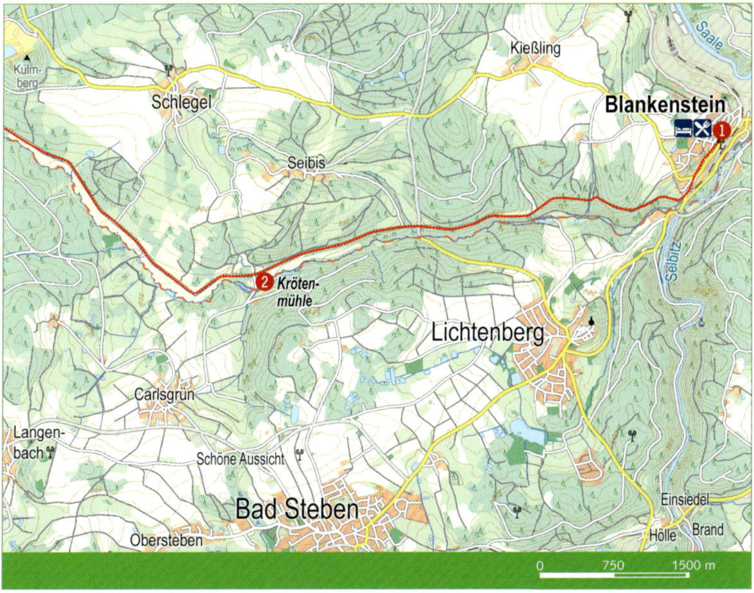

cken wir rechts durch die Blätter hindurch die beiden Kirchen von Nordhalben. Unter uns liegt die Schnappenmühle und kurz darauf treten wir aus dem Wald und blicken ins vor uns liegende **Tal der Rodach**, das von der Rodachtalbahn, einer Museumseisenbahn, durchfahren wird. Gegenüber grüßt **Nordhalben** von 585 Meter Höhe. Rechts davon erhebt sich der ebenfalls sehr markante 627 Meter hohe Buckenberg.

Wir folgen nun rechts der schmalen Straße steil abwärts ins Rodachtal, überqueren geradeaus die Brücke und die Straße. Links befindet sich die Thomasmühle mit dem Bahnhof. Gegenüber klebt tatsächlich ein Aufkleber ›Grünes Band‹. Neben der Straße steigen wir rechts auf dem steilen Wiesenpfad in zehn Minuten den Berg hinauf. Auf der Höhe erwarten uns auf dem alten Raubritterburgfelsen ein Aussichtspilz und ein hölzernes Gipfelkreuz.

Um von hier in den Ort zu kommen, halten wir uns links und betreten ihn zwischen Häusern und der Marienkapelle, die meist geöffnet ist. In den Ort geht es nun – entgegen der Beschilderung – geradeaus den Berg hinauf bis zur katholischen St. Bartholomäuskirche. Hier gehen wir rechts die Straße entlang. Hinter der Ecke befinden sich Einkaufsmöglichkeiten, eine Sparkasse sowie Restaurants und Unterkünfte.

Erziehung durch Mord

Als 18-jähriger trat Manfred Smolka 1948 der Grenzpolizei bei und machte dort schnell Karriere. Er wurde 1955 Politoffizier und Kompagnieführer und diente in Zschachenmühle, Kreis Lobenstein, nicht weit von Nordhalben entfernt. Am 17. Juni 1958 quittierte er seinen Dienst, indem er seinem Vorgesetzten im Zorn über eine unsinnige Grenzmaßnahme, die die Bauern einschränkte,

die Uniformjacke vor die Füße warf. Es folgten Degradierung, Parteiausschluss und Entzug der Jagderlaubnis. Zwei Wochen später flüchtete er über die Grenze und plante, ein Jahr später seine Frau und seine Tochter nachzuholen. Die Stasi überwachte ihn unter dem Titel ›Verräter‹ und plante, ihn zu verhaften. Schließlich verriet ihn ein auf ihn angesetzter ›Freund‹, sodass er und seine Familie während der Flucht am 22. August 1959 angeschossen und festgenommen wurden. Die Festnahme fand laut Aussage von Smolka schon auf westdeutschem Gebiet statt. Smolka wurde ins Stasiuntersuchungsgefängnis Berlin-Magdalenenstraße gebracht. Seine Frau wurde verurteilt und vier Jahre im berüchtigten Frauengefängnis Hoheneck gefangen gehalten. Die Großmutter kümmerte sich um die kleine Tochter. Manfred Smolka wurden Verrat und Militärspionage für den US-Geheimdienst vorgeworfen. Nach zermürbenden Verhören unter unwürdigen Haftbedingungen unterschrieb Smolka, was die Stasi ihm vorlegte. Am Ende des Prozesses schlug Oberstleutnant Neumann der Hauptabteilung IX/6 des Ministeriums für Staatssicherheit vor, Smolka zum Tode zu verurteilen, vorher aber ein Exempel zu statuieren und einen Schauprozess zur Abschreckung anderer Offiziere durchzuführen. Am 5. Mai 1960 wurde der 29-jährige Manfred Smolka vom Bezirksgericht Erfurt zum Tode verurteilt und per Fallbeil am 12. Juli 1960 in Leipzig hingerichtet. 1993 erhielten seine Verwandten die juristische Rehabilitierung für ihn.
(vgl. www.stasi-mediathek.de)

Klöppeln – ein traditionelles Kunsthandwerk

Ein Besuch in der Klöppelschule und ihrem Museum zeigt das traditionelle Kunsthandwerk in seiner mehr als 500-jährigen Geschichte. Es zeigt aber auch, wie lebendig und modern heute Klöppeln noch bzw. wieder ist. Einst trug der Adel die teuren handgearbeiteten geklöppelten Spitzenkragen und Spitzendeckchen. Für die Nordhalbener Familien wurde das Klöppeln seit Anfang des 20. Jahrhunderts zu einem wichtigen Nebenerwerb. Der Pfarrer war auf die Idee gekommen, dass sich die armen Familien durch Klöppeln in Heimarbeit die Familienkassen aufbessern könnten. Und so wurde zwischen dem Plauener Gardinen- und Spitzenfabrikant und dem Arbeiterbeschäftigungskomitee ein Vertrag abgeschlossen. Im Gegenzug gab im September 1903 die Lehrerin Minna Maria Richter aus Hammerunterwiesenthal im Gasthaus ›Zum Schwarzen Ross‹ ihren ersten Klöppelkurs. Nun saß beim Klöppeln aber nicht jeder allein zu Hause, sondern die Frauen, manchmal die ganzen Familien trafen sich zum gemütlichen Beisammensein, wo gesungen, erzählt und auch geklöppelt wurde.

Tour 5

Touristeninformation in Blankenstein im Wanderstützpunkt, April–Okt Mo–So 12–17 Uhr, Tel. 036642/29533. touristik-info@blankenstein-am-rennsteig.de www.blankenstein-am-rennsteig.de
Rathaus Nordhalben, Tel. 09267/914040, Kronacher Straße 4, 96365 Nordhalben. info@nordhalben.de, www.nordhalben.de

An-/Abfahrt Blankenstein: Erfurter Bahn über Saalfeld
An-/Abfahrt Nordhalben: Bahn bis Kronach, weiter mit Bus 8341 bis Nordhalben
Museumseisenbahn durchs Rodachtal: ein

▶ Karte S. 64/67

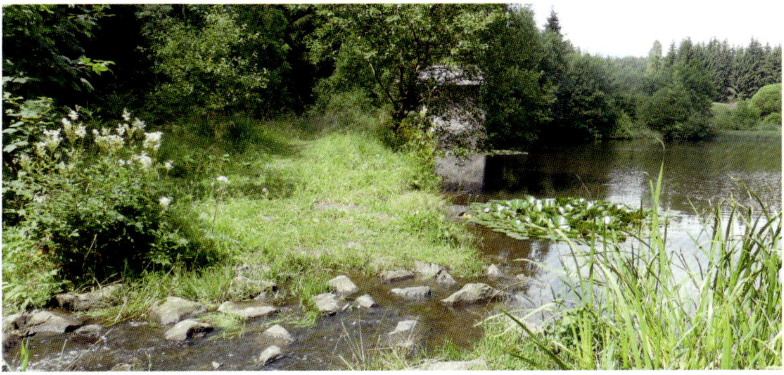

Die Fränkische Muschwitz

historischer Schienenbus aus den 1960er Jahren, Mai–Okt, sonntags und feiertags, Tel. 09267/8130, Fahrkarten im Zug. www.rodachtalbahn.de

Gasthaus Wagner, Tel. 09267/914759, Lobensteiner Straße 15, 96365 Nordhalben. gasthaus-wagner@web.de www.gasthaus-wagner.info

Gasthaus Weißes Lamm, täglich ab 10 Uhr, Mittwoch Ruhetag; Bett ab 20 €. Tel. 09267/9149244, Lobensteiner Str. 10, 96365 Nordhalben. bayerkuhnlein@gmx.de www.weisses-lamm-nordhalben.de

Hotel zur Post, tägl 11–14 und ab 17 Uhr, Mi Ruhetag, Tel. 09267/236, Lobensteiner Str. 1, 96365 Nordhalben. www.hotel-post-nordhalben.de

Café Sesselmann, Mo–Sa 6.30–12 Uhr und Mo, Di, Do, Fr 14.30–18 Uhr, Tel. 09267/223, Kronacher Str. 21, 96365 Nordhalben. www.baeckerei-sesselmann.de

Gasthaus Zum Christoph, täglich ab 17 Uhr, Mittwoch Ruhetag, Tel. 09267/640, Lobensteiner Str. 18, 96365 Nordhalben.

Historisches Ortsmuseum und Klöppelschule, Mi+Do 13–16 Uhr, Fr 10–12+13–16 Uhr, März–Okt Sa, So, Feiertag; 13–16 Uhr, Klöppelschule 4, 96365 Nordhalben, Tel. 09267/375. Klöppelschule mit internationaler Spitzenausstellung. www.kloeppelschule.de

Höhenprofil Tour 5

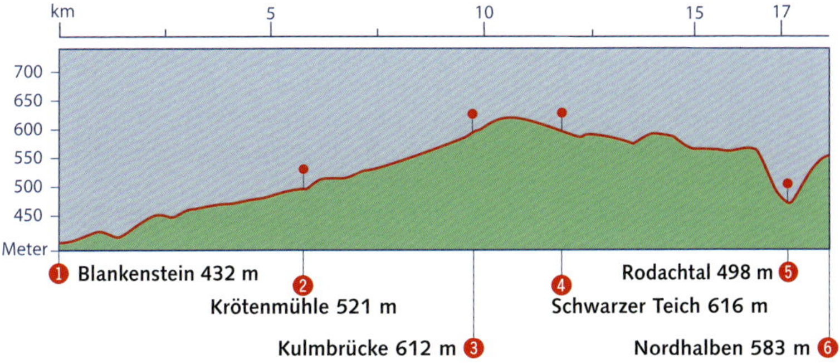

Ins schwarze Gold des Thüringisch-Fränkischen Schiefergebirges

Tour 6: Von Nordhalben nach Lehesten » 18 km/5,5 Std.

Kurzcharakteristik
Auch diese Tour steckt voller Anregungen und Vielfalt. Erst geht es im Frühtau abwärts und aufwärts durch dichten Wald, dann begleitet uns ein schönes Panorama über das Thüringische Schiefergebirge. Wir kommen ins Tal des Großen Rosenbaumbaches und wandern aufwärts zum berühmten Rennsteig. Links und rechts des folgenden Kolonnenwegstücks locken saftige Blaubeeren zur Verkostung. Die können wir für die nächsten heftigen Steilstufen auch gut gebrauchen. Dann stehen wir wieder auf dem Rennsteig, müssen uns aber zwischen dem Besuch des Altvaterturms mit Loquitzquelle und dem Weg entlang des Schönwappensteigs mit seinen historischen Wappen und Grenzsteinen entscheiden. Unser Ziel ist das technische Denkmal im Naturschutzgebiet ›Schieferpark Lehesten‹, wo wir an einem romantischen warmen Abend das blaue Gold, die einzigartige Stimmung und die geschützte Natur genießen.

Wegebeschaffenheit: Wald- und Forstwege, Waldpfade, Kolonnenweg
Markierung: 5/N, 5, weißes ›R‹ des Rennsteiges, N, rotes Dreieck des Saale-Orla-Weges bei der Variante über den Altvaterturm
Schwierigkeit: schwer durch ein paar steile An- und Abstiege
Wanderkarten: LVG Bayern UK 50-4 Naturpark Frankenwald 1:50 000
Einkauf: in Nordhalben
Einkehr: in Lehesten und Brennersgrün sowie am Altvaterturm.
Teilstrecken: Nordhalben–Grumbach (10 km, 3 Std.),
Besondere Tourhinweise: Es gibt zwei beschriebene Varianten für den letzten Teil der Wanderung. Wer fit ist und gut in der Zeit liegt, kann beide Varianten kombinieren. Man macht dann ab der Schutzhütte am Rennsteig einen Abstecher zum Altvaterturm und läuft über den Schönwappensteig zum Schieferpark, wo man sich das Hotelzimmer gönnen kann, um die abendliche Stimmung im technischen Denkmalsgelände zu genießen. Wer einen weiteren Tag Zeit hat, sollte noch einen Besuch im ehemaligen KZ ›Laura‹ machen und den Ort Lehesten besichtigen.

Streckenverlauf

Wir laufen durch **Nordhalben** auf der Lobensteiner Straße den Berg hinauf (Wegzeichen 5/N) zum Ortsausgang. Dabei passieren wir rechts den Friedhof und links einen Supermarkt. Auf der Höhe angekommen, geht hinter dem letzten Haus unser beschilderter Wanderweg links ab in Richtung Rennsteig/ Alte Tschirner Brücke. Wir wandern auf **Weg 5**, biegen im Wald links ab, bleiben auf Weg 5, erreichen einen Kieselsteinweg und gehen hier nach rechts. Nach insgesamt 30 Minuten morgendlicher Waldwanderung überqueren wir die **Alte Tschirner Brücke**. Dahinter geht es geradeaus steil den Berg hinauf. Nach etwa 500 Metern biegen wir auf halber Berghöhe im spitzen Winkel nach rechts ab. In der Frühe kann uns hier schon mal eine Bache mit ihren Frischlingen begegnen. Walderdbeeren leuchten verlockend.

Unser Wanderweg entwickelt sich nun mehr und mehr zum Panoramaweg, der zudem noch mit Gräsern und Blumen reich bedacht wurde. Wir laufen auf beachtlicher Höhe auf der fränkischen

▸ Karte S. 69

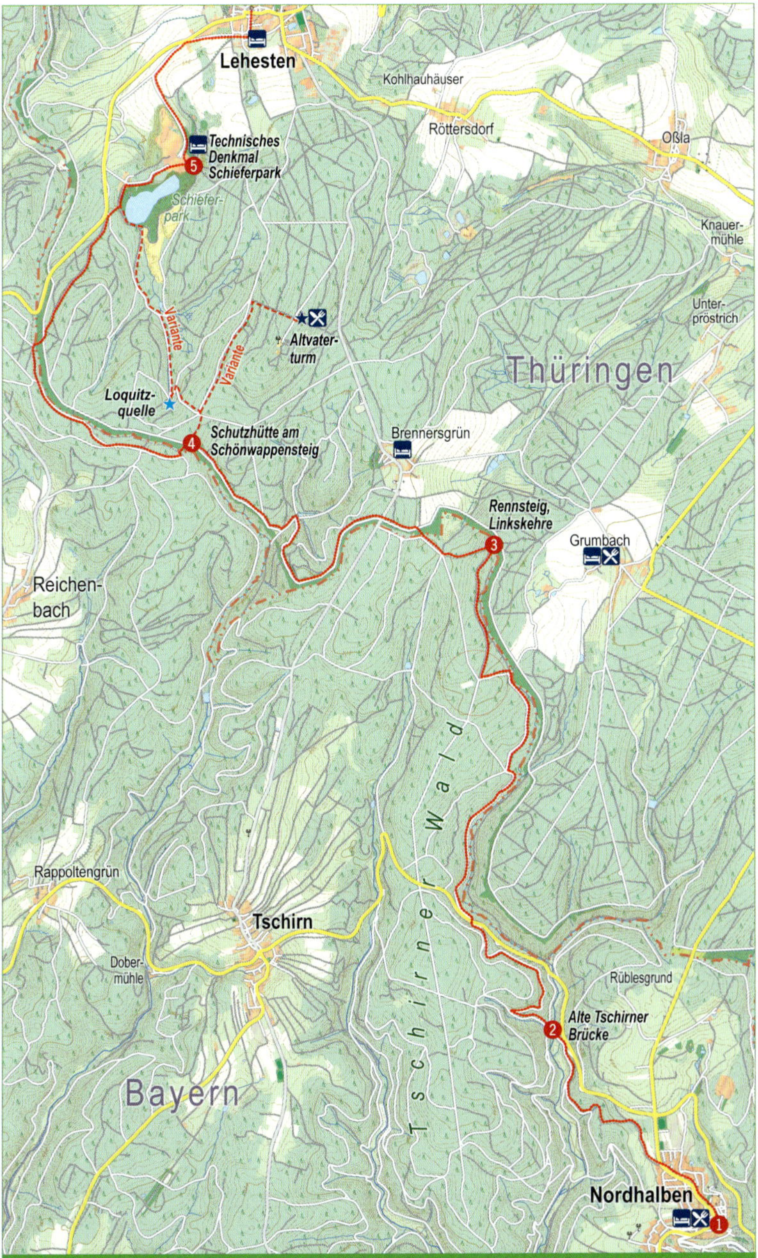

Tour 6: Nordhalben–Lehesten

Seite mit dem Blick auf das Thüringische Schiefergebirge jenseits des Tals. Eine halbe Stunde nach der Brücke erreichen wir in einer Rechtskurve den höchsten Punkt des Tages, genießen noch einmal die Aussicht und laufen nun abwärts.

Bald darauf kreuzen wir die hörbare Straße und wandern entlang der bayrischen Seite des **Großen Rosenbaumbachs**. Am ersten Wegekreuz, nach etwa 30 Minuten, gehen wir rechts, am nächsten Abzweig, 25 Minuten später, gehen wir wieder rechts. Nach weiteren 20 Minuten erreichen wir einen der bekanntesten Fernwanderwege, den **Rennsteig**, der ursprünglich ›Rennweg‹ genannt wurde. Auf ihm wandern (oder rennen) wir nach links weiter, während die bisherige ›5‹ ins östlich gelegene Grumbach (Übernachtungsmöglichkeit und Einkehr) führt

Nun begleiten uns das **weiße ›R‹ des Rennsteigs** und das ›N‹ des Nordhalbenweges als Wegweiser an den Bäumen. Zuerst geht es auf einem Waldpfad entlang, dann erreichen wir einen Schotterweg, dem wir mit dem Rennsteig nach rechts folgen.

An der nächsten Möglichkeit verlassen wir den breiten Weg wieder nach rechts und betreten die **Freifläche des Grenzstreifens**, die über und über mit unzähligen Heidelbeerbüschen bewachsen ist. Die großen süßen blauen Beeren laden zur Verkostung ein. Am jenseitigen Waldrand verläuft der Plattenweg, auf den wir nun nach links einbiegen und dem wir die nächste Stunde treu bleiben, bis wir das nächste Mal den Rennsteig kreuzen. Als erstes aber überqueren wir die Straße, die rechts nach Brennersgrün (Übernachtung) und links nach Tschirn führt. Dann geht es leicht aufwärts, später steil abwärts, bis wir den tiefsten Punkt des Tals erreicht haben. Wir folgen hier dem Lochplattenweg weiter, erst nach links, dann rechts steil aufwärts. Auf dem ganzen Stück sind inzwischen kräftige Fichten, Farne, Heide und Beerensträucher aufgewachsen, sodass auch der Weg an

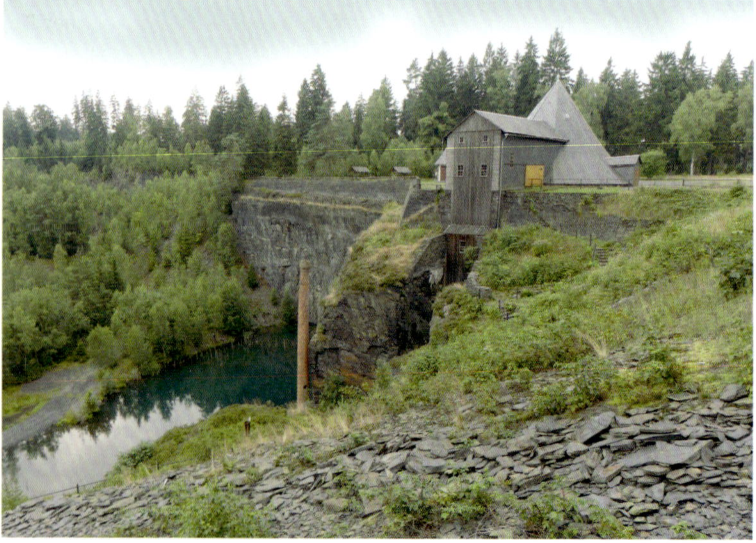

Förderturm im Schieferpark Lehesten

▲ Karte S. 69

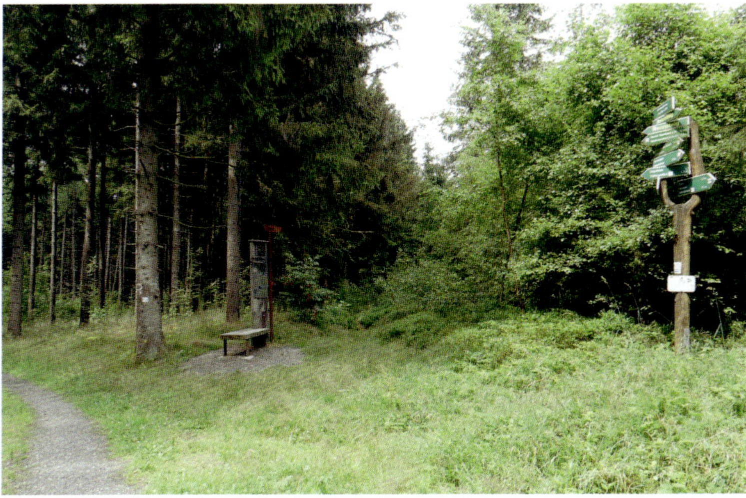

Abzweig vom Rennsteig nach Lehesten

einigen Stellen zugewachsen erscheint. Dennoch werden wir ihn bewältigen. Gut, dass er mal wieder begangen wird. Am Ende des Aufstiegs erreichen wir - oh Wunder - eine **Hütte mit Unterstand**, Bänken und Tisch, die erste des Tages und ein Zeichen dafür, dass wir den gut ausgestatteten Rennsteig wieder erreicht haben. Nun müssen wir uns entscheiden: Grenz- und Wappensteine oder Altvaterturm?

Nehmen wir den vierzig Minuten längeren Weg über den eindrucksvollen **Altvaterturm** (792 m) mit Gaststätte, dann biegen wir an der Hütte rechts ab und folgen dem Saale-Orla-Weg (rotes Dreieck) bis zu einer weiteren Schutzhütte. Hier biegen wir rechts zum Altvaterturm ab. Der ›neue‹ Altvaterturm (35,8 Meter hoch) am Wetzstein wurde am 28./29. August 2004 als Mahnmal der Vertreibung, Ort der Versöhnung und Erinnerungs- und Begegnungsstätte eingeweiht. Im Altvatergebirge, der Heimat vieler Sudetendeutscher, hatte bereits ein Altvaterturm gestanden, der 1957 abgebrochen worden war. Nach Jahrzehnten ist es gelungen, einen neuen Turm nach altem Vorbild in der neuen Heimat wieder zu errichten. Bereits 1902 stand hier ein 22 Meter hoher Turm, der Bismarckturm, der viele Besucher anzog. Nach der Errichtung der Sperranlagen zwischen Bayern und Thüringen wurden die umliegenden Gemeinden zum Sperrgebiet erklärt. Dem fiel der nun nicht mehr zugängige Turm zum Opfer, der zunehmend baufällig geworden war und am 27. Juli 1979 gesprengt wurde. In der Nähe entstand ein Militärobjekt zur Luftüberwachung.

Die Fortsetzung unserer Wanderung führt uns zunächst den gleichen Weg zurück. An der Schutzhütte geht es dann links und an der nächsten Sternkreuzung biegen wir dann mit dem **Saale-Orla-Weg** rechts zur **Loquitzquelle** ab. Von dort wandern wir rechts mit dem roten Dreieck durchs Tal zum Kießlichbruch und erreichen so den **Schieferpark**.

Zur Variante **Schönwappensteig** verlassen wir den Kolonnenweg und folgen dem Rennsteig nach links über die Landesgrenze auf den Lehrpfad mit seinen alten Grenzsteinen und filigran herausgemeißelten Wappen. Dabei passieren wir auf 730 Metern Höhe den **Kurfürstenstein** sowie den Großen und den Kleinen Bischofsstein und können unter der angegebenen Telefonnummer zu jedem Stein interessante Informationen erhalten. Dann geht es geradeaus weiter zum **Grenzstein Bayern–Thüringen** von 1935, den wir umrunden sollten. Imposant sind ebenfalls der folgende Dreiwappenstein am Kießlich und der Landesgrenzstein.

Hier erreichen wir den **Lutherweg** und folgen ihm bis zum **Schieferpark Lehesten** bzw. bis in den Ort Lehesten. Kurz vor dem Schieferpark kommen wir zur Straße nach Lehesten. Wir bleiben rechts auf dem parallelen Fahrweg, bis wir nach zehn Metern rechts auf einen Waldpfad wechseln und dem Schild zum ›Technischen Denkmal Schieferpark‹ folgen. Nach etwa 100 Metern stehen wir an der Eingangsschranke des einstigen Schieferbergwerks, das heute Museum zur Entstehung, Gewinnung, Förderung und Verarbeitung von Schiefer ist. Zu ihm gehört das Naturschutzgebiet ›Staatsbruch‹ in dem sich das Hotel befindet.

Wären wir auf dem Kolonnenweg geblieben, endete dieser plötzlich kurz vor Erreichen der Straße an einem Rastplatz und ist im weiteren Verlauf verwachsen.

Das blaue Gold im Schieferpark Lehesten

Das ›blaue Gold‹ meint den dunkelblaugrau schimmernden, quarz- und glimmerreichen Dachschiefer, der mit seinen feinkristallinen Eigenschaften sehr gut zu spalten ist. Er entstand vor etwa 360 Millionen Jahren. Das Alter des Schiefers mit seiner spezifischen Charakteristik bestimmt maßgeblich seine Verwendung. So sind Leder- und Griffelschiefer älter, Borden- und Tonschiefer hingegen jünger und verfügen auch über andere Farben.

Im Thüringisch-Fränkischen Schiefergebirge wurde hochwertiger Wand-, Dach- und Tafelschiefer abgebaut sowie Wetzschiefer und Wetzsteine gewonnen. Eisenerze, Buntmetallerze, vor allem Kupfer und eine kleine Menge Gold konnten hier ebenfalls geschürft werden. Mit Beginn des Schieferbergbaus im 13. Jahrhundert wuchs die Region stetig. Im 19. Jahrhundert entstanden um Lehesten Europas größte Schieferbetriebe, der Oertelsbruch und die Herzöglichen Steinbrüche mit rund 1500 Beschäftigten. 1910 öffnete in Lehesten die erste deutsche Schule für das Dachdeckerhandwerk. Sie wurde während der DDR-Zeit als Grenzkaserne zweckentfremdet und 1992 wieder zur Ausbildungsstätte für Dachdecker reaktiviert. Lehesten lag bis 1989 in der Sperrzone, was Zwangsaussiedlungen zur Folge hatte. Die Entwicklung der Stadt stagnierte bis zur Wiedervereinigung 1990.

Die jahrhundertealte Bergbautradition endete mit der Schließung der letzten Grube 2008. Bereits seit dem Jahr 2000 entstand auf dem ›Staatsbruch‹ ein Erholungsgebiet, zu dem die denkmalgeschützten Gebäude, die Produktionsanlagen mit der in Europa einzigartigen Pferdegöpel und dem Förderschacht gehören. Es gibt außerdem eine Naturparkausstellung, den etwa 43 Meter tiefen Schiefersee, der einst Tagebau war, das Miniaturdorf, das verschiedene Dachdeckweisen zeigt und Rundwege durch die sich renaturierende Umgebung. Seltene Arten wie Schwarzstorch, Uhu und Scharlachflechte haben inzwischen ihren Lebensraum hier gefunden.

▸ Karte S. 69

Tour 6

Markt Nordhalben, Tel. 09267/914040, Kronacher Str. 4, 96365 Nordhalben. info@nordhalben.de, www.nordhalben.de

Verwaltungsgemeinschaft Schiefergebirge, Tel. 036653/260-0, Bürgerbüro, Obere Marktstraße 1, 07349 Lehesten www.lehesten.de

An-/Abfahrt Nordhalben: per Bahn bis Kronach, weiter mit Bus 8341 bis Nordhalben

An-/Abfahrt Lehesten: per Bahn bis Probstzella, Bus 555 bis Lehesten/Wartehalle

Ferienzimmer Grumbach, Tel. 036652/35386, 0174/2166890, Grumbach 15, 07343 Wurzbach. info@grumbach-rennsteig.de www.grumbach-rennsteig.de

Rennsteighaus Brennersgrün, Tel. 036652/169816, 0152-53572544, 07349 Lehesten-Brennersgrün, ab 28 €.

Pizzeria La Famiglia, mit Gästezimmern, in Grumbach, Tel. 036652/169816. www.rennsteig-pizzeria.de

Gasthof ›Glück Auf‹ Lehesten, Tel. 036653/22216, Markt 1, Tel. 07349 Lehesten. gasthof-glueck-auf-j.kessel@t-online.de www.gasthof-glueck-auf-lehesten.de

Hotel Zur Kaue Schieferpark Lehesten, Tel. 036653/26050, Staatsbruch 1, 07349 Lehesten, nach Abendessen im Voraus fragen. www.schieferpark.de

Gasthof Zum Wetzstein, Di–So ab 11 Uhr, Tel. 036653/22214, Brennersgrüner Str. 1, 07349 Lehesten. www.gasthof-wetzstein.de

Altvaterturm, Aussichtsturm mit Gastronomie (Variante), Mi–So 11–17 Uhr, Tel. 036653/264380; www.altvaterturm.de info@gaststaette-altvaterturm.de

Pizzeria La Famiglia, mit Gästezimmern, in Grumbach, Tel. 036652/169816. www.rennsteig-pizzeria.de

Besichtigung des **Schieferparkes und des Technischen Denkmals**, April–Okt Di–So, 9–15 Uhr und nach Vereinbarung, Gastronomie nach Voranmeldung, Tel. 036653/26270, im Winter: 036653/260-0, Staatsbruch 17, 07349 Lehesten. denkmal-lehesten@t-online.de www.schiefer-denkmal-lehesten.de

Rundgang durch Lehesten mit seinem einmaligen Ensemble an originaler Schieferdachdeckerkunst sowie Besuch der **Gedenkstätte für das KZ ›Laura‹** (außerhalb gelegen), einer Außenstelle des KZ ›Buchenwald, in dem von 1943–1945 1200 Häftlinge aus zehn Nationen unter unmenschlichen Bedingungen leben und arbeiten mussten.

Höhenprofil Tour 6

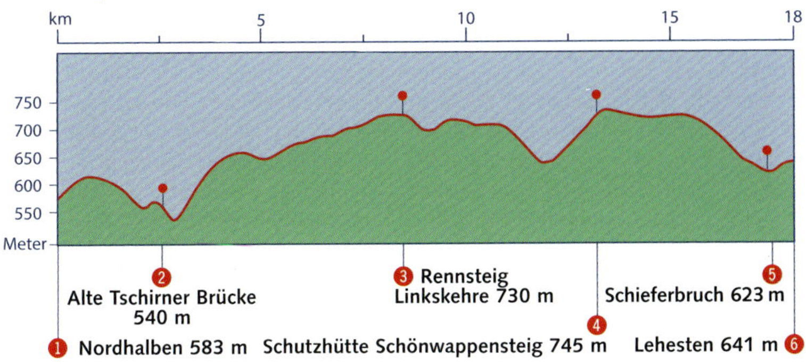

Vom Mühlenweg ohne Mühlen zum Schieferpfad

Tour 7: Von Lehesten nach Probstzella » 19 km/5,5 Std.

Kurzcharakteristik
Zuerst berührt uns das Schicksal der Mühlen und ihrer Besitzer an den Grenzbächen. Dann lässt uns auch der Schiefer nicht los. Wir passieren die gigantische Rehbachhalde und die gedrängten Bergwerksbestandteile der Friedrichshoffnung. Dabei können wir beobachten, wie sich Natur und Bergbau miteinander arrangieren müssen. Zahlreiche Lehrtafeln begleiten uns und erklären uns zum Beispiel die sogenannte Agentenschleuse, aber auch den originalen Führungsgrenzturm ›Sattel‹ auf dem Hopfsberg kurz vor Ende unserer Wanderung. In Probstzella erwarten uns dann noch zwei historische Raritäten: Das ›Haus des Volkes‹ von 1929 mit dem Franz-Itting-Museum, wo wir heute übernachten, und das historische Bahnhofsgebäude mit dem Grenzmuseum, das aus der Zeit berichtet, als Probstzella eine der wenigen Grenzübergangsstellen für Bahnreisende zwischen Ost und West war.

Wegebeschaffenheit: Wald- und Forstwege, Wanderpfade, geteerte Nebenstraßen, Kolonnenweg
Markierung: L für Lutherweg, Mühlenweg, blau-schwarz gekreuzte Hammer+Klöppel für Schieferpfad
Schwierigkeit: mittel
Wanderkarten: LVG Bayern UK 50-4 Naturpark Frankenwald 1:50 000
Einkauf: Probstzella: Supermarkt, Sparkasse
Einkehr: Haus des Volkes in Probstzella
Teilstrecken: Lehesten–Ludwigsstadt (8 km/2,25 Std) Ludwigsstadt–Probstzella (11 km/3,25 Std.)
Besondere Tourhinweise: Die wachsenden Abraumhalden und Steinbergwerke verändern die Gegebenheiten in der Natur, sodass ein Stück des Plattenweges an der Rehbachhalde überlagert wurde. Die angegebene Tour führt aber auf anderen Wegen um diese Stelle herum.

Streckenverlauf

▸ Karte S. 76

Wir verlassen den Schieferpark am **Miniaturdorf** und folgen dem Lutherweg (L) aus dem 90,6 Hektar großen Naturschutzgebiet heraus. Wir laufen ein Stück rechts an der Straße entlang und kommen am tiefsten Punkt zu einer ehemaligen Mühle. Die 1658 hier erstmalig erwähnte Schiefermühle der Familie Ellmer wurde 1983 im Zuge des Ausbaus der Grenzanlagen komplett abgerissen. Zuletzt befanden sich hier eine Schneidemühle und eine Schieferplattenschleiferei.
Wir setzen unsere Wanderung auf dem idyllischen **Mühlenweg** fort, auf dem wir aber keine Mühle mehr vorfinden werden. Im Jahr 2010 hat die 4. Klasse der Grundschule in Lehesten diesen Erinnerungsweg entwickelt. Wir folgen dem Mühlenweg nach links über die Straße in Richtung ›Alte Mühle‹ und biegen hinter der nächsten Brücke rechts ab, um in einer Schleife auf den tiefer gelegenen Bahndamm der früher hier verkehrenden ›Schieferbahn‹ zu gelangen.
Erst tauchen wir tief ein, laufen aber bald wunderbar erhöht bis zum nächsten Wegekreuz. Wer einen Abstecher zum **Viadukt** aus rötlich-weißem Sandstein mit sehr schönen Pfeilerbögen machen will, folgt dem Weg etwa 150 Meter

weiter geradeaus und steht oben drauf. Ansonsten biegen wir an der Kreuzung rechts ab.

Nach dem ersten Anstieg verlassen wir den Kolonnenweg alsbald nach links auf einen querenden Weg. Dieser führt parallel zum Kolonnenweg näher an der Loquitz entlang und bringt uns als nächstes zur Klimpermühle, die ihren Namen 1855 durch die neuen Mühlenbesitzer Klimper bekam. Danach folgt nach weiteren zehn Minuten die älteste, die Alte Mühle, die wahrscheinlich aus dem Jahr 1604 stammte. Sie musste am 6. Juni 1952 ihre Arbeit einstellen und wurde nach der Zwangsausiedelung ihrer Besitzer 1958 abgerissen. 1997 erhielt der Erbe seine Grundstücke vom Bundesvermögensamt zurück. Die Mittwochswanderer, zehn Herren aus Lehesten, haben hier einen herrlichen **Gedenk- und Rastplatz** eingerichtet, an dem wir nicht vorbei laufen sollten.

Auf unserer weiteren Wanderung folgt als nächstes die ehemalige Papiermühle von 1658, die 250 Jahre lang der Familie Abt zu großem Wohlstand verhalf. Der letzte Besitzer Willi Bär wurde wie die meisten anderen Mühlenbesitzer 1952 zwangsausgesiedelt und die Mühle da-

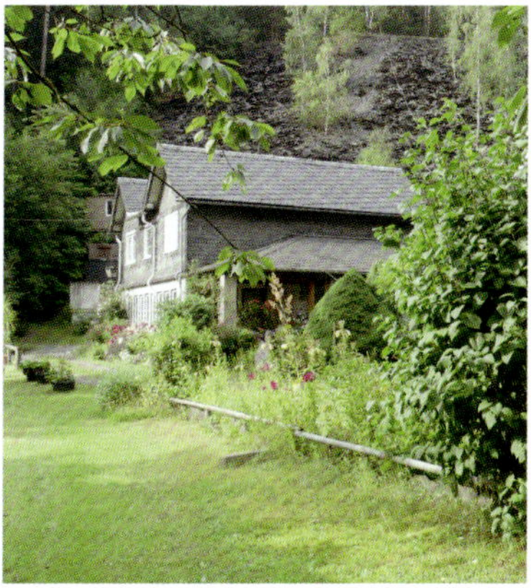

Der idyllische Weiler Friedrichshoffnung

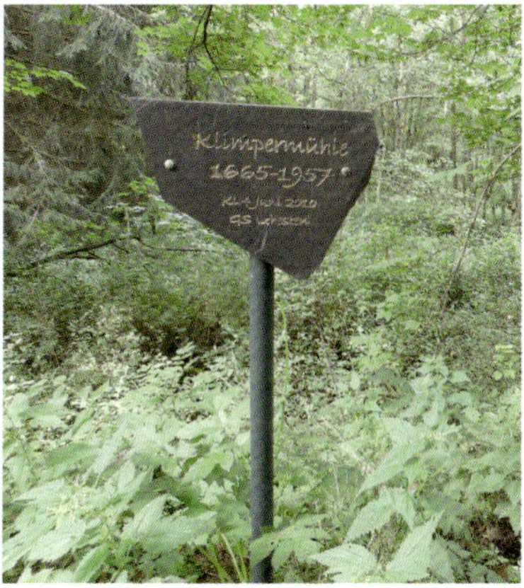

Hier stand einst die Klimpermühle

nach abgebrochen. Dann nehmen die Geräusche des nahen Steinwerkes deutlich zu. Wir treten aus dem Wald und biegen an der Y-Kreuzung rechts ab. Geradeaus beginnt, nicht weit hinter der Brücke und den Bäumen, das bayrische **Ludwigsstadt**.

Wir folgen nun wieder dem Kolonnenweg, bis er an der nächsten Kreuzung an einer Wiese nach links abzweigt. Hier biegen wir nicht links ab, sondern folgen dem breiten Fahrweg rechts hinauf, da der Kolonnenweg durch überwachsene Natur und die nahe Abraumhalde stellenweise unauffindbar ist. Sobald wir den nächsten Querweg erreichen, gehen wir links. Auch an der deutlich sichtbaren nächsten Kreuzung gehen wir wieder links und umrunden nun auf einem gut befestigten Wirtschaftsweg den **Lehestener Berg** (688 m) in Richtung Steinbach an der Haide.

Wir erreichen wieder den Kolonnenweg und biegen nun auf ihn nach rechts ab. Es folgt ein sehr schönes Stück durch den Wald. Steil geht es den Berg hinab und dann im leichten Auf und Ab weiter. Trotz einiger hoher Wiesenstellen wird der Weg zunehmend zu einem

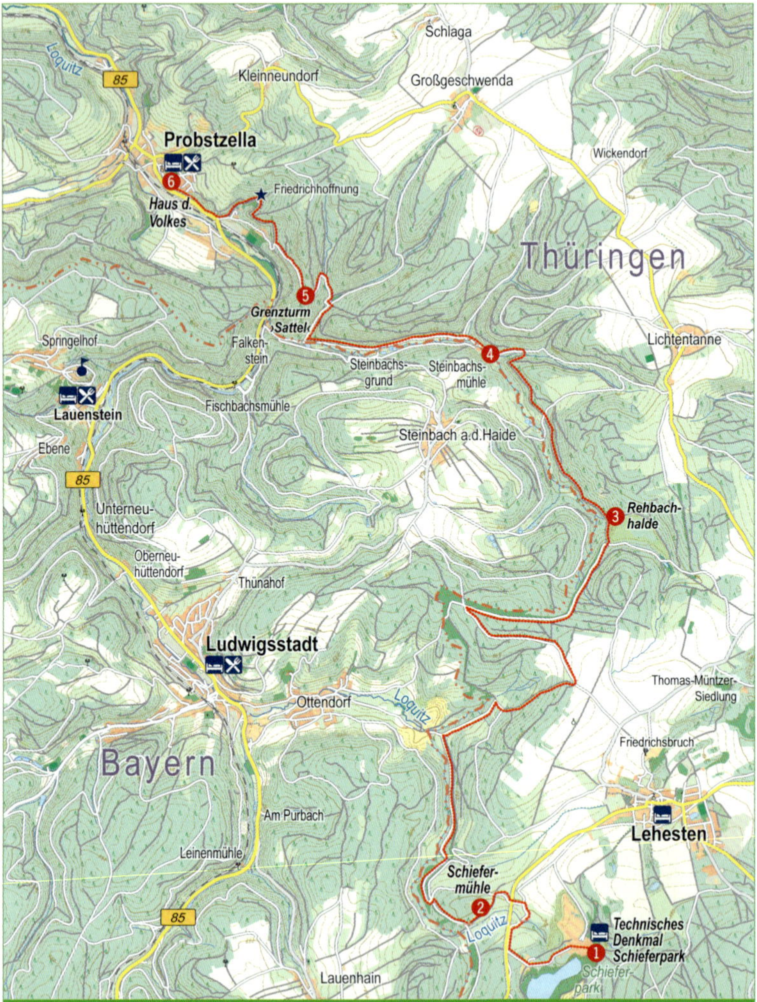

Tour 7: Lehesten–Probstzella 0 750 1500 m

fußfreundlichen Wanderweg. Vor uns taucht plötzlich durch die Bäume die gigantische **Rehbachhalde** auf. Wir kommen an einem angestauten Teich vorbei und erreichen die nächste Kreuzung, an der wir nach links auf den Schieferpfad abbiegen und weiter an der schwarz glänzenden, teils mit Moos überzogenen Rehbachhalde entlanggehen. Dann führt unser Weg durch ein etwas ramponiertes Waldstück sehr steil abwärts. Wir halten uns links, nahe der Halde und finden unseren beschilderten Pfad, dem wir dann nach rechts folgen. Hier taucht auch der Kolonnenweg aus der Halde wieder auf.

Der nächste interessante Haltepunkt ist nach etwa 30 Minuten die **sogenannte Agentenschleuse** – ein Tor, das sich aber weit oberhalb der Demarkationslinie befindet. Dann queren wir nach 15 Minuten eine Asphaltstraße, bleiben aber auf dem Schieferpfad. Bis Probstzella sind es nun noch etwa 7 Kilometer. Nach 25 Minuten erreichen wir die **Steinbachsmühle**, die erste, die leibhaftig vor uns steht. Sie befindet sich gerade noch auf bayrischem Gebiet. Das Bächlein bzw. der linke Wegesrand markierten die Grenze. Rechts des Weges, also auf der DDR-Seite, sieht man noch die Reste vom Kellergebäude, auf dem sich eine kleine Wohnung befand. Sie wurde aus Angst vor Versteckmöglichkeiten für Flüchtende von Soldaten gesprengt. Heute kann man sich den einstigen Anblick kaum vorstellen. Die gesamte rechte Bergseite war komplett nackt und baumlos. Wenige Meter rechts, oberhalb des Weges zog sich die Mauer entlang. Durch die Grenzschließung büßte die Mühle ihre größere Kundschaft aus dem Osten ein, sodass sich das Mahlgeschäft nicht mehr lohnte. Ab 1970 drehte sich das Mühlrad nicht mehr, die Wiesen wurden verpachtet.

Beim Weiterwandern beachte man die Grenzsteine an der linken Wegseite. Wir laufen nun durch den herrlichen **Falkensteiner Grund**, an Fischteichen und am Forellenhof vorbei und biegen an der nächsten Teerstraße mit dem **Luther- und Schieferpfad** nach rechts ab. An einem schön angelegten, gepflegten Teich geht es wieder links ab. Und auch weiter oben halten wir uns wieder links. Nach kurzer Zeit erreichen wir den original erhaltenen **Führungsturm** ›Sattel‹ auf dem Hopfsberg. Er diente der Beobachtung und Überwachung der Grenzanlagen von Helmbach bis Pfaffengrund. Innen ist eine Ausstellung über gelungene und gescheiterte Fluchten zu sehen. Den Schlüssel erhält man gegen Pfand im ›Haus des Volkes‹ oder bei der Gemeindeverwaltung. Nach weiteren zwanzig Minuten betreten wir ein seltsames Kleinod. An eine Bergfalte schmiegt sich

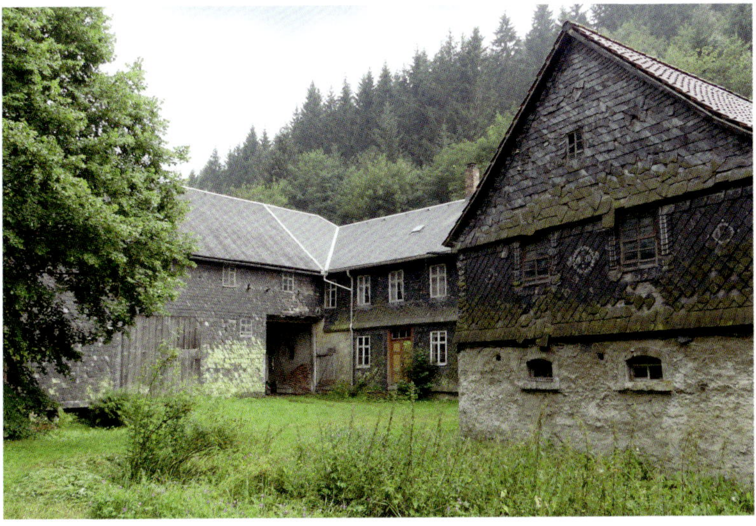

Die Steinbachsmühle

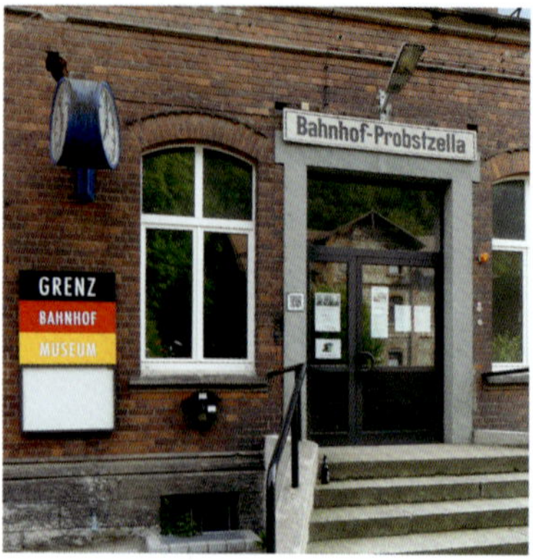

Eingang zum Bahnhof Probstzella

die **Friedrichshoffnung**. Ehemalige Stollen, eine Abraumhalde und direkt davor die ehemalige Gaststätte, heute ein Privatanwesen, drängen sich auf engstem Raum. Wenn hier bloß mal nichts rutscht! Wir wandern auf einem wunderbaren Weg weiter und erreichen an seinem Ende eine Teerstraße. Wir betreten **Probstzella** und laufen geradeaus in den Ort. So kommen wir bergab, geradewegs zum oberen Eingang des ›**Haus des Volkes**‹, der gegenüber dem Friedhof liegt. Das ›Haus des Volkes‹ ist das größte kombinierte und multifunktionale Kultur- und Gemeinschaftshaus mit Übernachtungsmöglichkeiten nach den Vorstellungen der Bauhaus-Philosophie.

Die Straße weiter auf dem Großgeschwendaer Weg führt uns zur Bahnhofstraße, an deren linker Seite der **Bahnhof** und ein Supermarkt liegen. Probstzella war von 1949 bis 1990 eine der wenigen Grenzübergangsstellen für Bahnreisende zwischen der DDR und der Bundesrepublik auf der Strecke Berlin–München. Rund 20 Millionen Reisende mussten sich hier ausweisen und ihr Gepäck kontrollieren lassen. Am 10. September 1949 wurde die Strecke für den ersten Personenschnellzug zwischen Probstzella und Ludwigsstadt freigegeben. Heute beherbergt das historische Bahnhofsgebäude von 1885 ein Museum, das eine Ausstellung über die verweigerte Ausreisefreiheit und die Schikanen des DDR-Regimes zeigt und die Zwangsaussiedlungen aus dem Sperrgebiet dokumentiert.

Franz Ittings ›Haus des Volkes‹

Das ›Haus des Volkes‹, dessen Name manchem Wanderer vielleicht wie mir DDR-sozialistisch anmutet, führt auf die viel ältere Volkshausbewegung zurück. Es wurde 1927 vom Probstzellaer Industriepionier und Unternehmer Franz Itting (1875–1967) und dem Bauhausarchitekten Alfred Arndt erbaut. Gemeinsam schenkten sie Probstzella damit das größte Bauhausobjekt Thüringens – ein kulturelles Zentrum mit Kino, Festsälen, Theater, Restaurant, Café, Park, Sportanlagen und Übernachtungsmöglichkeiten. Zuvor hatte Itting ein Elektrizitätswerk aufgebaut, um die Region für Strom und Licht zu erschließen. Die wechselnden Diktaturen mischten sich von 1933 bis 1989 gnadenlos in das Schicksal des ›Haus des Volkes‹ ein. Eigentümer Itting wollte das attraktive Gebäude nicht den Nationalsozialisten zur Nutzung überlassen. Dafür und für seine unerschütterliche sozialdemokratische Gesinnung wurde er von ihnen ins Konzentrationslager gesteckt. In der folgenden kommunistischen Diktatur wurde sein Besitz enteignet und er selbst wurde 1948 wegen ›antisozialistischer Umtriebe‹ noch einmal zu mehreren Jahren Gefängnis verurteilt. Nach der Haft verließ Itting die DDR und siedelte sich im wenige Kilometer entfernten Ludwigsstadt an, wo er noch einmal einen kompletten Betrieb aufbaute

▸ Karte S. 76

und am 21. Mai 1967 verstarb. Das ›Haus des Volkes‹ wurde indessen vom Kommando des Grenzbahnhofs Probstzella genutzt. Nach dem Ende der DDR war es dringend nötig, Maßnahmen zur Erhaltung des großen Komplexes zu schaffen. Schließlich erwarb Dieter Nagel das Haus, um es originalgetreu zu sanieren und durch das Haus die Region kulturell zu beleben. Heute ist im ›Haus des Volkes‹ eine liebevolle gestaltete Ausstellung mit vielen originalen Exponaten zu sehen, die die beeindruckende Schaffenskraft Franz Ittings und seiner Familie zeigt.

Tour 7

Verwaltungsgemeinschaft Schiefergebirge, Tel. 036653/260-0, Bürgerbüro, Obere Marktstraße 1, 07349 Lehesten www.lehesten.de

Gemeindeverwaltung Probstzella, Tel. 036735/4610, Markt 8, 07330 Probstzella. www.vgem-probstzella.de

Ab-/Anfahrt Probstzella: per Bahn über Leipzig, Halle, Hof bis Probstzella

An-/Abfahrt Lehesten: per Bahn bis Probstzella, Bus 555 bis Lehesten/Wartehalle

Haus des Volkes mit Gaststätte Blauer Salon, Tel. 036735/46057, Mo, Di Ruhetag, falls Ruhetag vor Ort angegebene Handynummer anrufen, Gäste finden in der Regel dennoch Übernachtung, Honig aus eigener Herstellung, Bahnhofstraße 25, 07330 Probstzella. hdv@probstzella.de www.bauhaushotel.com

Pension Martina Stapel, Tel. 036735/70299, Marktstraße 6, 07330 Probstzella, mehrere Ferienwohnungen.

Grenzturm auf dem Hopfsberg, Schlüssel gegen Pfand im ›Haus des Volkes‹ oder bei der Gemeindeverwaltung.

Haus des Volkes, BUND-Dauerausstellung ›Lebenslinie Todesstreifen‹ über das Grüne Band als größtes deutsches Naturschutzprojekt entlang der ehemaligen innerdeutschen Grenze.

Franz-Itting-Museum im Haus des Volkes, Mi–Fr 16–20 Uhr, Sa 14–20 Uhr, So 11–20 Uhr, Tel. 036735/73850, 036735/46057, Eintritt: 3 € www.probstzella.de

DDR-Grenzbahnhof Museum Probstzella, Tel. 036735/4610, 036735/73850, Mi, Sa, So 13–16 Uhr und nach Vereinbarung, Eintritt: 3 € grenzbahnhof@web.de www.grenzbahnhof-museum.de

Wandertouren

Höhenprofil Tour 7

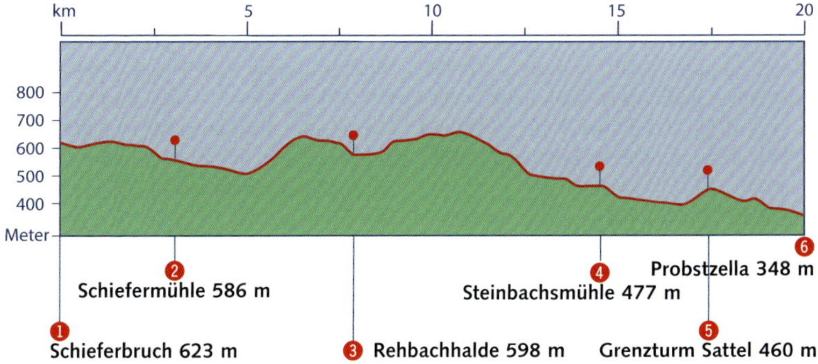

Über die Burg Lauenstein und Thüringer Warte zum Rennsteig

Tour 8: Von Probstzella nach Spechtsbrunn » 19 km/6 Std.

Kurzcharakteristik
Herrliche Aussichten erwarten uns heute. Erst steigen wir jenseits des Loquitztals auf über 600 Meter hoch zur Burg Lauenstein. Für Liebhaber lohnen sich die Burgführung und ein Riesen-Windbeutel. Dann ist die Thüringer Warthe, auch ›Itting-Turm‹ genannt, auf dem Ratzenberg (678 m) unser Ziel. Die Grenzausstellung darin gibt uns viel Wissenswertes zum Nachdenken mit auf den weiteren Weg. Danach folgt eine schöne Waldwanderung, bis wir hinter Lichtenhain auf den Rennsteig treffen und nach Spechtsbrunn wandern. Wer mag, kann noch eine gute Stunde bis zum Wildberghof weiter laufen.

Wegebeschaffenheit: Wald- und Forstwege, Wanderpfade, geteerte Straßen, Kolonnenweg
Markierung: Schieferwegzeichen (gekreuzter Hammer und Meißel), das ›R‹ des Rennsteig
Schwierigkeit: mittel
Wanderkarten: LVG Bayern UK 50-4 Naturpark Frankenwald 1:50 000
Einkauf: Probstzella: Supermarkt, Sparkasse, Springelhof: Pralinen im Café Bauer
Einkehr: Lauenstein, Spechtsbrunn
Teilstrecken: Probstzella–Lauenstein (2 Std./6 km), Lauenstein–Spechtsbrunn (4 Std./13 km)
Besondere Tourhinweise: Wer auf keine der Sehenswürdigkeiten verzichten will und die seltene Möglichkeit nutzen möchte, ins Café einzukehren, dem empfehlen wir, nicht zu spät loszugehen.

Streckenverlauf

▸ Karte S. 82/83

Unser Weg aus **Probstzella** hinaus führt vom ›Haus des Volkes‹ durch die Bahnhofstraße in Richtung Rathaus. Am zentralen Platz biegen wir links in die Mühlgasse ab. Wir unterqueren die Bahnlinie und laufen links, parallel zur Bahn bis zur nächsten Brücke. Wir überqueren die **Loquitzbrücke**, gehen links und gleich darauf beginnt rechts aufwärts der Kolonnenweg. Wir steigen über eine Wiese auf, die noch einmal einen schönen Blick zurück auf Probstzella und unsere gestrige Route zulässt.
Im Wald angekommen, gehen wir rechts auf dem Kolonnenweg weiter, bis wir mit dem **Schieferwegzeichen** nach links abbiegen und nun in Bayern sind. Wir wandern auf einem wunderbaren Waldweg leicht ansteigend weiter. Achtung! Wo sich unser Weg wieder senkt und kurz bevor links ein verwachsener Weg abwärts führt, biegt unser Weg nach rechts auf einen Pfad in den Wald ein. Weiter hinten ist der Weg gut beschildert, nur der Einstieg kommt etwas unerwartet und ist leicht zu übersehen. Etwa fünf Minuten später erreichen wir den ›**Probstzella-Blick**‹ und genießen die schöne Aussicht. Dann halten wir uns auf dem grasigen Weg weiter aufwärts und erreichen eine Wegkreuzung. Hier wandern wir geradeaus auf dem **Haadeweg** weiter. Große Ameisenstaaten säumen nun unseren Weg. Unermüdlich räumen Millionen Waldarbeiterinnen den Wald auf.
Am nächsten Abzweig treten wir aus dem Wald, gehen nach links und haben noch

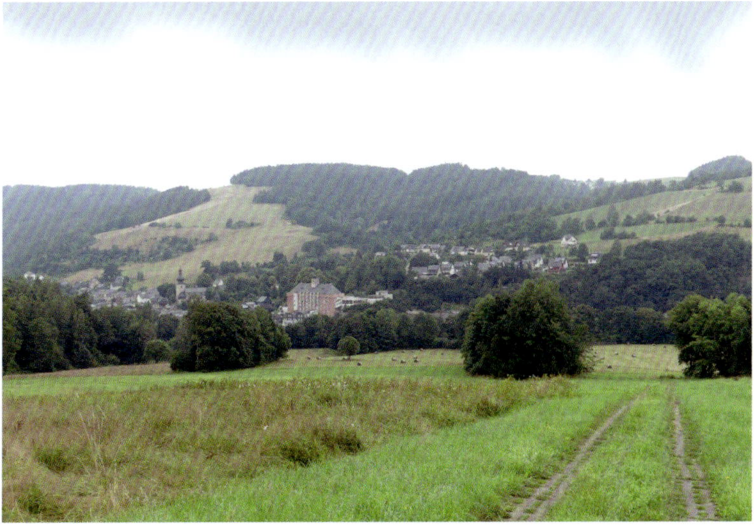

Blick zurück nach Probstzella, in der Mitte das ›Haus des Volkes‹

vor den ersten Häusern von **Springelhof** einen weiten Blick über die Wiese zur **Burg Lauenstein**, die zwar hoch über der Loquitz thront, nun aber unter uns liegt und unser nächstes Ziel ist. Dafür folgen wir der Teerstraße am Teich vorbei und laufen in einem Bogen durch den Ortsteil Springelhof, am Jugendwaldheim entlang, in Richtung Großparkplatz. Wir steigen geradeaus auf die Burg, wo wir eine **Führung** empfehlen (stündlich zur vollen Stunde, 45 Minuten). In der Burg gibt es derzeit keine Gastronomie und Übernachtung. Einkehr bieten aber 50 Meter entfernt vom Parkplatz der **Gasthof Goldener Löwe** aus dem Jahre 1455 und das gegenüberliegende **Café Bauer** des hiesigen Windbeutelfürsten mit eigener Pralinenherstellung und Verkauf.

Im Ersten Weltkrieg hatte Familie Bauer 1914 in ihrem Steinofen begonnen, Brot und Brötchen zu backen und zu verkaufen. Der Enkel Robert erweiterte mit seiner Gattin das Geschäft später zur Konditorei und Urenkel Andreas Bauer begann 1979 mit der Pralinenherstellung. Das Café Bauer entstand 1969, als sogenannte ›Grenzinformationsfahrten‹ vermehrt Gäste nach Lauenstein brachten.

Unsere Wanderung setzen wir auf dem **Märchenweg**, einem Pfad nahe der Skibrettausstellung, die an einer Scheune hängt, fort (zur Burg gehend links). Wir folgen nun erst abwärts, dann aufwärts immer dem Zeigefinger des Zwerges nach bis zur **Thüringer Warthe**. Wir befinden uns hier auf dem Ratzenberg auf 678 m Höhe.

Die Thüringer Warthe ist ein 26,5 Meter hoher Aussichtsturm, der am 17. Juni 1963 eingeweiht wurde und den man besteigen kann. In ihm befindet sich eine interessante Ausstellung über die Grenze und ihre dramatischen Auswirkungen auf die ökonomische Situation des Kreises Kronach mit einer überraschenden Ausnahmeregelung. Im Volksmund wurde beiderseits der Grenze der Turm oft ›Itting-Turm‹ genannt. Dazu erzählte man sich die Geschichte, dass Franz Itting

Wandertouren

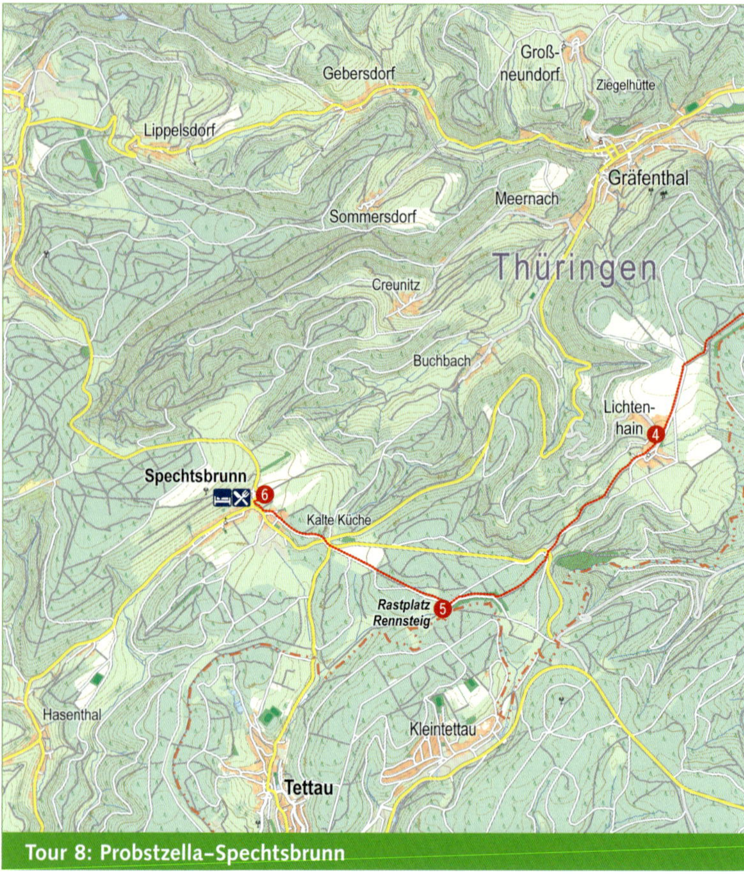

Tour 8: Probstzella–Spechtsbrunn

selbst den Turm hätte bauen lassen, um von hier aus seine Lebenswerke und das ›Haus des Volkes‹ im Blick zu behalten. Von der Thüringer Warthe laufen wir hinter dem Turm den beschilderten Pfad weiter und erreichen einen Teerweg, dem wir rechts zum **Wegekreuz am Köchinnengrab** folgen. Von hier wandern wir auf dem Schieferpfad nach rechts und kurz darauf wieder nach links. Nun befinden wir uns direkt auf der thüringischen Seite der Grenze. Nach kurzer Zeit geht links der Kolonnenweg steil aufwärts. Wir folgen ihm den Berg hinauf. Oben kommt bald linker Hand ein Waldinfopunkt, an dem wir vorbei laufen. Kurz bevor wir eine deutliche Linkskurve nehmen, kommt von rechts ein Pfad, auf dem man 200 Meter einen Abstecher zu einer Aussicht machen kann, die tiefe Einblicke in die **Wetzsteinbrüche** verschafft.

Unser Weg führt von hier den Kolonnenweg verlassend noch ca. 1,5 Kilometer bis **Lichtenhain** (die angegebenen 2,5 Kilometer auf dem Schild stimmen nicht). Im Ort laufen wir die Ortsstraße aufwärts, an dem geschlossenen Gasthof und der Kirche vorbei und durch einen as-

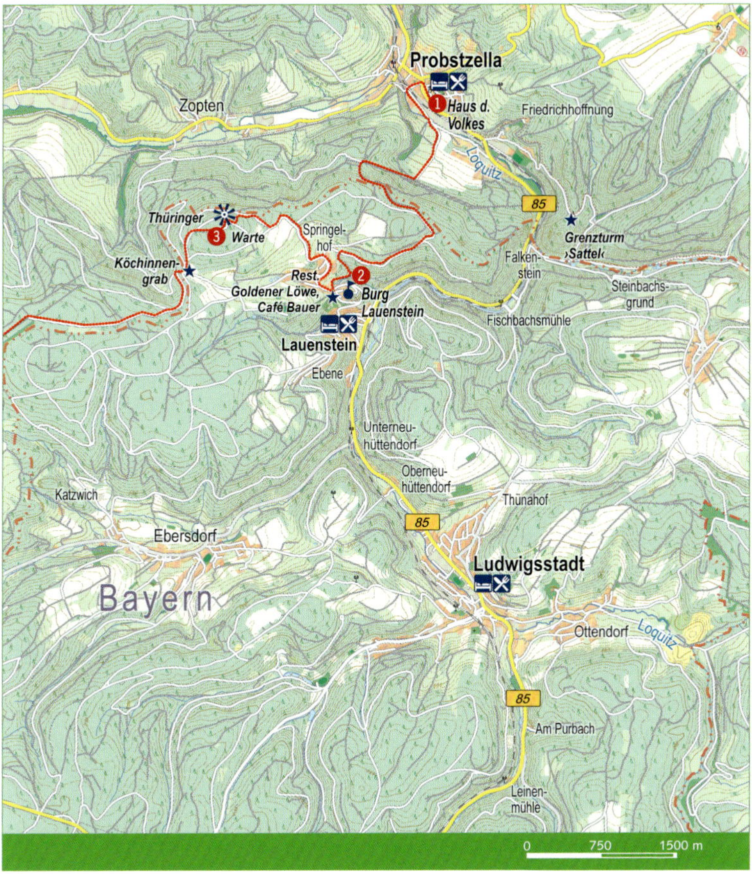

phaltierten Hohlweg. Am Ortsende angekommen, gehen wir an der asphaltierten Straße rechts etwa einen Kilometer weiter, bis wir die **Fernverkehrsstraße**, die vorher noch nicht zu sehen ist, erreicht haben. Wir überqueren sie, tauchen nach links in den Wald ein und nehmen gleich darauf den rechten grün bewachsenen Weg, dem wir bis zu einem breiten geschotterten Fahrweg folgen. Hier gehen wir nach rechts weiter und finden nach wenigen Minuten einen aussichtsreichen Rastplatz an einer Wiese direkt auf dem **Rennsteig**. Hier, wo sich der Radrennsteig und der traditionelle Wanderweg kreuzen, bevölkert sich in der Regel der Weg mehr. Wir wenden uns nun nach rechts und wandern zur ›Kalten Küche‹. Die einst ›Calde Kuche‹ genannte Stelle war der fränkischen Bezeichnung nach eine Grenzkapelle, die bis zur Reformationszeit hier gestanden hat. Später gab es an diesem Grenzort ein Wirtshaus, das 1945–46 kurzzeitig zur sowjetischen Kommandantur umfunktioniert wurde. Heute befindet sich hier ein Naturparkinformationszentrum mit Imbiss (bis 16 Uhr geöffnet). Zur ›**Calde Kuche**‹ laufen

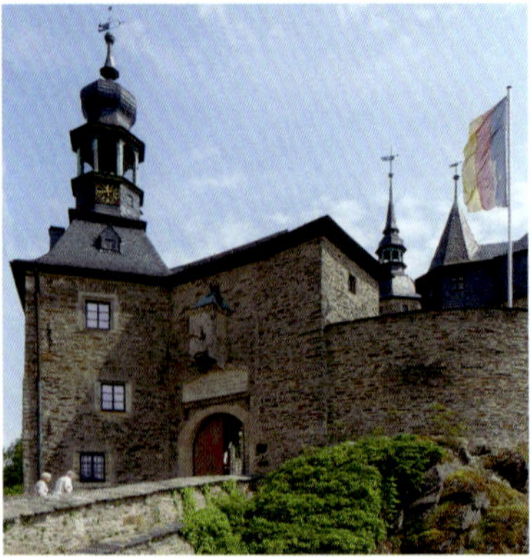

Die Burg Lauenstein lohnt einen Besuch

wir auf dem geteerten Radwanderweg, der gleichzeitig über berühmte Dichter informiert. Unterwegs führt ein Wanderpfad rechts in den Wald hinein, den wir nehmen können, denn er mündet später wieder in den Hauptweg.

Von der Kalten Küche folgen wir den Schildern noch 800 Meter bis **Spechtsbrunn**. An der Gräfenthaler Straße geht es rechts in den Ort, während leicht links unser Weg morgen weitergeht. Wir laufen an der Hauptstraße entlang, bis wir erst das Gasthaus am Rennsteig und dann in der Oberen Sonnebergerstraße in der Nähe der Kirche das Gasthaus Petershänsel erreichen. Wer hier keinen Übernachtungsplatz findet, kann es im 70 Minuten entfernten Wildberghof (→ S. 91) versuchen. Ein vorheriges Telefonat ist zu empfehlen.

Das Loch im ›Toten Winkel‹

Mit der Befestigung der Grenze zwischen den Besatzungszonen brach im fränkisch-bayrischen Landkreis Kronach die regionale Wirtschaft, deren jahrhundertelange Entwicklung grenzübergreifend war, zusammen. Im Jahr 1950 musste deshalb eine Notstandsverordnung ausgerufen werden. Gleichzeitig erfolgte ein Aufruf in anderen Regionen Bayerns zur Unterstützung des Landkreises im ›Toten Winkel‹. Die üblichen Verkehrs- und Handelswege waren zerschnitten. Betriebe verloren ihr Personal, da die Arbeiter nicht mehr zu ihren Arbeitsplätzen gelangten. Arbeitslos Gewordene fanden kaum neue Arbeit, da sie sehr spezialisierte Berufe wie Porzellanmaler u.ä. hatten. Gleichzeitig suchten die über die Grenze kommenden Flüchtlinge ebenfalls Arbeit und Einkommen. Den Arbeitgebern standen Flächen, die zu ihrem betrieblichen und landwirtschaftlichen Eigentum gehörten, sowie Kunden und Absatzmärkte nicht mehr zur Verfügung. Das galt für beide Seiten der Grenze. Die Not und der Druck wurden so groß, dass es von 1955 bis 1961 zu einer einmaligen Vereinbarung an der Grenze kam: Ganz offiziell wurden in dieser Zeit an Werktagen bayrische Schieferbrucharbeiter zur Arbeit in die Steinbrüche des ostdeutschen Lehesten gebracht und gleichzeitig fuhren im Austausch dazu täglich 210 Arbeitskräfte aus der sowjetischen Zone an ihre Arbeitsplätze in die Glashütten und Porzellanfabriken im bayrischen Tettau. Mit dem Bau der Mauer 1961 endete dieses ›Loch im Eisernen Vorhang‹.

Ein Dorf für eine Kirche

Die kleine Kirche von Spechtsbrunn aus dem Jahre 1746/1747, die 2008 ihren Namen Matthäuskirche erhielt, ist wunderschön ausgemalt. Sie wurde nach der letzten Generalrestaurierung 1911, nach langer Vernachlässigung im Zweiten Weltkrieg und während der DDR-Zeit unter großem Einsatz der Dorfbevölkerung seit der Wende restauriert und 2016 eingeweiht. Die Farben

▶ Karte S. 82/83

wurden originalgetreu aufgetragen und die Muster nachgearbeitet. Die Orgel von 1911, ein Geschenk von Herzog Georg II. von Sachsen-Meiningen, die zuvor noch mit dem Blasebalg angetrieben wurde, erklingt nun wieder frisch gestimmt. Besonders schön sind die Kanzel mit ihren korinthischen Säulen von 1779, die farbliche Gesamtgestaltung und der komplett aufgetragene Psalm 23 an beiden Emporen. Die Dachdeckung besteht aus dem letzten Schiefer des Steinbruchs in Lehesten.

Tour 8

Gemeindeverwaltung Probstzella, Tel. 036735/4610, Markt 8, 07330 Probstzella. www.vgem-probstzella.de

Touristinformation & Naturparkcenter Sonneberg, Mo-Do 9–17 Uhr, Fr 9-15 Uhr, Sa 9–12 Uhr, Tel. 03675/702711, Bahnhofsplatz 3 (im Hauptbahnhof), 96515 Sonneberg; www.sonneberg.de tourismus@stadt-son.de

Naturparkinformationscenter & Rennsteig-Imbiss ›Kalte Küche‹ Spechtsbrunn, Di–Fr 10–15.30 Uhr, April–Okt. und bei Skiwetter: Sa, So 11–15.30 Uhr, Tel. 036703/70812, Am Rennsteig 1, 96515 Sonneberg. niz_spechtsbrunn@hotmail.com www.oberland-am-rennsteig.com www.naturpark-thueringer-wald.de

Ab-/Anfahrt Probstzella: per Bahn über Leipzig, Halle oder Hof bis Probstzella

An-/Abfahrt Spechtsbrunn: tägliche Busverbindung Bus 706, Sonneberg-Georgshütte/Oberland am Rennsteig

Gasthof Goldener Löwe, Di–Do, Sa, So ab 9 Uhr, Tel. 09263/250, Markgrafenweg 1, 96337 Ludwigsstadt-Lauenstein. www.goldner-loewe.net.

Gasthaus am Rennsteig, Do--Di, 16–20 Uhr, Tel. 036703/80389, Obere Sonneberger Straße 2, 96515 Spechtsbrunn www.gasthaus-am-rennsteig.de

Gasthaus Peterhänsel, Tel. 036703/81191, Sonneberger Straße 21, 96743 Spechtsbrunn. gasthof@peterhaensel.net www.gasthaus-peterhaensel.de

Café Bauer, Konditorei und Pralinen-Werksverkauf Lauenstein, Tel. 09263/215, Di–So+Feiertag 13–18 Uhr, Orlamünder Straße 39, 96337 Ludwigsstadt-Lauenstein, www.confiserie-bauer.de

Burg Lauenstein, Thüringer Warthe, Kirchenbesichtigung in Spechtsbrunn. (Schlüssel u.a. im Gasthof Peterhänsel).

Höhenprofil Tour 8

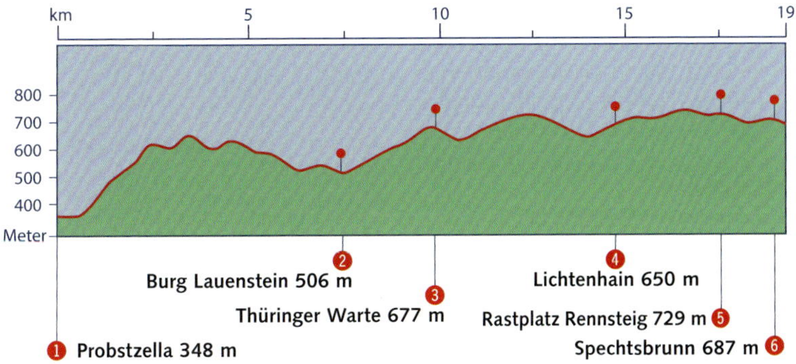

Wandertouren

Von den Höhen des Rennsteigs durchs Tettautal ins fränkische Vorland

Tour 9: Von Spechtsbrunn nach Neuhaus-Schierschnitz » 25 km/7 Std.

Kurzcharakteristik
Wir beginnen heute auf 683 Meter Höhe und steigen auf 350 Meter Höhe ins fränkische Vorland ab. Den höchsten Punkt erreichen wir am Wildberghof, einem kleinen Paradies auf 707 Höhenmetern. Wir überqueren den Sattelpass und kommen bei herrlicher Fernsicht am nächsten Grenz-Führungsturm vorbei. Dann geht es durch den Wald in den Klettnitzgrund und zur verschwundenen Räppoldsburg - eine Burg, die keine war. Dahinter umfängt uns das malerische Tettautal. Wir durchwandern Heinersdorf und können am Ortsende in das ehemalige Grenzkontrollhäuschen blicken, das im Herbst 1989 nur sehr kurze Zeit seinen vorgeschriebenen Dienst tat. Von der gegenüberliegenden Gedenkstätte wandern wir gespannt und etwas abenteuerlich immer geradeaus durch den Wald, bis wir am Ende in Neuhaus-Schierschnitz herauskommen.

Wegebeschaffenheit: Waldwege, Wanderpfade, geteerte Straßen, Kolonnenweg
Markierung: Schilder, ›L‹ für Lutherweg, später keine Markierungen
Schwierigkeit: mittel, zwei steilere Anstiege und lang
Wanderkarten: LVG Bayern UK 50-4 Naturpark Frankenwald 1:50 000
Einkauf: Supermarkt u.a. in Neuhaus-Schierschnitz
Einkehr: Tettau, Heinersdorf, Neuhaus-Schierschnitz
Teilstrecken: Spechtsbrunn–Heinersdorf (18 km/5 Std.), Neuhaus–Schierschnitz (7 km/2 Std.)
Besondere Tourhinweise: Die neu ausgebaute Fernverkehrsstraße kurz vor der Räppoldsburg könnte für Wanderer zu Problemen führen, wenn die Fortsetzung des Wanderwegs nicht bedacht oder nicht markiert ist. Zur Orientierung: Ab Erreichen der Fahrbahn liegt unser Abzweig ins Tettautal ca. 150 Meter links abwärts an der Tafel ›Räppoldsburg‹, an der wir rechts ins Tettautal abbiegen.

Streckenverlauf

Dort, wo wir gestern die Straße von Spechtsbrunn betreten haben, geht unser Weg heute auf der anderen Straßenseite leicht versetzt oberhalb weiter. Wir folgen hier der Beschilderung ›Tettau‹ und ›**Rundweg Kleine Grenzwanderung**‹. Wir steigen auf die Höhe des Zimmerhügels, biegen vor dem Wald links ab und orientieren uns nun an den **Lutherwegschildern**.

Wir erreichen das Grüne Band, das sich durch die weidenden Kühe und Schafe zu einer herrlichen Bergweide entwickelt hat. Am Anfang des Kolonnenwegs wird an den 37-jährigen Fritz Zapf erinnert,

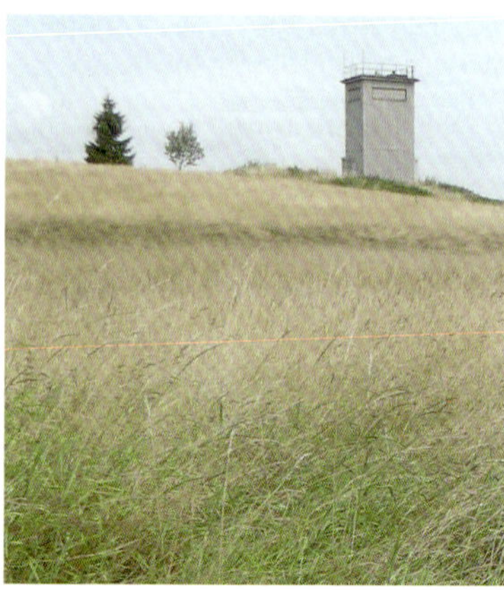

Grenz-Führungsturm am Sattelpass

▸ Karte S. 88/89

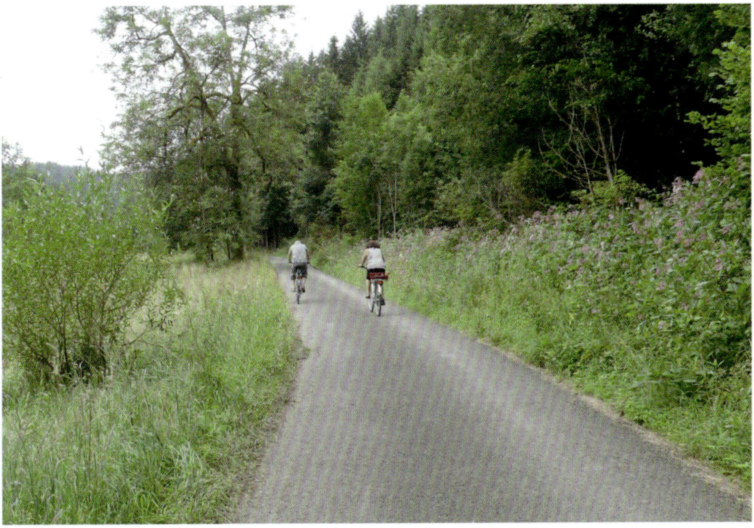

Radler im Tettautal

der am 7. Juli 1964 durch 31 Schüsse zu Tode kam. Den Todesschützen wurde im Prozess zugutegehalten, dass ihnen aufgrund der Umstände die Einsicht fehlte, Unrecht zu tun.

Am Ende des Kolonnenwegs erreichen wir eine alte **Heer- und Handelsstraße** zwischen Leipzig und Nürnberg, der wir wenige Meter nach links und dann am Schild ›Wildberg‹ rechts abbiegend zum 702 Meter hoch gelegenen fränkischen **Wildberghof** (linker Hand) folgen. Nach ca. 70 Minuten Gesamtwanderzeit kommt man an das Gelände des früheren Logierhofs, der 1976 als Kommune von Angelika und Dietrich Schütze neu belebt wurde. Leider ist der Wildberghof im Herbst 2020 komplett abgebrannt und ein Stück Paradies verlorengegangen.

Von hier halten wir uns links und wandern auf dem **Lutherweg** weiter. Wir bleiben links und kommen an **Christiansgrün** vorbei, einem weiteren verschwundenen Hof. Die letzten Besitzer wurden intensiv unter Druck gesetzt, den Hof zu verlassen. Sobald die Familie unter fadenscheinigen Gründen von der Staatssicherheit verhaftet worden war, wurde der Hof beschlagnahmt und abgerissen. Nach der Wende kämpfte die Familie lange um eine Rehabilitierung und Anerkennung dieses Unrechts. Sie erhielt zwei Mal 4000 D-Mark Entschädigung. Einen Teil der enteigneten Flächen konnte die Familie nur durch Rückankauf zurückbekommen. Das kostete sie 9000 D-Mark. Eine ähnliche, aber fiktive Geschichte über ein Hotel im 500-m-Streifen dieser Gegend erzählt Kati Naumann in ›Was uns erinnern lässt‹ .

Wir bleiben links der Straße, gehen auf einem Hohlweg abwärts, bis wir die Straße, die schon Martin Luther nutzte, wieder erreichen und steigen nach links zur **Siedlung Sattelpass** auf. Oben folgen wir der ersten Teerstraße links durch die Häuser, während uns hier der Lutherweg geradeaus verlässt. Eine Tafel erinnert daran, dass nach dem Zweiten Weltkrieg acht Häuser dem Erdboden

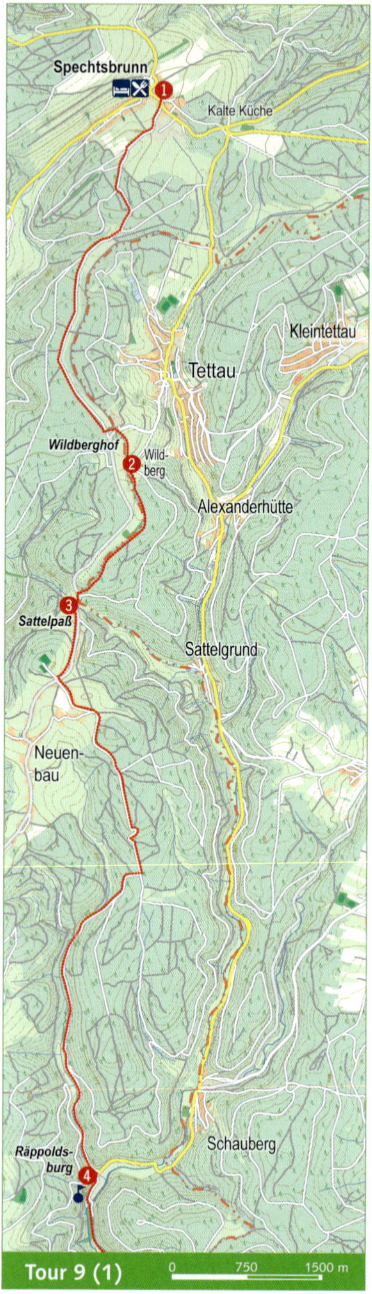

gleichgemacht wurden. Am Ende der Siedlung finden wir einen Rastplatz und können einen kleinen Abstecher zu dem übrig gebliebenen **Führungsturm** mit Fahrzeugdeckung aus Betonteilen machen.

Zurück an der Sitzgruppe folgen wir der Teerstraße abwärts. Auf den nächsten Kilometern wandern wir durch den Forst ins **Klettnitzbachtal** hinein und orientieren uns hier an den Radwegeschildern des ›mehr-oder-weniger-asphaltierten‹ Radweges. Am Ende kommen wir an eine **Erinnerungstafel für das Dorf Rottenbach**. Wir gehen geradeaus weiter. Nach 10 Minuten erreichen wir eine neue Fernverkehrsstraße. Unser Weg führt 150 Meter die Straße links abwärts, bis wir an der Tafel ›**Räppoldsburg**‹, eine Erinnerung an ein früheres Anwesen, ins herrliche **Tettautal** abbiegen. Zwischen 1903 und 1952 fuhr durch das Tal eine Eisenbahn, die nach der Zoneneinteilung vierzehn Mal die Zonen wechselte. Ihre Trasse ist noch gut zu erkennen. Heute ist das Tal Naturschutzgebiet. Vier Kilometer laufen wir nun auf Asphalt und halten nach Rindern Ausschau, die hier weiden.

Nach einer guten Stunde und einer Gesamtwanderzeit von ca. 4,5 Stunden erreichen wir das 1071 erstmals erwähnte **Heinersdorf im Radenzgau**, einen der ältesten Orte im Landkreis Sonneberg. Gleich nach dem früheren Wohnheim für Grenzsoldaten kommt rechts die Veitenmühle. Das Anwesen war erst eine Sägemühle, dann ein Sägewerk ohne Mühle. Es geht weiter geradeaus durch das lang gestreckte Heinersdorf, am Gasthof ›Zum Tettautal‹ und der Kirche St. Nikolaus bzw. Marienkirche vorbei bis zum Ortsausgang. Die Kirche beherbergt ein Bildnis der holzgeschnitzten, gekrönten ›Mutter Gottes in der Verlassenheit‹, der Wunderheilungen zugeschrieben

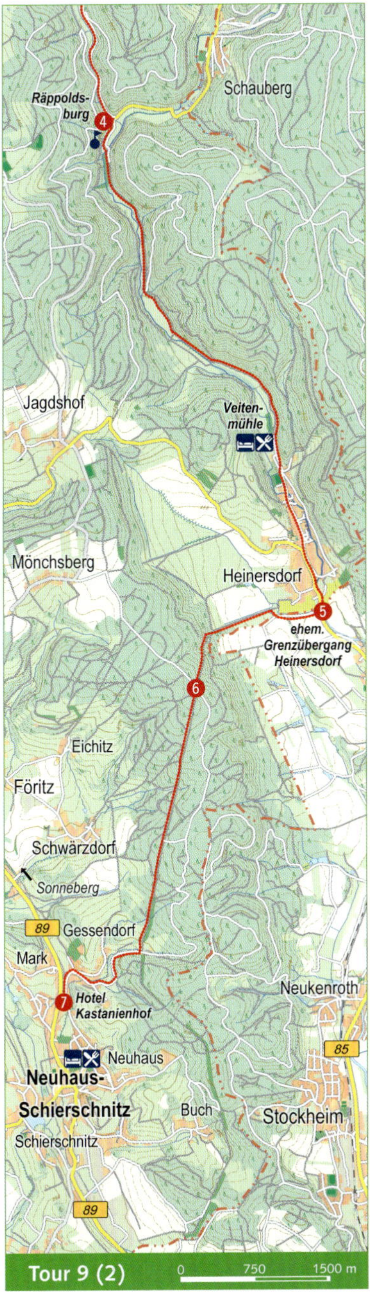

Tour 9 (2)

werden. Seit 1989 ist durch das Bildnis die seit der Reformation evangelische Kirche wieder Wallfahrtsort für katholische Gläubige geworden.

Das Ortsende von Heinersdorf war bis zum 19.11.1989 als geschlossene Grenze mit Betonmauerteilen befestigt. Das Kontrollhäuschen wurde erst während der Wende für den Grenzverkehr gebaut und war bald schon nicht mehr nötig. Es beherbergt heute als **Gedenkstätte Heinersdorf-Welitsch** eine Ausstellung. Gegenüber steht auf der rechten Seite ein Gedenkstein für die Opfer der innerdeutschen Grenze unter der Linde, die zu Ehren von Franz Josef Strauß gepflanzt wurde. Ein Jahr nach der Grenzöffnung wurde am 18.11.1990 dieses Gesamtensemble eingeweiht.

Am südlichen Ortsende nehmen wir nun rechts den Teerweg. Die DDR-Seite der ehemaligen Grenze ist hier Teil eines Solarparks geworden. Dahinter können wir aber bald nach rechts über den Grenzbach auf die Thüringer Seite und nach links auf den Kolonnenweg wechseln. Nun geht es über Platten steil den Berg hinauf. Oben gehen wir an der Kreuzung geradeaus ohne Lochplatten weiter in eine leichte Linkskurve. Das folgende Stück erscheint uns vielleicht etwas abenteuerlich, aber keine Panik, wir bleiben immer geradeaus. Erst eben, dann abwärts, mal stark bewachsen, mal frei und moosig. Wir überqueren eine Forststraße, dann schwenkt unser Weg deutlich nach rechts. Wir bleiben aber geradeaus in einer Schneise und wandern im fröhlichen Auf und Ab weiter. Wir überqueren einen rot-lehmigen Waldweg geradeaus und nehmen auch hier den mittleren Weg an einem Hochsitz vorbei.

Dann bringt uns die Geradeausschneise stetig und steiler abwärts, bis wir am Ende nach einem weiteren Auf und Ab

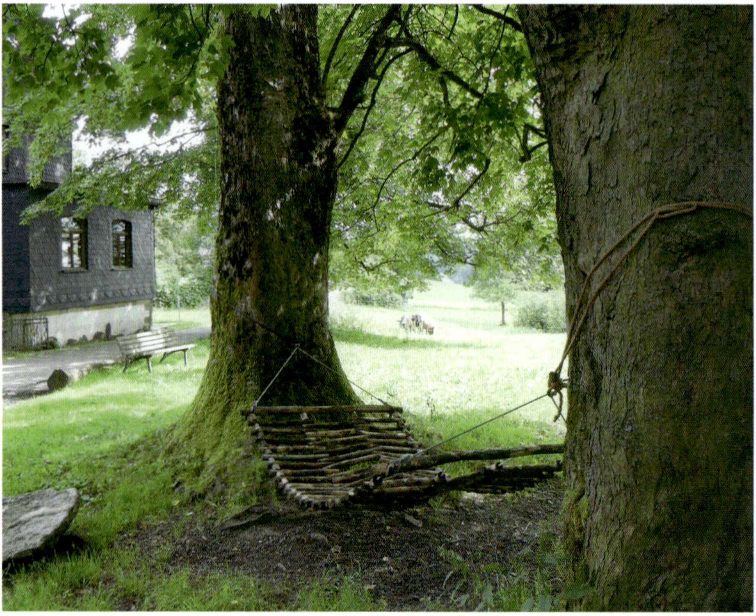

Die schattige Hängematte am Wildberghof vor dem verheerenden Brand

einen blaugrauen Schotterweg erreichen. Dem folgen wir nach rechts am Parkplatz ›Quelle‹ vorbei und laufen noch gute 15 Minuten durch den **Ortsteil Gessendorf** im Linksschwenk bis zur Hauptstraße von **Neuhaus-Schierschnitz**, wo wir auf das **Hotel Kastanienhof** stoßen. Etwa zwei Stunden sind seit Heinersdorf vergangen. Das Hotel ist etwas in die Jahre gekommen, das hauseigene Restaurant war zuletzt geschlossen. Die günstige Lage am Wanderweg und das reichhaltige Frühstücksbüffet rechtfertigen aber einen Aufenthalt.

Auf der Hauptstraße befindet sich nach 300 Metern links ein Supermarkt und auch das Restaurant Richard ist nicht weit entfernt.

Die Führungsstellen an der Grenze

Zwischen 1978 und 1980 wurden auf dem Hammerberg nahe dem Sattelpass der Grenzturm und die zugehörige Fahrzeugdeckung gebaut. Ähnlich wie der Turm auf dem Hopfsberg bei Probstzella und jeweils einem in den weiteren Grenzabschnitten, wurden sie als Führungsstellen eingerichtet. Ein Offizier und ein Grenzsoldat taten hier 8 bis 12 Stunden Dienst. Sie kümmerten sich um einen größeren Grenzabschnitt und die Signale, die an den Grenzzäunen ausgelöst wurden. Zu den Aufgaben gehörte die Reaktion auf Vorkommnisse an der Grenze, die Festnahme von Republikflüchtigen und die Annahme von Meldungen der jenseitigen Grenzseite. Der Turm auf dem Hammerberg wurde 2004 privat umgestaltet, wobei die Fahrzeugdeckung einen Graffitianstrich erhielt. Beides sind heute Kulturdenkmäler des Freistaates Thüringen.

▸ Karte S. 88/89

Tour 9

Touristinformation u. Naturparkcenter Sonneberg, Mo-Do 9–17, Fr 9–15 Uhr, Sa 9–12 Uhr, Tel. 03675/702711, im Hauptbahnhof, 96515 Sonneberg. tourismus@stadt-son.de
www.sonneberg.de
Naturparkinformationscenter mit Imbiss ›Kalte Küche‹ Spechtsbrunn, Di–Fr 10–15.30 Uhr, April–Okt. und bei Skiwetter Sa, So 11–15.30 Uhr, Tel. 036703/70812, Am Rennsteig 1, 96515 Sonneberg. niz_spechtsbrunn@hotmail.com
www.oberland-am-rennsteig.com, www.naturpark-thueringer-wald.de
Gemeindeverwaltung Neuhaus-Schierschnitz, Mo, Di, Do, Fr 9–12 Uhr, Di 13–18 Uhr, Do 13–16 Uhr, Tel. 036764/7960, 036764/79632, Schierschnitzer Straße 9, 96524 Neuhaus-Schierschnitz (Föritztal), www.foeritztal.de
www.neuhaus-schierschnitz.de

An-/Abfahrt Spechtsbrunn: tägl. Busverbindung Bus 706, Sonneberg-Georgshütte/Oberland am Rennsteig. **Ab-/Anfahrt Neuhaus-Schierschnitz**: tägliche Busverbindung Bus 710, Sonneberg-Rotheul

Wildberghof Tel. 09269/224, 0175/6390680, Wildbergstr. 18, 96355 Tettau. Über die Zukunft des 2020 abgebrannten Hofes und eventuell neu entstehende Übernachtungsmöglichkeiten war zur Drucklegung dieses Buches noch nichts bekannt.
www.wildberg-tettau.de
Ferienwohnung Marquardt, Tel. 03675/744311, Tettaustr. 41, 96515 Heinersdorf.
Hotel Kastanienhof, Tel. 036764/80933, Schießhausstraße 21, 96524 Neuhaus-Schierschnitz.
www.hotel-derkastanienhof.de

Gaststätte Zum Tettautal, Tel. 03675/425050, Tettaustr. 4, 96515 Heinersdorf.
Gaststätte Reichardt, Tel. 036764/80777, Marker Hang 3, 96524 Neuhaus-Schierschnitz.

Kirche St. Nikolaus Heinersdorf mit der ›Mutter Gottes in der Verlassenheit‹, Di–Fr 8-12 Uhr, Di 13–18 Uhr, Do 13–16 Uhr, Kirchstraße, 96515 Heinersdorf (Judenbach/Föritztal).
Gedenkstätte Heinersdorf, keine regulären Öffnungszeiten, Förderverein Gedenkstätte Heinersdorf-Welitsch, Tel. 03675/744516 (Thüringen), 09261/20480 (Bayern), Welitscher Straße, 96515 Heinersdorf (Judenbach/Föritztal).

Wandertouren

Höhenprofil Tour 9

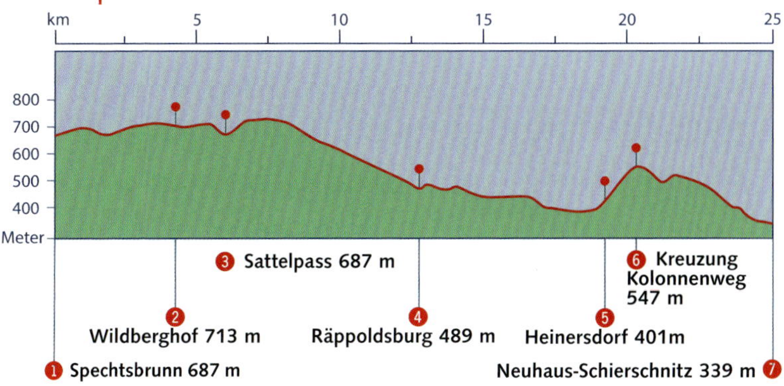

Vom Wald in Flur und Heide

Tour 10: Von Neuhaus-Schierschnitz nach Mupperg » 20 km/5,5 Std.

Kurzcharakteristik
Diese schöne Tour führt uns am schönen Möchtegern-Schloss Neuhaus vorbei. Dann finden wir viele Hinweise des einstigen Steinbergbaus in der Region. Das nächste Stück Kolonnenweg entpuppt sich als farbenfroh und schmetterlingsreich. So geht es je nach Jahreszeit durch gelben Ginster oder lila Heide. Die offen zugängliche Friedenskapelle erinnert an die Grenzgeschichte und die Erleichterung der Menschen über ihr Ende. Hinter dem nächsten bayrischen Ort Burggrub erreichen wir wieder den Kolonnenweg, der uns an zahlreichen vorhandenen oder geschleiften Wustungen entlang leitet. Wir besuchen den Gedenkstein für das Dorf Liebau, das zwischen 1952 und 1975 eine ›sagenhafte‹ Zeit erlebte, ehe es 1975 komplett verschwand. Von dort ist es dann nur noch ein Katzensprung nach Mupperg, das sich in der ebenen Schmalzgrube des Sonneberger Landes befindet.

Wegebeschaffenheit: Kolonnenweg, Wanderwege, geschotterte Fahrwege, asphaltierte Radwege
Markierung: Wegweiser und zeitweise blaues Kreuz des Burgenwegs
Schwierigkeit: mittel
Wanderkarten: LVG Bayern UK 50-4 Naturpark Frankenwald 1:50 000
Einkauf: Metzgerei und Lebensmittel am ›Gasthof zum Goldenen Adler‹ in Burggrub; zwei Bäcker in der Oerlsdorfer Straße in Mupperg
Einkehr: in Burggrub, am Wochenende in Rotheul
Teilstrecken: Neuhaus-Schierschnitz–Burggrub (1,5 Std.), Burggrub–Mupperg (4 Std.)
Besondere Tourhinweise: In dieser Gegend wird besonders davor gewarnt, die ausgewiesenen Wege zu verlassen. Da der sandige Untergrund in Bewegung ist, können die Minen, die nicht gefunden wurden, ihre Standorte geändert haben. Gelegentlich kommen welche zum Vorschein.

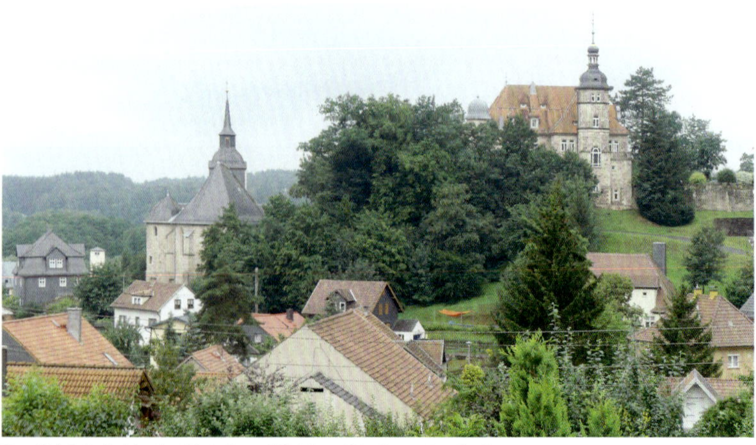

▲ Karte S. 94/95

Dreifaltigkeitskirche (links) und Schloss Neuhaus (rechts)

Streckenverlauf

Am Hotel Kastanienhof gehen wir nicht zur B 89 vor, sondern am Wald entlang durch die Schießhausstraße. Wir kommen zum **Schloss Neuhaus**, das erst 1902–04 von dem Neu-Adligen Hermann von Walther im Stil der Neo-Renaissance umgebaut wurde. Die Grundlage bildete das 1580 aus massivem Stein errichtete Amtshaus, das bis 1829 die Verwaltung des kleinen Amtes Neuhaus beherbergte. Nach einer wechselreichen Geschichte wird das Schloss seit 1928 vor allem von Kindern genutzt. Seit 1995 ist hier das Mutter-Kind-Kurheim des DRK-Landesverbandes untergebracht.

Wir biegen links in die Straße ›Großer Garten‹ ein und weiter in die Minnastr., auf der wir aus dem Ort hinaus in den Wald wandern. Wir folgen dem Weg auf blau-grauem Schotter am **ehemaligen Zechengeländ**e eines Steinkohlebergbaus nach rechts, bis wir nach ca. 30 Minuten Gesamtwanderzeit nach rechts auf den Kolonnenweg abbiegen. Nun geht es auf und ab durch den Wald. Nach etwa 20 Minuten treten wir aus dem Wald und nehmen den ersten Feldweg links mit

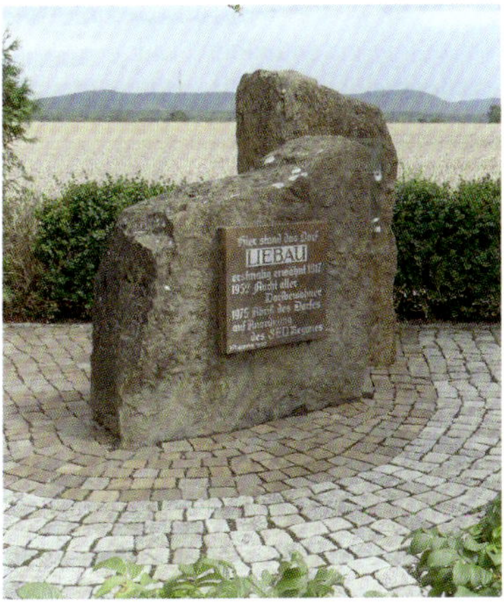

Gedenkstein für das Dorf Liebau

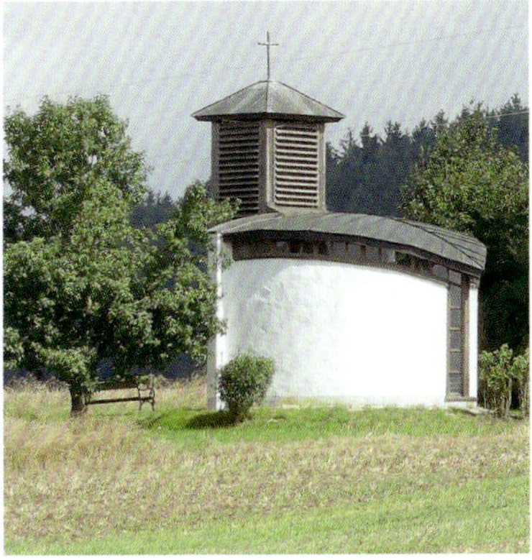

Die Friedenskapelle

Blick auf Burggrub (372 m) und Bayern. Wir kommen an der **Friedenskapelle** vorbei, die 1992 gebaut und eingeweiht wurde und wo wir einen Moment ausruhen können. Dann laufen wir weiter mit einer schönen Fernsicht, überqueren bald die B 89 und laufen links am Sportplatz vorbei nach Burggrub hinein. Durch **Burggrub** gehen wir auf der Hauptstraße und kommen zum ›Gasthof zum Goldenen Adler‹ mit Metzgerei und allerlei Nützlichem (Brot, Getränke, etc.). Vom Gasthof wandern wir rechts den Berg hinauf und aus dem Ort hinaus, bis wir zur Bushaltestelle am Beginn des Ortsteils **Mostholz** kommen. Gleich hinter der Bushaltestelle markiert ein **Zentstein** mit dem Datum 26. Mai 1629 die ehemalige Gerichtsgrenze zwischen den Freiherren von Würtzburg zu Mitwitz (Ost) und den Freiherren von Redwitz zu Hassenberg. Der damalige Grenzverlauf war für die spätere Zonengrenze maßgebend.

Vor der Haltestelle gehen wir nun mit dem Wegweiser nach rechts in den Wald in Richtung Rotheul und biegen kurz darauf links auf den Wanderweg ab. Wir folgen nun dem blauen Kreuz des **Burgenweges**. Unterwegs fallen uns die

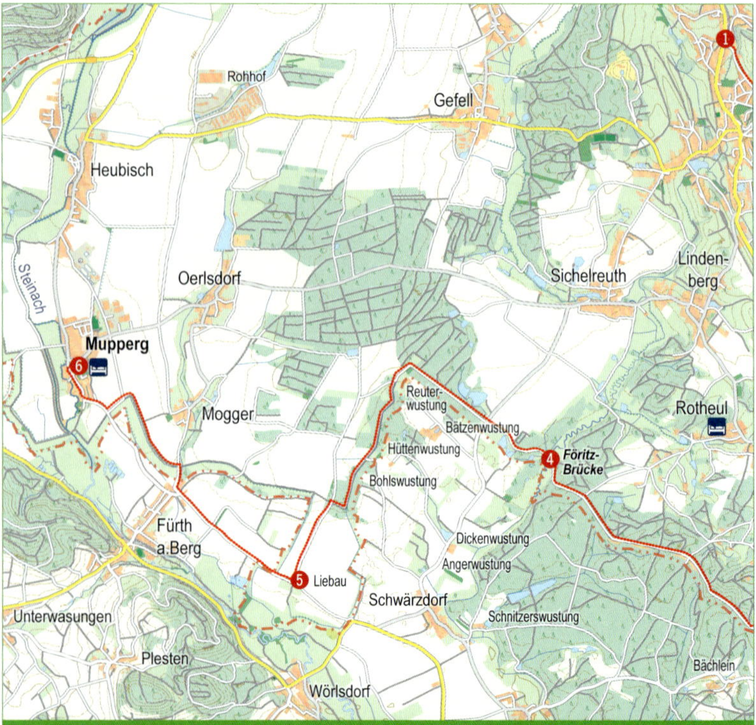

Tour 10: Neuhaus-Schierschnitz–Mupperg

zahlreichen Wustungen auf. Wustungen sind Einzelhöfe und inzwischen auch Flurbezeichnungen, die meist im 16./17. Jahrhundert entstanden. Viele von ihnen wurden im Dreißigjährigen Krieg verwüstet, danach aber wieder besiedelt. Vor 1632 gab es um Rotheul 35 Wustungen, zu Beginn des 19. Jahrhunderts waren es 25. Nach 1960 verschwanden auf der Seite der sowjetischen Besatzungszone elf grenznahe Wustungen durch Abriss oder Abbrennen.

Dann verlassen wir an einer Kreuzung im Wald den Burgenweg und bleiben geradeaus auf dem Kolonnenweg. Nun begleitet uns heller Sand, manchmal in altrosa Farben. Zahlreiche Ginster und Farne wachsen hier und im August, wenn die Heide blüht, wechselt das Grüne Band sein gelbes Kleid in ein violettes. Nach einer guten halben Stunde kreuzen wir noch einmal den Burgenweg, folgen aber dem Kolonnenweg weiter. Nach einer weiteren halben Stunde erreichen wir die **Brücke**, die die renaturierte **Föritz** überquert. Der kleine Fluss ist im Sommer durch die hochgewachsenen Pflanzen kaum zu sehen. Die liegenden Baumstämme bieten sich zum Sitzen an. Bald nach der Brücke betreten wir einen blaugrauen Schotterweg, der die Lochplatten verdeckt, und kommen in die offene Landschaft. Links blicken wir über die Teiche ins schöne Steinachtal. Wir überqueren die Straße und setzen unsere Wanderung geradeaus fort. Nun

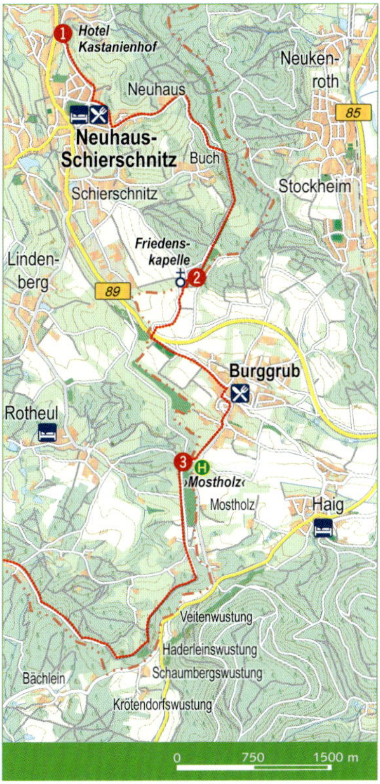

geht es leicht aufwärts durch den Wald. Oben folgen wir im Linksschwenk dem Kolonnenweg, der später wieder in einen blaugrauen Schotterweg übergeht. Nach einer Rechtskurve im rechten Winkel sehen wir schon den asphaltierten Querweg. Hier biegen wir links ab und laufen abwärts in die offene Landschaft zum **verschwundenen Dorf Liebau**. An der Gedenkstätte können wir innehalten, uns setzen und den ›Geist des Dorfes‹ erspüren. Hinter uns liegt das Dreiländereck Bayern, Hessen, Thüringen. Dann biegen wir rechts ab und wandern auf dem asphaltierten Weg, der einstigen Verbindungsstraße, nach Fürth am Berg in Hessen. Wir treffen am geschlossenen Grenzlandhof auf die Hauptstraße. Kurz davor biegen wir rechts ab in Richtung Mogger, bis wir auf den Kolonnenweg stoßen, dem wir nach links folgen.

Kurz vor **Mupperg** biegen wir noch einmal links ab und wandern dann rechts auf der Hauptstraße in den schönen Ort hinein. Hübsche Häuser und liebevoll geschmückte Vorgärten ziehen unsere Blicke an. Wir wandern bis zum ›Roten Ochsen‹. Danach zweigt die Oerlsdorfer Straße rechts in Richtung Gewerbegebiet ab. An dieser Straßenecke finden wir das Pfarrhaus, dahinter die 1451 errichtete Kirche mit einem Langhaus von 1722 und mit Mose, der die Kanzel trägt. Die Zwiebelhaube wurde 1784 aufgesetzt. Die sehr sehenswerte **Heilig-Geist-Kirche** ist als Radwegekirche geöffnet. Dahinter schließt sich der Schlosspark mit dem ehemaligen, 1750 erbauten und bis 1860 von drei Seiten mit Wasser umgebenen **Wasserschloss** der Herren von Schaumburg und Spesshardt an, in dem heute Senioren residieren. Schon 1872 wurde das Schloss als Kreisarmenhaus für Arme und Waisenkinder genutzt, ab 1924 fanden hier auch ältere und geisteskranke Menschen eine Heimstatt. 1941/42 wurden die Bewohner mit körperlichen und geistigen Behinderungen in schwarzen Reisebussen in die Vernichtungsanstalten des nationalsozialistischen Deutschlands in Tschadras und Pirna-Sonnenstein gebracht. Sie kehrten nie wieder zurück. Mupperg wurde als ›Muggiburc‹ erstmals 1069 erwähnt. Damals gab es bereits eine Kapelle. Der Ort entwickelt sich nach der Stagnation während der DDR-Zeit wieder zu einem landwirtschaftlich geprägten, wohlhabenden Bauerndorf mit zahlreichen Handwerkern. Auch hier wurden 1952 und 1961 mehrere Familien vertrieben. Beerdigungen auf dem Friedhof fanden unter scharfer Bewachung der Grenztruppen statt.

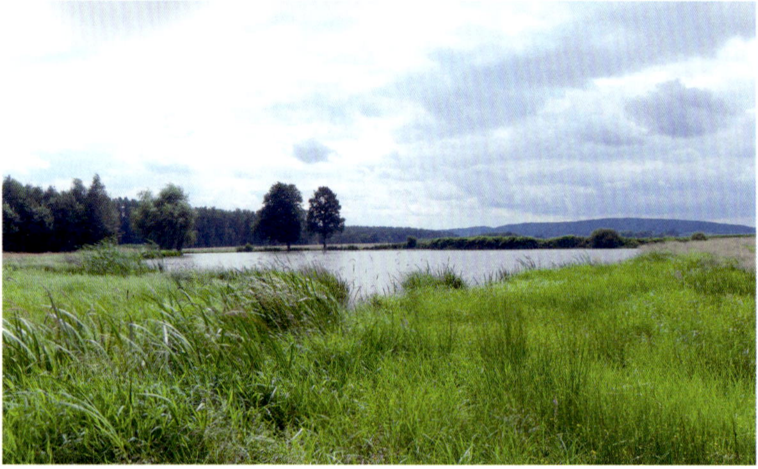

Teich im Steinachtal

Liebau – das Dorf, das drei Mal umkam

Liebau wurde 1317 erstmalig erwähnt und war bis 1847 ein Rittergut der Fürttenbergs, das fast ununterbrochen von Frauen geführt wurde. Ab 1847 existierte es weiter als Dorf Liebau. 1945 erst von den Amerikanern besetzt, gehörte Liebau laut Grenzverlauf zu Thüringen, war aber von der Kreisstadt aufgrund mangelnder Versorgungswege komplett abgeschnitten. Deshalb fanden zwischen den Besatzungsmächten Verhandlungen über einen Gebietsaustausch statt, die am Abend des 4. Juni 1952 scheiterten. Noch in der Nacht und am 5. Juni 1952 schafften alle bis auf drei altgewordene Liebauer ihr Vieh, die Maschinen und den Hausrat über die Grenze auf die amerikanische Seite. Die Grenzsoldaten ließen die Flüchtenden mit ihrem Hab und Gut ohne Eingreifen ziehen, obwohl das verboten war. In das zurück gebliebene ›Geister‹dorf wurden Neubesiedler aus Thüringen, Sachsen-Anhalt und Sachsen angesiedelt. Viele von ihnen flohen 1957 ebenfalls in den Westen oder wurden aufgrund von ›Unzuverlässigkeit‹ zurückgesiedelt.

In dieser Zeit wurde die Grenzsicherung nach Bayern und Hessen massiv verschärft, weil immer wieder Grenzübertritte stattfanden. Da der 1953 gegründeten LPG aber die Arbeitskräfte fehlten, wurde 1963 das zweite Mal die Besiedelung von Liebau angeordnet. Nun kamen Menschen ohne jegliche Ahnung von Landwirtschaft, die aber linientreu waren und sich über die zugewiesenen Häuser freuten. Gleichzeitig wurde Liebau zum Vorzeigedorf des aufblühenden Sozialismus. Die Bewohner sollten materiell für das Eingeschlossensein entschädigt werden. Straßen und ein moderner Tanzsaal wurden gebaut. Anfang der 1970er Jahre fanden Renovierungen im ganzen Ort statt, eine neue Infrastruktur wurde eingeführt und neuste LPG-Technik angeschafft. Kurz darauf beschloss 1972 die SED-Bezirksleitung, das Dorf komplett aufzugeben. Alle Bewohner sollten in einen Plattenbaublock in Oelsnitz ziehen. Bis

▸ Karte S. 94/95

zum 30. Juni 1975 mussten alle Dorfbewohner das Dorf verlassen haben, das daraufhin dem Erdboden gleich gemacht wurde. Die nicht mehr gebrauchten Materialien tauchten hingegen in den umgebenden Orten wieder auf. So erhielt das Sportlerheim Mupperg das neue Dach des modernen Kulturhauses.

Tour 10

Gemeindeverwaltung Neuhaus-Schierschnitz, Mo, Di, Do, Fr: 9–12 Uhr, Di 13–18 Uhr, Do 13–16 Uhr, Tel. 036764/7960, 036764/79632, Schierschnitzer Straße 9, 96524 Neuhaus-Schierschnitz (Föritztal).
info@neuhaus-schierschnitz.de
www.neuhaus-schierschnitz.de
info@foeritztal.de
www.foeritztal.de

An-/Abfahrt Neuhaus-Schierschnitz: Bahn bis Sonneberg, tägliche Busverbindung Bus 710, Sonneberg–Rotheul
An-/Abfahrt Mupperg: Bahn bis Sonneberg, werktägliche Busverbindung Bus 711, Sonneberg–Föritz

Aparthotel Rotheul bei Burggrub/Stockheim, Rotheul Obere Dorfstr. 5, 96524 Föritztal, Tel. 036764/818880 und 0151/27651999. Renovierter Plattenbau, befindet sich noch im Aufbau, sehr schöne Zimmer, derzeit noch keine Verpflegung (erst wenn komplett fertiggestellt).
Pilgerzimmer im Pfarrhaus Mupperg (1-Einbett-, 1 Zweibettzimmer), Tel. 01520/1823830 (Pfarrerin Weigel), Tel. 036761/408 (Fam. Friedrich), Tel. 036761/52869 (Fr. Muffel) Tel. 036761/305 (Fam. Schwanenberg).
Gasthof & Pension Steiner (nicht am Weg), Tel. 03675/744469, Ortsstraße 17, 96524 Föritz bei Sonneberg
www.pension-steiner.de
Gasthof Detsch, Coburger Straße 9, 96342 Stockheim/Haig, Tel. 09261/62490. Nicht direkt am Weg, schöne Apartments, gute Küche. www.landgasthof-detsch-haig.de

Gasthof zum Goldenen Adler, Tel. 09261/2954, Sonneberger Str. 10, 96342 Burggrub (Stockheim).
Rosi´s Brotzeitstübchen, in Rotheul, Ortsstraße 7, nur Sa, So 15–21 Uhr.

Grenzstein vom 26. Mai 1629 an der Bushaltestelle Mostholz, Spaziergang im Schlosspark Mupperg mit Schloss (Besichtigung von außen) und Besichtigung der geöffneten Kirche.

Höhenprofil Tour 10

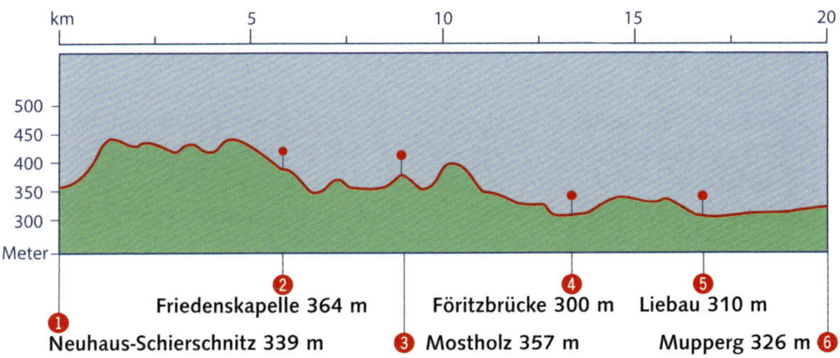

Durch den Mürschnitzer Sack zum Isaak

➲ Tour 11: Von Mupperg nach Meilschnitz » 15 km/4,5 Std.

Kurzcharakteristik
Eine abwechslungsreiche und lohnenswerte Tour durch das Steinachtal liegt vor uns, die sich am Ende zum Generalsblick aufschwingt. Erst wandern wir auf asphaltierten Wegen mit schönem Rundumblick auf den weithin sichtbaren Tafelberg, den Muppberg, zu. Dann geht es an seinem östlichen Fuße entlang. Hier schlagen wir uns entweder durch die Natur oder bleiben bis zur ›Gebrannten Brücke‹ auf der Straße. Dann durchwandern wir den Ortsteil Wildenheid am Rande von Neustadt bei Coburg. Dahinter empfängt uns die geschützte Flora und Fauna des Naturschutzgebietes Mürschnitzer Sack. Sehr steil steigen wir zum Generalsblick auf den Berg Isaak (546 m) und vollziehen die Blicke der Generäle nach, die hier gestanden haben mögen. Dann geht es wieder genauso steil ins Tal der Alten Meilschnitz zum Ziel.

Wegebeschaffenheit: Kolonnenweg, asphaltierte (Rad-) Wege, Feld und Wanderwege
Markierung: blauer Punkt ab Gebrannter Brücke/Neustadt, Grüne-Band-Zeichen
Schwierigkeit: mittel, am Anfang leicht, am Ende ein steiler An- und Abstieg
Wanderkarten: LVG Bayern UK 50-3 Naturpark Frankenwald 1:50 000
Einkauf: Neustadt bei Coburg, Gebrannte Brücke: mehrere Supermärkte auf der Sonneberger Straße, links Richtung Neuhaus; Bäckerei Motschmann, Neustadt-Wildenheid
Einkehr: Bäckerei und Gasthaus in Neustadt-Wildenheid
Teilstrecken: Mupperg–Neustadt/Gebrannte Brücke (2 Std.)
Besondere Tourhinweise: Der Kolonnenweg war bisher auf einem ca. 1 km langen Stück hinter der Bergmühle im Sommer so verwuchert, dass man sich im wahrsten Sinne des Wortes durch Brennnesseln und Brombeeren ›schlagen‹ musste. Unter diesen Umständen bleibt dann nur eine Umgehung über die Straße an der Bergmühle und Massemühle vorbei bis zur Sonneberger Straße und dann rechts oder wenn möglich vorher schon nach rechts auf den parallelen Kolonnenweg im Naturschutzgebiet, der nach dem ersten verwachsenen Stück wunderbar ist.
Wir befinden uns hier in der Region, die seit dem Mittelalter für ihre Spielzeugherstellung weltberühmt geworden ist. Heute wandern wir zwischen den beiden Handelszentren Neustadt bei Coburg und Sonneberg hindurch. Wer etwas mehr Zeit zur Verfügung hat, dem empfehlen wir ein Eintauchen in die Spielwelten, zum Beispiel im Mai beim Internationalen Puppenfestival in Neustadt oder bei einem Besuch des Sonneberger Spielzeugmuseums.

■ Streckenverlauf

▲ Karte S. 100

Wir wandern durch **Mupperg** auf der Straße ›An der Steinach‹ und verlassen den Ort am Backhaus. Dort gehen wir über die Brücke des Flüsschens Steinach und wenden uns dahinter nach rechts auf den Rad-Wanderweg.
Wir laufen nun an dem sogenannten Schwemmfächer der Steinach entlang mit dem 516 Meter hohen Muppberg und seinem Prinzregententurm vor Augen. Der Fluss wurde von den Grenztruppen begradigt. Nach 30 Minuten erreichen wir den westlichen Siedlungsteil von Heubisch, den wir geradeaus durchqueren.
Leicht rechts unterlaufen wir mit dem Radweg die sehr befahrene B 4 und stehen nun auf der anderen Seite der einst von der Grenze (heute durch die B 4) durchgetrennten Straße Heubisch-Ebersdorf.

Wir gehen einige Meter auf den nun direkt vor uns liegenden Tafelberg zu. Am östlichen Fuße des Berges befand sich bis 1989 die Grenze. Der einst florierende **Gasthof Bergmühle** auf der bayrischen Seite (heute nicht mehr öffentlich; die Mühle wurde weggerissen) verdiente bis ca. 1990 sein Geld mit seiner attraktiven Lage an der Grenze. Von den erhöhten Terrassenplätzen bot sich den Besuchern ein einmaliger Blick über die Mauer. Die Schaulustigen buchten eine der zahlreichen Bustouren und konnten sich dann bei Kaffee und Kuchen das Spektakel im Osten aus nächster Nähe ansehen.

Noch vor dem Gasthof biegt unser Weg auf den **Kolonnenweg** rechts ab, führt erst über eine Brücke auf eine kleine Insel, später über eine zweite Brücke mitten hinein ins Naturschutzgebiet. Allerdings wurde das erste Stück des Weges in der Vergangenheit nicht mehr gepflegt. Das hat zur Folge, dass es im Sommer durch Brennesseln und Brombeeren schwer gangbar geworden ist. Dann bleibt nur die Umkehr und die Alternative über die Straße am ehemaligen Gasthof und der Massemühle vorbei, parallel zum Kolonnenweg im Naturschutzgebiet. Wer sich aber durch die Natur ›schlägt‹, für den entpuppt sich das zweite Stück des Kolonnenweges ab der Stelle, wo von rechts ein Seitenweg einmündet, als traumhaft angelegter Wanderweg. Der Kontrast könnte nicht größer sein! Hintergrund dieser Situation soll sein, dass alt-neue Flurbesitzer darüber erbost sind, dass ihnen der durch die DDR willkürlich eingefügte Kolonnenweg die Flur(-nutzung) kaputt macht.

Wir erreichen die Straße an der **Gebrannten Brücke** (Bushaltestelle, links Supermärkte), der Grenze und gleichzeitig kürzesten Entfernung zwischen Neustadt (Bayern) und Hönbach (Thüringen). Der Brückenname geht auf die vermutlich absichtlich verkohlten, dadurch besser

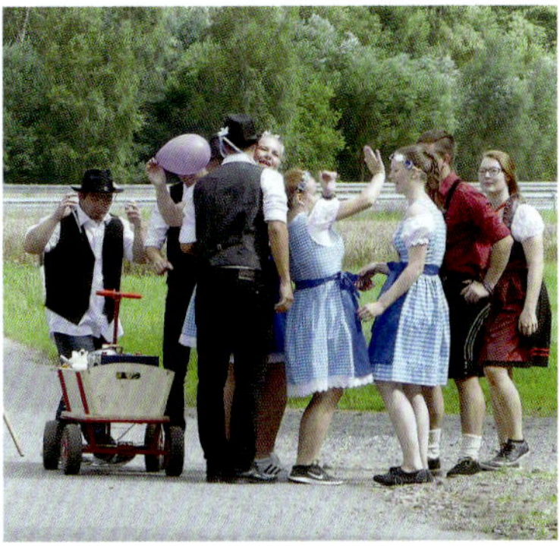

Festgarde vor Muppberg

im Wasser haltbaren Baumstämme des ursprünglichen Knüppeldamms zurück, die hier als Brücke über die Steinach gelegt worden waren. Ganz in der Nähe flüchtete am 31. Juli 1949 ein Großteil einer Sonneberger Fußballmannschaft während eines Freundschaftsspiels über die noch kaum befestigte Grenze.

Wir überqueren die Straße und setzen unsere Wanderung auf der bayrischen Seite leicht links versetzt fort. Ein blauer Punkt und ein richtungsweisendes **Grüne-Band-Schild** (!) weisen uns die Richtung. Der Kolonnenweg ist hier dem Feld zum Opfer gefallen. Wir überqueren eine Bahnlinie und folgen dem blauen Punkt bzw. dem Grüne-Band-Pfeil auf der Hutstraße durch den Ort Neustadt-Wildenheid, überqueren die Rittergutstraße, kommen an der links liegenden Schule vorbei, gehen nach rechts und dann geradeaus durch die Grünanlage und erreichen dann die Seestraße.

Wer im **Gasthaus Waldfriedensee** einkehren möchte, biegt hier links ab, ansonsten laufen wir rechts die befahrene Seestraße entlang und biegen dann links in die Bettelhecker Straße ab. Wir kommen an der **Bäckerei Motschmann** vorbei und biegen noch einmal links in die kleine Wohngebietsstraße Frankenmaaß ein, die uns an

Wandertouren

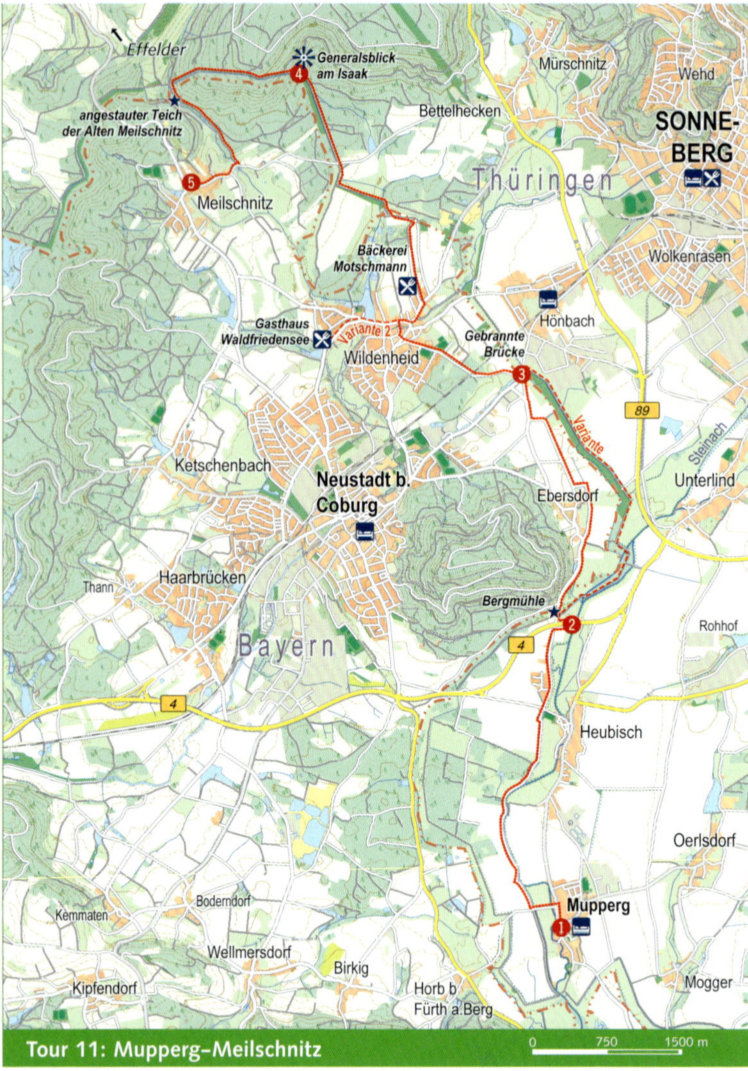

Tour 11: Mupperg–Meilschnitz 0 750 1500 m

ihrem Ende aufs Feld hinausführt. Hinter dem kleinen Wald biegen wir links ab. Vor dem nächsten Teich geht es rechts und danach wieder links, bis wir uns an Apfelbäumen noch einmal rechts halten und dann die Meilschnitzer Straße überqueren. Auf der Straße nach links wären wir ganz schnell in Meilschnitz, unserem Etappenziel.

Wir aber wollen auf den Generalsblick am Berg Isaak nicht verzichten und betreten deshalb auf der gegenüberliegenden Straßenseite den **Mürschnitzer Sack**. An einem einsamen Holzstuhl, der zu einer kleinen Rast einlädt, breitet sich im Sommer die lila Heide als Teppich um uns aus. Rundherum hängen Fledermauskästen. Das Naturschutzgebiet bietet Lebensraum für geschützte Arten, die nah beieinander liegende trockene und nasse Offenlandbiotope zum Leben brauchen. Feuchte Stellen bevorzugen zum Beispiel Braunkehlchen und Schmetterlinge, wie die Wiesenknopf-Ameisenbläulinge. Zahlreiche Käferarten tummeln sich auf den sandigen Offenflächen, die auch die seltenen Ziegenmelker zum Brüten nutzen und für gefährdete Pflanzenarten wie der Bauernsenf Existenzgrundlage sind.

Wir steigen nun auf dem **Kolonnenweg** an. Nach einer Linkskurve geht es einen Kilometer richtig steil hinauf. Kleiner Tipp: Versuchen Sie es mal mit Rückwärtsgehen, das geht einfacher. Um solche Hänge zu DDR-Zeiten von Aufwuchs freizuhalten und eine ungehinderte Sicht zu ermöglichen, wurden häufig Herbizide eingesetzt. Etwa eine halbe Stunde nach der Straßenkreuzung erreichen wir dann am höchsten Punkt den Abzweig zum **Generalsblick**. Statt der hier angegebenen 500 Meter sind es allerdings nur etwa 100 Meter nach rechts und nochmal nach rechts und wir haben den Ausblick mit Sitzgruppen und Schutzhütte unterhalb des Isaak-Gipfels (546 m) erreicht. An dieser exponierten Stelle befand sich ab 1961 ein Beobachtungspunkt mit einem Grenzturm. Der Name ›Generalsblick‹ stammt von Grenzsoldaten und blieb nach 1989 erhalten. Zu dieser Stelle führten zwischen 1970 und 1985 DDR-Funktionäre ausgewählte Militärangehörige der ›sozialistischen Bruderstaaten‹. Ihnen wurde hier die ›perfekte Grenze‹ und das militärische Sicherungskonzept erläutert. Auch aus diesem Grund sind die Wege rundherum wesentlich ausgebauter als üblicherweise.

Zurück am **Kolonnenweg** geht es nun abwärts. Unterwegs passieren wir eine Erinnerungstafel an den hier am 24. Februar 1951 angeschossenen und daraufhin verstorbenen 28-jährigen Erich Sperschneider. Nach einem Steilstück erreichen wir einen angestauten Teich der Alten Meilschnitz. Wir biegen davor links auf einen Pfad ab. Dieser führt uns zu einem idyllischen Platz mit **Hütte und Fischteichen**, wo die Forellen für das Abendbrot schwimmen.

Wir folgen dem Waldweg durchs sogenannte **Himmelreich**, dem Feuchtgebiet ›Brunnwiesen‹ abwärts durchs

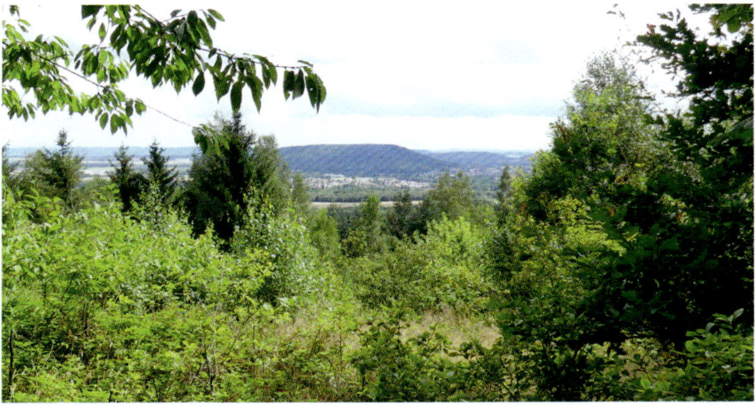

Der Generalsblick vom Isaak

Naturschutzgebiet. Bemerkenswert ist der natürliche Bachlauf der Alten Meilschnitz, der von Hecken und einem alten Buchenbestand sowie Quellen und Feuchtwiesen gesäumt wird. Hier leben ebenfalls geschützte Arten wie Bergmolch, Schafstelze, Ringelnatter und Wiesenpieper. Kurz nach Ende des Zweiten Weltkrieges wurden in der Nähe fünf Menschen erschossen, deren Identität nicht geklärt werden konnte und die namenlos auf dem Friedhof beerdigt wurden. Mit vielen Eindrücken im Kopf erreichen wir die Straße nach **Meilschnitz**. Gasthof und Pension Monika in Meilschnitz waren zuletzt geschlossen und Übernachtungen nur in Neustadt b. Coburg, Effelder oder Hönbach möglich.

Wer war Isaak?

Der Name des Berges ›Isaak‹ taucht schriftlich erstmals 1555 in einer Forstbeschreibung auf. Aus dem damaligen ›Niesshaugk‹ (alt-/mittelhochdeutsch: ›niCs‹ für ›Nutzen‹ und ›haugk‹ für ›Hügel, Berg‹) wurde im 18. Jahrhundert ›Isaak‹ bzw. ›Isak‹. Der ›Nutzhügel‹ wurde forstwirtschaftlich genutzt. Auf dem Hochplateau aus Schalkauer Muschelkalk standen im 14. und 15. Jahrhundert aber auch zwei kleine Glashütten. Zwischen dem 18. und frühen 20. Jahrhundert wurde hier Sandstein gebrochen. Die Sandsteinvorkommen waren so hart, dass während der Erosion der Erdneuzeit die steilen Hänge stehen geblieben und so die weithin sichtbaren Tafelberge der Gegend entstanden waren. Für die DDR-Grenztruppen eignete sich der Isaak mit seiner exponierten Lage an der innerdeutschen Grenze als Erprobungs- und Demonstrationsobjekt. Er wurde ab 1952 intensiv befestigt. Der Wald wurde zum militärischen Sperrgebiet erklärt, in das kein gewöhnlicher Bürger Zutritt erhielt. Ohne Rücksicht auf das Gelände wurden Sperrgraben, Sicherungsstreifen und Kolonnenweg angelegt. Dazu gehörte das gestaffelte System von zwei Zäunen, Kfz-Sperrgraben, Postenweg und mehreren Toren. Was hier hielt, wurde auch für andere Stellen an der Grenze für tauglich erachtet. Die Grenzanlagen waren weithin sichtbar und imposant und dienten so gleichzeitig der Einschüchterung und Abschreckung.

Zeugenberge

Wir wandern durch eine typische Schichtstufenlandschaft, die durch eine Wechsellagerung von weniger und stärker erosionsresistenten Gesteinen bzw. Schichtpaketen entstand. Resistentere Gesteine werden geologisch als Stufenbildner bezeichnet und weniger resistente als Hang- und Sockelbildner. Bei der Stufenzersetzung entstanden einzelne Zeugenberge bis hin zu ganzen Zeugenberglandschaften. Ein Zeugenberg verfügt über eine flache, steilwandige Kappe aus Stufenbildner-Gestein (Oberhang), die die darunter liegenden Gesteine aus Sockelbildner (Unterhang) vor Erosion schützt. Der Muppberg gehört zu den markanten Zeugenbergen der Buntsandsteinstufe und gilt als die südöstliche Buntsandstein-Abdachung des Schalkauer Plateaus. Der isolierte Berg ›bezeugt‹ die frühere zusammenhängende Schichtstufenlandschaft. Er entstand durch die Erosion der quer verlaufenden Flüsse, die den Oberhang komplett von der Hauptstufe trennten. Ist die Trennung nicht vollständig vollzogen, spricht man geologisch von einem Sporn, einem Ausleger oder einem Vorsprung. Ein solcher ist auch der Isaak.

▲ Karte S. 100

Tour 11

Gemeindeverwaltung Föritz, Mo, Di, Do, Fr 9–12 Uhr, Di 13–18 Uhr, Do 13–16 Uhr, Tel. 03675/40930, Ortsstraße 13, 96524 Föritz. www.foeritz.de

Tourismusinformation in der Stadtverwaltung Neustadt bei Coburg, Abt. Kultur, Sport, Tourismus, Mo+Do 8–16 Uhr, Di 8–18 Uhr, Mi+Fr 8–13 Uhr, Sa+So 10–17 Uhr im Museum der Deutschen Spielzeugindustrie am Hindenburgplatz 1, 96465 Neustadt, Tel. 09568/81139, 09568/810, Georg-Langbein-Str. 1, 96465 Neustadt. www.neustadt-bei-coburg.de

Tourismusregion Coburg, Mo–Fr 9.30–17.30 Uhr, Sa 10–14 Uhr, Tel. 09561/898000, Herrngasse 4, 96450 Coburg. www.coburg-tourist.de

An-/Abfahrt Mupperg: Bahn bis Sonneberg, werktägliche Busverbindung Bus 711, Sonneberg–Föritz. **An-/Abfahrt Meilschnitz**: Bahn bis Sonneberg, Mo–Do Bus 1806, Sonneberg–Neustadt bei Coburg

Ferienzimmer Familie Steiner, Ferienwohnung, Tel. 036766/80409, Am Straßenberg 5, 96528 Frankenblick-Effelder, knapp 4 km nördlich von Meilschnitz.

Hotel Garni am Markt, Marktpl. 3, 96465 Neustadt b. Coburg, Tel. 09568/920220, 5 km südlich von Meilschnitz. www.hotelgarni-am-markt.de

Hotel Zum Grünen Baum bei Gebrannte Brücke, Neustädter Str. 195, Sonneberg/Hönbach, Tel. 03675/802949. Frühstück, Abendessen, großes Einkaufscenter i.d. Nähe.

Gasthaus Waldfriedensee, Do Ruhetag, Tel. 09568/2927, 0176-38475671, Seestraße 30, 96465 Neustadt-Wildenheid (beim Erreichen der Seestraße nach links).

Bäckerei Motschmann, Mo–Fr 5–18 Uhr, Sa 5–12 Uhr, Tel. 09568/5735, Bettelhecker Straße 5, 96465 Neustadt-Wildenheid. www.baeckerei-motschmann.com

Landgasthof Gunsenheimer, Edgar-Müller-Str. 21, 96465 Neustadt-Meilschnitz, Tel. 09568/5227. www.gaststaette-gunsenheimer.de

Deutsches Spielzeugmuseum, Di–So, Ft: 10–17 Uhr, 6/4 Euro, Tel. 03675/4226340, Beethovenstraße 10, 96515 Sonneberg (Thüringen). www.deutschesspielzeugmuseum.de

Museum der Deutschen Spielzeugindustrie, Di–So 10–17 Uhr, Tel. 09568/5600, Hindenburgplatz 1, 96465 Neustadt bei Coburg. www.spielzeugmuseum-neustadt.de

Rast am Generalsblick auf dem Isaak, einen zusätzlichen Tag (z.B. im Mai) in den Spielwelten der Spielzeugstädte

Höhenprofil Tour 11

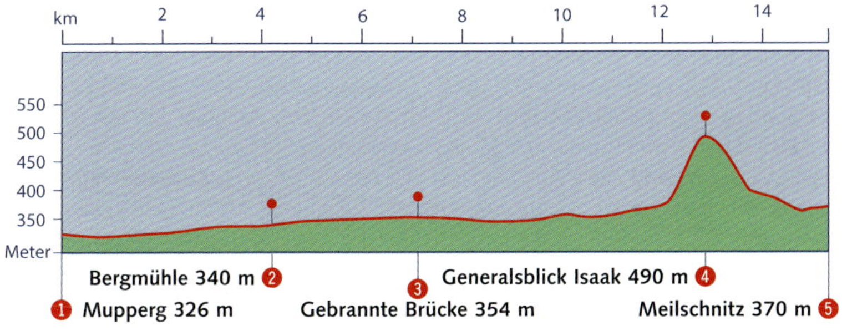

Wasser kennt keine Grenzen

➲ Tour 12: Von Meilschnitz nach Eisfeld » 24 km/7 Std.

Kurzcharakteristik
Eine lange, erlebnisreiche Tour liegt heute vor uns. Am Anfang kommen wir am historischen ›Krummen Stein‹ vorbei und folgen den Platten bis Rückerswind. Dann wandern wir auf einem Waldweg zum blauen Froschgrundsee, der von einer imposanten Brücke der ICE-Schnellstrecke Nürnberg-Erfurt überragt wird. Wir lernen Heinrich Schaumberger kennen, den bekannten Volksschriftsteller und Lehrer, der sehr jung gestorben ist. Dann entdecken wir einen kleinen Wasserfall, der den Grund aus kalkhaltigem Tuffstein weiß und golden schimmern lässt und phantasievolle Formen gebildet hat. Wir überqueren die Grenze zurück auf die Thüringer Seite und kommen durch drei ostdeutsche Grenzdörfer. In Görsdorf steht noch ein Stück der dreißig Jahre alten Mauer. Von hier wandern wir über rosafarbenen Sandboden durch das größte Heidegebiet Thüringens und erreichen unser Ziel, die ehemalige Grenzübergangsstelle Eisfeld-Coburg.

Wegebeschaffenheit: Waldwege, Lochplattenweg, asphaltierte Nebenstraßen
Markierung: Schaumberger Panoramaweg
Schwierigkeit: mittel, lang, steiler Anstieg hinter Meilschnitz kann umgangen werden
Wanderkarten: LVG Bayern UK 50-3 Naturpark Frankenwald 1:50 000
Einkauf: Eisfeld
Einkehr: Gaststätte in Rückerswind, Restaurant Froschgrundsee, Waldhotel Hubertus in Eisfeld
Teilstrecken: Meilschnitz–Froschgrundsee (2,5 Std.), Froschgrundsee–Weihers Mühle (2 Std.), Weihers Mühle–Waldhotel Hubertus (2,5 Std.)
Besondere Tourhinweise: Der erste morgendliche Steilanstieg kann umgangen werden. Die Tour ist zwar lang, aber ein Abstecher am Ende nach Eisfeld ist nicht nur preislich, sondern auch kulturhistorisch zu empfehlen. Für müde Wanderer befindet sich am Waldhotel Hubertus eine Bushaltestelle. Der Bus 205 fährt ins Ortszentrum von Eisfeld zur Station Eisfeld-Neulehen.

■ Streckenverlauf

Wir verlassen **Meilschnitz** entweder auf dem Weg, den wir gestern gekommen sind: durch das Tal der Alten Meilschnitz bis zum Kolonnenweg und steigen dann auf den Platten nach links sehr steil zur Verbindungsstraße Meilschnitz–Effelder auf. Oder wir sparen uns diese Schanze, in dem wir am Gasthof weniger steil die 20 Minuten auf der Straße bis zum Grenz- und Rastpunkt hinauflaufen. Wir bewundern den ›Krummen Stein‹ von 1378 und gehen dann nach links in den Wald zum Kolonnenweg. Am ersten rechts abzweigenden Weg (kein Wegweiser) können wir einen Abstecher zum **geschleiften Ort Korberoth** machen, den wir an dem noch existierenden Dorfteich erkennen.
Zurück auf dem Kolonnenweg laufen wir weiter und verlassen ihn dort, wo er komplett zugewachsen ist, auf einen Waldweg nach rechts (!). Bald danach führt ein Weg nach links zurück zum Kolonnenweg und wir wandern nun durch dichten Nadel- und Mischwald rechts steil den Berg hinab. Im Talgrund geht es links herum wieder aufwärts. Nach etwa 45 Minuten erreichen wir die erste Y-Gabel (keine Schilder) und gehen hier rechts

▲ Karte S. 106/107

hoch. Wir folgen den Windungen des Weges bald an Kleingärten vorbei, über ein Feld und kommen am Ortseingang von **Rückerswind** auf die Straße Rückerswind-Frankenblick. Ihr folgen wir nach links in die gemütliche Ortsmitte mit Dorfteich und kleinem Springbrunnen, Bushaltestelle und Backofen.

An der Straßenecke biegen wir rechts in Richtung Döhlau ab. Wir folgen der schmalen Straße bis in den Talgrund der Effelder hinab und biegen dann in einer starken Rechtskurve nach links auf einen Forstweg ein. Erst am Waldrand entlang, dann durch den Wald erreichen wir bald den **Froschgrundsee**.

Wir gehen links am Stausee bis zur Staumauer vor, an der sich auch das Restaurant Froschgrundsee befindet. Nach der Überquerung der Staumauer wandern wir auf einem Fußweg weiter, bis wir hinter den Brückenfüßen eine Straße erreichen. Wir wenden uns nach links und laufen in den oberfränkischen Ort **Weißenbrunn vorm Wald** hinein. Hier hat Heinrich Schaumberger (1843–1874), Lehrer und Schriftsteller, den größten Teil seines sehr kurzen Lebens verbracht. Unser Weg führt auf der Bergheimer Straße durch den Ort, an allen wichtigen Gebäuden entlang. An der Feuerwehr steigen wir die Emstädter Straße steil hinauf. Wir erreichen nach fünf Minuten rechts eine Sitzgruppe mit Infotafel und einem kleinen Pfad zum Wasserfall. Der beliebte Birkertsbach fällt hier über kalkigen Tuffstein hinab. Dabei wird Kalk gelöst und bildet neue Versteinerungen. Beeindruckend ist weniger die Größe des Wasserfalls als die Farben und Formen, die er gebildet hat.

Dann folgen wir der Straße weiter nach **Emstadt**. Kaum zwei Kilometer liegen hier die Orte voneinander entfernt. Es ist schwer vorstellbar geworden, dass dazwischen eine stark gesicherte Grenze die Welt in zwei Teile teilte. In Emstadt, das aus nicht viel mehr als zwei Bauerngütern zu bestehen scheint, nehmen wir gleich die erste Straße rechts ab, die in einen Feldweg übergeht.

Wir folgen dem Zeichen **Schaumberger Panoramaweg** erst links aufwärts, dann bald nach rechts und erreichen am Ende des Waldes **Truckendorf**. Hier bleiben wir gleich geradeaus auf der obe-

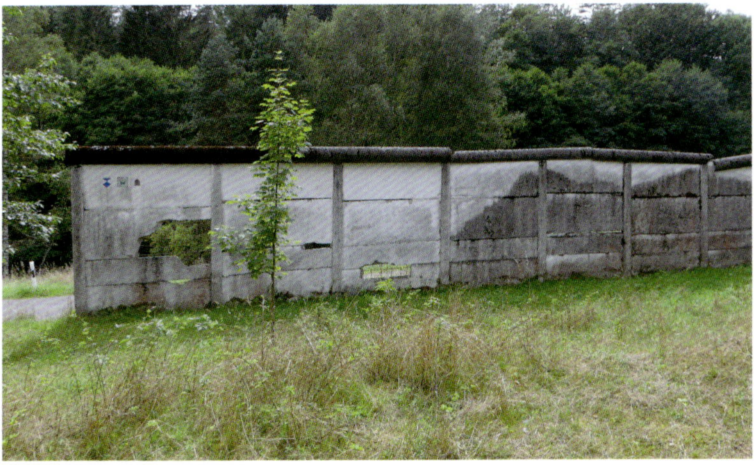

Die Görsdorfer Mauer

Wandertouren

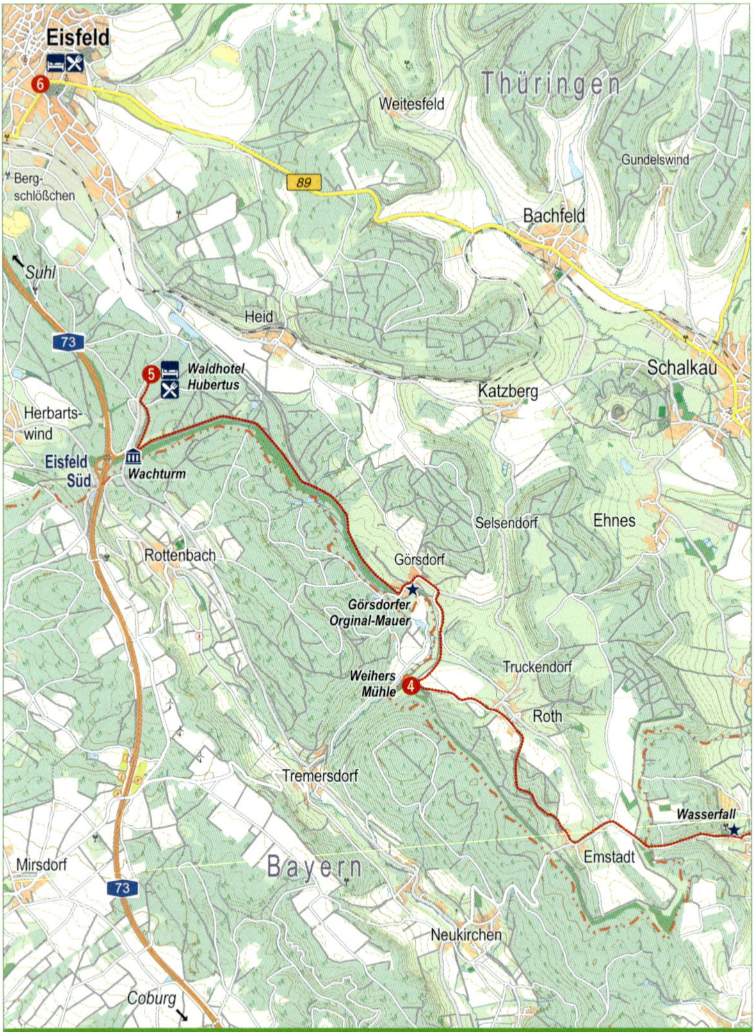

Tour 12: Meilschnitz–Eisfeld

ren Straßenebene, kommen an einem Erdkeller und später an einem Friedhof vorbei und folgen dem schönen Weg an der Lauter entlang.

Wir erreichen als nächstes die Gedenktafel für die am 25. November 1961 abgebrochene **Weihers Mühle**, die der Familie Ruske gehörte. Ihnen wurde erst Fluchthilfe vorgeworfen, dann wurde sie nach Schmalkalden umgesiedelt. Danach folgt ein teils stärker verwachsenes Stück **Kolonnenweg** zur Straße nach Görsdorf. Auf der Straße geht es nach links durch den Ort. Wir steigen eine Anhöhe hinauf

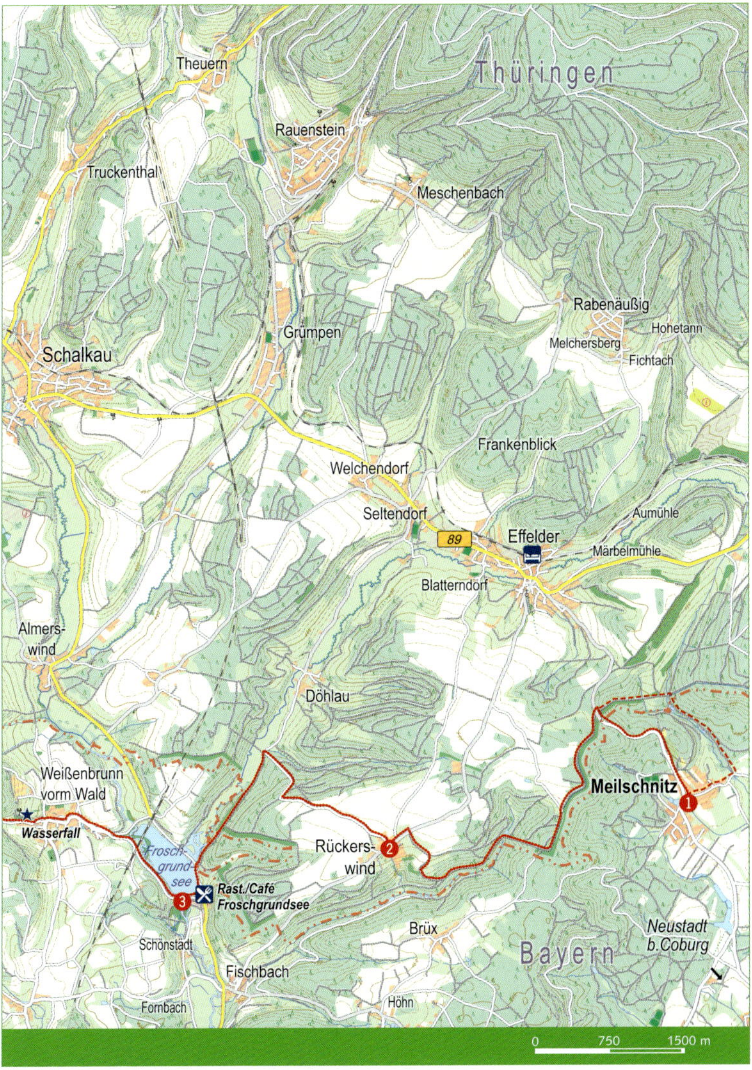

und treffen oben rechts wieder auf den Kolonnenweg, wo wir noch originale, etwas löchrige Segmente der ehemaligen **Görsdorfer Mauer** besichtigen. Die Mauer soll heute Insekten Unterschlupf bieten. Nun erwartet uns am Nachmittag dieses schönen Wandertages noch ein krönender Abschluss: Duftende Blumen, Ginster und Heide betören die Sinne. Schmetterlinge flattern von Blüte zu Blüte und es zappelt und krabbelt um uns herum. Wir treffen Schafe und Ziegen, die als Naturschutzhelfer – diesmal getrennt voneinander – das Grüne Band aufräu-

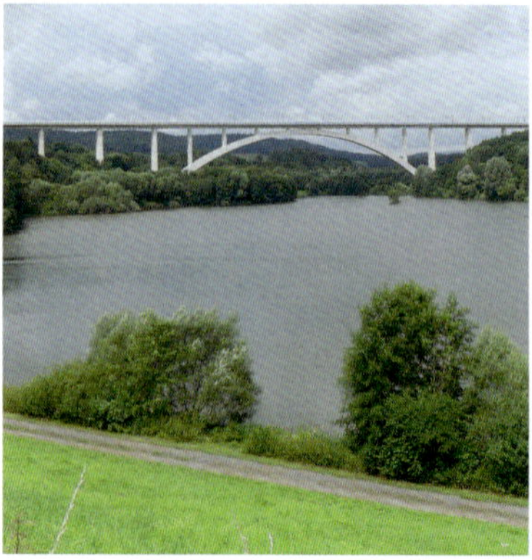

Am Froschgrundsee

men. Wir befinden uns hier zwischen Emstadt und der Autobahn B 4 im größten zusammenhängenden Heidegebiete Thüringens, dem Naturschutzgebiet **Görsdorfer Heide**.

Das Etappenziel nähert sich mit lautem Rauschen. Etwa zweieinhalb Stunden nach der Gedenktafel für Weihers Mühle macht der Kolonnenweg eine starke Rechtsbiegung und verläuft parallel zur B4. Wir erreichen bald die frühere **Grenzübergangsstelle Coburg-Eisfeld** mit einer Tankstelle und einem ehemaligen Wachturm, der besichtigt werden kann. 1972 bis 1973 wurde dieser Grenzübergang eingerichtet und gleichzeitig die Stadt Eisfeld aus der 5-km-Zone genommen, sodass wieder jeder Bürger ohne Passierschein nach Eisfeld kam. Wir gehen bis zur Straße vor und laufen an ihr zwei Minuten nach rechts entlang. Hinter der Kurve taucht rechts plötzlich schon das Waldhotel ›Hubertus‹ auf. Entweder wir essen und übernachten hier oder wir nehmen den Bus nach **Eisfeld**. Oder wir laufen noch die fünf Kilometer in die Stadt.

Froschgrundsee

Der Froschgrundsee wurde 1986 nach vier Jahren Bauzeit als Hochwasserrückhaltebecken zum Schutz der Stadt Coburg und der Gemeinden Itz, Effelder und Grümpen (DDR) eingeweiht. Das Interessante ist, dass sich der westdeutsche See, der bis zu 6,9 Millionen Kubikmeter Wasser fassen kann, bei Hochwasser bis zu einem Drittel nach Thüringen, in die ehemalige DDR, ausdehnte. Die Bauplanungen erfolgten also in Absprache mit den DDR-Verantwortlichen. Diese Art innerdeutscher Versuch nach gemeinsamen Lösungen über Grenzen hinweg kostete insgesamt 43 Millionen West-Mark. Der Staudamm ist 18 Meter hoch und 350 Meter lang. Die beeindruckende Talbrücke mit ihrem 270 Meter weiten Bogen ist 800 Meter lang und wurde zwischen 2006 und 2011 für die ICE-Schnellfahrstrecke Nürnberg-Erfurt errichtet. Angeln, Baden und Eislaufen sind erlaubt.

Heinrich Schaumberger (1843–1874)

Heinrich Schaumberger wurde in Neustadt an der Haide im Herzogtum Sachsen-Coburg geboren und siedelte 1848 mit der Familie ins oberfränkische Weißenbrunn vorm Wald in den Wohnort seiner Großeltern um. Das lag im Grenzbereich zum Herzogtum Sachsen-Meiningen. Da die Mutter früh verstarb, lebte Schaumberger bis zum 16. Lebensjahr auf dem Hof seiner Großeltern und eignete sich Wissen und Kenntnisse autodidaktisch an. Dazu gehörten Klavier- und Orgelspiel. Ab 1861 besuchte er drei Jahre das Lehrerseminar in Coburg. Nach dem Tod seines Vaters erhielt er dessen Stelle in Weißenbrunn, wo auch seine produktivste Schaffenszeit als Schriftsteller begann. Schaum-

▸ Karte S. 106/107

berger schrieb populäre Volkserzählungen und Romane, die von den oberfränkischen Bewohnern und ihrer Umwelt dicht und detailliert erzählen. Ihre Titel heißen ›Glückliches Unglück‹ oder ›Zu spät. Dorfroman‹. Schaumberger kannte die sozialen Verhältnisse, so dass seine Werke ein authentisches Bild der damaligen Zeit widergeben. Die meisten seiner ›Oberfränkischen Dorfgeschichten‹ erschienen erst nach seinem Tod. Ab 1872 plagte ihn ein starkes Hals- und Lungenleiden, dem er 1874 während einer Kur in Davos mit nur 31 Jahren erlag. Das Weißenbrunner Schulhaus wurde Anfang der 1970er Jahre seinem Leben gewidmet und zum Heimatmuseum umgestaltet.

Das Eisfelder Kuhschwanzfest

Wer das Glück hat, zu Pfingsten in Eisfeld Station zu machen, erlebt das schönste Fest der Region: das traditionelle ›Eisfelder Kuhschwanzfest‹. Das Fest findet jährlich am Pfingstdienstag statt und geht auf die Musterung der wehrfähigen Männer im 17. Jahrhundert zurück. Jeder Bürger zwischen dem 18. und 60. Lebensjahr war damals dazu verpflichtet, zum Schutz des Gemeinwesens an den wöchentlichen Waffenübungen teilzunehmen und einen Beitrag für die Ausrüstung der Mannschaften zu leisten. Erhalten geblieben ist der dritte Pfingstfeiertag, der Pfingstdienstag, da Herzog Johann Casimir von Sachsen-Coburg einst am 17. Juni 1608 aufgrund der sich ankündigenden Kriegsgefahr eine Musterung der in Frage kommenden Männer in Eisfeld anordnete. So fanden an diesem Tag neben Exerzierübungen auch Wett- und Scheibenschießen statt und man kam gesellig zusammen. Der Name des Festes beruht auf der damaligen bäuerlichen Militärausstattung. So zogen Ochsen die Wagen durch die Stadt, was die Hildburghausener Nachbarn dazu veranlasste, sich über die ›Asfaller Hammelsäck‹ lustig zu machen. Der später am dritten Pfingstfeiertag zur Tradition gewordene Umzug mit Volksfest erhielt erst Ende des 19. Jahrhunderts den Namen ›Kuhschwanzfest‹. Im DDR-Regime lebte die Tradition am Pfingstdienstag 1957/1958 kurzzeitig auf, hatte aber unter den gesellschaftlichen Bedingungen in der Sperrzone keine Chance. Nach der Grenzöffnung gab es gleich 1992 die ersten Wiederbelebungsversuche mit Hilfe von Festteilnehmern der 1950er Jahre. Heute ist es das Volksfest der Region, das von Pfingstfreitag bis Dienstag mit zahlreichen Attraktionen wie Turmblasen, Feuerwerk und dem historischen Umzug am Dienstag aufwartet. Es endet mit dem Begraben des Kuhschwanzes.

i Tour 12

Tourismusinformation Neustadt b. Coburg, Abt. Kultur, Sport, Tourismus, Mo+Do 8–16 Uhr, Di 8–18 Uhr, Mi+Fr 8-13 Uhr, Sa+So 10–17 Uhr im Museum der Deutschen Spielzeugindustrie am Hindenburgplatz 1, 96465 Neustadt, Tel. 09568/81139, 09568/810, Georg-Langbein-Str. 1, 96465 Neustadt.
tourist@neustadt-bei-coburg.de
www.neustadt-bei-coburg.de

Tourismusregion Coburg, Rennsteig e.V., Tel. 09561/898000, Herrngasse 4, 96450 Coburg.
marketing@coburg.de
www.coburg-tourist.de

Touristeninformation Eisfeld, Di–Fr 10–16 Uhr, Sa+So 13–17 Uhr, Tel. 03686/300308, Marktplatz 2 im Schloss-Museum, 98673 Eisfeld.
touristinfo@stadt-eisfeld.de
www.stadt-eisfeld.de

An-/Abfahrt Meilschnitz: Mo–Do, Busverbindung Bus 1806, Sonneberg–Neustadt bei Coburg

An-/Abfahrt Eisfeld: tägliche Bahn-/Busverbindung über Grimmenthal (Süd-Thüringen-Bahn), Hildburghausen oder Coburg, Bus 205: Coburg–Waldhotel Hubertus–Eisfeld–Schleusingen

Fahrt vom Waldhotel Hubertus nach Eisfeld: mit Bus 205 bis Eisfeld-Neulehen

Waldhotel Hubertus (am Ziel, ab 60 €), Tel. 03686/618880, Coburger Straße 501, 98673 Eisfeld
www.waldhotel-hubertus.de

Hotel Schaumberger Hof, keine Gaststätte, Tel. 03686/322264, Georgstraße 21, 98673 Eisfeld
www.schaumberger-hof.de

Pension Volkseigenes Gut mit Café ›Grünes Herz‹, Do–So ab 14 Uhr, Tel. 03686/302524, Gutsweg 17, 98673 Eisfeld. 7igel@web.de
www.pension-cafe-camp-eisfeld.de

Sowie weitere Unterkünfte unter www.blessberg-region.de.

Waldhotel Hubertus, s. o., tgl. geöffnet.

Gaststätte Georgy, Tel. 036766/21098, Rückerswind 45, 96528 Effelder-Rauenstein.

Restaurant & Café Froschgrundsee, Mi–Sa 11.30–22 Uhr, So 11.30–20 Uhr, Tel. 09563/8013, Schönstädt 14, 96472 Rödental, www.restaurant-froschgrundsee.de

Ausstellung im Grenzturm an der Grenzübergangsstelle Eisfeld-Rottenbach (-Coburg): interaktives Modell des Grenzübergangs, Ausstellung zum Alltagsleben in der DDR, stets geöffnet, 1 € Eintritt.

Schloss Eisfeld: mittelalterliche Burg aus dem 9. Jahrhundert, heute Museum mit verschiedenen Ausstellungen, u.a. für Porzellan und traditionelles Handwerk, Di–Fr 10–16 Uhr, Sa+So, 13–17 Uhr, Ft geschlossen, Tel. 03686/300308, Marktplatz 2 (im Schloss), 98673 Eisfeld, Führung nach Anmeldung
museum@stadt-eisfeld.de
www.stadt-eisfeld.de

Wir empfehlen ein erfrischendes Bad im Froschgrundsee und bei einem Besuch in Eisfeld die Ausstellung im Schloss zu den traditionellen Handgewerken.

Höhenprofil Tour 12

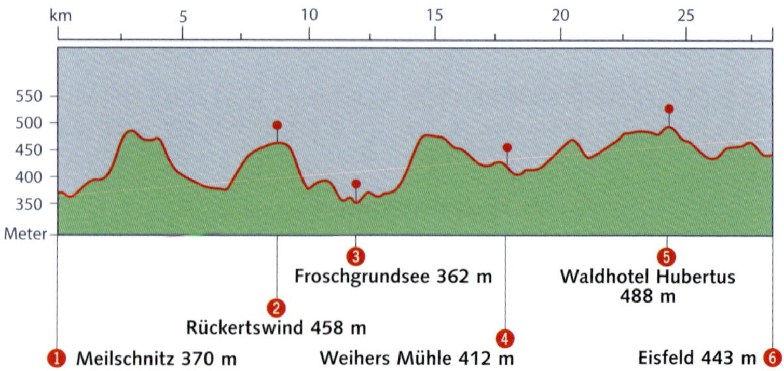

Karte S. 106/107

Was Veilchen, Akelei und Orchideen sehen

Tour 13: Von Eisfeld nach Streufdorf

» 25 km/7 Std.

Kurzcharakteristik

Am Anfang des Tages steigen wir zu den Langen Bergen hinauf und wandern dann die meiste Zeit auf dem Plattenweg einsam durch eine reiche bunt-blühende Magerrasen-Schneise und durch die weiträumige Feldflur. Im Sommer begleiten uns Veilchen, Akelei und Orchideen sowie die Schafe und Ziegen, die das Grüne Band offen halten. Auf etwa der Hälfte der Strecke lohnt sich die Rast an der dortigen Gedenkstätte, wo ein fahnenflüchtiger Grenzsoldat auf der Flucht zwei Kameraden erschoss, bevor er über das vereiste Minenfeld die Seite wechselte. Von hier geht es durch das Naturschutz- und Natura-2000-Gebiet ›Leite bei Harras‹. Wir kommen an Hetschbach und Massenhausen vorbei und entscheiden uns – je nachdem, wo wir eine Übernachtung gebucht haben – für unser letztes Stück Weg.

Wegebeschaffenheit: Kolonnenweg, Forstwege, asphaltierte Nebenstraßen
Markierung: keine, der Plattenweg führt uns
Schwierigkeit: mittel
Wanderkarten: LVG Bayern UK 50-3 Naturpark Frankenwald 1:50 000
Einkauf: Fleischerei Steinert in Adelhausen, Lebensmittelladen ›Umseck‹ und Bankautomaten in Streufdorf
Einkehr: Landgasthof in Stressenhausen, Café und Pizzeria in Streufdorf, Hotel Altmühlaue in Bad Rodach.
Teilstrecken: Waldhotel Hubertus – Adelhausen (5 Std)
Besondere Tourhinweise: Wir empfehlen eine Übernachtung in einem der kleinen Orte, die man aufgrund der raren Kapazitäten aber vorher buchen sollte. Wer hier keine Übernachtung findet, hat in Bad Rodach mehr Auswahl.

Streckenverlauf

Vom **Waldhotel Hubertus** gehen wir die Straße bis zur Grenzübergangsstelle zurück. Wir folgen der Straße dahinter noch ein Stück weiter, dann kurz links und orientieren uns dann nach rechts. Mit der Straßenbeschilderung unterqueren wir in Richtung Herbartswind die Autobahn und folgen der Straße rechts herum, bis auf der linken Seite der **Kolonnenweg** abgeht, auf dem wir nun mitten über eine Wiese bergan steigen. Oben überqueren wir an einem Rastplatz den Lutherweg, dem wir nach zwei Kilometern wieder begegnen werden und wandern geradeaus abwärts. Uns erwartet inmitten von Blumenwiesen ein schöner gepflegter Kolonnenwegstreifen. Wir sehen gleich, dass er hier beweidet wird. Wir wandern durch die sanft hügelige Haderleite und können in den folgenden zwei Stunden in Ruhe unseren Ge-

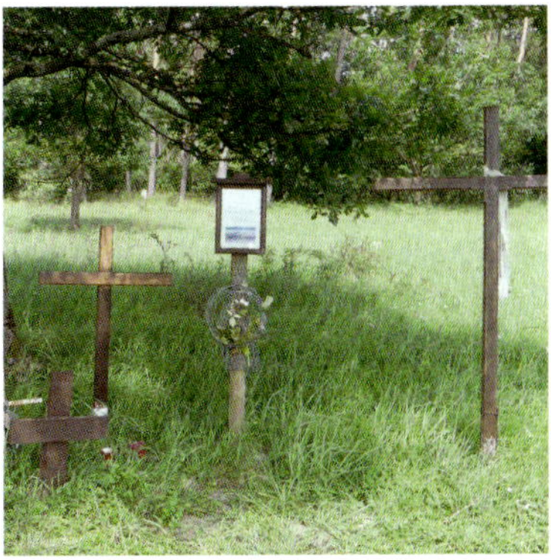

Gedenkort für erschossene DDR-Grenzsoldaten

Wandertouren

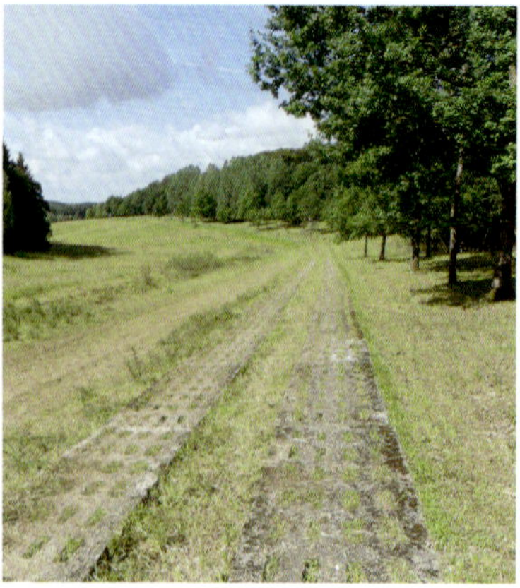

Die Haderleite

danken nachgehen. Dann erreichen wir die **Gedenkstätte für zwei erschossene DDR-Grenzsoldaten**, die 1975 von einem dritten Soldaten von hinten erschossen wurden. Dieser flüchtete über das vereiste Minenfeld in die Bundesrepublik. Hier wurde er vor Gericht gestellt und zunächst wegen mangelnder Unterlagen frei gesprochen, dann aber wegen des Doppelmordes zu fünfeinhalb Jahren Gefängnis verurteilt.

Wir wandern auf dem Plattenweg weiter und bald eröffnet sich uns eine schöne Sicht über die hügelig gelegenen bunten Felder. Rechter Hand wächst am Wegesrand selten gewordener Flachs. Nach eineinhalb Stunden, in denen wir mehrere querende Wege überschreiten, erreichen wir die **Straße ins nahe Hetschbach**. Auf der anderen Seite ist das Grüne Band zwar wieder stärker verwachsen, aber für abenteuerlustige Naturfreunde und Widerstandsfähige mit guter Geländeorientierung eine der unverhofften Herausforderungen. Für alle anderen beschreiben wir unten eine ebenfalls schöne Alternativstrecke.

Die Abenteurer folgen zwischen den Bäumen dem Weg aufwärts und erreichen kurz darauf eine Bank mit Blumenrabatte, die von der Familie des nächstgelegenen Hauses gehegt und gepflegt wird. Wir gehen weiter aufwärts, parallel zur Wiese bzw. wechseln auf die Wiese, auf der es sich teils besser laufen lässt. Wir orientieren uns am linken Zipfel des oberen Wiesenrandes. Der Plattenweg führt im leichten Rechtsschwenk durch den Wald, links liegt der **Edelmannskopf** (450 m), den wir an zwei Seiten umrunden werden. Achtung, kurz vor dem höchsten Geländepunkt geht es dann im nahezu 90-Grad-Winkel nach links erst durch den Wald und dann in der offenen Flur abwärts. Die ganze Zeit sollten mehr oder weniger spürbare Platten unter uns sein. Mit Blick auf Massenhausen wandern wir zur Straße vor. Gegenüber erkennen wir einige Zeugenberge, unter anderem den **Straufhain** (449 m), der aussieht wie ein Zahnbürstenkopf.

Alternative: Wer im Sommer nicht durchs hochgewachsene Gras stapfen möchte, läuft auf der Straße nach Hetschbach hinein, verlässt die rechtsabbiegende Hauptstraße kurz vor Ende des Ortes geradeaus und biegt dann nach links ab. Der Weg führt weiter aus dem Ort in den Wald hinein, ca. 1,5 km bis zu einer

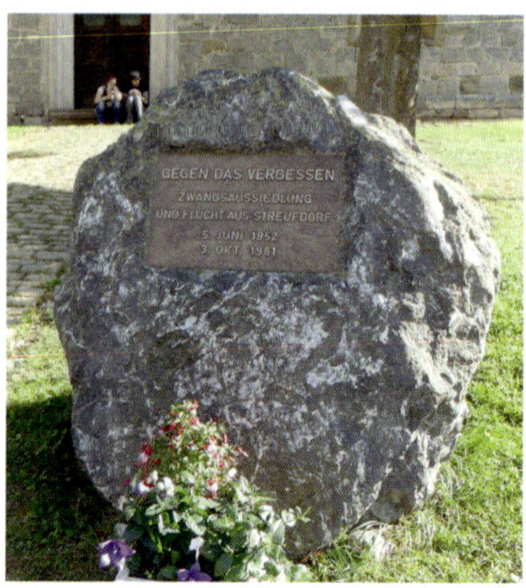

Gedenkstein an der Kirche in Streufdorf

▲ Karte S. 113/114

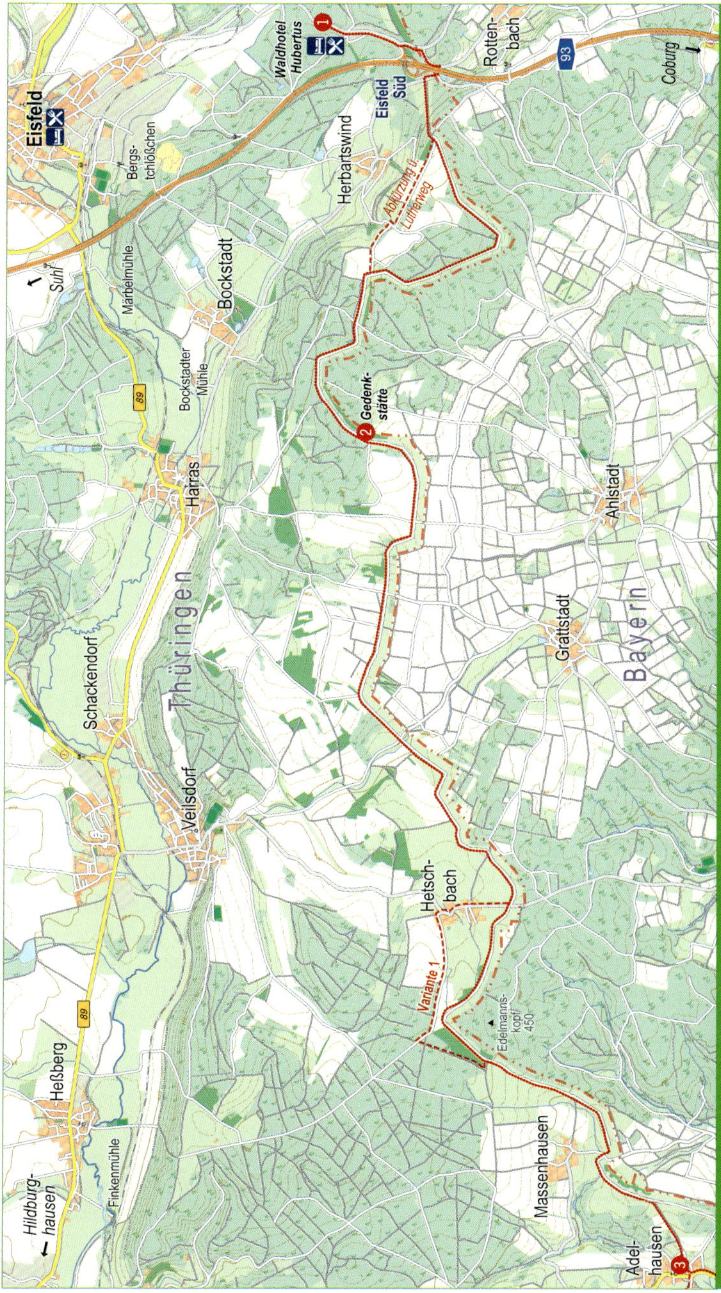

Tour 13: Eisfeld–Streufdorf (1. Teil)

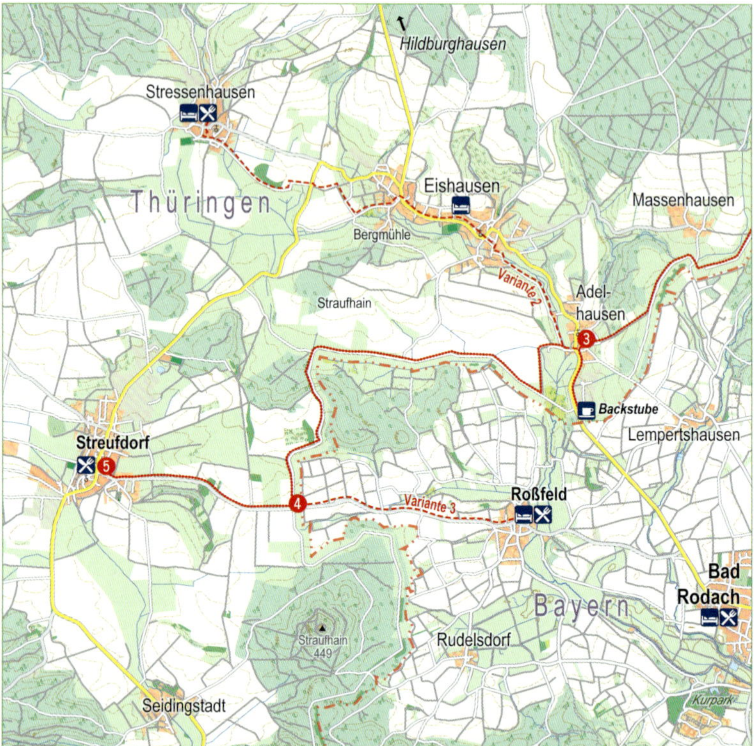

Tour 13: Eisfeld–Streufdorf (2. Teil)

sternförmigen Kreuzung. Hier biegen wir im spitzen Winkel nach links ab. Auch an der nächsten Kreuzung geht es wieder links, bis wir kurz darauf den Plattenweg wieder erreichen und nun nach rechts abwärts zur Straße bei Massenhausen laufen. In **Massenhausen** wurden nach 1961 mehrere Häuser abgerissen, die Straßen litten unter den schweren Armeefahrzeugen. Das einstige Rittergut, in dessen Gestüt Vollblüter gezüchtet wurden, wurde 1946 enteignet und am 16. April 1986 gesprengt. Der Grund der Behörden: ›Es hätte sich jemand verstecken können.‹

Wir betreten den Ort nicht, sondern bleiben direkt an der Grenze und steigen kurz den Kolonnenweg hinauf. Nach Erreichen der Lempertshäuser Höhe wandern wir an der nächsten Kreuzung nach rechts in den Ort **Adelhausen** hinab. Wir erreichen die Hauptstraße. Die Hauptstraße führt nach links zur ehemaligen Grenze und dem Gewerbegebiet (Fleischerei u.a.), wo wir auch den Kolonnenweg wieder erreichen. Wenn wir nicht zur Fleischerei wollen, gehen wir auf der gegenüberliegenden Straßenseite gleich aus dem Ort wieder hinaus. Hier trennen sich die Wege, je nachdem, wo wir übernachten werden. Nach rechts führt parallel zur Hauptstraße ein Weg nach Norden in die Orte **Eishausen**, Steinfeld und Stressenhausen.

Wollen wir in Richtung **Rossfeld** und **Streufdorf**, gehen wir weiter geradeaus und erreichen nach einem Linksschwenk wieder den Kolonnenweg, dem wir nach rechts folgen. Der Kolonnenweg biegt nach ungefähr einer halben Stunde (2 km) im rechten Winkel nach links ab, führt dann im Auf und Ab auf den Straufhain mit seiner Burgruine zu. Dort, wo wir die Ortsverbindung zwischen Rossfeld und Streufdorf erreichen, kommen wir rechts nach Streufdorf und links nach Rossfeld.

Der 5. Juni 1952 in Streufdorf

Gegen 4 Uhr morgens des 5. Juni 1952 wurden in Streufdorf jene acht Familien, die auf der Ausweisungsliste des Sicherheitsdienstes standen, aus dem Schlaf gerissen. In diesem Moment erfuhren sie, dass sie jetzt sofort aus ihrer Heimat und von ihrem Besitz verwiesen würden. Verschlafen und erschrocken wie sie waren, sollten sie als erstes unterschreiben, dass sie freiwillig umgesiedelt werden. Parallel begannen die Soldaten schon mal das Hab und Gut auf die mitgebrachten LKWs zu verladen. Schreckliche Szenen spielten sich ab: schreiende Alte, weinende Kinder, drohende und schlagende Beamte, Menschen, die sich umbringen wollten. So begann die Aktion ›Ungeziefer‹ in Streufdorf und andernorts: komplett durchorganisiert, sodass kaum Widerstand aufkommen konnte, außer in Streufdorf.

Langsam drang die Aufregung in das noch schlafende Dorf. Jemand lief zum Bürgermeister. Der konnte nur raunen, man solle weiterlaufen und alle informieren. Er wäre selbst von der Aussiedlung betroffen und könne nicht weg. Einige Jugendliche machten sich zur Kirche auf und begannen die Glocken zu läuten. (Im Tätigkeitsbericht 2012 der Landesbeauftragten des Freistaats Thüringen für die Unterlagen des Staatssicherheitsdienstes ist hingegen von einer Lehrerin, die geläutet haben soll, die Rede.) Dann begannen die jungen Leute, die LKWs einfach wieder abzuladen und den Hausrat wieder in die Häuser zurückzutragen. Da war es etwa 6 Uhr am Morgen. Inzwischen waren alle Dorfbewohner wach und alarmiert. Sie beratschlagten kurz und solidarisierten sich schnell. Erst trugen sie Holz auf die Straßen, dann verstärkten sie die Barrikaden mit ihren Landmaschinen. Der Bürgermeister soll dabei in Anspielung auf den gleichnamigen DEFA-Propagandafilm laut gerufen haben: ›Denkt an ›Das verurteilte Dorf‹!‹ Die ausführende Volkspolizei und die Sicherheitsdienste waren auf einen solchen Widerstand nicht vorbereitet und forderten Verstärkung gegen die Dorfbewohner an. Daraufhin erschienen fünf LKWs mit etwa hundert Mann Besatzung. Dann folgten Bereitschaftswagen der Kreisfeuerwehr und 50 Mann berittene Polizei. Selbst ein Wasserwerfer wurde aufgefahren. Dem waren die Dorfbewohner nicht mehr gewachsen. Gegen die Macht der Polizei konnten sie den Widerstand nicht halten. Die Polizei durchbrach die Straßensperren. Sie schlug Frauen und Männer und nahm 63 Personen fest, die teilweise kurzerhand mit ausgesiedelt wurden. Sie verließen unter Zwang und Protest den Ort. Unter ihnen waren mehrere Landwirte mit ihren Familien. Im Gemeinderat blieb nur eine Person übrig, die als ›unauffällig‹ bezeichnet wurde. Die späteren Neuwahlen wurden dazu genutzt, die ›richtigen‹ Genossen wählen zu lassen. Heute erinnert der Platz des 5. Juni 1952 in der Mitte des Dorfes an die große Solidarität der Streufdorfer im Widerstand gegen die Aktion ›Ungeziefer‹.

Tour 13

Touristinformation Eisfeld, Di–Fr 10–16 Uhr, Sa+So 13–17 Uhr, Tel. 03686/300308, Marktplatz 2 im Schloss-Museum, 98673 Eisfeld. touristinfo@stadt-eisfeld.de www.stadt-eisfeld.de

Gästeinformation Gemeinde Straufhain, Di 13–18 Uhr, Mi: 8-11 Uhr, Do 8–12 Uhr, Tel. 036875/657921, Obere Marktstraße 3, 98646 Streufdorf gaesteinfo@gemeinde-straufhain.de www.gemeinde-straufhain.de

An-/Abfahrt Eisfeld: tägliche Bahn-/Busverbindung über Grimmenthal (Süd-Thüringen-Bahn), Hildburghausen oder Coburg (Bus 205)

An-/Abfahrt Straufhain-Adelhausen, -Eishausen, -Stressenhausen: tägliche Busverbindung 216 Hellingen–Bad Rodach–Hildburghausen

An-/Abfahrt Straufhain-Streufdorf: tägliche Busverbindung 217 Hildburghausen–Streufdorf–Weitramsdorf

Kulturhaus Eishausen Zum Dunkelgrafen, Tel. 03685/401886, Hauptstraße 121, 98646 Eishausen (Straufhain).

Landgasthof Stricker, (ca. 40 €), Tel. 03685/703002, Bedheimer Weg 34, 98646 Stressenhausen (Straufhain). landgasthof-stricker@web.de www.landgasthof-stricker.de

Café im Hof mit Pension (ca. 60 €, evtl. Schließzeiten in den Sommerferien), Tel. 036875/50103, Roßfelder Str. 10, 98646 Streufdorf (Straufhain). www.cafe-im-hof.com

Land- und Aktivhotel Die Altmühlaue (ca. 70 €), Tel. 09564/92380, Untere Mühlgasse 10, 96476 Bad Rodach-Rossfeld (bayrische Seite). info@altmuehlaue.de, www.altmuehlaue.de

Backstube Adelhausen, im Gewerbegebiet, unmittelbar an der ehemaligen Grenze.

Landgasthof Stricker, ab 11 Uhr, Dienstag Ruhetag.

Café im Hof, Fr+ Sa ab 14 Uhr, So ab 10 Uhr.

Pizzeria in Streufdorf, Untere Marktstraße, 98646 Streufdorf.

Land- und Aktivhotel Die Altmühlaue, Mo–Di ab 17.30 Uhr, Mi–Sa ab 14.30 Uhr, So ab 11 Uhr.

Zweiländermuseum Rodachtal in Streufdorf, Nov.+März Do–Sa 13–17, So 10–17 Uhr, Apr.-Okt. Do–Sa 13–18 Uhr, So 10–18 Uhr, Tel. 036875/50651, neben der Streufdorfer Kirche in den historischen Kemenaten, Eintritt: 2,50/1,50 Euro, Familien-/Gruppenkarten, 98646 Streufdorf (Straufhain). info@zweilaendermuseum.de, www.zweilaendermuseum.de

Höhenprofil Tour 13

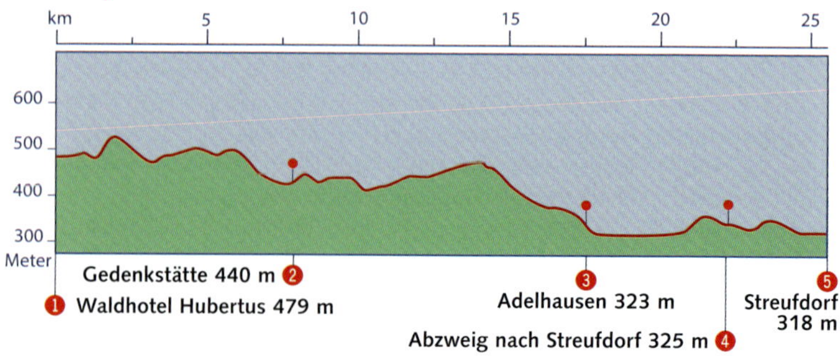

Karte S. 113/114

Durch ein ›verurteiltes‹ Dorf ins Stasi-Bad

Tour 14: Von Streufdorf nach Bad Colberg » 16 km/4,5 Std.

Kurzcharakteristik
Wie lange haben wir den Straufhain, den zahnbürstigen Tafelberg mit seiner Burgruine, schon vor uns gesehen? Heute werden wir endlich zu seinen Füßen wandern. Wer mag, kann ihn auch besteigen. Unser Weg führt auf dem gut gepflegten Grünen Band entlang. Bei Holzhausen thront nicht weit entfernt die Veste Heldburg. Wie ein Teppich entrollt sich davor das Heldburger Unterland. Bald betreten wir das ›verurteilte‹ Dorf Billmuthhausen – ein 640 Jahre altes Dorf, von dem nur der Friedhof blieb. Heute wird diese Gedenkstätte mit Pavillon und frischen Blumen liebevoll gepflegt. Dann wandern wir noch dreißig Minuten durchs saftig-grüne Rodachtal in das historische Kurbad Bad Colberg, wo sich einst direkt an der Grenze die Mitarbeiter der DDR-Staatssicherheit erholten und vergnügten.

Wegebeschaffenheit: Kolonnenweg, Feldwege, asphaltierte Nebenstraßen
Markierung: Wegweiser und die Platten zu unseren Füßen
Schwierigkeit: mittel
Wanderkarten: LVG Bayern UK 50-3 Naturpark Frankenwald 1:50 000 oder L5730 Coburg
Einkauf: in Streufdorf, unterwegs keine Möglichkeit, in Bad Colberg nur ein kleiner Souvenirladen mit Snacks und Getränken usw. in der Terrassentherme
Einkehr: in Bad Colberg
Teilstrecken: Streufdorf–Hoher Stein (3,5 Std.)
Besondere Tourhinweise: Wer von Bad Rodach kommt, kann auch über den Georgenberg zum Hohen Stein hin abkürzen. Wer sich nach der Tageswanderung körperlich richtig entspannen möchte, lässt die Tour in der Terrassentherme ausklingen. Für die, die noch etwas mehr laufen möchten, aber in Bad Colberg übernachten, erläutern wir die Fortsetzung als Rundweg über Ummerstadt in Tour 15

Streckenverlauf

Egal aus welchem Ort wir heute morgen kommen, wir beginnen wieder am Plattenweg, am besten dort, wo wir ihn gestern verlassen haben. Unser erstes Ziel ist der **Straufhain** (449 m), der während der DDR-Zeit den Grenztruppen vorbehalten blieb und dadurch einen Mythos entfachte, der nach 1989 wieder entzaubert werden konnte. Auf dem jahrelangen ›Berg der Träume‹ wurden bei der ersten Begehung nach dem Abzug des Militärs die Reste der alten Burgruine in so schlechtem Zustand vorgefunden, dass sich kurz nach der Grenzöffnung ein Verein zur Erhaltung der Burg gründete. Wer einen Abstecher auf den Gipfel macht, kann sich vom heutigen Zustand überzeugen.

Unser Weg führt an der östlichen Tafelbergseite entlang. Das Grüne Band ist hier stärker als üblich von Bäumen bewachsen, der Kolonnenweg ist aber frei. Nach etwa zwei Stunden hinter der Südostflanke des Straufhain erreichen wir die **Verbindungsstraße zwischen Holzhausen und Bad Rodach** und genießen einen schönen Blick auf das 1137 erstmals urkundlich erwähnte Holzhausen mit der Veste Heldburg (405 m) im Hintergrund.

Auf der Höhe, auf die wir nun über Platten hinaufsteigen, stand früher der Grenzturm. Weiter geht es wieder hügel-

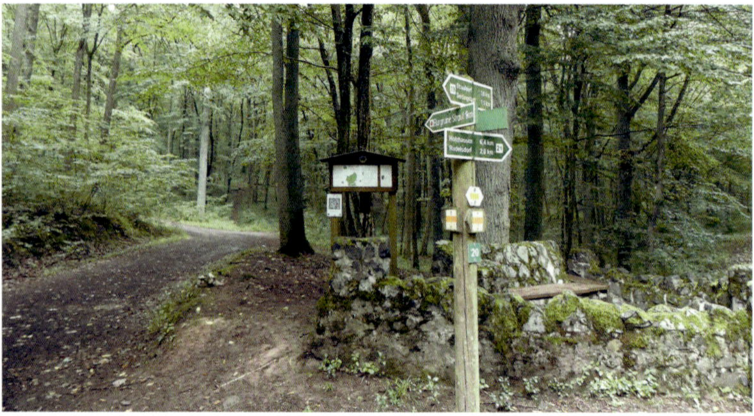

Abzweig zur Burgruine Straufhain

auf und hügelab, bis wir nach ungefähr 20 Minuten an einem überdachten Rastplatz die **Kreuzung unterm Hohen Stein** (405 m) erreichen. Wir wandern dann auf dem Kolonnenweg durch den Kropfgraben und treten bald in einen Tunnel aus Bäumen, der uns Schatten spendet oder vor Regen schützt.

30 Minuten später stehen wir an der schmalen **Straße zwischen Gauerstadt und Billmuthhausen**, der wir nach rechts durch das liebliche Rodachtal folgen. Kurz bevor wir nach zehn Minuten später Billmuthhausen erreichen, entdecken wir rechts oberhalb einen stehengebliebenen Wachturm, eine ehemalige Führungsstelle.

Dann erreichen wir das geschleifte Dorf **Billmuthhausen**, das mehr als 638 Jahre Heimat für Menschen und Tiere war. Die Bewohner des Ortes haben hier seit dem Ende des Krieges 1945 furchtbare Zeiten erlebt, bis 1978 alle vertrieben, geflüchtet oder umgesiedelt worden waren. Das Dorf, das im 500-Meter-Streifen lag, wurde abgerissen und die Fundamente wurden mit Erde verfüllt. Nach der Grenzöffnung stellte am 4. Februar 1991 Norbert Fuchs Erinnerungen und Historie unter dem Titel ›Billmuthhausen – Das verurteilte Dorf‹ der Öffentlichkeit vor, was zu ergreifenden Wiederbegegnungen führte. Heute werden die Reste des Ortes vom Förderverein Gedenkstätte Billmuthausen e.V. so liebevoll gepflegt, dass es einem richtig zu Herzen geht. Spürbar wird, wie viel der Verlust der Heimat bedeutet und dass er Generationen lang währt. Einen Moment verweilen und den Ort und sein Schicksal auf sich wirken lassen – dazu laden die Kissen und Decken in dem sechseckigen Pavillion ein. Mühlrad und Egge erinnern heute an die hier praktizierten Gewerke. Original sind noch das Stromhäuschen, ein Teil der Pferdetränke, und der etwas weiter oben liegende Friedhof mit der neu errichteten Gedächtniskapelle. Weil die letzten Billmuthhausener sich weigerten, ihre Toten umbetten zu lassen, blieb der Friedhof bestehen. 1973 fand hier die letzte Beerdigung statt.

Von Billmuthhausen folgen wir der schmalen Straße weiter durchs saftige Rodachtal und erreichen nach 30 Minuten **Bad Colberg**. Man beachte unterwegs die Bergkeller, die zur Bierkühlung genutzt wurden. Wir betreten den

▶ Karte S. 119/120

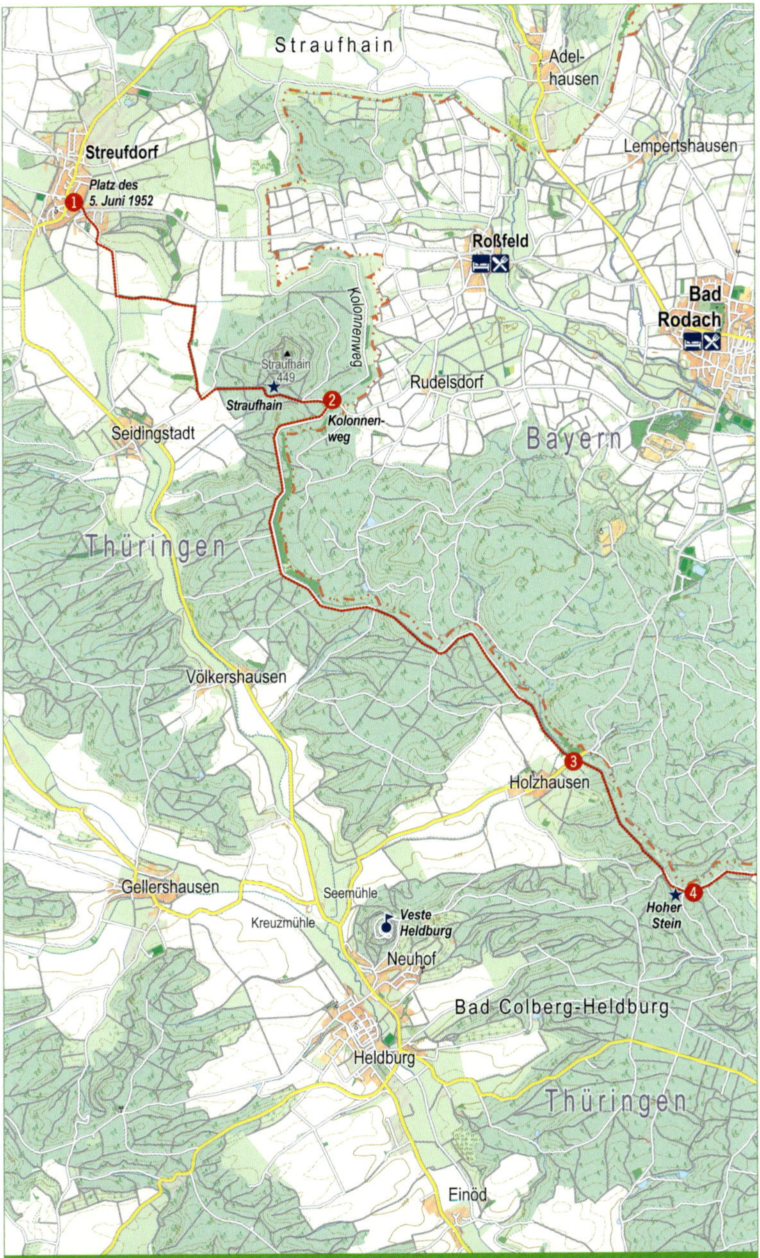

Tour 14: Streufdorf–Bad Colberg (Teil 1)

Ort direkt an Sabines Café, dann folgt rechter Hand das Brauhaus des Dorfes. Linker Hand erhebt sich die Terrassentherme gleich neben dem historischen, hufeisenförmig angelegten Badehaus von 1910. Auch wenn man kein Kurgast ist, kann man sich bis 21 Uhr bequem in der Sauna, im Solarium oder in den warmen Innen- und Außenbecken mit seinen unterschiedlichen Sprudelwassern und Mineralgehalten entspannen. Passend dazu ist eine kleine Trinkkur aus dem Thermalbrunnen. Wer Bad Colberg als quirlige Kleinstadt erwartet, wird sich wundern über den beschaulichen ruhigen Ort mit seinen 116 Einwohnern und mehr als doppelt so vielen Kurgästen täglich. Wer nach verhältnismäßig kurzer Wanderung und Bad in der Terrassentherme noch nicht genug gelaufen ist, kann hinter dem Rehazentrum den ersten Wegesteil von morgen fortsetzen und eine Runde im herrlichen **Wald über Ummerstadt zurück nach Bad Colberg** drehen.

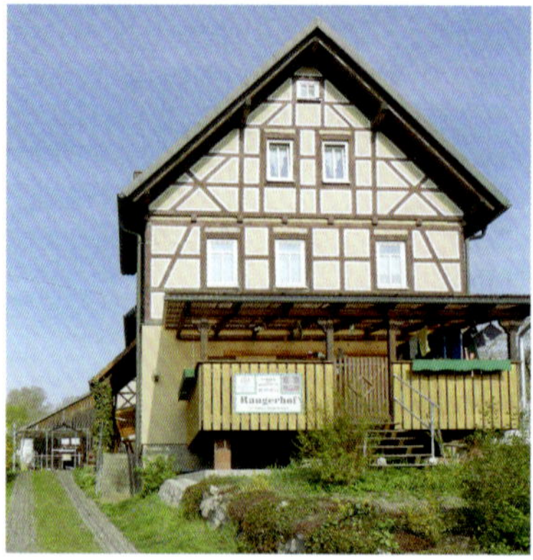

Der Rangerhof in Bad Colberg

Dafür schafft man dann am kommenden Tag problemlos den Rest des ganzen Kolonnenweges im Osten und Süden von Ummerstadt, der sonst abgekürzt würde. Man erreicht dann wieder die beschriebene Route in der nächsten Tour, sodass kein Stück des Kessels und des Weges ausgelassen würde.

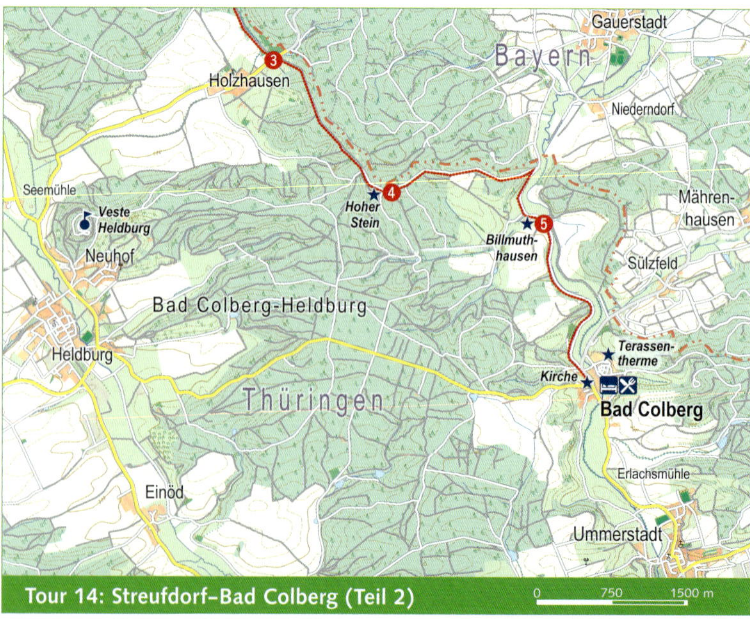

Tour 14: Streufdorf–Bad Colberg (Teil 2)

Kuren im Stasi-Bad

Beinahe zufällig stieß man im Jahre 1907 bei der Suche nach Kalisalz in einer Tiefe von 471 Metern auf eine Thermalquelle mit hohem Salzgehalt und einer Temperatur von 36°Celsius. Dieser Quelle wurde eine außerordentliche Heilkraft, besonders bei Diabetes, Fettsucht, Gicht, Herz-, Nieren-, Nerven- und Gefäßerkrankungen zugesprochen. Eine neu gegründete Badegesellschaft eröffnete 1910 die Badeanstalt. 1927, 1974 und 1994 wurden drei weitere unterschiedlich mineralisierte und temperierte Thermalquellen erschlossen, die die versiegende Urquelle ablösten. Dabei handelt es sich um eine fluoridhaltige Natrium-Chlorid-Sulfat-Therme (34°C), eine magnesiumhaltige Calcium-Sulfat-Therme (39°C) und eine mehr als 7-prozentige Thermalsole (47°C).

Bad Colberg, 1289 erstmals urkundlich erwähnt, hieß während der DDR-Zeit im Volksmund ›Stasi-Bad‹, weil das Bad zum Ministerium des Innern der DDR gehörte. Den Mitarbeiterinnen und Mitarbeitern des Ministeriums und des Staatssicherheitsdienstes machte es scheinbar nichts aus, dass direkt hinter den Kuranlagen, im heute nachgewachsenen Wald, die streng bewachte Grenze zu Westdeutschland verlief. Vielleicht war auch von den Gästen mit ihrer überprüften Gesinnung keine Fluchtgefahr zu erwarten. Der Name ›Colberg‹ weist indes eher auf Holzkohlemeiler hin, die hier lange vorher im Wald betrieben wurden.

Der DEFA-Propaganda-Film ›Das verurteilte Dorf‹, 1952

Das Drehbuch von Jeanne und Kurt Stern soll auf einer Geschichte beruhen, die sie über ein fränkisches Dorf der amerikanischen Besatzungszone in der Zeitung lasen. Im Film wehren sich bayrische Dorfbewohner erfolgreich gegen einen US-amerikanischen Militärflughafen, für den der Ort abgerissen werden soll. Die Geschichte nimmt die damals tatsächlich kursierende Angst vor einem Dritten Weltkrieg mit auf. Da sich DDR-Regisseur Falk Harnack weigerte, das ›schablonenhafte Buch‹ zu verfilmen, wurde nach Absagen anderer Regisseure Martin Hellberg beauftragt, der bis dahin als Generalintendant der Staatstheater Dresden jedoch keine Filmerfahrung besaß.

Während die DEFA 1952 den fertiggestellten Propagandafilm ›Das verurteilte Dorf‹ mit 3,7 Millionen Zuschauern als eine ihrer fünfzig erfolgreichsten Produktionen in den Kinos der DDR zeigte, lief ausgerechnet in der sowjetischen Besatzungszone, nicht in der amerikanischen, die Aussiedlungsaktion ›Ungeziefer‹ sowie der Abriss von Gebäuden und Siedlungen. Der Bürgermeister von Streufdorf, der während der Blockadeaktion am 5. Juni 1952 gerufen haben soll ›Denkt an das verurteilte Dorf‹, spielte damit wohl auf die widerständige Bevölkerung im Film an.

›Das verurteilte Dorf‹ erhielt 1952 auf dem Internationalen Filmfestival Karlovy Vary den Friedenspreis. Im darauf folgenden Jahr wurden Martin Hellberg, Kurt Stern und Jeanne Stern mit dem Internationalen Weltfriedenspreis sowie mit dem Nationalpreis der DDR, 1. Klasse ausgezeichnet.

Der Titel ›Das verurteilte Dorf‹ wurde auch später mit Abrissvorhaben von Dörfern in Zusammenhang gebracht. So überschrieb Norbert Fuchs 1991 seine Broschüre über Billmuthhausen ebenfalls mit diesem Titel.

Tour 14

Gästeinformation Gemeinde Straufhain, Di 13–18 Uhr, Mi 8–11 Uhr, Do 8–12 Uhr, Tel. 036875/6579-21, Obere Marktstraße 3, 98646 Streufdorf
gaesteinfo@gemeinde-straufhain.de
www.gemeinde-straufhain.de
Touristinformation Stadt Heldburg in Colberg, Mo–Do 9–15 Uhr, Fr 9–12 Uhr, Tel. 036871/20159, Hauptstraße 4, 98663 Bad Colberg-Heldburg.
info@bad-colberg-heldburg.de
www.bad-colberg-heldburg.de
www.vg-heldburgerunterland.de
www.initiative-rodachtal.de

An-/Abfahrt Straufhain-Adelhausen, -Eishausen, -Stressenhausen: tägliche Busverbindung, Bus 216 Hellingen–Bad Rodach–Hildburghausen
An-/Abfahrt Straufhain-Streufdorf und Bad Colberg: tägliche Busverbindung Bus 217 Hildburghausen–Streufdorf–Weitramsdorf

Pension Rangerhof, Tel. 036871/21711, Hauptstraße 34, 98663 Bad Colberg.
www.bad-colberg.de
Landgasthof Seysingshof, Tel. 01577/2600555, (ab 39 €) Reussengasse 20, 98663 Bad Colberg. www.seysingshof.de
Kaffeestübchen, Pension/Ferienwohnung, Fam. Wittmann, Tel. 09561/30703, 0151/19027413, Hauptstraße 36 bzw. 67, 98663 Bad Colberg.
info@kaffeestübchen-badcolberg.de
Rehazentrum Terrassentherme (vermietet freie Zimmer zu günstigen Preisen), Tel. 036871/230, Parkallee 1, 98663 Bad Colberg-Heldburg.

Sabine's Bar, Café, täglich ab 13.30–22.30 geöffnet, Tel. 036871/309087, Hauptstraße 42, 98663 Bad Colberg.
Landgasthaus Zur Linde, Di–So 11–23 Uhr, Tel. 036871/373997, 0151/17998862, Hauptstraße 52, 98663 Bad Colberg.
landgasthof-zur-linde@gmx.de
Rangerhof, Mo–Sa ab 18 Uhr, So 11–14 und ab 18 Uhr, Tel. 036871/21711, Hauptstraße 34, 98663 Bad Colberg.
www.bad-colberg.de

Gedenkstätte Billmuthhausen, jederzeit zugänglich.
Terrassentherme Bad Colberg, Thermalbad mit Sauna, Mo–So 9–21 Uhr, Tel. 036871/230, Parkallee 1, 98663 Bad Colberg-Heldburg.

➲ Höhenprofil Tour 14

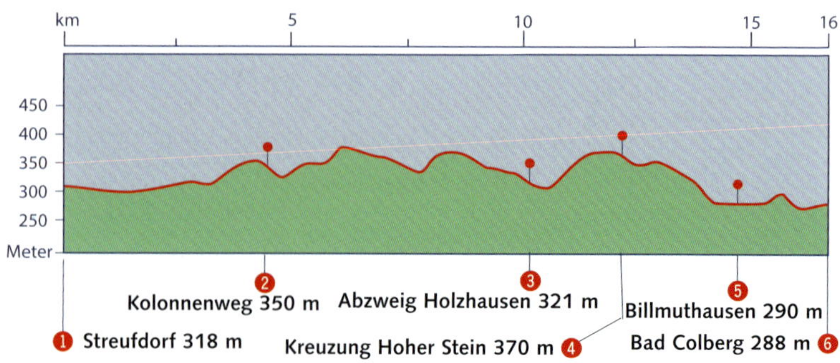

▸ Karte S. 119/120

Von der kleinsten Stadt ins berühmteste Dorf

Tour 15: Von Bad Colberg nach Lindenau » 18 km/5 Std.

Kurzcharakteristik
Unser Tag voller Eindrücke beginnt zwischen dem historischen und dem modernen Badehaus Bad Colbergs. Wir wandern durch den kühlen Ummerstädter Wald und haben zwei Touren zur Auswahl. Auf der empfohlenen Tour weist uns der Salzkörnergrundsee auf die später noch eine Rolle spielenden Salzvorkommen hin. Wir laben uns an der Quelle des Kupferbrunnens, steigen zur ehemals mit Funkanlagen bestückten Kühlitze hinauf, besichtigen die kleinste Stadt Thüringens, wandern durch das liebliche Rodachtal, werfen einen Blick in die geologisch interessante Rapsgrabenschlucht, treffen dann auf die Dorfstelle des geschleiften Gutes Erlebach, überqueren das Flüsschen Kreck und kommen durch die schöne Natur am Grenzbach Helling entlang nach Lindenau. Hier steht noch die Saline, in der das berühmte Friedrichshaller Bitterwasser hergestellt wurde.

Wegebeschaffenheit: Kolonnenweg, Feldwege, asphaltierte Nebenstraßen
Markierung: U1/U4, U3
Schwierigkeit: mittel
Wanderkarten: LVG Bayern UK 50-3 Naturpark Frankenwald 1:50 000 oder L5730 Coburg
Einkauf: Bäckerei und Café am Markt in Ummerstadt
Einkehr: In Ummerstadt, Lindenau und Einöd
Teilstrecken: Bad Colberg-Lindenau über Kupferbrunnen und Kühlitze (1,75 Std.)
Variante: Bad Colberg-Lindenau über Plattenweg: (5,5 Std.); Lindenau – Einöd (0,5 Std.)
Besondere Tourhinweise: Wir wandern auf dem beschriebenen Hauptweg über Kupferbrunnen, Kühlitze und Ummerstadt oder wir wählen die (originale) Variante auf dem Kolonnenweg rund um Ummerstadt (5,5 Std./20,4 km). Wer zum ersten Mal in dieser Gegend ist, dem empfehlen wir die abwechslungsreichere Tour über den Kupferbrunnen. Wer in Lindenau keine Unterkunft findet, sollte es in Einöd versuchen.

Streckenverlauf

In **Bad Colberg** beginnen wir unsere Wanderung zwischen dem historischen Kurhaus (rechts) und der Terrassentherme (links) und laufen dahinter rechts in den früheren Kurpark. Wir kommen auf dem geteerten Weg im Rechts-Links-Schwenk an der alten Schwimmhalle und einem Mitarbeiterhaus vorbei und verlassen das Gelände auf der gegenüberliegenden Seite des Kurhauses durch einen Holzzaun auf den dahinterliegenden geschotterten Querweg. Wir wenden uns nach links und wandern aufwärts in den Wald hinein, bis wir nach gut 15 Minuten den **Kolonnenweg** erreichen. Dem folgen wir nun leicht rechts. Im Frühjahr bimmeln hier zahlreiche Himmelschlüsselchen und Maiglöckchen. Zur bunten Farbenpracht gehören auch Buschwindröschen und Veilchen.

Nach 25 Minuten erreichen wir den **Abzweig zum Kupferbrunnen**. Je nach Wunsch können wir hier nach rechts abbiegen und über den Kupferbrunnen und die Kühlitze nach Ummerstadt wandern (geringfügig kürzere, abwechslungsreichere Strecke). Oder wir bleiben in der Einsamkeit der Natur und umrunden auf dem Plattenweg Ummerstadt. In diesem zweiten Fall gehen wir auf dem Kolonnenweg geradeaus weiter zur Verlorenen

Wandertouren

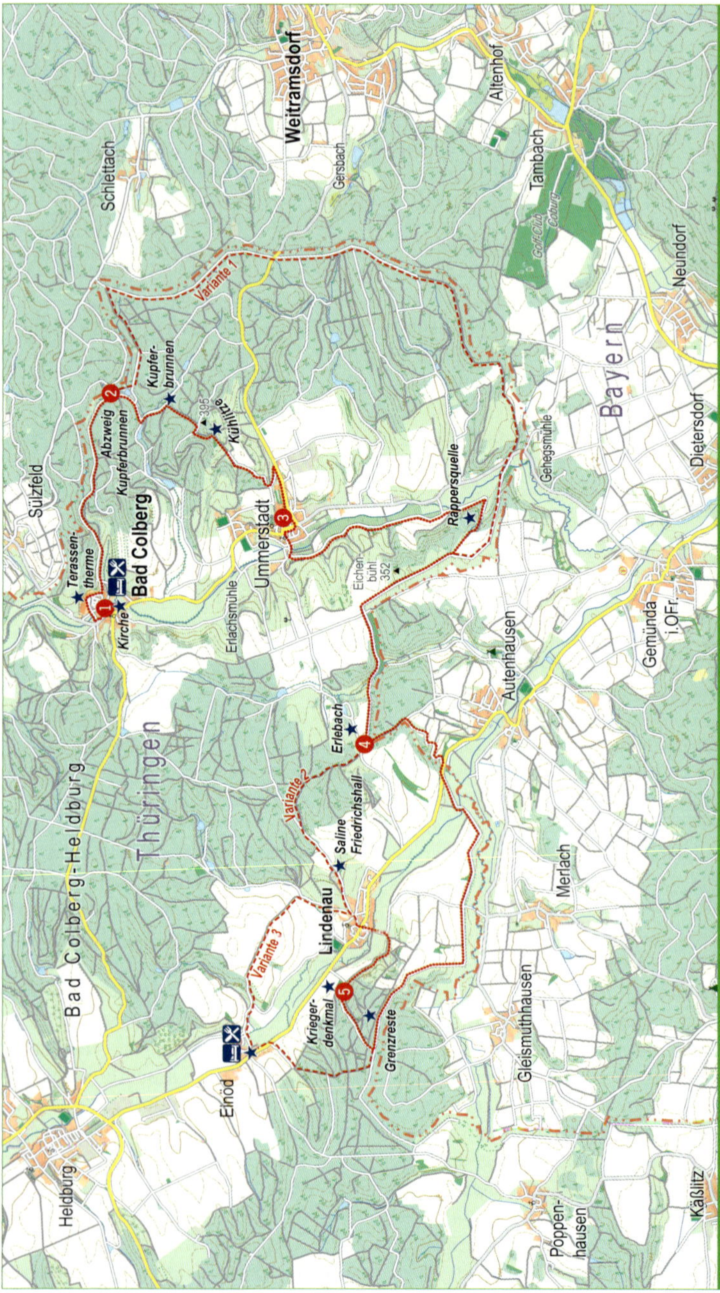

Tour 15: Bad Colberg–Lindenau

Spitze, dann über den Eckertsberg und Dreiherrenstein in Richtung Gehegsmühle oder durchs Sulzbach- und Rodachtal. Am Eichenbühl (352 m) führen dann beide Wege wieder zusammen. Zwischendurch gibt es immer wieder die Möglichkeit, nach Ummerstadt abzubiegen. In **Richtung Kupferbrunnen** kommen wir auf dem Weg 3 zuerst am **Salzkörnergrundsee** vorbei. Dann gehen wir am nächsten Querweg nach links in Richtung Kupferbrunnen. Hier stoßen wir auf frisches Quellwasser (links vom Weg) und einen überdachten Rastplatz mit Grill und Wanderkarte. An der Kupferhütte verlassen wir nun den breiten Weg und wandern direkt neben dem Rastplatz auf dem Waldweg aufwärts zur **Kühlitze** (395 m). Wir überqueren einen befestigten Weg, folgen dem Pfad geradeaus bis zur höchsten Stelle und schon eröffnet sich vor uns eine weite Streuobstwiese mit überdachtem Rastplatz und wunderbarem Fernblick. Die Kühlitze war viele Jahre erst ein russischer, dann ein NVA-Militärstützpunkt, der mit einfachen Armeezelten und Funküberwachungsanlagen ausgerüstet war. Auf dem sichtbaren Betonboden standen damals die Zelte. Trinkwasser wurde mit Fuhrwerken hinauf gebraucht. Ein NVA-Angehöriger erinnert mit Originalfotos an die Zeit und berichtet von den gesundheitlichen Schäden, die durch die Radarstrahlung (Röntgen- und Mikrowellenstrahlen) verursacht wurden. Die Kühlitze war für die Bevölkerung nicht zugängig.

Wir folgen dem **Weg U1/U4** und wandern geradewegs hinab durch die Streuobstwiesen, bis wir zu einem graugeschotterten Weg mit einer Bank kommen, den wir überqueren. Geradeaus steigen wir nun erst auf einem unscheinbaren Wiesenpfad, dann zwischen Hecken nach **Ummerstadt** ab. Wo wir die Coburger Straße erreichen, gehen wir nach rechts in den Ort. Wir biegen rechts in die Marktstraße ein und erreichen bald den **Marktplatz** der mit knapp 500 Einwohnern kleinsten Stadt Thüringens und zweitkleinsten Stadt Deutschlands. Am Marktplatz finden wir eine Bäckerei, das Rathaus und die Rathausgaststätte, die derzeit einen neuen Pächter sucht. Ein kleiner Rundgang durch die Stadt mit ihren fünf Brunnen, die sich aus natürlichen Quellen speisen, und ihren wunderschönen Fachwerkhäusern lohnt sich. Kleine Tafeln erzählen aus der Geschichte.

Am Ende des Markplatzes führt unser Weg links herum zur **Kirche St. Bartholomäus** und zum ebenfalls sehenswerten Viehmarkt. Weiter geht es dann nach rechts an der Kirche entlang durch die Brückenstraße zum jenseitigen Ufer der Rodach. Hinter der Brücke nehmen wir den zweiten Weg nach links und wandern nun rechts vom Fluss an der Gedenkstätte für die Gefallenen des Ersten Weltkrieges und am Jugendhaus vorbei durch das sanfthügelige Rodachtal auf die Grenze zu.

Wir überqueren den Fluss nicht, sondern folgen dem Weg, der noch vor der Grenze rechts hinauf in den Wald zur **Rappersquelle** führt. Hier wachsen viele Exemplare der giftigen, vierblättrigen Einbeere, einer Schattenpflanze, die eine einzige blaue Beere in ihrer Mitte hervorbringt. Wir folgen dem Weg weiter durch den Rappersgraben, bis wir aus dem Wald hinaustreten. Nun gehen wir rechts am Waldrand entlang, können dabei einen Blick in die Rapsgrabenschlucht, eine geologisch bedeutsame Steilstufe, werfen und wandern solange weiter, bis wir den **Kolonnenweg** erreichen, der nun wieder unser Wegweiser ist.

Hier auf der Höhe des Eichenbühl (352 m) haben wir in alle Richtungen einen herrlichen Blick. Wie nah sich Ost und

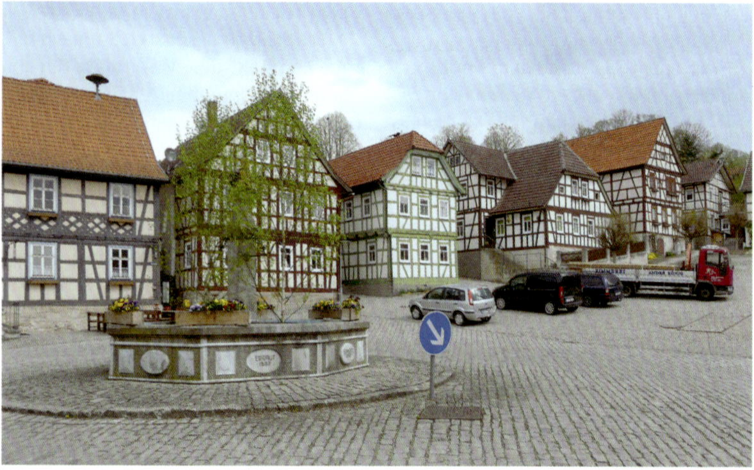

Am Marktplatz in Ummerstadt

West sind und wie direkt sich die Grenzpatrouillen in die Augen guckten, zeigen das Stück Grenzzaun, das uns begleitet, und der parallele Weg auf der bayrischen Seite. Was heute wenige Schritte entfernt ist, schien bis 1989 Lichtjahre voneinander getrennt. Auf bayrischer Seite haben im Exil lebende Ummerstädter während der Teilung Deutschlands das Ummerstädter Kreuz aufgestellt.

Dreißig Minuten hinter der Rappersquelle, nach einer 45-Grad-Linkskurve, gehen wir an der Kreuzung geradeaus weiter, selbst wenn man hier auch rechts nach Lindenau kommt. Nun geht es abwärts ins malerische Erlebachtal. Am tiefsten Punkt rechts hinaufgesehen, befand sich früher das ehemalige **Rittergut Erlebach**, das erst 1986 geschleift wurde. Wir steigen wieder auf die Höhe und erreichen nach weiteren fünfzehn Minuten das Ende des Kolonnenwegs.

Wer hier einen Abstecher zur **Gedenkstätte Erlebach** machen möchte, geht rechts zur Straße und auf dieser nach rechts. Wer Lindenau schnell erreichen will, geht ebenfalls rechts zur Straße, überquert sie und folgt einem leicht links versetzten Waldweg geradeaus. Man kommt an der ›Lindenauer Kante‹, einer lehmig-felsigen Behausung für staatenlos lebende Bienen vorbei. An der nächsten Vier-Wege-Kreuzung biegen wir dann links nach Friedrichshall und Lindenau ab.

Alle anderen überschreiten mit uns die Grenze nach links. Wir genießen wieder die Aussicht über das Heldburger Unterland und in das Rodachtal. Wir wandern auf einem Feldweg direkt auf der Grenze an mehreren Grenzsteinen entlang. Hinter einer Heckenzeile geht es dann rechts auf einer asphaltierten Nebenstraße in Kehren zur **Verbindungsstraße Autenhausen–Lindenau** den Berg hinab. Auf der Straße überqueren wir die Grenze nach rechts auf die Thüringer Seite und entdecken eine gut erhaltene **Grenzbank aus Stein**. Damit aus dieser alten Ortsverbindung wieder ein Grenzübergang wurde, mussten die Einwohner auf beiden Seiten ordentlich Druck ausüben. Ausgerechnet das Straßenbauamt aus dem Westen sah sich Ende 1989 nicht

▲ Karte S. 124

in der Lage, ›im Ausland‹ zu arbeiten und die Straßenverbindung wieder herzustellen. Auf östlicher Seite fehlten hingegen die Kapazitäten.

Wenige Meter hinter der Grenze folgen wir links dem anfänglich etwas zugewachsenen **Kolonnenweg** mit seinen Ecken und Kanten. Ist das Gras im Sommer zu hoch, führt der nächste Abzweig links ebenfalls auf den Kolonnenweg. Nach der Überquerung der Brücke über die Kreck, die auf eigene Gefahr betreten werden soll, begleitet uns linker Hand der vielfach gewundene Helling – ein Zufluss der Kreck, in dem die Grenze verlief.

Als nächstes queren wir die **Straße zwischen Merlach und Lindenau**. Wir bleiben geradeaus und steigen bald nach rechts kurz und steil zum Wartberg hinauf. Dort blicken wir wieder über die liebliche hügelige Landschaft und folgen dem Kolonnenweg solange weiter, bis rechts ein dunkel geschotterter breiter Weg (ohne Hinweisschild) im spitzen Winkel uns durch den Wald nach Lindenau hinabführt. Wer nach Einöd geht und Lindenau nicht besuchen möchte,

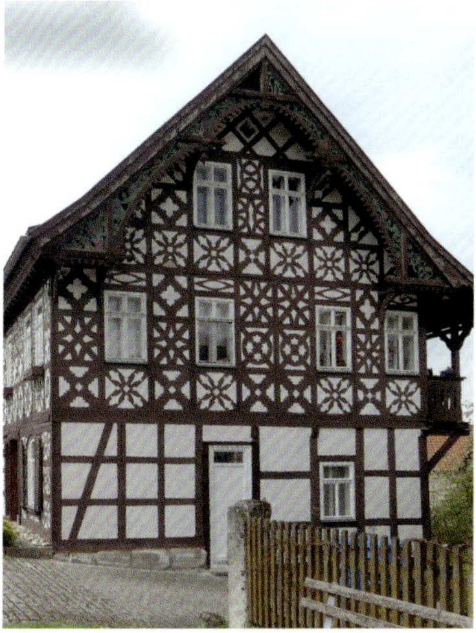

Fachwerk in Ummerstadt

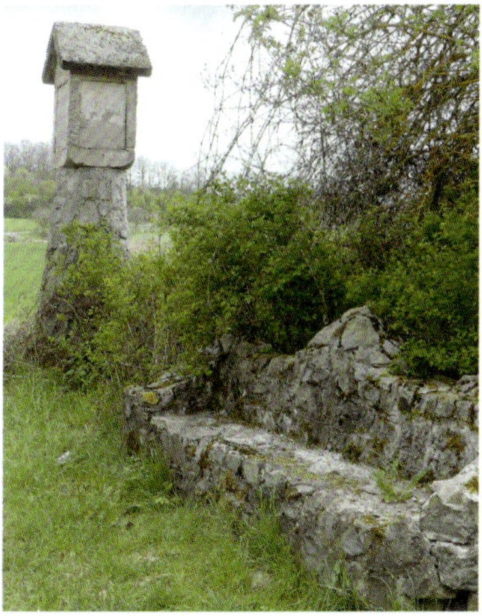

Steinerne Grenzbank

folgt dem Kolonnenweg noch ein Stück weiter, bis halbrechts ein Weg abgeht, der abwärts nach Einöd führt.

Wir treten vor Lindenau aus dem Wald und finden rechts eine **Gedenkstätte für die Gefallenen aus dem Ersten Weltkrieg** sowie ein Stück Grenzzaun mit Stacheldraht. Wir folgen diesem Weg nach rechts, parallel zum Ort, durch die Wiesen. Kurz bevor wir zwei offene Bergkeller (rechts) erreichen, biegen wir links vor dem Wasserlauf über den Wiesenrandweg nach **Lindenau** ab. Wir erreichen die Ortsstraße an der Bushaltestelle und folgen den Schildern zum Landgasthof, der sich an der Kirche befindet, zuletzt aber leider geschlossen war. Wer nach Einöd weiter will, der wandert auf der Straße – rechts von der Kirche – nach links an einem Bach entlang (rechts geht es nach Friedrichshall) zum Ort hinaus in Richtung Hessberg und folgt dann dem Weg über den Hessberg (2 km, 30 Minuten). In Lindenau selbst lohnt sich noch ein Spaziergang zur **Saline von Friedrichshall**, einem nahegelegenen Ortsteil.

Weltberühmtes Lindenau

Lindenau wurde am 2. Februar 1151 in Verbindung mit Arbeiten in einer Saline erstmalig unter dem Namen ›Lyndenowa‹ erwähnt. Von hier stammt das natürliche Bittersalz, das auch als Friedrichshaller Bitterwasser berühmt geworden ist. Der bekannte Chemiker und Landwirt, Freiherr Justus von Liebig (1803–1873), tätig in Gießen und München, bestätigte die hohe Qualität des Heilwassers, das bei Gicht sowie bei Magen- und Darmproblemen eine äußerst heilsame Wirkung erzielte. Beim medizinischen Weltkongress 1913 erhielt das Friedrichshaller Bitterwasser mit der Verleihung der Goldmedaille die höchste Auszeichnung der Branche.
Seit den 1990er Jahren steht der Betrieb nun schon still und die Saline, das Brunnenhäuschen, der Salztrockner und die Abfüllanlage können nur einmal im Jahr am Tag des Offenen Denkmals besichtigt werden. Auf einem Teil des Geländes wurde ein Wohnheim für seelisch und psychisch kranke Menschen eingerichtet.

Naturdenkmal Kopfweidenallee

In Lindenau befindet sich eine der ältesten Alleen aus Kopfweiden, die zu den einzigartigen Naturdenkmälern am Grünen Band gehört. Die Allee wurde früher als Gradierwerk genutzt. Täglich übergossen Arbeiter die Zweige mit stark salzhaltigem Bitterwasser, sodass sie aussahen, als wären sie voller Rauhreif. Kurgäste aus aller Welt wandelten Mitte des 19. Jahrhunderts durch die Allee, die sich bis zum Fluß Kreck hinzieht, und atmeten die salzige Luft ein. Einst führte auch noch eine Brücke über das Flüsschen.

Tour 15

Touristinformation Stadt Heldburg in Bad Colberg, Mo–Do 9–15 Uhr, Fr 9–12 Uhr, Tel. 036871/20159, Hauptstraße 4, 98663 Heldburg.
info@stadt-heldburg.de
www.stadt-heldburg.de
Stadtverwaltung Ummerstadt, Mo, Di, Do 8–12 Uhr, 13–16 Uhr, Tel. 036871/21806, Markt 13, 98663 Ummerstadt
stadt@stadt-ummerstadt.de
www.ummerstadt.de
www.vg-heldburgerunterland.de
www.initiative-rodachtal.de

An-/Abfahrt Bad Colberg: Bahn bis Hildburghausen, tägliche Busverbindung Bus 217 Hildburghausen–Bad Colberg über Weitramsdorf; **An-/Abfahrt Lindenau/Einöd**: Bahn bis Hildburghausen, tägliche Busverbindung Bus 217

Gasthaus Bertl, Viehmarkt 108, 98663 Ummerstadt. abertl2222@aol.com
www.gasthaus-bertl-ummerstadt.jimdo.com
Ferienwohnung und Pension Regina, Tel. 036871/21802, Coburger Straße 157, 98663 Ummerstadt.
Ferienwohnung Familie Neubert, Tel. 036871/21812, Colberger Str. 2, 98663 Ummerstadt
Landgasthof und Pension Lindenau, Tel. 036871/21147, Schulgasse 17, 98663 Lindenau. Zuletzt leider geschlossen.
Countryscheune und Shadow Creek Ranch, Tel. 036871/30490, Einöd 385, 98663 Einöd, info@countryscheune.de, www.countryscheune.de (Matratzenlager, Zimmer)

Karte S. 124

Bäckerei und Café am Markt, Mo-Sa 6-10 Uhr, 14-18 Uhr geöffnet (Mittwochnachmittag geschlossen), Tel. 036871/20410, Marktstraße 82, 98663 Ummerstadt.
Gasthaus Bertl, Mi-Sa 11.30-22 Uhr, So 10-22 Uhr, Tel. 036871/21856, Viehmarkt 108, 98663 Ummerstadt.
Café 111, Sa ab 16.30 Uhr geöffnet, So 11-18 Uhr, Viehmarkt 111, 98663 Ummerstadt.
Countryscheune und Shadow Creek Ranch, in Einöd, Do-Fr 12-14 und 17-22 Uhr; Sa ab 11 Uhr, So ab 12 Uhr durchgehend

Höhenprofil Tour 15

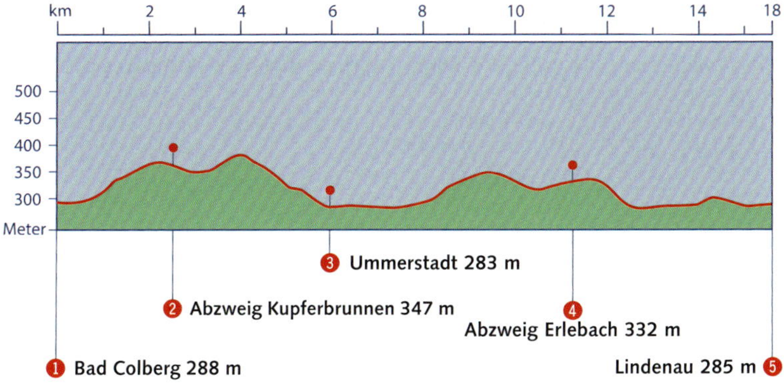

Vom Heldburger Unterland ins Grabland

Tour 16: Von Lindenau nach Zimmerau ›› 27 km/7 Std.

Kurzcharakteristik

Unsere Wanderung zieht sich heute durchs letzte Stück des Heldburger Unterlandes, wobei wir mit einem Abstecher nach Käßlitz auf halber Strecke den Naturpark Haßberge durchqueren und im gemütlichen Schweickershausen in dessen Schloss einkehren können. Wer möchte, kann hier auch schon den Wandertag mit einer Übernachtung beenden. Hinter Schweickershausen geht es durch die Natur und das beliebte Jagdgebiet im Nonnenholz weiter zur Straße nach Zimmerau. Hier wenden wir uns an der Gedenkstätte der bayrischen Seite zu. Bald nähern wir uns sichtlich dem Bayernturm auf dem Büchelberg, der hier den Besuchern noch heute einen gigantischen Fernblick in alle Richtungen, aber vor allem über die Grenze gen Osten beschert.

Wegebeschaffenheit: Kolonnenweg, Waldwege, asphaltierte Nebenstraßen
Markierung: überwiegend keine, kurz vor Schweickershausen ein Spechtsymbol
Schwierigkeit: mittel
Wanderkarten: L5730 Coburg und L5728 Bad Königshofen im Grabfeld (Landesamt für Digitalisierung, Breitband und Vermessung Bayern

Einkauf: Lebensmittelladen Schweickershausen, Fr 16–17 Uhr, Sa 10–11 Uhr
Einkehr: Käßlitz, Schweickershausen, Zimmerau
Teilstrecken: Lindenau-Schweickershausen (5 Std.)
Besondere Tourhinweise: Unsere Tour verlässt den Plattenweg und nimmt eine Abkürzung über Schweickershausen. Wer hier dem Kolonnenweg treu bleiben will, orientiert sich einfach an den Lochplatten.

Streckenverlauf

In **Lindenau** wandern wir den Weg zurück, den wir gestern gekommen sind. Es geht also am Kriegerdenkmal vorbei und über den geschotterten Weg die Anhöhe im Wald wieder hinauf bis zum Kolonnenweg, dem wir nun nach rechts folgen. Im Linksbogen geht es um das Gemeindeholz herum, bis wir am Ende des Waldes den Kolonnenweg nach rechts zur nahen **Straße Einöd–Poppenhausen** verlassen, da bald darauf der Plattenweg endet und

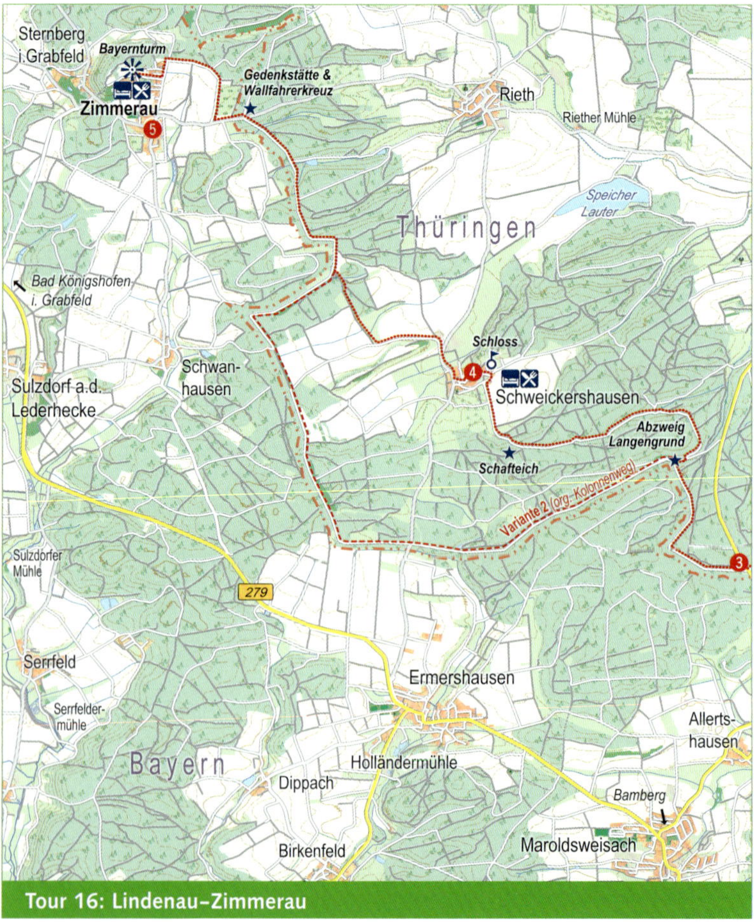

Tour 16: Lindenau–Zimmerau

wir ein Stück Feld umgehen müssen. An der Straße wenden wir uns nach links. Hier treffen wir mit den Wanderern aus Einöd zusammen, denn wer von dort kommt, läuft am einfachsten die wenig befahrene Straße Richtung Poppenhausen hinauf über die Hellinger Spitze. Dabei passiert man nach einer Viertelstunde einen **Gedenkstein für zwanzig polnische Bürger**, die am 11. Mai 1942 an dieser Stelle ermordet wurden.
Wir wandern nun auf der Straße bis zum Bach, dem Helling, den wir gestern schon kennengelernt haben, und dahinter nach links auf einen Feldweg zwischen Feld und Wiese zurück zum **Kolonnenweg**. Wir überqueren nach einer guten Stunde Gesamtwanderzeit die **Straße Poppenhausen–Dürrenried** und steigen auf der gegenüberliegenden Seite den Berg hinauf. An der **Kolonnenwegkreuzung** laufen wir links, dann wieder rechts. Nach der Kurve ist unser Kolonnenweg zwar für Tiere abgezäunt, aber trotz seiner Wildheit einigermaßen gangbar. Den schönen breiten Weg rechts sollten wir dann neh-

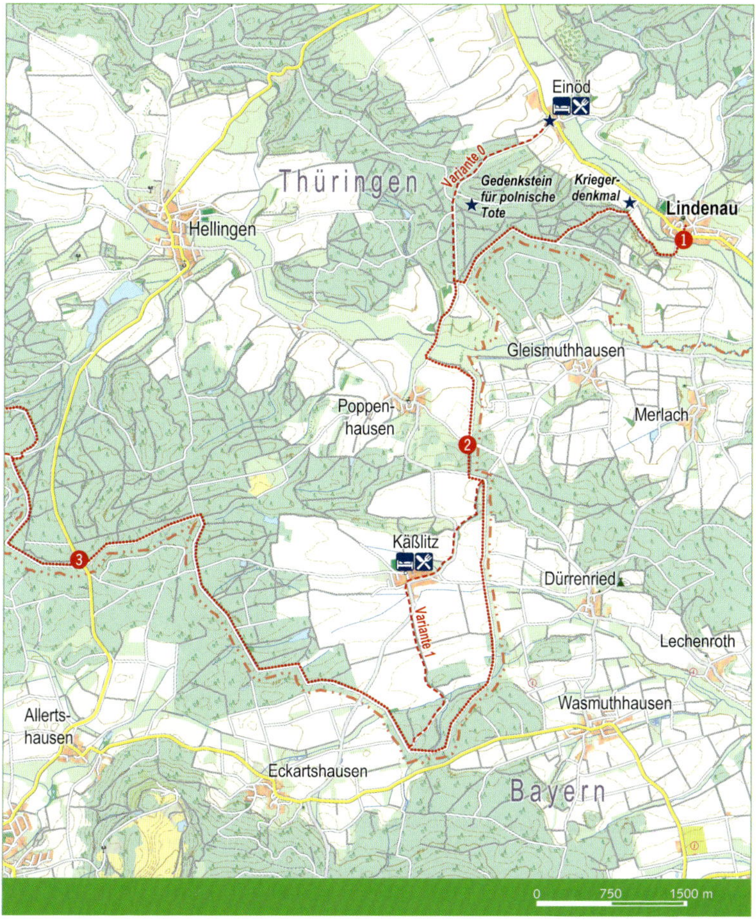

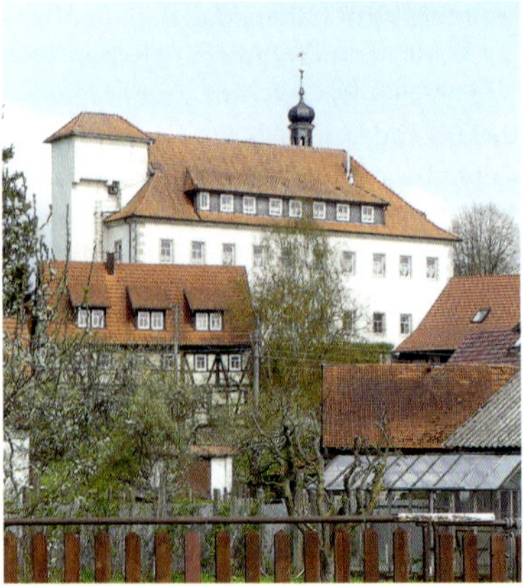

Schloss Schweickershausen

men, wenn wir nach **Käßlitz** wollen, zum Beispiel um dort einzukehren. Von Käßlitz wandern wir die Straße ein Stück in Richtung Dürrenried und finden auf freiem Felde wieder den Plattenweg, dem wir von hier aus rechts folgen.

In den nächsten Stunden ist der **Plattenweg** wieder unser Wegweiser. Wir wandern in ein Waldstück, das Nonnenholz, und in das Naturschutzgebiet ›Alstergrund mit Grenzstreifen‹ hinein. Wir **überqueren die Alster** (Schild ›Weg gesperrt‹ weist auf die eigene Verantwortung hin). In dem kleinen kalten Fließgewässer leben Steinkrebse, eine Großkrebsart, die wie auch der Edelkrebs in Thüringen nur in dieser Gegend vorkommt. Die Weibchen der Steinkrebse tragen die im Herbst befruchteten Eier bis zum Frühjahr unterm Hinterleib.

Hinter der Alster kreuzen wir bald wieder eine Straße, an der die Grenze erst relativ spät, am 4. Januar 1990, geöffnet wurde. Dann folgt ein Stück mit **vielen Hochsitzen**, das auf reiche Wildvorkommen und selten einsame Jägerstunden hinweist. Die Jagdsaison beginnt hier in der Regel Anfang Mai.

Nach dreieinhalb Stunden Gesamtwanderzeit erreichen wir die **Straße zwischen Hellingen und Allertshausen** mit Tisch und Bänken. Dann kommen wir durch den Naturpark Haßberge bis in den **Langen Grund**. Eine starke Linkskurve im 90-Grad-Winkel ist dafür das Erkennungszeichen. Hier gehen die Wanderer, die Schweickershausen umgehen möchten, links den Kolonnenweg (nicht den Parallelweg!) weiter.

Wir biegen hingegen rechts ab in den Wald. 100 Meter später nehmen wir links den Weg bergan, auf dem wir gut vorankommen. Am nächsten Abzweig bleiben wir geradeaus und steigen allmählich zum **Schafsteich** hinauf. Kurz danach treffen wir wieder auf eine Kreuzung und folgen nun dem Specht geradeaus nach **Schweickershausen**, das wir eine Stunde hinter dem Abzweig am Langen Grund erreichen. Wir durchwandern Streuobstwiesen und nehmen im Ort den Weg nach rechts.

An der nächsten Straße gehen wir links zum **Schlossgasthof**. In der Kurve kurz vor dem Schloss entdecken wir rechts einen Wasserturm, der als Notreserve – falls das Wasser mal ausgehen würde – von der DDR-Armee gebaut wurde. Während des Kaffeetrinkens lassen wir die Geschichte des Schlosses auf uns wirken: Die ursprünglichen Herrschaften von Schweickershausen verspielten das Anwesen. Dann wechselte Besitzer um Besitzer. 1945 ließ sich schließlich die russische Armee darin nieder und übergab beim Abzug das Haus der Nationalen Volksarmee der DDR (NVA), die es bis in die 1970er Jahre als Kaserne nutzte. Danach wurde das Schloss als Krankenhaus für psychisch kranke Menschen genutzt und schließlich 1998 wieder verkauft. Das dann folgende Schullandheim wurde schließlich zum heutigen Gasthof Schloss Schweickershausen umfunktio-

▲ Karte S. 130/131

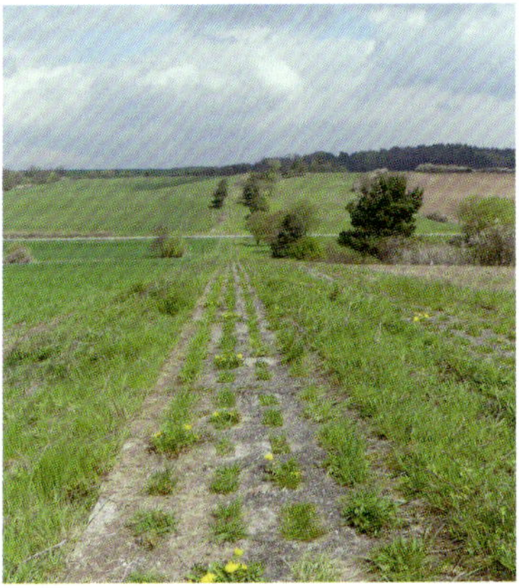

Kolonnenweg bei Käßlitz

niert, in dem man große Feierlichkeiten abhalten, aber auch als Wanderer und Radfahrer gut übernachten und essen kann. In Schweickershausen soll es einen Tunnel nach Ermershausen gegeben haben, der als Agentenschleuse genutzt worden sei – so erzählt man es sich hier jedenfalls.

Wir gehen links vom Schloss an Heimatstube und Bürgermeisterei vorbei, die Stufen zum **Marktplatz** (Bushaltestelle) hinunter. Weiter geht es rechts aufwärts, bis wir die **Straße Ermershausen–Rieth** erreichen, auf der wir rechts aus dem Ort hinausgehen. Unterwegs streifen wir einen Lebensmittelladen, der derzeit noch von einer über 80-jährigen Dame geführt wird. Jünger ist hingegen das beachtenswerte Wandbild im sozialistisch-realistischen Stil. Hinter dem Ort verlassen wir am asphaltierten Abzweig zum Betrieb ›RWAgrar‹ die Straße nach links und wandern auf dem asphaltierten Weg hinter dem Langen Berg links entlang.

Nach 10 Minuten biegen wir rechts auf einen Feldweg ab und kommen bald zu einem Teich, hinter dem wir auch den **Kolonnenweg** wiederfinden. Nach rechts gehen wir auf den Platten weiter und treffen erst auf ein Tiergehege, dann auf eine Baumpatenallee und ein Hölzerxylophon rechter Hand. Bald danach erreichen wir die **Straße zwischen Zimmerau und Rieth**.

Hier verlassen wir den Kolonnenweg und laufen auf der Straße nach links in Richtung Zimmerau. Wir kommen an einer **Ausstellung originaler Grenzanlagen** sowie am Wallfahrerkreuz von Hubert Knobling aus dem Jahr 1991 vorbei. An der Straße biegen wir auf freiem Feld auf den ersten asphaltierten Wirtschaftsweg nach rechts ab und laufen im Linksbogen auf **Zimmerau** zu. Unser Ziel, den 1966 errichteten **Bayernturm**, können wir nun schon gut erkennen. Am Ortsbeginn biegen wir erst links in die Sellbachstraße ein und gehen dann rechts in die Turmstraße durch die Ferienhaussiedlung aus dem Anfang der 1970er Jahre. Nun laufen wir direkt auf den schon etwas in die Jahre gekommenen Turm zu, der im Thüringer Volksmund ›Thüringenblick‹ heißt. Hinter ihm versteckt sich der 1967 dazu gebaute Berggasthof.

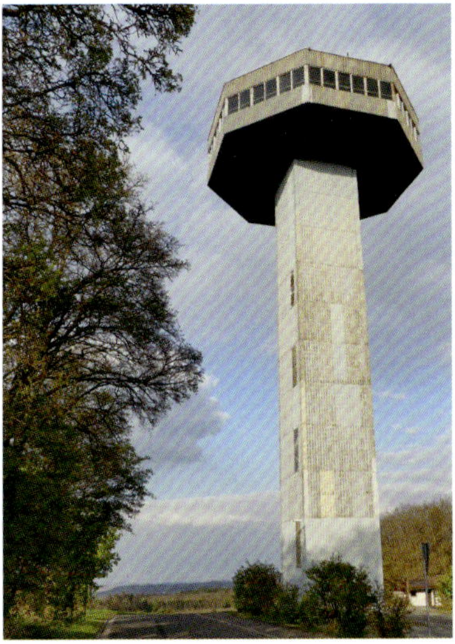

Der Bayernturm

Hausbrauerland

Das Heldburger Unterland weist die größte Dichte an betriebenen Gemeindebrauhäusern auf. Im Frühjahr (März/April) und im Herbst (Oktober/November), trifft sich die Dorfbevölkerung, um unter Anleitung eines Dorfbraumeisters Bier zu brauen. Dann werden frühmorgens mehrere Gebräue angesetzt - so viele, wie für alle, die mitmachen und für deren Hausgebrauch benötigt wird. Ein Gebräu umfasst 2500 Liter Bier, das zehn Zentner Malz benötigt. Zunächst wird die Gerste zu Malz verarbeitet und geschrotet. Damit wird die Maische angesetzt und stundenlang gerührt. Das meiste geschieht per Handarbeit. Am Ende des Tages ist der abfiltrierte Sud fertig und gärt im Bottich. Später reift er im Felsenkeller. Pünktlich zum Braufest im Juli ist das Getränk genießbar. Das Bier darf nur für den Eigenbedarf verwendet werden und reicht deshalb genau von Braufest zu Braufest - wenn es richtig gelagert wurde.

Tour 16

Touristinformation, Mo–Do 9–15 Uhr, Fr 9–12 Uhr, Tel. 036871/20159, Hauptstraße 4, 98663 Bad Colberg-Heldburg
info@bad-colberg-heldburg.de
www.vg-heldburgerunterland.de
www.zimmerau.de
Kurverwaltung Bad Königshofen, Tel. 09761/9120-0, 09761/409-0, Am Kurzentrum 1, 97631 Bad Königshofen
info@bad-koenigshofen.de

An-/Abfahrt Lindenau/Einöd: Bahn bis Hildburghausen, tägliche Busverbindung Bus 217 zwischen Hildburghausen-Weitramsdorf-Coburg
An/Abfahrt Schweickershausen: Bahn bis Hildburghausen, Mo–Fr Bus 218 von Hildburghausen
An-/Abfahrt Zimmerau: Bahn bis Bad Königshofen, Mo–Fr Bus 8169 von Bad Königshofen

Schlossgasthof Schweickershausen, Tel. 036871/51791, Dorfstraße 9, 98663 Schweickershausen.
info@schlossgasthofschweickershausen.de
www.schlossgasthofschweickershausen.de
Berggasthof Bayernturm, Tel. 09763/265, Turmstraße 53, 97528 Zimmerau.
bayernturm@web.de, www.bayernturm.de
Gaststätte Rottenbacher, Tel. 036871/29528, 98663 Käßlitz.

Grenzdenkmal mit Grenzanlage und Wallfahrerkreuz an der Straße Zimmerau-Rieth; Bayernturm am Ziel (1 €, Drehkreuz).

Höhenprofil Tour 16

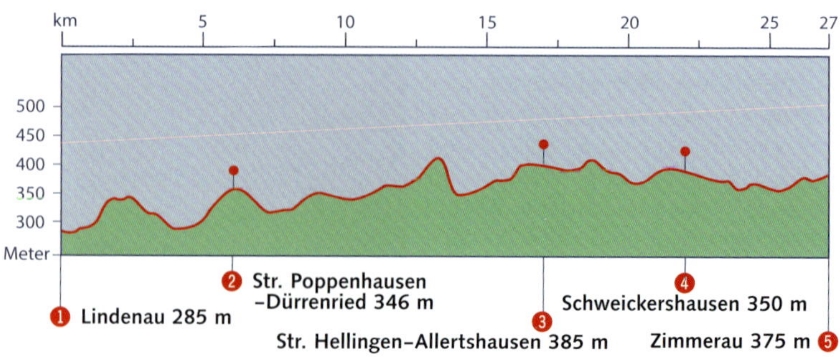

Karte S. 130/131

Durch die Schlechtsarter Schweiz zum Wasserschloss an der Milz

➲ Tour 17: Von Zimmerau nach Irmelshausen » 26 km/7,5 Std.

Kurzcharakteristik
Diese lange, aber vielfältige Naturwanderung führt uns zunächst zur bayrischen Wallfahrtskapelle St. Ursula mit dem malerisch gelegenen Naturfriedhof. Von hier geht es zur Fränkischen Saalequelle. Dann erobern wir uns nacheinander die einzelnen Hügel der Schlechtsarter Schweiz und erreichen zur Mittagsstunde auf dem Spanshügel (444 m) den höchsten Punkt des Tages. Am Feuerberg bei Trappstadt beobachten wir die selten gewordene Ernte des Gemeindeholzes und umrunden später den Ort Breitensee mit Blick auf einen erloschenen Vulkan. Wir kommen an zwei Grenztürmen vorbei, die in Sichtweite in einer Linie stehen. Nach der Überquerung des Flüsschens Milz ergibt sich endlich eine Möglichkeit, nach Westen die ›Grüne Grenze‹ zu überschreiten. Eine halbe Stunde später endet unsere Tour in Irmelshausen, am schönsten Wasserschloss des Grünen Bandes.

Wegebeschaffenheit: überwiegend gut begehbarer Kolonnenweg, Waldwege, asphaltierte Nebenstraßen
Markierung: zwischen Naturfriedhof und Saalequelle ein ›Fuchs‹, zeitweise oranges Grenzgängerzeichen
Schwierigkeit: schwer aufgrund der Länge und mehrerer An- und Abstiege
Wanderkarten: L5728 Bad Königshofen im Grabfeld (Landesamt für Digitalisierung, Breitband und Vermessung Bayern)
Einkauf: Metzgerei des Landgasthofes Zur Linde in Irmelshausen, Fr 9–18 Uhr, Sa 8–13 Uhr. Bio-Ziegenkäserei Schöneberger in Irmelshausen.
Einkehr: in Irmelshausen, Abstecher nach Schlechtsart ›Zum Fröhlichen Landmann‹.
Teilstrecken: Zimmerau–Breitensee (4,5 Std.)
Besondere Tourhinweise: Die Tour ist so lang, weil es bisher grenznah keine Übernachtungsmöglichkeiten gibt. Es befinden sich jedoch Möglichkeiten in Bad Königshofen im Grabfeld (bayrisches Franken). Wenn Ihnen die Tour zu lang ist, buchen Sie dort eine Übernachtung und organisieren Sie sich eine Hol- und Bringmöglichkeit an den Straßen 2282 (Trappstadt–Markt-Linden) oder 2283 (Trappstadt–Markt-Eicha) auf etwa der Hälfte der Tour. Ansonsten bleibt nur trampen, ein Bus fährt hier nicht.

■ Streckenverlauf

Am **Berggasthof Bayernturm in Zimmerau** beginnen wir unsere Wanderung am Turm und folgen den Europäischen **Fernwanderwegen E3 und E6** über die Wiese zum Wald in Richtung St. Ursulakapelle. Hügelabwärts wandern wir durch den Naturpark Haßberge.

Hinter dem Büchelberg erreichen wir bald eine **Wegekreuzung** und folgen hier nun – anders als die Schilder anzeigen – dem nordöstlichen rechten Schotterweg über den kaum merkbaren Kapellenberg (388 m) in den lichten Buchenwald hinein. Wir bleiben auf der bayrischen Seite, befinden uns nun aber dicht an der ehemaligen Grenze.

An der **nächsten Kreuzung** wenden wir uns nach links und folgen den Schildern wenige hundert Meter, bis wir rechts den **Naturfriedhof** mit seiner besonders friedlichen Atmosphäre betreten. Im Gelände empfehlen wir eine Runde links hinüber zum Aussichtspunkt (Kreuz).

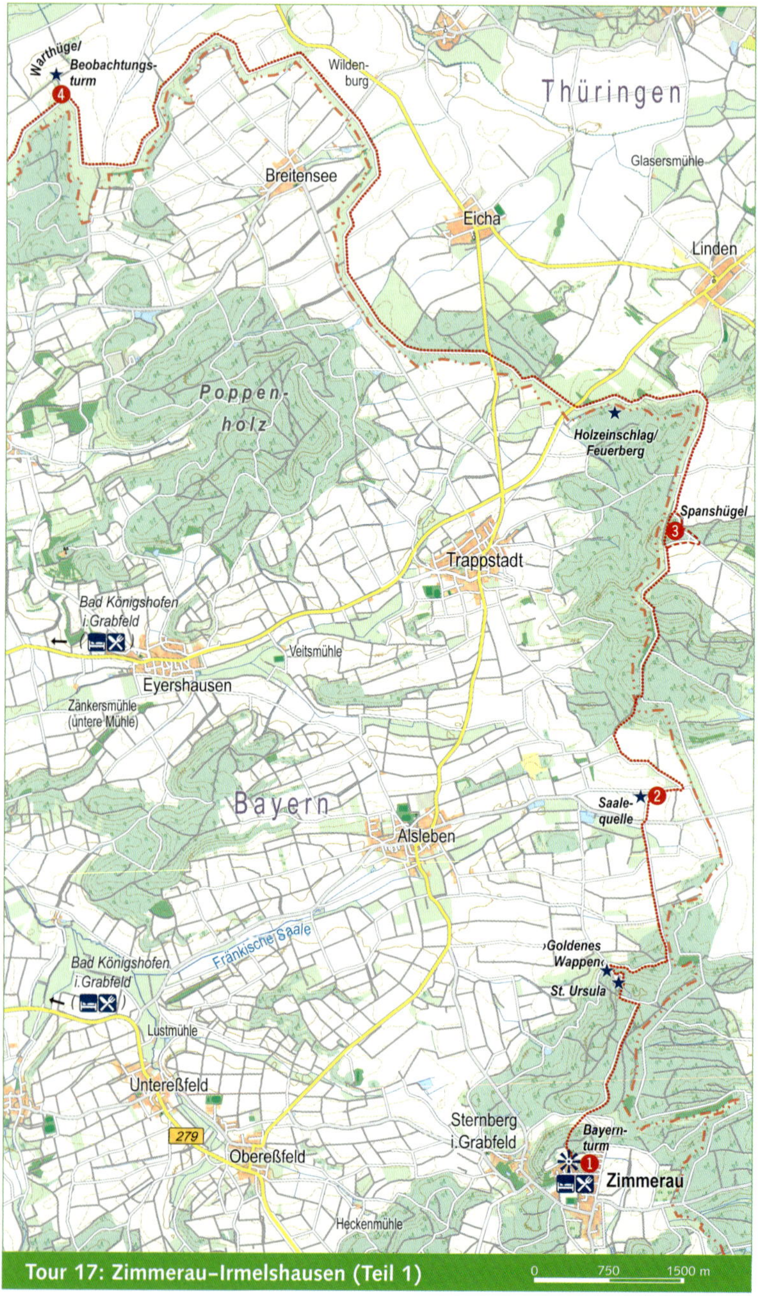

Tour 17: Zimmerau–Irmelshausen (Teil 1)

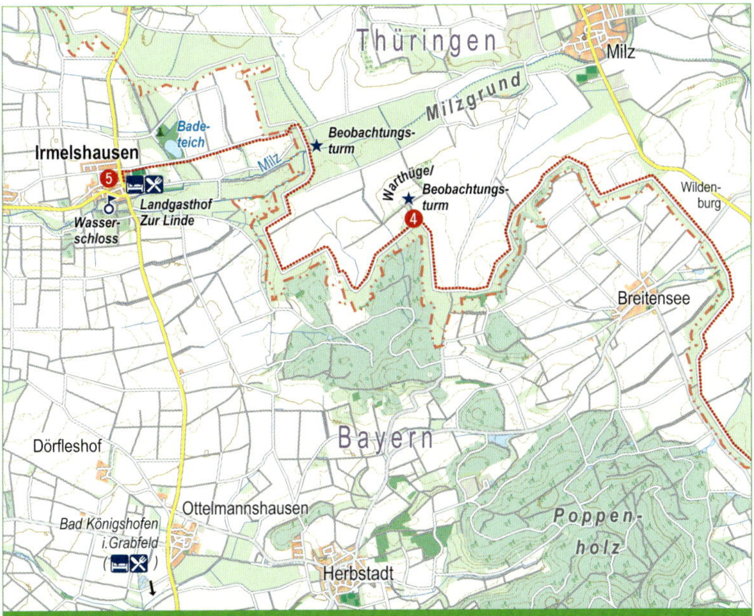

Tour 17: Zimmerau–Irmelshausen (Teil 2)

Von dort gehen wir nach rechts zur 1754 geweihten und 1882 nach einem Brand neu errichteten **Kapelle St. Ursula**. Im Volksmund heißt sie schlicht ›Urschula‹. Die Kapelle ist aus Sicherheitsgründen nicht geöffnet. Zum Verlassen des Geländes steigen wir links der Kapelle die Stufen hinab. Am leuchtend goldenen Wappen biegen wir rechts ab und verlassen damit den Fernwanderweg.

Wo wir nach einigen Minuten einen geteerten Weg erreichen, biegen wir mit dem Fuchszeichen links in **Richtung Saalequelle** ab. Nun geht es zwischen Feldern hindurch bis wir die Straße Alsleben–Gompertshausen überqueren und dahinter die Saalequelle erreichen. Diese Saale ist nicht die Saale, die wir bei Hirschberg und Blankenstein schon trafen. ›Sala‹ ist ein sehr alter Begriff für ›fließendes Wasser‹, der darauf hinweist, dass an dem Flüsschen bereits vor den Kelten Menschen siedelten, da sie dieses Wort benutzten. Wir ruhen uns einen Moment aus und füllen unser Wasser auf. Dann gehen wir nach rechts weiter. Am nächsten Abzweig sehen wir den **Kolonnenweg** schon ganz nah vor uns. Achtung, denn der Grenzstreifen ist hier zu allen Seiten abgesperrt. Aufgrund von möglicherweise nicht gefundenen und **nicht entschärften Minen** empfehlen wir unbedingt, die Hecke, den kleinen Grenzstreifen und die Einzäunung NICHT zu überwinden. Besser wandern wir im spitzen Winkel nach links, auf dem **Weg mit der orangenen Markierung Grenzgänger** weiter.

An den nächsten drei Möglichkeiten nehmen wir jeweils den rechten Weg und steigen am Ende auf einem Pfad durch den Wald zum Kolonnenweg auf. Wir befinden uns nun mitten im Naturschutzgebiet ›Altenburg‹ und folgen dem Weg

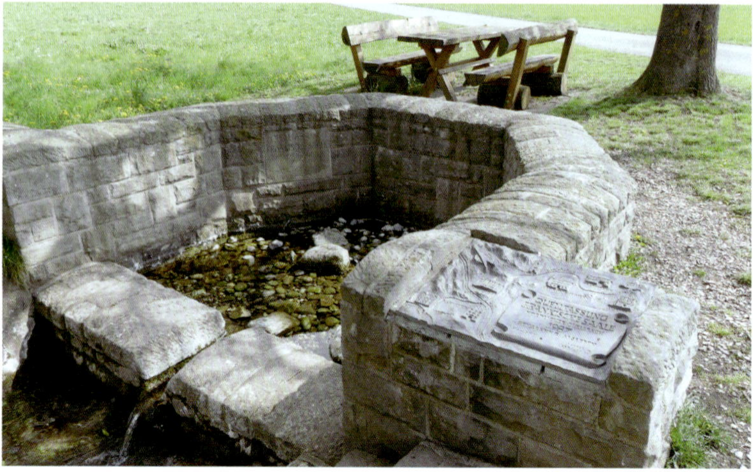

Die Quelle der Fränkischen Saale

wie auf einer Achterbahn steil auf und ab. Die erste erklommene Höhe ist die **Altenburg** (438 m), eine platte Fläche, auf der einst tatsächlich eine gleichnamige Burg stand. Dann geht es hinab ins saftige Tal, wo linker Hand ein **Stück Grenzanlage** original belassen wurde. Die Erläuterungstafel gewährt uns einen ›Blick auf die westliche Seite, den wir uns nicht entgehen lassen sollten.

Bald darauf folgt der letzte heftige Steilanstieg für heute. Oben auf dem **Spanshügel** (444 m), den wir nach insgesamt etwa zwei Stunden erreichen, wartet auf uns an der Stelle der ehemaligen Spansburgk oder Spanswarthe eine Bank mit grandiosem Rundblick. Danach folgt wieder ein steiler Abstieg. Wer An- und Abstieg auf den Spanshügel umgehen möchte, umrundet den Hügel an seinem Fuße nach rechts, an der nächsten Stelle nach links und trifft wieder auf den Plattenweg.

Danach wandern wir über **geschlossene Platten** an der ehemaligen Landwehr zwischen dem Königreich Bayern (links) und dem Herzogtum Sachsen (rechts) entlang, das durch die DDR-Grenzanlagen zerstört wurde. Wir überqueren an einem Rastplatz die **schmale Straße Trappstadt–Schlechtsart** (1,5 km nach rechts liegt die Gaststätte Schlechtsart) und biegen kurz vor dem Fußberg (375 m) links ab: Kurz geht es über Teer, dann weiter auf geschlossenen Platten. Unser Blick nach links erfasst den **Feuerberg** (401 m), der schon seit langer Zeit gemeinschaftlich von der Gemeinde für Feuerholz genutzt wird. Dafür wird nach altem Brauch abwechselnd immer ein Waldstück gefällt, dessen Bäume 30 bis 40 Jahre gewachsen sind. Diese Praxis bietet licht- und wärmeliebenden Pflanzen und Tieren einen lichten Trockenwald als Lebensraum. Zu den Vorkommen zählt zum Beispiel der Diptam, der auch ›Aschwurz‹ genannt wird und schon in der Bibel als ›Brennender Busch‹ erwähnt wurde.

Als nächstes erreichen wir mit Blick auf das Grabfeld die **Straße 2282 Trappstadt–Linden**. Hier verlässt uns der Grenzgängerweg. Bald folgt ein verwunschenes, wildes Stück durch den Wald bis zur **Straße 2283 Trappstadt–Eicha**.

▶ Karte S. 136/137

Geradeaus tauchen wir erneut in den Wald ein und gelangen dann aufs freie Feld mit weitem Blick hinüber zum Großen Gleichberg (679 m), einem mächtigen, erloschenen Vulkan.

Nun **umrunden wir Breitensee** auf dem Kolonnenweg. Wir überqueren die Straße Breitensee–Wildenburg–Hindfeld, die aufgrund der Gegebenheiten mehrfach für Fluchtversuche genutzt wurde. Nach einem Stück geradeaus gehen wir mit den Lochplatten einmal links und dann am zweiten Abzweig wieder rechts. Achtung, wir steigen nicht hinter einer Koppel auf dem ersten Plattenweg links zwischen den Feldern hinauf, sondern müssen erst etwas weiter hinab, sodass wir hinter die deutliche Steilstufe gelangen, die, wenn wir wieder links abbiegen, uns dann linker Hand eine Weile Orientierung gibt. Glücklicherweise ist nach einem kurzen Asphaltstück auch unser Kolonnenweg wieder da.

Rechts von uns sehen wir schon den in die Jahre gekommenen **Grenzturm auf dem Warthügel** (333 m). Um ihn zu erreichen, müssen wir aber erst das Feld umrunden. Linker Hand liegt das Naturschutzgebiet Poppenholz. Am Abzweig zum Turm geht es für uns links erst ohne, dann wieder mit Platten weiter.

Nicht lange und wir erkennen linker Hand die **Kirche von Irmelshausen**. Allerdings dauert es bis dorthin noch eine Weile, da es nach links über die Grenze keinen Weg gibt. Rechts herum zieht sich unser Weg im Rechts-Links-Zickzack durch den Milzgrund zum zweiten Turm. Wir überqueren die schmale Milz. Nun geht es noch ein kurzes Stück durch das feuchte, schilfbewachsene Kleinod, dann mündet von rechts der Weg vom Ort Milz ein. Kurz darauf geht ein Pfad links über die grüne Grenze auf einen Weg, der uns in 30 Minuten links herum an der Milz oder geradeaus am Badesee vorbei nach **Irmelshausen** bringt.

Links der Kirche liegt der Gasthof. Auf gar keinen Fall dürfen wir es verpassen, dem romantisch schönen **Wasserschloss** im Ort einen Besuch abzustatten. Gerade in der Abendsonne lohnt es sich.

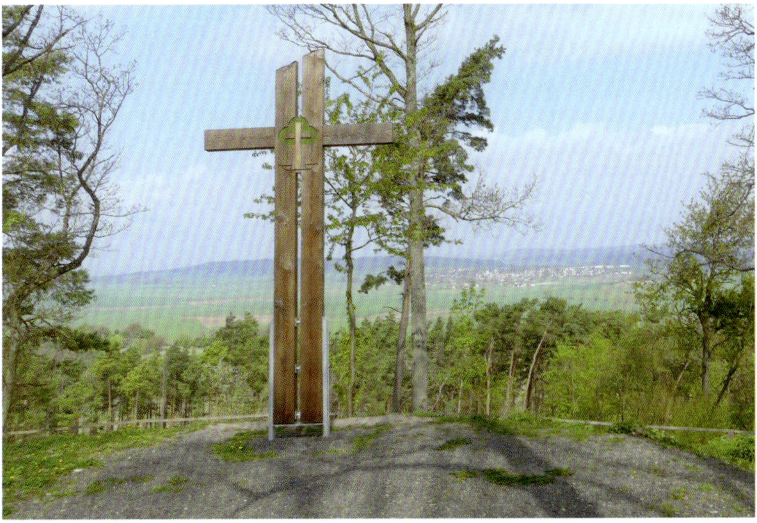

Kreuz bei St. Ursula

Minenverlegung und Minenberäumung

Nach dem 13. August 1961 begann die DDR, die Grenze durch Minen zu sichern. Vom Herbst 1961 bis Herbst 1963 war die 1398 Kilometer lange Grenze komplett vermint.

Die Minen wurden zuerst zwischen dem ›freundwärtigen‹ und dem ›feindwärtigen‹ Zaun, dessen Abstand 23 Meter betrug, in die Erde verlegt. Fünf Minenlinien im Abstand von zwei Metern wurden gezogen und passend zum Schrittsystem des Menschen und seiner durchschnittlichen Laufgeschwindigkeit so verlegt, dass man bei einer geraden Querung normalerweise mindestens eine Mine erwischen musste. Die Minen wurden fünf Zentimeter unter die Erdoberfläche versenkt. Jedes Minenfeld wurde nummeriert und es wurde seine Lage, die Größe, die Anzahl der Minen und das Verlegesystem dokumentiert. Die Akten kamen ins Militärarchiv und waren mit roten Stempeln ›Geheime Verschlusssache‹ und ›Bei Gefahr der Eroberung durch den Gegner vernichten.‹ versehen. Allein in den Landkreisen Hildburghausen und Sonneberg mit 110 Kilometern Grenze wurden zwischen 1961 und 1983 mindestens 600 000 Minen verlegt.

Am Anfang wurden russische Holzkastenminen und andere Modelle verwendet, später wurden dann bei Dessau runde schwarze wasserdichte Plastikminen entwickelt und hergestellt. Letztere rissen den Fuß oder Unterschenkel ab und führten zum Verbluten, wenn keine sofortige Hilfe kam.

Diese ersten Minenfelder wurden ab Ende der sechziger Jahre von der DDR weitgehend geräumt, um ab 1970/71 ca. 71 000 Splitterminen des Typs SM70 zu installieren, die direkt am 3,20 m hohen Streckmetallzaun in drei verschiedenen Höhen ›freundwärts‹ angeschraubt wurden und zu lebensgefährlichen Verletzungen führten.

Trotz wiederholter Minenberäumungen wurden Anfang der 1990er Jahre in der Nähe der Grenzübergänge Trappstadt-Eicha/Linden auf nur 200 Metern noch 40 PPM-Minen und 13 Holzkastenminen vermisst. Im Vergleich der Verlegeprotokolle zu den Räumungsprotokollen und Minenfunden fehlen heute entlang der gesamten Grenze noch rund 33 000 Minen. Minen können durch Witterungseinflüsse und Erdbewegungen verrutschen oder zum Beispiel bei Hochwasser wegschwimmen. Sie bleiben funktionstüchtig, ihre Lebensdauer ist bisher unbekannt. Es gibt und gab zahlreiche Verletzungs- und Todesopfer unter Tieren, flüchtenden Menschen, Grenzsoldaten und Anwohnern dies auch auf der westdeutschen Seite durch angeschwemmte Minen.

1983 gelang es Michael Gartenschläger, eine SM 70 zu demontieren und der West-Presse zu präsentieren. Der politische Druck der Westmächte auf die DDR stieg. Ab 1983 begann die DDR-Regierung schließlich als Gegenleistung für die beiden ›Strauß-Kredite‹ über 1,9 Milliarden Deutsche Mark die Selbstschussanlagen komplett abzubauen. Stattdessen wurden die DDR-Grenzanlagen mit zusätzlichen Grenzsperr- und Signalzaunanlagen und verschiedenen weiteren Sperrelementen erweitert.

► Karte S. 136/137

Wasserschloss Irmelshausen

Im 12. Jahrhundert wurde eine Burg in Irmelshausen schriftlich belegt. Sie gehörte damals den Grafen von Henneberg. Seit 1376 ist sie im Besitz des Adelsgeschlechts

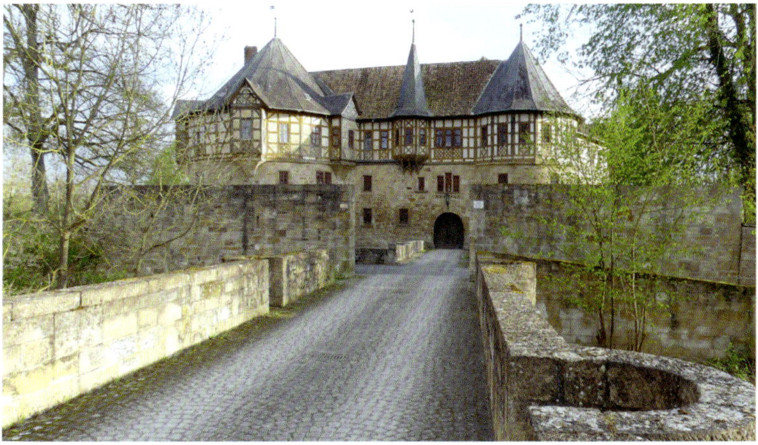

Das Wasserschloss Irmelshausen

von Bibra. Zur Errichtung des Wasserschlosses wurde die Milz angestaut, um aus dem Sumpfgelände einen kleinen Weiher zu schaffen, in dessen Mitte eine Insel entstand. Die mittelalterliche Veste wurde dann 1514 und unter Hans von Bibra zwischen 1556 und 1561 um drei neue Flügel erweitert. Die geschlossene Festungsanlage besteht seitdem aus einer unregelmäßigen fünfeckigen Konstruktion mit steinernen Untergeschossen und Fachwerkaufsätzen. Sie wurde bis 1700 vom Dorf über eine Zugbrücke betreten und erhielt dann die heutige Steinbrücke. Die Innenausstattung und die Kunstschätze spiegeln bis heute den Lebensstil der Landadelsfamilien wider. Das Mobiliar des Schlosses ist eine der kostbarsten Sammlungen der Region. Das Schloss wird heute je zur Hälfte von den Familien des Freiherrn Hans von Bibra und des Grafen Karl Schenk von Stauffenberg bewohnt und kann deshalb nur von außen besichtigt werden.

i Tour 17

www.zimmerau.de

Naturpark Haßberge e.V., Tel. 09521/270, Am Herrenhof 1, 97437 Haßfurth
info@naturpark-hassberge.de
www.naturpark-hassberge.de

Kurverwaltung Bad Königshofen, Tel. 09761/9120-0, 09761/409-0, Am Kurzentrum 1, 97631 Bad Königshofen.
info@bad-koenigshofen.de
www.badkoenigshofen.de

Markt Trappstadt, Tel 09765/681, Hauptstraße 36, 97633 Trappstadt.
www.trappstadt.rhoen-saale.net.

Irmelshausen:
www.hoechheim.rhoen-saale.net

Gemeinde Grabfeld, Tel. 036944/5820, Hauptstraße 28, 98631 Grabfeld,
info@grabfeld.de, www.grabfeld.de
www.grabfeld-grenzenlos.de

An-/Abfahrt Zimmerau: Mo-Fr, Bus 8169 von Bad Königshofen

An-/Abfahrt Irmelshausen: Mo–Fr, Rufbus 8304: 13.05, 15.30, 18.24 Uhr von Bad Königshofen, 7.05, 13.29, 16.20 Uhr von Bad Neustadt an der Saale (Anmeldung am Vortag bis 15 Uhr unter Tel. 09771/62500)

Landgasthof Zur Linde, (ab 40 €), Di–Do 17–23 Uhr, Fr, Sa 11–23 Uhr, So 11–14.30 und 17.30–23 Uhr,Tel. 09764/8150, Kirchplatz 1, 97633 Irmelshausen. anfrage@gasthaus-barthelmes.de www.gasthaus-barthelmes.de
Ferienwohnung (Ü/F möglich) Haus Tiggemann, Tel. 09764/360, In der Hege 12, 97633 Höchheim.
Pension Bianca, Tel. 09761/2644, Marktplatz 23, Kellereistraße 28, 97631 Bad Königshofen. fischer-milz@t-online.de
Privatzimmer Edeltraud Schlosser, (ab 53 €) Tel. 0160/1815227, An der Gipsmühle 5, 97631 Bad Königshofen. edeltraud.schlosser@t-online.de
Haus St. Michael, Tel. 09761/91060, Wallstraße 49, 97631 Bad Königshofen. info@familienbildungsstaette.de www.familienbildungsstaette.de
Hotel Ebner, Tel. 09761/91190, Zeughausstraße/Schottstraße 36, 97631 Bad Königshofen. hotel.ebner@t-online.de www.hotel-ebner.de
Hotel Schlundhaus, Tel. 09761/1562, Marktplatz 25, 97631 Bad Königshofen. info@schlundhaus.de www.schlundhaus.de
Landhotel Vier Jahreszeiten, Tel. 09761/395660, Bamberger Straße 18–20, 97631 Bad Königshofen. info@landhotel-vierjahreszeiten.de www.landhotel-vierjahreszeiten.de

Gaststätte zum fröhlichen Landmann, Mi–So, Feiertage außer 1. Januar 11–21 Uhr, Tel. 036875/60779, Dorfstraße 16, 98663 Schlechtsart.
Hofcafé Frida, Mi, Fr, So, April–Sept. 14.30–20 Uhr, Okt.–März: 14.30–18.30 Uhr, Tel. 09764/349, Obere Dorfstraße 10, 97633 Irmelshausen.

Bio-Ziegenhof Irmelshausen, vorher anrufen: Tel. 09764/1095, 0172/8269628, Mendhäuserstraße 2, 97633 Irmelshausen. web@ziegenhof-schoeneberg.de www.ziegenhof-schoeneberg.de

Naturfriedhof und die Kapelle St. Ursula (Kapelle in der Regel geschlossen), **Fränkische Saalequelle**, natürlicher Steilhang bei Breitensee, zwei Grenztürme, **Wasserschloss Irmelshausen** (Besichtigung von außen).

Rast an der Wallfahrtskapelle St. Ursula und an der Saalequelle, abendlicher Spaziergang durch Irmelshausen mit Entspannung am Wasserschloss sowie ein Bad im Badesee von Irmelshausen.

Höhenprofil Tour 17

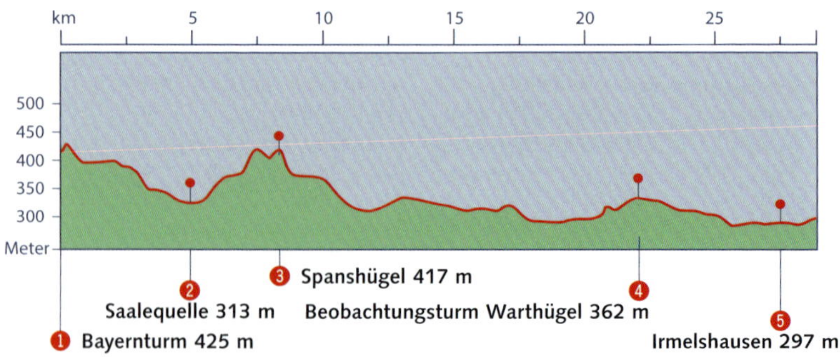

Karte S. 136/137

Durchs jüdische Unterfranken zur Talsperre Schwickershausen

Tour 18: Von Irmelshausen nach Eußenhausen » 27 km/7 Std.

Kurzcharakteristik
Heute wandern wir am bunt blühenden Todesstreifen durch die liebliche Hügellandschaft des Grablandes. Wir kommen durch die Freiluft-Grenzanlage bei Behrungen, wo 2001 noch eine Bodenmine gefunden wurde. Parallel zu den noch vorhandenen Grenzsteinen laufen wir durch die Feldflur und treffen in Berkach auf Zeugnisse des mehr als zwei Jahrhunderte lebendigen jüdischen Lebens in zahlreichen Orten Frankens. Wir passieren die kleine Talsperre Schwickershausen, die zum Baden einlädt, und finden im Ort ein schlichtes, burgartiges Wasserschloss vor. Dann tauchen wir am Fallbach noch einmal ganz in die wildromantische Natur des Grenzstreifens ein. Ein Abstecher ins thüringische Unterharles mit seinen Mühlen lohnt sich, ehe wir unser Etappenziel Eußenhausen erreichen.

Wegebeschaffenheit: überwiegend Kolonnenweg und asphaltierte Nebenstraßen, Waldwege
Markierung: keine spezielle, die Platten weisen uns den Weg
Schwierigkeit: mittel, zwei kurze Steilanstiege
Wanderkarten: L5728 Bad Königshofen im Grabfeld, L5528 Meiningen (Landesamt für Digitalisierung, Breitband und Vermessung Bayern)
Einkauf: Metzgerei in der Gaststätte Zum grünen Baum, Schwickershausen.
Einkehr: in Berkach und Schwickershausen.
Teilstrecken: Irmelshausen–Berkach (4 Std.), Irmelshausen–Schwickershausen (5,5 Std.)
Besondere Tourhinweise: Diese Tour lässt sich bequem teilen: Entweder endet man in Behrungen oder in Schwickershausen. Oder man kürzt die etwas ab, indem man beim Grenzdenkmal rechts zur Straße und dann nach links nach Behrungen in den Ort abbiegt und dort der Bahrastraße, dann der Berkacher Straße nach Berkach folgt. Die gesamte Tour endet in Eußenhausen. Wer dort keine Übernachtung bekommt, sollte es vorher in Schwickershausen versuchen.

Streckenverlauf

Von **Irmelshausen** wandern wir entweder an der Milz oder am Badeteich entlang zurück zum Kolonnenweg. Dort setzen wir unsere Wanderung auf dem **Grenzweg nach links** durch das Naturschutzgebiet Römhilder Höhe fort. Wer jedoch etwas abkürzen möchte, verlässt Irmelshausen auf der Straße in Richtung Mendhausen. Am Abzweig zum Badesee führt rechts parallel zur Straße ein Feldweg entlang, dem wir folgen.
Hinter der Grenze gehen wir erst an den **Trümmern einer Luftabwehrstation** aus dem Zweiten Weltkrieg vorbei und treffen dann auf den Plattenweg, dem wir am Naturschutz-Uhu nach links folgen. Eine Stunde lang laufen wir nun am Galgenberg (297 m) und an der Langen Röthe (318 m) durch die Weiten und Hügel des Grabfeldes. Wir **überqueren eine Straße** und erreichen zwei kurze knackige Anstiege.
Nach weiteren 30 Minuten stehen wir an der **Gedenkstätte Behrungen**, die in einem Freilandmuseum den Grenzaufbau und einzelne Bestandteile wie Turm, Schlagbaum, Telefonsäule und anderes zeigt. Hier lohnt sich auch ein Blick von der westlichen bundesdeutschen Sei-

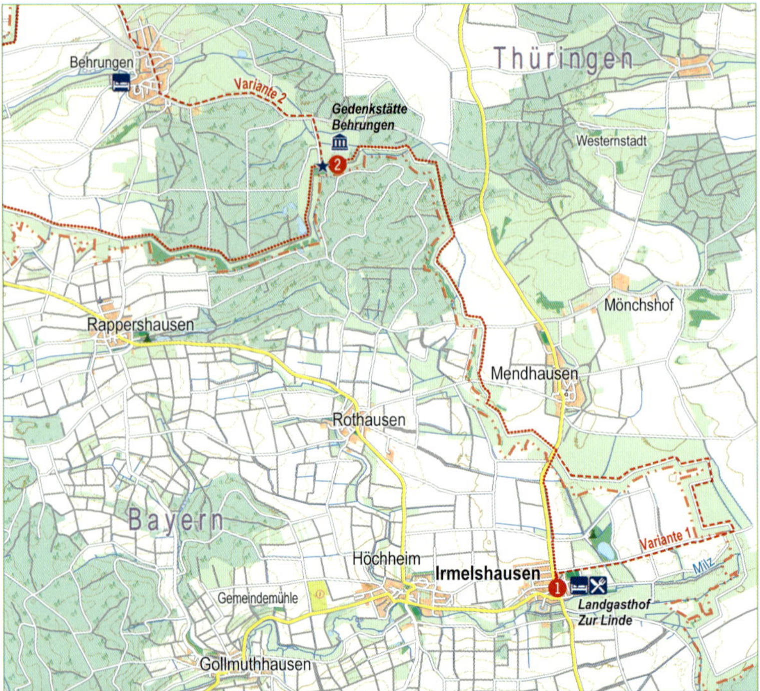

Tour 18: Irmelshausen–Eußenhausen (Teil 1) 0 750 1500 m

te. Mahnend ist die Geschichte eines zehnjährigen Jungen dokumentiert, der an dieser Stelle 2001 beim Spielen eine Bodenmine fand. Durch sein umsichtiges Verhalten und das zweier Erwachsener kam es nicht zur Zündung, sodass niemand zu Schaden kam. Aufmerksam und vorsichtig gehen wir weiter.

An der Gedenkstätte kann man nach rechts das folgende Stück Kolonnenweg abkürzen (siehe Tourhinweis oben). Folgen wir aber dem **Kolonnenweg weiter**, geht es nun links herum. Wir umrunden einen Teich und die nachwachsenden Pflanzen rücken wieder näher heran. Nach einem schönen Stück am Waldrand überqueren wir eine geteerte Straße und laufen nun zwischen Feldern mit fruchtbaren roten Keuperböden weiter. Links erkennen wir an den **Grenzsteinen** den Grenzverlauf. Allmählich geht es rechts herum. Behrungen bleibt rechter Hand hinter dem Hügel versteckt. Dann finden wir einen **Rastplatz** an einem kreuzenden geteerten Weg. Wir steigen an und folgen dem Kolonnenweg im leichten Zickzack erst aufwärts zum Baßberg (368 m) und hinter dem Hügel durch die Felder abwärts. Links schmiegt sich Sondheim ins Tal des Erbachs.

Bald kreuzen wir die **Straße Sondheim–Behrungen** und wandern geradeaus, dann links und rechts hinüber zur alten geteerten Ortsverbindung Berkach–Behrungen, der wir nun nach links zur unüberhörbaren Autobahn folgen. Nach einer kurzen Sitzpause **unterqueren wir die Autobahn** und verlassen erstmal den

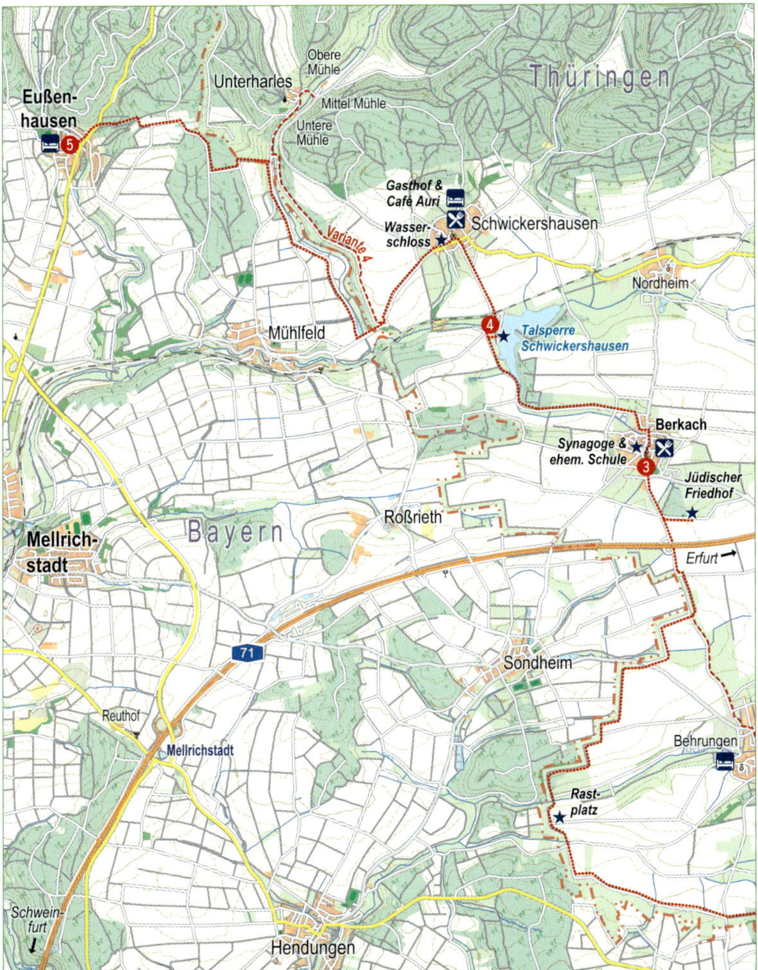

Tour 18: Irmelshausen–Eußenhausen (Teil 2) 0 750 1500 m

Kolonnenweg. Hinter der Unterführung können wir am nächsten Abzweig nach rechts einen kurzen Abstecher zum **Jüdischen Friedhof im Wald** machen.

Dann wandern wir geradeaus auf der **Berkacher Hauptstraße** in den Ort hinein. Für einen kleinen Rundgang biegen wir als nächstes rechts auf die Straße ›Am Schlosshof‹ ab und laufen bis zur Kirche vor. Von hier steigen wir wieder zur Hauptstraße hinab, der wir noch bis hinunter zur Poststraße folgen. Wir gehen in die Poststraße links hinein und finden rechter Hand die **jüdische Mikwe** von 1838, die wir betreten können. Wir laufen die Poststraße weiter, folgen dann ›Am Tannenberg‹ den Berg hinauf und biegen links in die Mühlhei-

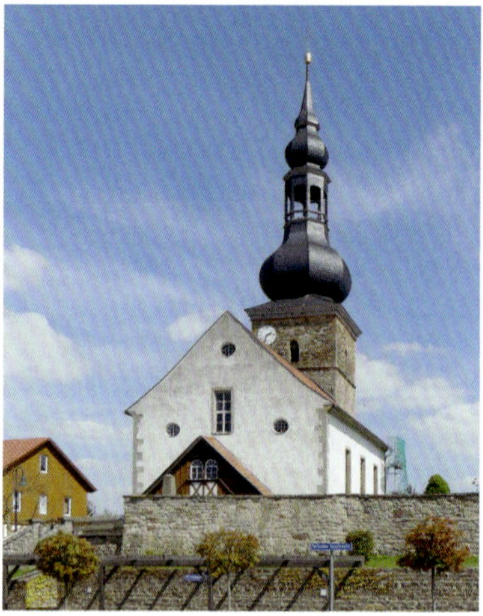

Kirche in Berkach

mer Straße ein, auf der wir links die am 3. November 1991 neu eingeweihte **Synagoge** und die **ehemalige jüdische Schule**, die derzeit zu einer Bildungs- und Begegnungsstätte entwickelt wird, finden. Beide Häuser wurden 1852–54 erbaut. An den Tafeln können wir uns über das einstige jüdische Leben im Ort informieren.

Unsere Wanderung führt von hier aus dann auf der Mühlheimer Straße zurück geradewegs zum Ort hinaus. An den letzten Gärten biegen wir auf den asphaltierten Weg nach rechts ab, laufen abwärts und nehmen dann den nächsten Schotterweg nach links in Richtung Wald. An einem überdachten Rastplatz in einer Rechtskurve bleiben wir rechts und erreichen eine halbe Stunde hinter Berkach die **Talsperre Schwickershausen**. An der folgenden Vierer-Kreuzung könnte man links den Kolonnenweg erreichen. Nach **Schwickershausen** gehen wir hingegen rechts zur Staumauer und zur Bahnunterführung vor und steigen dann in zehn Minuten zum vor uns liegenden ehemaligen Rittergut auf. Leicht links erreichen wir die Hauptstraße, an der rechts hinauf der Gasthof ›Grüner Baum‹ und dahinter links im Wohngebiet das Café Auri (auch Übernachtungsmöglichkeit) liegen.

Aus dem Ort hinaus folgen wir in die entgegengesetzte Richtung auf der Hauptstraße oder parallel dazu dem Schlossgartenweg bis zum **Wasserschloss**, das uns durch seine schlichte, schmucklose Unnahbarkeit überrascht, ganz anders als das von Irmelshausen. Es ist ebenfalls privat bewohnt und nicht zu besichtigen.

Wir folgen nun der schmalen Straße weiter geradeaus in Richtung Mühlfeld bis in eine Senke hinab. Hier haben wir nun zwei Möglichkeiten: Kurz vor dem Talgrund quert der Kolonnenweg die Straße und wir können ihm hier nach rechts folgen. Oder wir überqueren 50 Meter weiter, am tiefsten Punkt, den Fallbach und wandern dann hinterm Teich rechts und etwas fußfreundlicher durch das Tal. Abzweige nach links ignorieren wir solange, bis (Achtung, leicht zu übersehen!) der **Kolonnenweg von rechts die geteerte Straße kreuzt** und links steil über einen Wiesenhang hinauf führt.

Auch wir steigen nun das kurze Wiesenstück steil hinauf. Vorher empfehlen

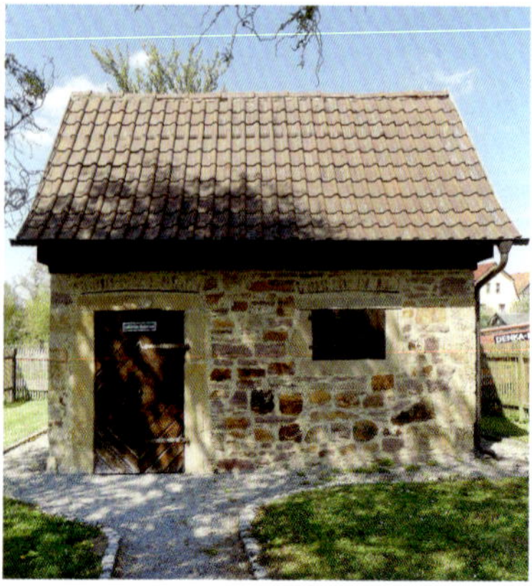

Ehemalige Mikwe in Berkach

▶ Karte S. 144/145

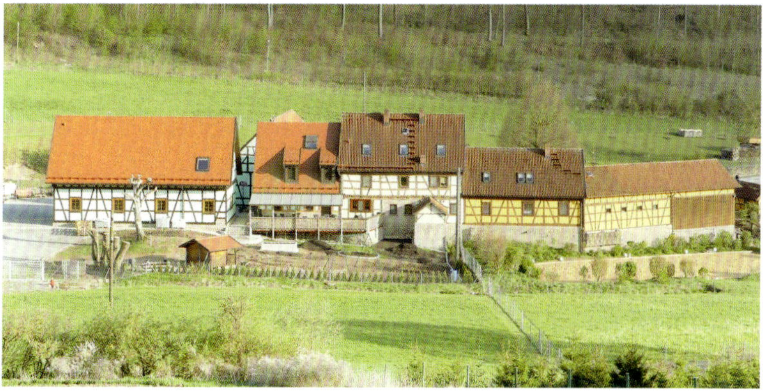

Die Mühle Unterharles

wir aber, noch einen kleinen **Abstecher nach Unterharles** zu machen. Dafür bleiben wir auf unserem Weg und kommen nachher hierher wieder zurück. Nach 500 Metern erreichen wir das kleine Dorf, das im Wesentlichen aus drei Mühlen besteht. Allein an seiner geografischen Lage zeigt sich, wie die Grenze auf die Bewohner eingewirkt haben muss. Zwei Wachtürme bewachten das Dorf im engen Tal, das nahezu durch Berge und Grenze komplett umschlossen war. Die etwa 500 Jahre alte, komplett hohle Sommerlinde hat hier schon so manchen Herrscher kommen und gehen sehen. Sie steht hier schon länger, als der Ort bezeugt ist. Auch das Wartehäuschen für den Bus ist sehenswert.

Zurück am Plattenweg, steigen wir auf die Höhe. Dort, wo oben der Plattenweg im rechten Winkel nach rechts abbiegt, gehen wir 250 Meter geradeaus weiter auf die bayrische Seite und stoßen dann auf einen Wirtschaftsweg, der nach **Eußenhausen** zu unserem Etappenziel führt.

Jüdisches Leben in Berkach

Die meisten jüdischen Anwohner kamen um 1700 nach Berkach und erhielten hier von den Herren von Stein Wohnrecht. Um 1820 erwarb die jüdische Gemeinde ein Grundstück für den eigenen jüdischen Friedhof, der nach jüdischem Brauch außerhalb der Siedlung angelegt wurde. 1838 errichtete Isaak Samuel die Mikwe, das jüdische Badehaus. Es folgten 1852–54 der Bau der Schule und der Synagoge an Stelle einiger baufälliger Gebäude, die der nicht-jüdische Besitzer des einstigen Zehnthofes dafür zur Verfügung stellte. Da 1898 die Schülerzahl auf 14 gesunken war, wurde die Schule wieder aufgegeben. Sie ging zurück in den Gemeindebesitz, wurde aber weiter vom Verein genutzt. Die Pogromnacht am 9. November 1933 und die nationalsozialistische Zeit bis 1945 überstanden die Gebäude ohne mutwillige Beschädigungen. Am 20. September 1942 wurden die letzten jüdischen Bewohner nach Theresienstadt deportiert. Damit endeten im Ort 242 Jahre jüdisch-christlichen Zusammenlebens. Die Synagoge wechselte die Besitzer und wurde schließlich von der Landwirtschaftlichen Produktionsgenossenschaft (LPG) als Werkstatt, Lagerraum und Schmiede genutzt. (siehe www.grabfeld.de)

Tour 18

Irmelshausen: www.hoechheim.rhoen-saale.net

Tourist-Information Mellrichstadt, Mo-Di, Do-Sa 9.30-12.30 Uhr, 15-17 Uhr, Samstag nur Vormittag, Tel. 09776/9241, Marktplatz 2, 97638 Mellrichstadt. aktives.mellrichstadt@t-online.de www.aktives-mellrichstadt.de

Gemeinde Grabfeld, Tel. 036944/5820, Hauptstraße 28, 98631 Grabfeld. info@grabfeld.de, www.grabfeld.de

An-/Abfahrt Irmelshausen: Mo-Fr, Rufbus 8304: 13:05, 15:30, 18:24 Uhr von Bad Königshofen, 7:05, 13:29, 16:20 Uhr von Bad Neustadt an der Saale (Anmeldung am Vortag bis 15 Uhr unter Tel. 09771/2500)

An-/Abfahrt Eußenhausen: Bahn nach Mellrichstadt, dann 4,5 km zu Fuß oder per Taxi

Fremdenzimmer im Kulturhaus Behrungen, Tel. 036944/54851 über Gemeinde Grabfeld, Ortsteil Behrungen, Tel. 036944/54851, Am Manger 4, 98631 Grabfeld OT Behrungen. info@grabfeld.de, www.grabfeld.de

Café Auri, im Seniorenland Schwickershausen, Tel. 036944/54422, Am Hopfengarten 1, 98631 Grabfeld-Schwickershausen. info@cafe-auri.de, www.cafe-auri.de

Pension Euring, Tel. 09776/5862, Hermannsfelder Straße 7, 97638 Eußenhausen. www.rhoen-streutal.de/ Ferienwohnung_Euring

Gaststätte Zum Schwarzen Ross, Tel. 036944/54823, Pfarrgasse/Hinterdorf 9, 98631 Grabfeld-Berkach.

Café Auri, Mo-Mi, Fr-So 15-22 Uhr

Gaststätte Zum grünen Baum und Metzgerei, Di-Fr 11-15 Uhr und ab 18 Uhr, Sa, So ab 10 Uhr, Mo Ruhetag, Tel. 036944/54484, Alte Weinstraße 16, 98631 Schwickershausen.

Freiluft-Grenzmuseum bei Behrungen mit Grenzturm und Grenzanlagen auf östlicher und westlicher Seite.

Jüdischer Friedhof, Mikwe (Poststraße), Schule und Synagoge (Mühlfelder Straße) in Berkach, Tel. 036944/5820 (Gemeinde), 036944/54413 (Gundela Bach), Besichtigung vorher anmelden.

Wasserschloss Schwickershausen (privat, nur von außen).

Baden im Stausee Schwickershausen.

Höhenprofil Tour 18

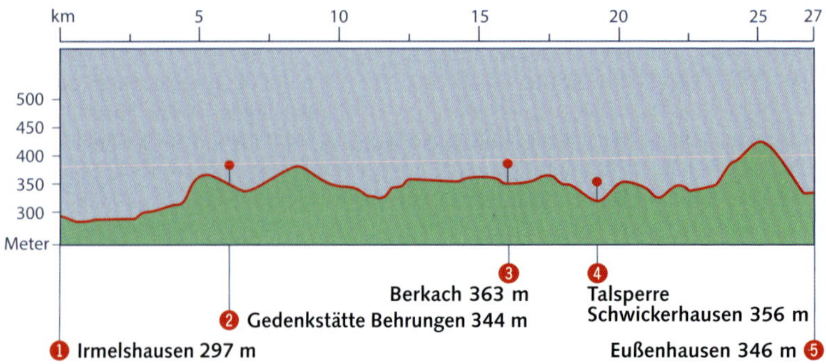

▲ Karte S. 144/145

Frieden sei dieser Welt beschieden

➲ Tour 19: Von Eußenhausen nach Weimarschmieden » 22 km/6 Std.

Kurzcharakteristik
Wir wandern heute überwiegend auf dem Friedensweg bis in den nordöstlichsten Zipfel Bayerns. Viele Eindrücke bewegen uns auf unserem Weg vom Grabfeld ins Biosphärenreservat Rhön. Denn der Friedensweg erzählt uns viele Geschichten aus unterschiedlichen Jahrzehnten von unterschiedlichen Schicksalen an der Grenze. Gleich zu Beginn passieren wir das Kunstprojekt ›Deutsche Einheit‹, einen Wachturm und die ehemalige Grenzübergangsstelle für Autos Eußenhausen-Henneberg, deren Anlage besichtigt werden kann. Dann geht es zum Weltfriedenskreuz, das der berühmte Leiter der Fischerchöre als sechstes Kreuz bewusst an der deutsch-deutschen Grenze aufstellen ließ. Danach passieren wir drei geschleifte Siedlungen und den Dreiherrenstein. Wir erfahren von einer Grenzverlegung zugunsten des Turmes einer Kirchenruine und besichtigen am Ende noch den jüdischen Friedhof unseres kleinen Etappenziels Weimarschmieden.

Wegebeschaffenheit: überwiegend Kolonnenweg sowie Wald- und Feldwege, kurze Abschnitte asphaltierter Nebenstraßen
Markierung: teilweise weißes ›f‹ auf blauem Grund (Friedensweg)
Schwierigkeit: mittel bis einfach
Wanderkarten: L5528 Meiningen (Landesamt für Digitalisierung, Breitband und Vermessung Bayern), L5526 Mellrichstadt
Einkauf: unterwegs keine Möglichkeit
Einkehr: In Weimarschmieden
Teilstrecken: keine
Besondere Tourhinweise: Die schöne Tour führt an vielen Stellen auf dem Friedensweg entlang, biegt aber auch ab. Von daher lohnt sich ab und zu ein Blick in die Beschreibung.

■ Streckenverlauf

Wir wandern von **Eußenhausen** zurück auf die Höhen des Mittelberges (491 m) und folgen nun dem Plattenweg auf der Höhe nach links zum **ehemaligen Grenzübergang Meiningen–Mellrichstadt** (Eußenhausen-Henneberg). Hier steht seit dem 9. November 1996 das Kunstprojekt ›Deutsche Einheit‹ des Niederlauer Künstlers Herbert Jimmy Fell. Beeindruckend sind die Goldene Brücke und der Skulpturenpark. Das bunte Fahnenfeld haben 2007 Schülerinnen und Schüler des Rhöngymnasiums im Osten (Kaltensundheim, Thüringen) und des Rhöngymnasiums im Westen (Bad Neustadt, Bayern) gestaltet. Wir treffen hier auf den Friedensweg, der uns mit seinen Informationen und Geschichten in einzigartiger Weise begleiten wird. Vor dem Skulpturenpark gehen wir links am Waldrand einen Waldpfad abwärts zur nahen Grenzübergangsstelle, die seit 1973 den sogenannten ›Kleinen Grenzverkehr‹ für Autos zuließ, den fast nur Westdeutsche passieren durften. Dann überqueren wir am **historischen Meininger Grenzstein** die Straße und wandern geradewegs in den Wald hinein. Im Wald halten wir uns geradeaus und treffen das nächste Friedenswegschild erst nach einem Abstieg am nächsten Waldrand. Nun geht es am Feldrand geradeaus, entlang der Grenzsteine bis zum vor uns liegenden **Dachsberg** (432 m) mit sei-

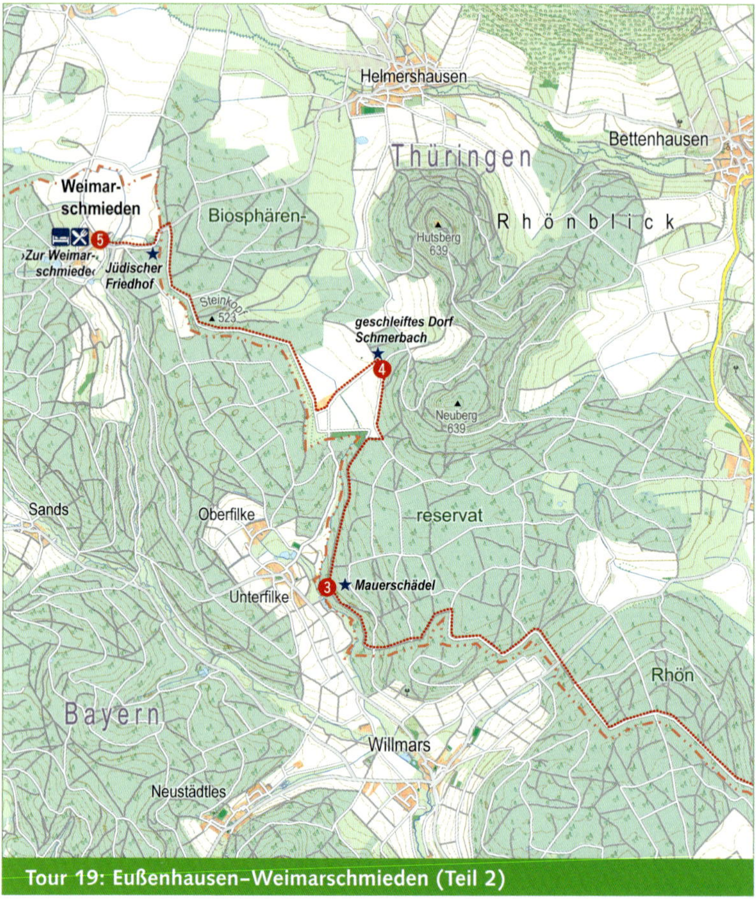

Tour 19: Eußenhausen–Weimarschmieden (Teil 2)

nem weithin sichtbaren **Friedenskreuz**. ›Frieden sei dieser Welt beschieden‹ verkündet es über die Felder hinweg. Es ist der Anfang des berühmten Liedes der Fischerchöre, die Gotthilf Fischer gründete. Er stiftete neben diesem Weltfriedenskreuz fünf weitere in der ganzen Welt. Am 3. Oktober 1991 wurde es erst in der Nähe an einer Stelle auf dem Wolfsberg aufgestellt, dann wurde es am 9. November 1996 neben den einstigen Führungsturm der DDR umgesetzt. Der Turm stammt aus dem Jahr 1976 und war mit Scheinwerfern und Funkantennen ausgerüstet. Eine Alarmgruppe der DDR-Grenztruppe hielt sich hier in ständiger Einsatzbereitschaft. Für die Überquerung des Minenfeldes war extra eine Minenbrücke stationiert. Vom Dachsberg haben wir eine geniale Sicht zum Fasanerie-Schloss der Herzöge von Meiningen und zur Ruine der früheren Stammburg der Grafen von Henneberg. Wir laufen den Friedensweg wieder ein Stück zurück und biegen an der größten Baumgruppe rechts ab. Weiter geht es dann links am Feldrand entlang, während der Weg rechts nach Hermannsfeld führt. Nach fünf Minuten auf dem befestigten Weg geht es vor dem Rastplatz rechts auf den **Plattenweg**. Wir verlassen nun das Grabfeld und wechseln ins Biosphärenreservat Rhön. Nach 25 Minuten überqueren wir die **Straße Völkershausen–Hermannsfeld**. Nach weiteren 20 Minuten erreichen wir eine Kreuzung mit Notrufsäule und Friedenswegtafel. Hier biegen wir rechts ab und laufen den Berg auf dem geteerten Weg hinab zur Straße **Willmars–Stedtlingen**. Wir überqueren die Straße und gehen geradeaus ein Stück aufwärts. Rechter Hand stand bis 1980 auf dem jetzigen Feld das Rittergut Ruppers.

Während der Friedensweg hier rechts in den Wald führt, gehen wir links weiter. Wir sind nun **wieder auf dem Grenzweg** und folgen ihm ungeachtet der Querwege. Es folgen An- und Abstieg hinab ins Tal des Schmerbachs. Dann kommen wir unterhalb von Unterfilke am **Mauerschädel** entlang, der **Ruine einer Kir-**

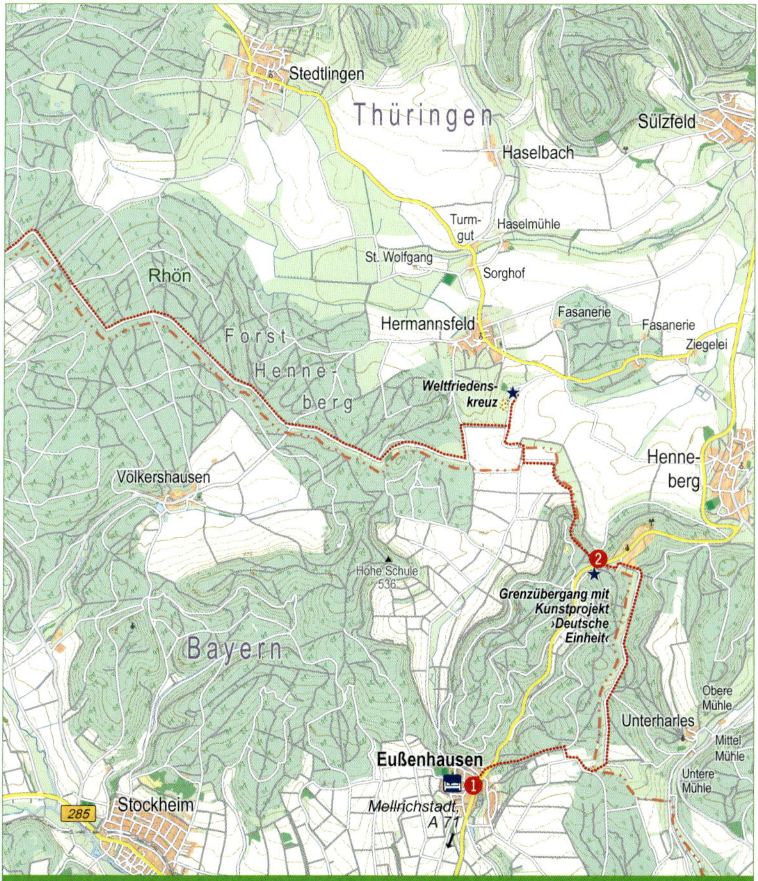

Tour 19: Eußenhausen–Weimarschmieden (Teil 1) 0 750 1500 m

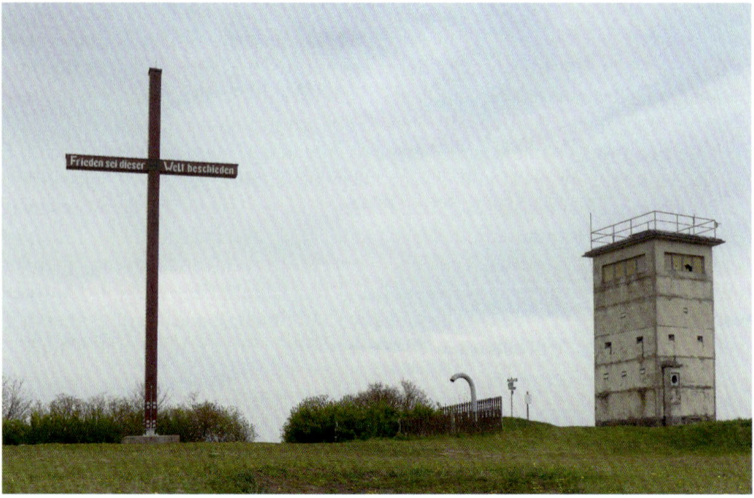

Das Weltfriedenskreuz

chenburg aus dem 11. Jahrhundert. Die Grenze, die ursprünglich direkt durch den Turm ging, wurde so verlegt, dass die Burg 1975 ganz zu Bayern kam und der Verfall durch Sanierungsmaßnahmen somit gestoppt werden konnte.

Wir treten aus dem Wald heraus und biegen nun vom Plattenweg nach rechts ab. Links geht es am Feldrand weiter bis zur **Straße Unterfilke-Helmershausen**. In Mitten des Feldes erkennen wir ein einsames Trafohäuschen und mitten im Feld eine Baumgruppe. Dieser seltsame Anblick weist uns auf ein weiteres verschwundenes Dorf hin.

Wir gehen nun auf der Straße nach links, durch das 1974 ›aus politisch ideologischer Notwendigkeit‹ **geschleifte Dorf Schmerbach** bis zum jenseitigen Plattenweg. Wer sich bis zur Baumgruppe durchs Feld schlägt, der findet dort den verlassenen Friedhof, den die Natur sich noch nicht ganz zurückgeholt hat. Vom Friedhof gehen wir am Trafohäuschen und am Gedenkstein vorbei bis zum Plattenweg und wandern nach rechts weiter.

In einer Kurve können wir 100 Meter nach links einen **Abstecher zum Dreiherrenstein** Thüringen, Bayern und Hessen aus dem Jahre 1829 machen. Dann steigen wir zum **Steinkopf** (523 m) an, den wir an seiner linken Flanke an einem Stück Streckmetallgitterzaun umgehen. Auf der östlichen Seite jenseits des Berges befindet sich der ebenfalls 1974 geschleifte Gereuthhof, der seit 1892 im Besitz der Familie Bender war. Sie erhielt 1994 ihr Eigentum zurück.

Nun ist es noch einen Kilometer abwärts zur **Straße Weimarschmieden-Helmershausen** und von dort nach links einen Kilometer in den 46-Seelen-Ort hinein. Unterwegs biegt noch vor der Straßenkreuzung links ein unscheinbarer geteerter Fahrweg in den Wald ab. Wir gehen einige Meter und entdecken direkt am Weg den **jüdischen Friedhof** von Weimarschmieden auf einer ehemaligen Lichtung. Zurück zur Straße liegt der Ort direkt vor uns. Am Ende der Birkenallee folgt auf der linken Straßenseite das kleine Wirtshaus.

▶ Karte S. 150/151

Der jüdische Friedhof in Weimarschmieden

›Friedhof‹ heißt im Hebräischen ›Beth Hachaim – Haus des Lebens‹ oder ›Beth Olam‹, das bedeutet ›Ewiges Haus, Haus der Gräber oder Guter Ort‹. Das religiöse und emotionale Verhältnis zum Begräbnisort unterscheidet sich in der jüdischen Vorstellung deutlich von der christlichen. Die letzte Ruhestätte ist mehr als ein letzter Ort. Sie bedeutet ein Stück Heimat, eine Stätte, in der die Vorfahren ruhen und wo man dem Kommen des Messias in Frieden entgegenschläft. Von daher, kann es bis zum Ende aller Tage keinen aufgegebenen Friedhof geben.

Der jüdische Friedhof Weimarschmieden liegt nur wenige hundert Meter vom Grenzstreifen in der nordöstlichsten Ecke Bayerns entfernt. Er umfasst um die 80 Gräber, die gleichmäßig angeordnet sind, und stammt nach neueren Forschungen wahrscheinlich aus der ersten Hälfte des 18. Jahrhunderts. Zwischen 1816 und 1910 verringerte sich der Anteil der jüdischen Bevölkerung in Weimarschmieden von 36 auf nur noch fünf Prozent. Die letzte Bestattung fand 1909 statt. Es gab außerdem eine Synagoge, die nach der Auflösung der Gemeinde um den Ersten Weltkrieg herum als Wohnhaus genutzt wurde. Für die religiöse Unterweisung und für Gemeindeaufgaben wurde für 1798 mindestens ein angestellter Lehrer nachgewiesen. David Nußbaum, der langjährige Gemeindevorsteher der jüdischen Gemeinde, war 24 Jahre lang Mitglied der Gemeindeverwaltung und 12 Jahre zweiter Bürgermeister in Weimarschmieden. Er verstarb 1905. Nach dem Ersten Weltkrieg waren alle jüdischen Bewohner verzogen, sodass die Gemeinde aufgelöst wurde.

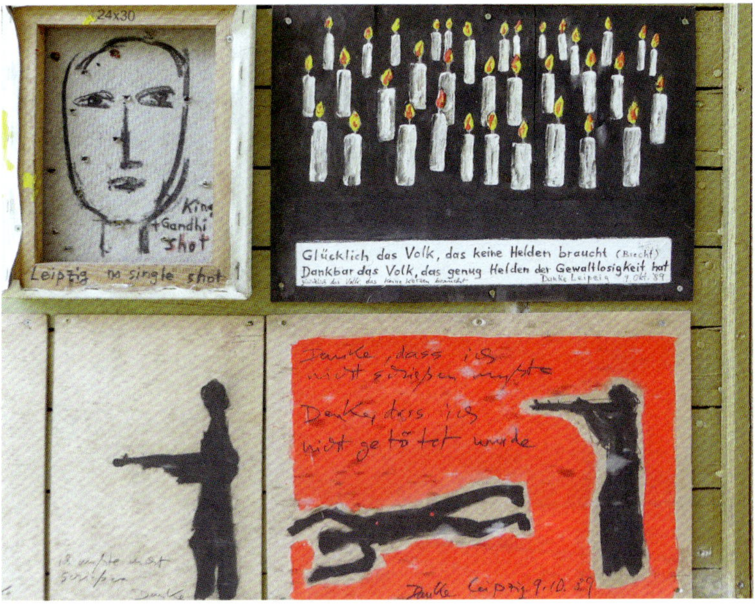

Kunstprojekt Deutsche Einheit

Wandertouren

Tour 19

Tourist-Information Mellrichstadt, Mo–Sa 9.30–12.30 und 15–17 Uhr (Sa. nur Vormittag, Mi. geschlossen), Tel. 09776/ 9241, Marktplatz 2, 97638 Mellrichstadt.
aktives.mellrichstadt@t-online.de
www.aktives-mellrichstadt.de

Tourist-Information Fladungen-Rhön (Bayern), April–Okt. Mo–Fr 9–12.30, 13.30–16.30 Uhr und Sa 10–12 Uhr; Nov.–März: Mo–Do 9–12.30, 13.30–16.30 Uhr, Fr 9–12.30 Uhr, Tel. 09778/919111, Marktplatz 1, 97650 Fladungen.
info@fladungen-rhoen.de
www.fladungen-rhoen.de

Tourist-Information Meiningen (Thüringen), Mo–Fr 10–18 Uhr, Sa, Feiertag 10–15 Uhr, Tel. 03693/44650, Ernestinerstraße 2, 98617 Meiningen.
www.meiningen.de

An-/Abfahrt Eußenhausen: Bahn nach Mellrichstadt, dann 4,5 km zu Fuß oder per Taxi

An-/Abfahrt Weimarschmieden: Mo–So Bahn bis Mellrichstadt, Streutalbus bis Fladungen (am Wochenende Rufbus: Fahrplan, Anmeldung unter 0800/0005645 bis 15 Uhr des vorherigen Werktages, dann 5 km zu Fuß (Straße) oder Mo–Fr Bahn bis Meiningen, Bus 409 bis Gerthausen, 3 km zu Fuß (Straße)

Wirtshaus Zur Weimarschmiede, Tel. 09778/1605, 0160/99026661 Mo+Do 11.30–19 Uhr, Fr–So+Ft 11.30–21 Uhr, Gustav-Hess-Straße 4, 97650 Fladungen-Weimarschmieden.
wirtshaus@zur-weimarschmiede.de
www.zur-weimarschmiede.de

Ferienwohnung Alte Schule, Tel. 09778/ 748818, 0174/4082591, Schulgasse 3, 97650 Fladungen-Weimarschmieden.
flur-theater@web.de
www.fladungen-rhoen.de

Ferienwohnung Rhönbiene, Tel. 0152/ 02047146, Am Teich 2, 97650 Weimarschmieden.
sonja-heinemann@web.de
www.rhoenbiene.com

Kunstprojekt Deutsche Einheit von Herbert Jimmy Fell: www.skulpturenpark-deutsche-einheit.de, Grenzübergangsstelle Meiningen-Mellrichstadt, Weltfriedenskreuz und Führungsturm auf dem Dachsberg, geschleifte Dörfer, Jüdischer Friedhof Weimarschmieden.

Tafeln mit Schicksalsgeschichten am Friedensweg.

Höhenprofil Tour 19

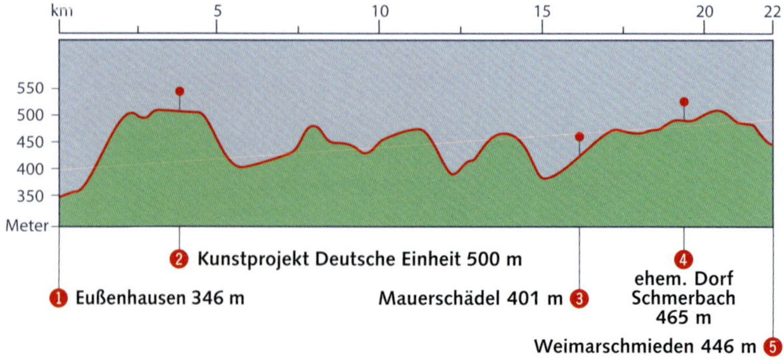

Karte S. 150/151

Mit Wendelinus ans schönste Ende der Welt

➲ Tour 20: Von Weimarschmieden nach Birx » 19 km/5,5 Std.

Kurzcharakteristik
Gespannt auf die Hohe Rhön steigen wir allmählich über Platten auf Höhen um 750 Meter hinauf. Am Abtsberg lesen wir vom einstigen US-Grenzstützpunkt. Dann treffen wir nach Überquerung der Streu bei Erlsmühle auf den heiligen Wendelinus, um den sich viele Legenden ranken. Wir kommen zum Heimatblick, dem Treffpunkt ehemaliger DDR-Thüringer und Franken. In der Nähe liegt eine alte Grenzbefestigung aus dem 15. Jahrhundert, die fälschlicherweise Schwedenschanze heißt. Über einen Barfußpfad betreten wir Frankenheim und wandern dahinter an einem ehemaligen Grenzturm vorbei. Am Schwarzen Moor stehen noch Reste eines ehemaligen Reichsarbeits- und Zwangsarbeitslager. Von hier ist es bis zum Etappenziel nicht mehr weit. Fast vierzig Jahre lag Birx in dem kaum zugänglichen Zipfel des Dreiländerecks Bayern, Hessen und Thüringen.

Wegebeschaffenheit: Kolonnenweg, Wald- und Feldwege, Pfade, asphaltierte Nebenstraßen
Markierung: teilweise ›Träne‹ des Rhönclubs, weißes ›f‹ auf blauem Grund (Friedensweg), Wegweiser
Schwierigkeit: mittel bis einfach
Wanderkarten: L5526 Mellrichstadt (Landesamt für Digitalisierung, Breitband und Vermessung Bayern) oder Rhön Nord (Topografische Freizeitkarte von Rhön Tourismus und Service GmBH Rhönclub e.V. und Hessisches Landesamt für Bodenmanagement und Geoinformation oder Kompass Nr. 460 Rhön, Karte 1
Einkauf: unterwegs keine Möglichkeit
Einkehr: in Frankenheim, Fladungen und Birx
Teilstrecken: Weimarschmieden–Erlsmühle (2 Std.), Weimarschmieden–Frankenheim (4 Std.)
Besondere Tourhinweise: Der Übergang in die Rhön ist müheloser als vielleicht gedacht.

Wandertouren

■ Streckenverlauf

Von **Weimarschmieden** wandern wir in Richtung Helmershausen zurück zum Grenzweg, dort wo wir gestern abgebogen sind. Auf dem **Plattenweg** laufen wir links, gesäumt von dreißigjährigem Baum- und Strauchaufwuchs. Zunächst begleitet uns die ›Träne‹ des Rhönclubs. Wir bleiben aber auf dem Plattenweg und biegen nicht rechts nach Wohlmuthhausen ab. Als nächstes überqueren wir geradeaus die **Straße nach Gerthausen** und folgen dem unteren Kolonnenweg. Später erreichen wir ein Stück Schotterweg, das wir bald in einer Rechtskurve geradeaus

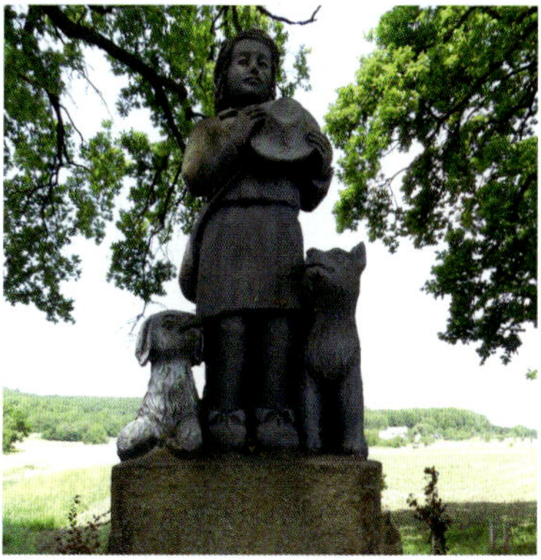
Am Rastplatz St. Wendelinus

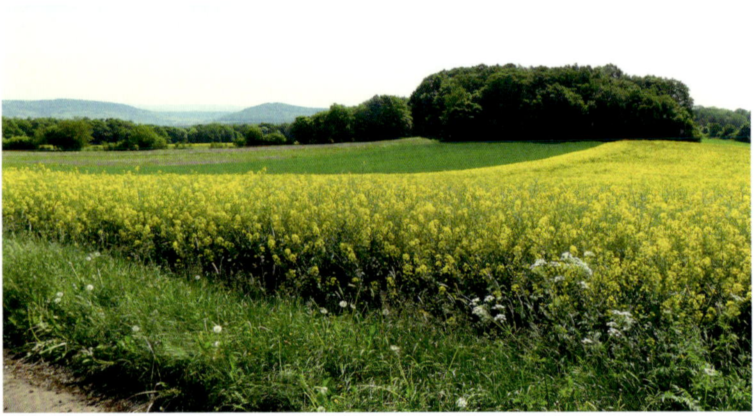

Landschaft am Abtsberg

wieder verlassen. Unterwegs passieren wir mehrere Schranken, bis wir nach etwa zwei Stunden zu einer großen Wiese kommen. Hier gehen wir immer noch auf dem Plattenweg im rechten Winkel links herum.

Linker Hand geht bald links ein Pfad auf die bayrische Seite mit Schildern in Richtung Brüchs und Fladungen ab. Wir können hier einen **Abstecher auf den bayrischen Abtsberg** (622 m) machen. Dafür geht es auf einem Wiesenpfad am Waldrand entlang, steiler den Berg hinauf. Oben stehen wir dann an einem ehemaligen Stützpunkt der U.S. Armee, der allerdings nicht ständig besetzt war. Wir finden hier eine Bank, Informationstafeln und den Friedensweg, aber keine originalen Anlagen mehr.

Zurück am Plattenweg wandern wir nun nach links weiter am Waldrand entlang, biegen später nicht rechts nach Melpers ab, sondern bleiben geradeaus und folgen den Platten bis zur **Straße Melpers–Oberfladungen**.

Hier gehen wir links auf dem straßenbegleitenden Radweg durch das vor uns liegende **Erlsmühle** und überqueren dabei die Streu. Hinter dem Forellenhof nehmen wir rechts die kleine Straße ein gutes Stück geradeaus und folgen dann den zahlreichen Wanderzeichen nach links durchs Feld. Bald geht es wieder rechts und dann erreichen wir zur besten Picknickzeit einen schattigen **Rastplatz unter Bäumen bei St. Wendelinus**. Er ist der Schutzpatron der Hirten, Landleute, Bauern, Tagelöhner und Landarbeiter. Mit der Bauernregel des 20. Oktober wird er angefleht: ›Sankt Wendelin, verlass uns nie, schirm unsern Stall, schütz unser Vieh.‹

Wir steuern nun das kleine **Huflar** an und laufen auf einem herrlichen Buchenweg aufwärts in den Wald, bis wir die erste Rhöner Almwiese auf etwa 700 Meter Höhe betreten. Wir kommen an einer **Basaltschutzhütte** vorbei. Allmählicher aufwärts geht es bis zum nächsten **Aussichtspunkt am Salkenberg** (773 m), dem ›Heimatblick‹ auf der Oberfladunger Hut. Um die Ecke liegt die sogenannte Schwedenschanze, die allerdings mit den Schweden nichts zu tun hat. Die inzwischen unscheinbare Wallanlage aus dem 15. Jahrhundert ist ein Überbleibsel einer Grenzbefestigung zwischen dem Hochstift Würzburg und der Grafschaft von Henneberg. Am ›Heimatblick‹ trafen sich die

▸ Karte S. 157

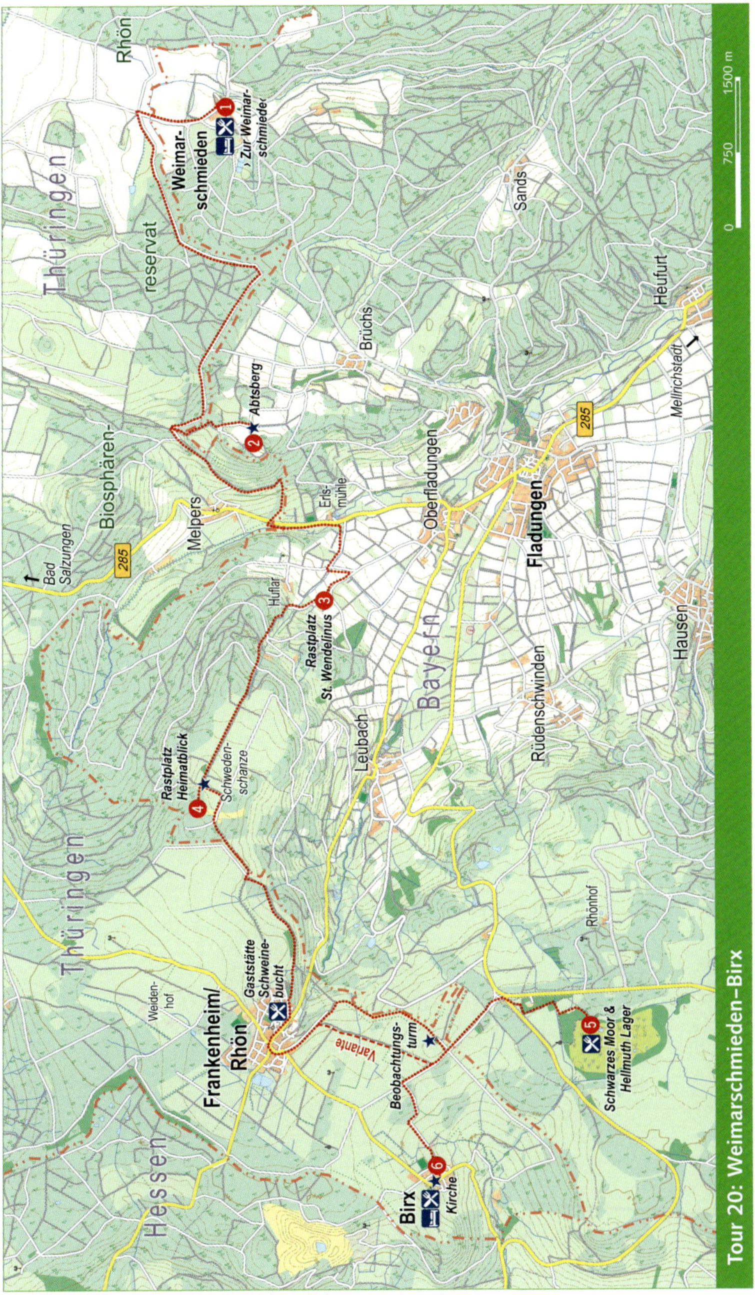
Tour 20: Weimarschmieden–Birx
Rhön
Weimar-
schmieden
›Zur Weimar-
schmieden‹
Thüringen
Biosphären-
reservat
Sands
Brüchs
Heufurt
Abtsberg
Erls-
mühle
Oberfladungen
Fladungen
285
Mellrichstadt
Bad
Salzungen
Melpers
Huflar
Rastplatz
St. Wendelinus
Bayern
Hausen
Rüdenschwinden
Leubach
Rastplatz
Heimatblick
Schweden-
schanze
Thüringen
Rhönhof
Weiden-
hof
Gaststätte
Schweine-
bucht
Frankenheim/
Rhön
Variante
Beobachtungs-
turm
Schwarzes Moor &
Hellmuth Lager
Hessen
Birx
Kirche
0 750 1500 m

bundesdeutschen Thüringer jährlich am Gedenktag des 17. Juni und an anderen Tagen, um einen Blick in die unvergessene Heimat zu werfen. Grüße wurden in die alte Heimat per Mahnfeuer gesandt, die Solidarität und Mut zusprechen sollten. Zu diesen Treffen des Heimatkreises Thüringische Rhön kamen zahlreiche Vertriebene und Geflüchtete aus dem ganzen Bundesgebiet. Außerdem nutzten das Kuratorium ›Unteilbares Deutschland‹ und mehrere Parteien diesen Ort.

Nun folgen wir den **Wanderschildern quer über die Wiese**, am Waldrand rechts und an der nächsten Kreuzung links/geradeaus auf einen breiten Waldweg, der hinterm Wald in einen Pfad übergeht. Wir bleiben auf dem Pfad, bis er rechts hinüber auf die Thüringer Seite schwenkt. An der Kreuzung wandern wir dann links auf dem Kolonnenweg steil abwärts und kommen dabei an einem erfrischenden Barfußtretbecken und einer Quelle vorbei. Weitere Barfußaktivitäten folgen, die zum Mitmachen einladen.

Wir nähern uns spürbar **Frankenheim** (750–765 m), dem höchsten und größten Ort der Thüringer Rhön, und biegen kurz vor dem Ort mit den Schildern rechts ab. Vor den ersten Häusern gehen wir links zum Spielplatz und am Heilkräutergarten entlang und geradeaus wieder aus dem Areal hinaus. Die Straße, der Angerweg, führt uns direkt an der **Gaststätte Schweinebucht** vorbei, die Erfrischungen, aber auch einen tollen Blick von der Terrasse ins Grenzgebiet bietet. Unterhalb befindet sich das Leubachtal, wo im Sommer 1967 die Sophienhöhe, ein Sanatorium und Kurhaus mit mehreren Gebäuden unter Protest der Bevölkerung abgerissen wurde.

Von der ›Schweinebucht‹ laufen wir geradeaus zur Hauptstraße, der Leubacher Straße, gehen rechts ungefähr 50 Meter aufwärts und biegen mit den Schildern links in den Weg ›Untere Ecke‹ ab. Wir halten uns leicht links und folgen durch das Tal dem schönen breiten Wanderweg wieder hinauf. Oben müssen wir uns entscheiden: Entweder gehen wir links und kurz darauf wieder rechts an einem Wanderertreffpunkt vorbei in Richtung Schwarzes Moor übers Feld.

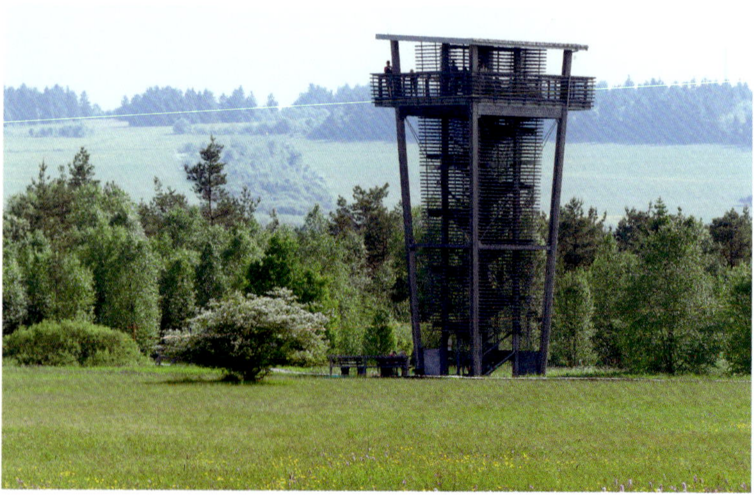

Aussichtsturm am Schwarzen Moor

▲ Karte S. 157

Oder wir bleiben links und nehmen den übernächsten Abzweig nach rechts, den Kolonnenweg, der am Turm vorbeiführt. Nach einer halben Stunde mit Blick auf den **Beobachtungsturm auf dem Grabenberg** (795 m) erreichen wir hinterm Feld einen geschotterten Weg. Später gehen wir hier rechts nach Birx.

Vorher sollten wir jedoch nach links einen Abstecher zum **Biosphärenreservat Schwarzes Moor** machen. Es ist eins der letzten lebendigen Hochmoore mit schlammigen Mooraugen, Schlenken voll Wasser ohne Boden und fleischfressendem Sonnentau. Wir kommen nah am Wachturm vorbei und an der Straße zu einer Informationsstelle (11–15.30 Uhr geöffnet) mit Imbiss und Toiletten (bis 18 Uhr geöffnet). Gegenüber der Straße geht es leicht rechts an dem ehemaligen Hellmuth-Lager vorbei zum Eingang des Schwarzen Moores, wo wir dem kurzen (1,3 km) oder längeren Rundweg (2,7 km) folgen und einen Aussichtsturm besteigen können.

Von hier aus laufen wir das letzte Stück wieder **zurück nach Birx** (740 m) am vorigen Abzweig geradeaus weiter. Wir wandern zwischen auffälligen Steinmauern hindurch, die ab 1934 erst Verpflichtete im Reichsarbeitsdienst, dann während des Zweiten Weltkrieges Zwangsarbeiter des **Hellmuth-Lagers** schichten mussten, um die Felder urbar zu machen. Im Ort befinden sich die Pension Dreiländereck rechter Hand und der Flechsenberger Hof und das Rhönstübchen von der Kirche aus an der Hauptstraße nach links.

Die landschaftliche Nutzung und das Biosphärenreservat der Rhön

Der nationalsozialistische Gauleiter Dr. Otto Hellmuth (1896–1968) plante in den 1930er Jahren, die Rhön intensiv landwirtschaftlich zu nutzen. Zur Vorbereitung des Bodens sollten Feuchtgebiete entwässert, Windschutz gepflanzt und der Boden entsteint werden. Dazu benötigte er Arbeitskräfte, die sich ihm durch den Reichsarbeitsdienst anboten. Erst wurden ledige arbeitslose Männer, dann ab 1935 alle Frauen und Männer als ›Soldaten der Arbeit‹ zu sechs Monaten Arbeitsdienst verpflichtet. Während des Krieges wurden vor allem Kriegsgefangene und Zwangsarbeiter eingesetzt. Angesichts der extremen Klimabedingungen in der Rhön, zu der die kurze Vegetationszeit, eine geringe Bodenqualität und ständiger Wind gehören, griffen seine Ideen gegen die Macht der Natur nicht. Heute berücksichtigt der Status der Rhön als Biosphärenreservat drei Nutzungs- bzw. Schutzzonen, die an die natürlichen Gegebenheiten angepasst sind. Die Kernzone (2 Prozent) erlaubt keine wirtschaftliche Nutzung, die Pflegezone (9 Prozent) berücksichtigt naturschutzfachliche Gesichtspunkte und in der Entwicklungszone (89 Prozent) soll die Natur modellhaft eingebunden, aber nicht ausgebeutet werden. Weitsichtige Naturverständige haben während der Grenzöffnungszeit dafür gesorgt, dass eine schnelle Unterschutzstellung von geeigneten Flächen erfolgte: Am 1. Oktober 1990 wurde das Biosphärenreservat Rhön gegründet und im März 1991 von der UNESCO anerkannt.

i Tour 20

Tourist-Information Mellrichstadt, Mo–Sa 9.30–12.30, 15–17 Uhr (Sa. nur Vormittag, Mi. geschlossen), Tel. 09776/9241, Marktplatz 2, 97638 Mellrichstadt. aktives.mellrichstadt@t-online.de www.aktives-mellrichstadt.de

Tourist-Information Fladungen-Rhön (Bayern), April–Okt. Mo–Fr 9–12.15, 13.30–16.30 Uhr und Sa 10–12 Uhr; Nov.–März:

Mo–Do 9–12.15, 13.30–16.30 Uhr, Fr 9–12.30 Uhr, Tel. 09778/919111, Marktplatz 1, 97650 Fladungen.
info@fladungen-rhoen.de
www.fladungen-rhoen.de
Verwaltungsgemeinschaft Hohe Rhön (Thüringen), Tel. 036946/216-0, Hauptstraße 18, 98634 Kaltensundheim
tourismus@vgem-hoherhoen.de
www.vgem-hoherhoen.de
www.rhoen.de

An-/Abfahrt Weimarschmieden: Mo-So, Bahn bis Mellrichstadt, Streutalbus bis Fladungen (am Wochenende Rufbus: Fahrplan, Anmeldung unter 0800/000-5645 bis 15 Uhr des vorherigen Werktages, dann 5 km zu Fuß (Straße) oder Mo–Fr Bahn bis Meiningen, Bus 409 bis Gerthausen, 3 km zu Fuß (Straße)
An-/Abfahrt Birx: Bahn bis Meiningen, Mo-Fr, Bus 411 bis Kaltensundheim, dann Bus 409

Flechsenberger Hof, täglich ab 10.30 Uhr, mittwochs Ruhetag, Tel. 036946/32110, Seifertser Straße 18, 98634 Birx.
flechsenberger-hof@web.de
www.flechsenberger-hof.de
Pension Dreiländereck, Tel. 036946/31455, Am Sportplatz 7, 98634 Birx.
info@pension-dreilaendereck.de
www.pension-dreilaendereck.de
Landgasthof Rhönstübchen, Mo+Do Ruhetag, Di+Fr ab 17 Uhr, Mi ab 12.30 Uhr, Sa+So ab 11 Uhr, Tel. 036946/31300/-31112, 0174/5217091, Seifertser Str. 3 und 1, 98634 Birx.
Rhoenstuebchen@web.de
www.rhönstübchen.de
Gaststätte Schweinebucht, täglich 9–23 Uhr, Tel. 036946/32036, Angerweg 20, 98634 Frankenheim.
Imbiss an der Infostelle Schwarzes Moor, täglich auch an Wochenenden und Feiertagen von 11–18 Uhr, Tel. 09778/748516 (Infostelle: täglich 11–14 Uhr), Schwarzes Moor 1, 97650 Fladungen.
info@nbr-rhoen.de, www.nbr-rhoen.de

Biosphären- und Infostelle Schwarzes Moor, täglich auch an Wochenenden und Feiertagen von 11–14 Uhr, Tel. 09778/748516, Schwarzes Moor 1, 97650 Fladungen, info@nbr-rhoen.de
www.biosphaerenreservat-rhoen.de
Zahlreiche **Informationstafeln am Friedensweg**, aber auch am Portal des Reichsarbeitslagers und am Schwarzen Moor.

Mittagspause am St. Wendelinus, Besichtigung des Kräutergartens und nachträgliche Terrassenrast in der Schweinebucht Frankenheim, Besuch des Schwarzen Moores.

Höhenprofil Tour 20

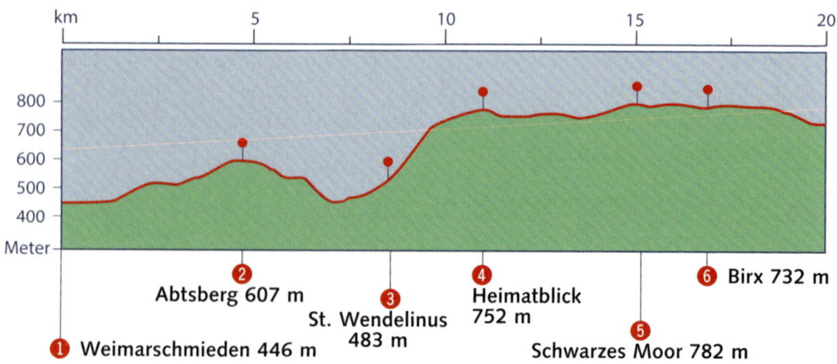

► Karte S. 157

Auf den Kuppen der Hohen Rhön über die Kuppenrhön

Tour 21: Von Birx nach Tann » 19 km/5,5 Std.

Kurzcharakteristik
Ein leichter Panorama-Wandertag auf 700 Metern Höhe mit nur einem steileren Anstieg? Das gibt es wohl nur in der Rhön. So können wir heute das Land der weiten Fernen, die Bergwiesen und Blumenpracht in vollen Zügen genießen. Wir besteigen den zweithöchsten Rhönberg Thüringens, den zu DDR-Zeiten gesperrten Ellenbogen mit seinem weithin sichtbaren ›Noahs Segel‹. Wir lernen die ›Verschworenen Sieben‹ kennen und treiben per Hand das Mühlrad an der abgerissenen Hinteren Mühle an. Den Abend lassen wir uns dann im Örtchen Tann oder 180 Höhenmeter darüber, auf der Terrasse des Apfelweinstübchens in Dietgeshof versüßen.

Wegebeschaffenheit: abwechslungsreiche Untergründe, wenig Kolonnenweg, Wald- und Feldwege, Pfade, asphaltierte Nebenstraßen
Markierung: teilweise rote bzw. grüne ›Träne‹ des Rhönclubs, gelbes ›Ö‹ – das Wanderzeichen des Hochrhöner-Premiumweges, Rhön-Paulus-Weg, Hinweisschilder
Schwierigkeit: einfach, mit kurzem steilen Anstieg hinter Kleinfischbach
Wanderkarten: L5526 Mellrichstadt, L5326 Tann (Landesamt für Digitalisierung, Breitband und Vermessung Bayern) oder Rhön Nord (Topografische Freizeitkarte von Rhön Tourismus und Service GmBH Rhönclub e.V. und Hessisches Landesamt für Bodenmanagement und Geoinformation oder Kompass Nr. 460 Rhön, Karte 1
Einkauf: unterwegs keine Möglichkeit, aber in Tann
Einkehr: in Oberweid, Erbenhausen und Tann
Teilstrecken: Birx–Eisenacher Haus (2 Std.), Birx–Kleinfischbach (4,25 Std.)
Besondere Tourhinweise: Uns erwartet eine sehr schöne Tour, vor allem bei sonnigem Wetter. Der Aufstieg hinter Kleinfischbach kann etwas verwachsen sein. Als Variante ist es möglich, in Kleinfischbach die Straße Richtung Tann aufwärts zu gehen und am Beginn des Waldes den Weg nach rechts zu nehmen.

Streckenverlauf

In **Birx** beginnt unsere Etappe oberhalb der Kirche auf der Höhe der Seifertser Straße rechts neben der Bushaltestelle. Mit den Füßen in Thüringen und Bayern im Rücken wandern wir auf einem herrlichen Feldweg auf Hessen zu. Noch vor dem Wald überschreiten wir unmerklich den **Plattenweg**. Wenn er gemäht bzw. gangbar ist, folgen wir ihm nach rechts. Wenn nicht, wandern wir weiter in den Wald hinein und am nächsten Abzweig geradeaus/rechts.

Links von uns hören wir den aktiven **Basaltsteinbruch**, kriegen ihn aber kaum zu Gesicht. Wir bleiben an den abzweigenden Wegen rechts und erreichen als nächstes die **Straße Hilders–Frankenheim**. An der Straße gehen wir rechts entlang, am Parkplatz vorbei, bis der **Kolonnenweg** kreuzt. Noch ein Blick auf das vor uns liegende Frankenheim, dann biegen wir links ab und folgen dem frisch frei gelegten Plattenweg auf gleichbleibender Höhe, bis er an einem querenden geteerten Radweg endet.

Hier gehen wir links, biegen aber kurz darauf rechts auf den Waldweg mit Hinweisschild zum Thüringer Rhönhaus/Eisenacher Haus ab. Wir halten uns geradeaus bzw. leicht rechts. Bunte Streifen sind dieses Mal unser Zeichen. Nach einem großen Rechtsbogen an einer bunt blühenden Wiese entlang erreichen wir

Wandertouren

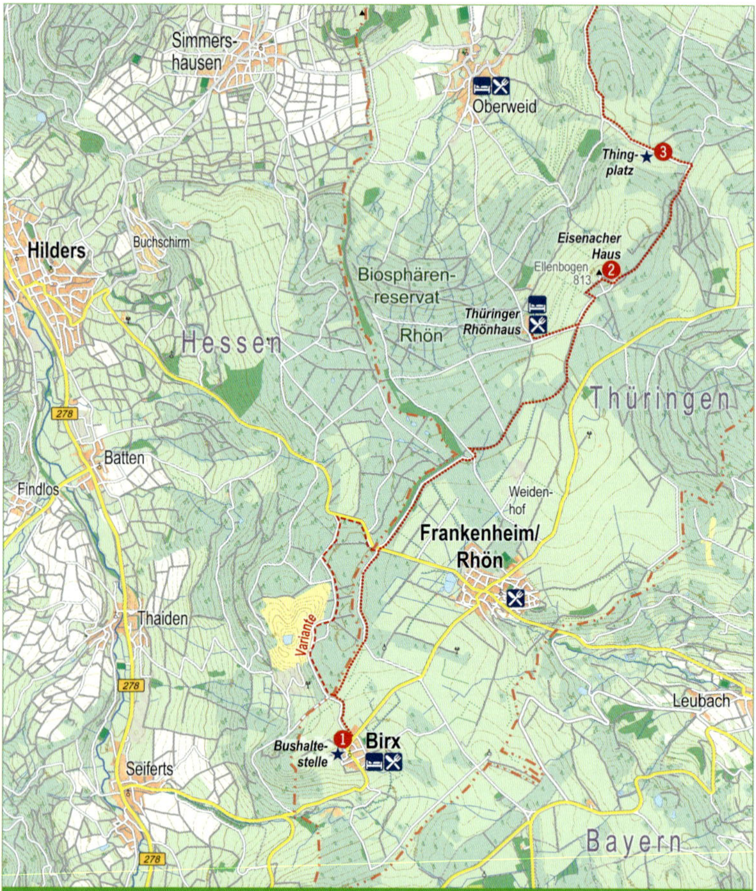

Tour 21: Birx–Tann (Teil 1)

die Straße zum Eisenacher Haus. Würden wir an der Wiese geradeaus/leicht links gehen, kämen wir vorher am **Thüringer Rhönhaus** vorbei. An der Straße 600 Meter links kommt man ebenfalls zum Thüringer Rhönhaus.

Zum **Eisenacher Haus** auf dem **Ellenbogen** (813 m) gehen wir geradeaus ein Stück Straße und folgen dann dem Wanderweg links am Waldrand entlang, der uns direkt zu dem merkwürdigen Aussichtsturm auf den zweithöchsten Berg der Thüringischen Rhön bringt. Wir besteigen das 21 Meter hohe **Noahs Segel**, das im August 2017 eingeweiht wurde, bis zur Aussichtsplattform auf 16 Meter Höhe. Abwärts nehmen wir dann einfach die Rutsche. Von hier geht es auf einem Fußpfad wenige Meter rechts hinüber zum Eisenacher Haus, das ganztägig geöffnet ist. Im Flur hängen Zeugnisse aus der Geschichte des Hauses.

Unsere Wanderung setzen wir auf dem Wanderweg neben dem abgezäunten

Flüssiggaslager am verwachsenen Streckmetallzaun entlang fort. Nun geht es den Wanderschildern nach immer geradeaus auf dem **Hochrhöner-Premiumwanderweg** weiter. Der Pfad wird von Waldmeister gesäumt. Wir erreichen einen breiten Schotterweg mit Schutzhütte und biegen gleich danach an der nächsten Kreuzung links mit den Schildern in Richtung Weidberg ab.

Später wird links unter einer großen Buche dem letzten **Thingplatz** der ›Verschworenen Sieben‹ gedacht. Diese Sieben waren nicht etwa Personen oder Geister, sondern sieben Orte, die hier aneinander grenzten und diesen Ort als Thingplatz nutzten. Als ›Thingplatz‹ bezeichneten die Germanen ihren Beratungs-, Versammlungs- und Gerichtsort, der immer etwas erhöht und unter freiem Himmel an einem Baum gelegen war. Am 24. Juni 1322 wurde hier vor der Durchsetzung des Christentums dem germanischen Gott Wotan ein letzter Schimmel geopfert.

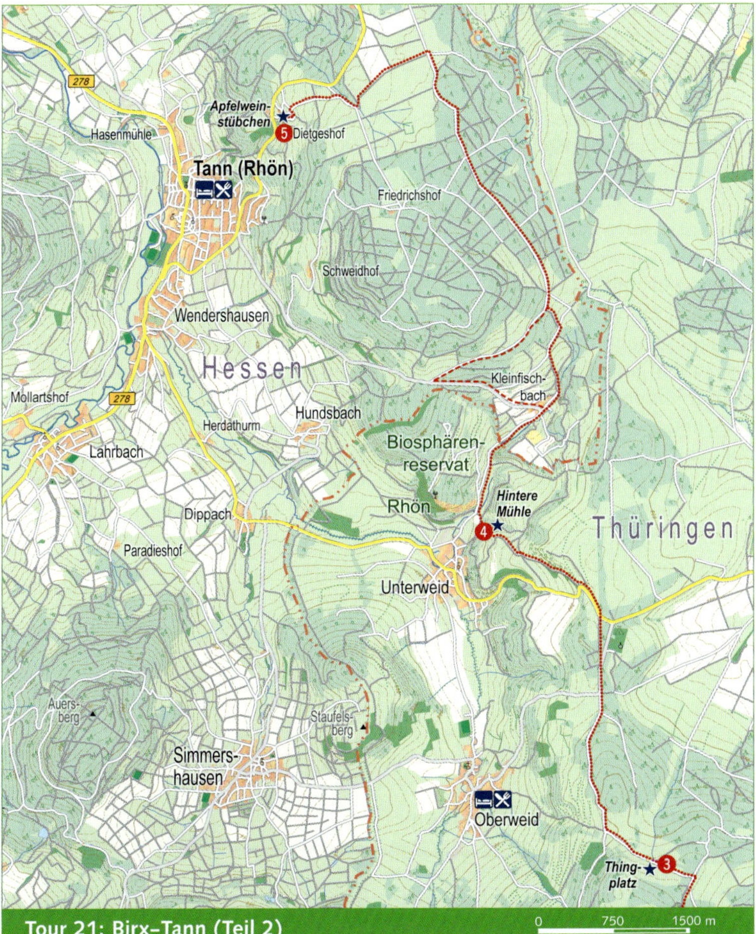

Tour 21: Birx–Tann (Teil 2)

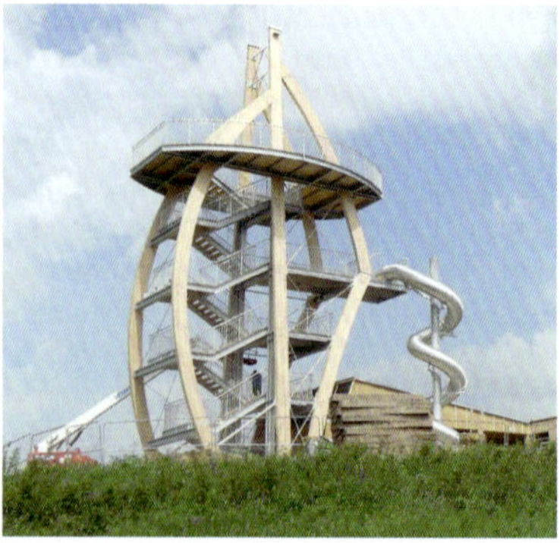

Der Aussichtsturm ›Noahs Segel‹ auf dem Ellenbogen

An der nächsten Kreuzung biegen wir rechts in Richtung **Weidberg** (725 m) ab. Wer mag, kann ihn besteigen, ansonsten geht unser Weg an seiner linken Seite durch den Wald. Als nächstes erreichen wir die **Straße zwischen Unterweid und Kaltenwestheim**. Wir verlassen das Wanderzeichen ›rote Träne‹ und gehen mit der ›**grünen Träne**‹ die Straße geradeaus aufwärts. Oben auf der Kuppe biegen wir mit der Träne links und gleich wieder rechts ab. Dabei gehen wir an der folgenden Wiese nicht links, sondern geradeaus weiter, bis wir die nächste Straße rechts erreichen, der wir ungefähr 100 Meter links abwärts bis zu einer starken Linkskurve folgen. Hier sind wir wieder auf dem Wanderweg und genießen ein weiteres Mal den Blick übers Land der weiten Fernen, ignorieren dabei aber alle Abzweige nach rechts und links. Am Ende der Wiese windet sich unser Weg mit der grünen Träne mit Blick auf Unterweid abwärts.

Wir wandern bis zum Platz der **ehemaligen Hinteren Mühle** im Tal, betreten also die Ortsmitte nicht. Die Hintere Mühle war 1979 die letzte Mühle, die in Thüringen geschleift wurde. Wer mag, kann hier mit Manneskraft und Frauenpower mal das Wasserrad antreiben. Wir wandern nun auf dem Schotterweg rechts ins Tal hinein und gehen an der nächsten Gabelung rechts nach **Kleinfischbach**. Wir überqueren die Grenze nach Hessen und wandern durch den Ort gerade wieder hinaus. Dahinter achten wir darauf, dass wir vor der Rechtskurve des Weges vor dem **querenden Bach** links abbiegen und steil auf einem weniger gepflegten Weg aufwärts steigen. (Wer hier nicht sicher ist, geht in den Ort zurück, über die Straße nach Tann aufwärts und nimmt kurz vor Beginn des Waldes einen befestigten Weg nach rechts bis zur erwähnten Bank.)

Wir erreichen nach einigen erklommenen Höhenmetern einen **geteerten Weg**, dem wir im rechts-links Schwenk noch eine Ebene weiter hinauf folgen. An der nun folgenden Kreuzung mit Bank haben wir die Höhe erreicht und setzen nach rechts unsere Wanderung auf dem ebenen **Rhön-Paulus-Weg** fort. Wir wandern durch die lichten Wälder unter dem **Dadenberg** (726 m) entlang.

Nach einer halben Stunde betreten wir eine riesige Wiese mit einem gigantischen Fernblick. Vor uns sehen wir **Theobaldshof**, links den markanten **Habelberg** (718 m). Wir nehmen später den ersten

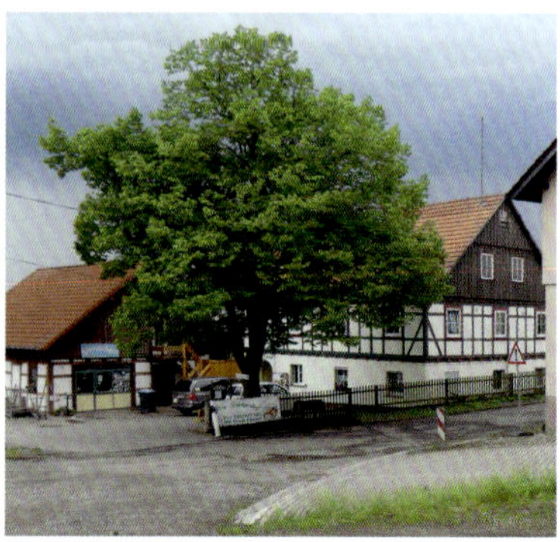

Das Apfelweinstübchen in Dietgeshof

▲ Karte S. 162/163

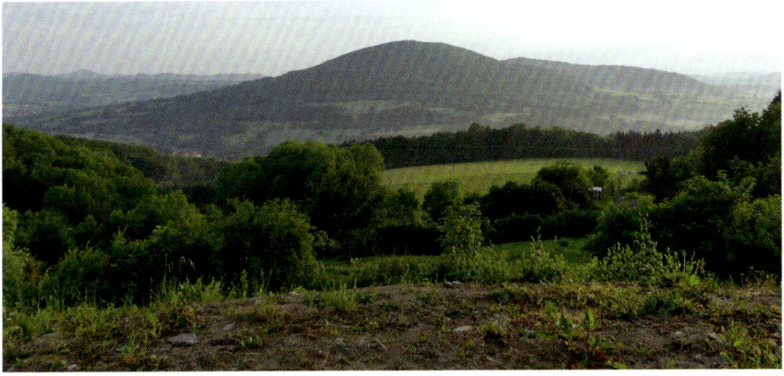

Blick zum Habelberg

Feldweg links und laufen quer durch die Wiesen. An einem Bach gehen wir rechts hinüber und folgen nun den Schildern bis **Dietgeshof**, wo wir im Apfelweinstübchen enden oder weiter nach Tann laufen können.

Klein-Sibirien am Eisenacher Haus

Als Herberge für Wanderer und Skifahrer wurde das Eisenacher Haus 1928 auf dem Ellenbogen vom Rhönclub Zweigverein Eisenach eröffnet. Vorher stand hier ein einfaches Blockhaus. Nach dem Zweiten Weltkrieg wurde der Rhönclub in Ostdeutschland verboten, das Eisenacher Haus eingezogen und zum Staatseigentum erklärt. So konnte es von 1946 bis 1962 vom Freien Deutschen Gewerkschaftsbund (FDGB) der DDR als Ferienhaus genutzt werden. 1963 wechselte der Hausherr. Die sowjetische Armee zog ein. Ab 1970 übernahm die DDR-Staatssicherheit den Standort und herrschte hier in einem streng gesicherten Hochsicherheitsbereich mit vier Radartürmen, sowjetischen Abhöranlagen und einem Holzhütten-, Bunker- und Zeltlager für russische Soldaten. Der Ellenbogen erfüllte nun seinen Auftrag als Gegenstück zur westdeutschen Wasserkuppe und ihren Anlagen. In den letzten Jahrzehnten nannte die Bevölkerung das Sperrgebiet deshalb ›Klein-Sibirien‹. Am 13. Januar 1990 verlangten am Sperrzaun des Ellenbogens um die 300 Bewohner aus den umliegenden Orten hartnäckigen Einlass. Nach Verhandlungen mit dem Major der NVA wurde schließlich eine kleine Delegation eingelassen. Zehn Tage später waren die sowjetischen Soldaten bereits abgezogen und die technischen Anlagen abgebaut. Der Rhönclub bemühte sich nach der Wende, das Eisenacher Haus wieder zurückzuerhalten. Dies verhinderte jedoch der Einigungsvertrag, wo geregelt war, dass eine Rückführung von Eigentum, das zwischen 1945 und 1949 unter sowjetischer Militäradministration konfisziert worden war, nicht möglich sei. Am Ende wurde die Gemeinde Erbenhausen Eigentümerin. Vielen engagierten Menschen und dem seit dem 1. April 1990 angestellten Hausleiter Günther Lehmann und seiner Familie ist es zu verdanken, dass das stark heruntergewirtschaftete Anwesen nun wieder Gäste empfangen und sich zu Freunden machen kann

Tour 21

Verwaltungsgemeinschaft Hohe Rhön (Thüringen), Tel. 036946/216-0, Hauptstraße 18, 98634 Kaltensundheim. tourismus@vgem-hoherhoen.de www.vgem-hoherhoen.de

Stadtverwaltung/Touristeninformation Tann (Rhön), Apr–Okt. Mo–Fr 9–11.30 Uhr, 13–16 Uhr, Di–Fr 9–17 Uhr, So, So, Ft 10–17 Uhr, Tel. 06682/96110, Marktplatz 9, 36142 Tann (Rhön). tourist-info@tann-rhoen.de, www.tann-rhoen.de, www.rhoen.de

An-/Abfahrt Birx: Bahn bis Meiningen, Mo–Fr Bus 411 bis Kaltensundheim, dann Bus 409

An-/Abfahrt Tann (Rhön): Bahn bis Fulda, Mo–Fr und im August auch samstags: Bus 20 bis Marktstraße, Tann (Rhön). Der Bus fährt voraussichtlich weiter bis Dietgeshof

Thüringer Rhönhaus, März Mi–Fr 11.30–16.30 Uhr, Sa+So 11–18 Uhr, April täglich 11–18 Uhr, Mai–Okt Mo–Fr 11–18 Uhr, Sa+So, 11–20 Uhr, Thüringer Rhönhausstraße 1, 98634 Oberweid am Ellenbogen, Tel. 036946/32060. info@thueringer-rhoenhaus.de www.thueringer-rhoenhaus.de

Gasthof & Pension Silberdistel (2,5 km vom Thüringer Rhönhaus entfernt, nicht direkt am Weg), Tel. 036946/22124, Anzenweg 4, 98634 Oberweid. www.gasthof-silberdistel.de

Berghotel Eisenacher Haus, Di+Mi Ruhetag, Do–Mo 11.30–20 Uhr, Tel. 036946/149914/-15, Eisenacher Haus 1, 98634 Erbenhausen. info@eisenacher-haus.de www.eisenacher-haus.de

Apfelweinstube, Frühstückspension, Tel. 06682/315, 0176/22010617, Dietgeshof, 36142 Tann. info@dietgeshof.de

Pension Ditzel, Tel. 06682/8178, Rockenstuhlstraße 12, 36142 Tann.

Gasthaus zur Krone, Tel. 06682/213, Am Stadttor 2, 36142 Tann. info@zur-krone-tann.de www.zur-krone-tann.de

Hotel Am Rathaus, Steakhouse, Tel. 06682/96220, Marktplatz 16, 36142 Tann, info@tann-hotel.de www.tann-hotel.de

Aussichtsturm Noahs Segel mit 84 Stufen, 9 Etagen, Blick von 16 Meter Höhe, 12 Meter hohe Erlebnisrutsche sowie Ausstellung zur Geologie, Geschichte und Flora der Rhön auf dem Ellenbogen, Eigentum der Verwaltungsgemeinschaft ›Hohe Rhön‹, Tel. 03694/621616, Hauptstraße 18, 98634 Kaltensundheim. tourismus@vgem-hoherhoen.de

Höhenprofil Tour 21

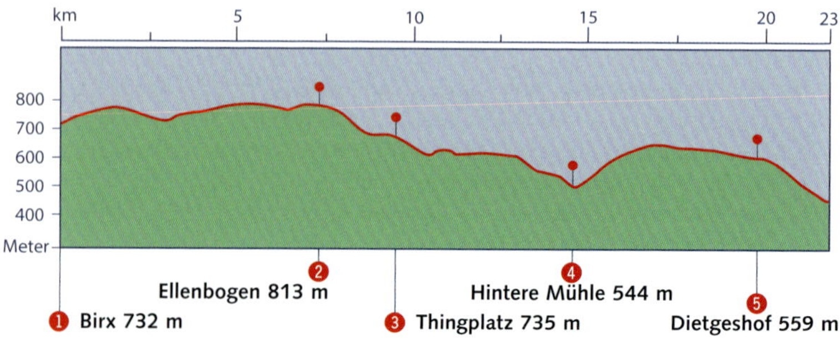

Karte S. 162/163

Durchs Land der weiten Fernen

Tour 22: Von Tann nach Reinhards ›› 22 km/6,5 Std.

Kurzcharakteristik
Unsere Wanderung führt uns zunächst in die sehenswerte Stadt der Von-den-Tann. Der Kolonnenweg rund um Tann ist vor allem zwischen Theobaldshof und Motzlar nicht mehr zu begehen. So lernen wir die schöne mittelalterliche Altstadt und die Freiherren von Tann kennen. Danach wandern wir ins weite Ulstertal hinein. Hinter dem kleinen Dorf Neuswarts erreichen wir den Plattenweg wieder, besuchen den geschleiften Hof Seelesberg und steigen dahinter auf um die 700 Höhenmeter durch das Naturschutzgebiet Tannenberg-Seelesberg. Herrliche Fernblicke - erst zum Habelberg bei Tann, später zur Wasserkuppe und zum Milseberg - begleiten uns. Wir wechseln auf die hessische Seite, können den thüringischen Rößberg noch besteigen und umrunden zur Hälfte das kleine Reinhards, wo wir enden.

Wegebeschaffenheit: Wald- und Feldwege, Kolonnenweg, Pfade, asphaltierte Nebenstraßen
Markierung: teilweise das gelbe ›Ö‹ des Hochrhöner Premiumwegs, Hinweisschilder
Schwierigkeit: mittel
Wanderkarten: L5326 Tann und L5324 Hünfeld (Landesamt für Digitalisierung, Breitband und Vermessung Bayern) oder Rhön Nord (Topografische Freizeitkarte von Rhön Tourismus und Service GmBH Rhönclub e.V. und Hessisches Landesamt für Bodenmanagement und Geoinformation oder Kompass Nr. 460 Rhön, Karte 1
Einkauf: in Tann, weiter keine Möglichkeit
Einkehr: in Tann und Spahl
Teilstrecken: Dietgeshof–Tann (0,5 Std.) Dietgeshof–Neuswarts (2 Std.)
Besondere Tourhinweise: Wer in Reinhards keine Unterkunft findet, wandert auf der Straße in Richtung Spahl drei Kilometer rechts um den Suchenberg (584 m) herum und hat dort mehrere Möglichkeiten, zum Beispiel das Gasthaus Heile Schern, das sich wie das Rhöner Zentrum für volkstümliche Musik in der Ortsmitte befindet.

Streckenverlauf

Rechts neben dem Apfelweinstübchen führt uns unser Weg abwärts ins hübsche **Rhöner Städtchen Tann**. Wir überqueren die Straße und folgen den **Wanderwegschildern ins Ulsterta**l. Auch durch den Ort bleiben wir den Schildern treu und kommen geradewegs durch die Hauptgeschäftsstraßen Steinweg, Marktstraße und Am Stadttor zum Südtor. Dabei kommen wir an auffällig schönen, alten Häusern und am Marktplatz vorbei. In der **Marktstraße** entdecken wir rechts das wunderschöne Elf-Apostelhaus, das älteste Bürgerhaus vermutlich aus dem Jahr 1500, dem leider zwei Apostel verloren gegangen sind. Das Ochsenbäckerhaus von 1592 beherbergte in der Vergangenheit tatsächlich erst eine Bäckerei und später eine Fleischerei. Auf dem **Marktplatz** wurden ab 1541 zwei freie Markttage abgehalten. Hier steht heute General Ludwig von und zu der Tann-Rathsamhausen. Er verbrachte im Tanner Schloss seine Kindheit. Oberhalb des Platzes schaut die evangelische Stadtkirche hervor, die 1869 nach einem Stadtbrand neu errichtet wurde und die unter anderem ein buntes Glasfenster beherbergt, auf dem der Reformationsbefürworter Eberhard von der Tann mit Martin Luther zu sehen ist. Rechts be-

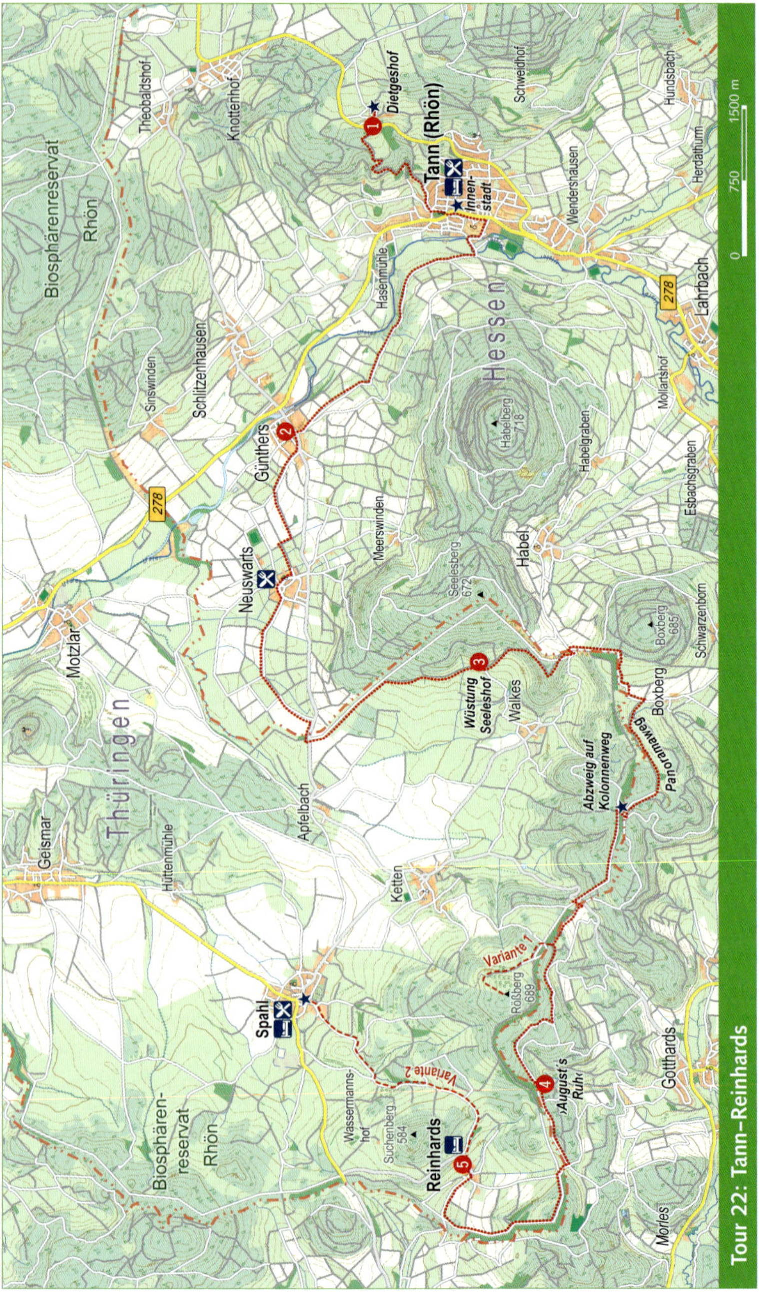
Tour 22: Tann-Reinhards
Tann (Rhön)
Innenstadt
Dietgeshof
Schweidhof
Hundsbach
Herdathurm
Wendershausen
Lahrbach
278
Hasenmühle
Hessen
Habelberg 718
Habelgraben
Mollartshof
Esbachsgraben
Günthers
Schlitzenhausen
Sinswinden
Biosphärenreservat Rhön
Theobaldshof
Knottenhof
Meerswinden
Seelesberg 672
Habel
Neuswarts
Motzlar
Boxberg 685
Schwarzenborn
Wüstung Seeleshof
Walkes
Boxberg
Panoramaweg
Abzweig auf Kolonnenweg
Thüringen
Apfelbach
Geismar
Hüttenmühle
Ketten
Variante 1
Roßberg 689
Spahl
Variante 2
Wassermannshof
Suchenberg 584
Reinhards
›August's Ruh‹
Gotthards
Biosphärenreservat Rhön
Morles
0 750 1500 m

findet sich das Naturkundemuseum im sogenannten ›Neuen Bau‹ von 1689. Auf dem Giebel des Sandsteinportals ruhen sich zwei Löwen aus. Obwohl es wie ein Wohngebäude aussieht, befand sich darin bis in die 1980er Jahre ein landwirtschaftliches Frucht- und Lagerhaus. Das Rathaus von 1857, das mit Holzschindeln gedeckt ist, wurde hingegen ursprünglich als Volksschule gebaut und als solche auch genutzt.

Unser Weg führt durch das schöne **Renaissance-Südtor**, das Eberhard von der Tann 1557–1563 errichten ließ. Direkt dahinter gehen wir rechts am **Schlossgarten** und dem **Gelben Schloss** der Familie Tann hinab. Das Schloss befindet sich in Familienbesitz, aber der Ahnensaal kann besichtigt werden. Den Schildern nach überqueren wir eine Wiese, dann die Ulster und wandern dahinter auf dem Asphaltweg rechts aufwärts.

Linker Hand liegt der weithin sichtbare **Habelberg** (718 m), der im Tertiär entstand. Durch aufsteigendes Magma wurden die Buntsandsteinschichten angehoben, bis basaltische Lava hinausdrängte, von der heute der Habelstein zeugt.

Oberhalb der Ulster führt unser Weg nun direkt nach **Günthers**, wo wir auf die Hauptstraße kommen und nach links abbiegen. Es geht bergan, bis wir noch vor Ortsende rechts in den Weg 1 ›Heißer Weg‹ abbiegen, dem wir rechts in die offene Feldflur folgen. Nach etwa 500 Metern nehmen wir links aufwärts den Feldweg, der in einen Wiesenweg übergeht und wenden uns dann **kurz vor Neuswarts** nicht zur Straße zu, sondern gehen mit Blick auf die Kirche im Rechts-links-Schwenk den geschotterten Weg in das Dorf hinein. An der Straße gehen wir rechts an der Kirche, der Bushaltestelle und der Gaststätte ›Zum Weißen Ross‹ vorbei, dann mit der Thüringer Straße links herum und auf dem Radweg rechts wieder in die Felder hinaus.

Am Bachgrund biegen wir links mit dem Radweg auf einen Feldweg ab. Wo wir wieder Asphalt erreichen, bleiben wir geradeaus, während uns der Radweg nach links verlässt. Wir erreichen die Landstraße **Neuswarts–Apfelbach**, überqueren nach rechts die Landesgrenze Hessen-Thüringen und biegen dahinter auf den beschilderten **Kolonnenweg** links ab.

Nach einem guten Stück Aufstieg verlassen wir kurz vor dem Wald den Kolonnenweg nach rechts und wandern am Waldrand des Seelesberges (672 m) entlang. Eine halbe Stunde nach Beginn des Kolonnenweges erreichen wir den **Rastplatz am ehemaligen Seeleshof**, der 932 erstmals urkundlich erwähnt wurde und aus zwei Gebäuden bestand. Ein ehemaliger Keller ist noch deutlich zu erkennen.

Dann geht es mit den **Grüne-Band-Schildern** links auf einem Wiesenweg aufwärts in den Wald und ins Naturschutzgebiet Tannenberg-Seelesberg hinein. An der nächsten Wegteilung nehmen wir den linken Weg bergan, der uns zurück zum Kolonnenweg bringt und dem wir

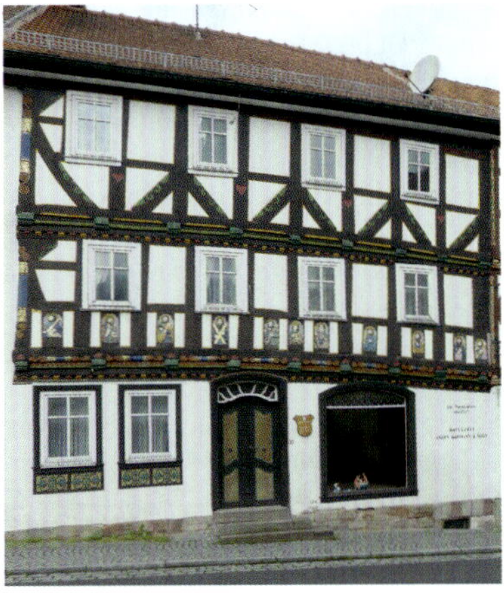

Das Elf-Apostelhaus in Tann

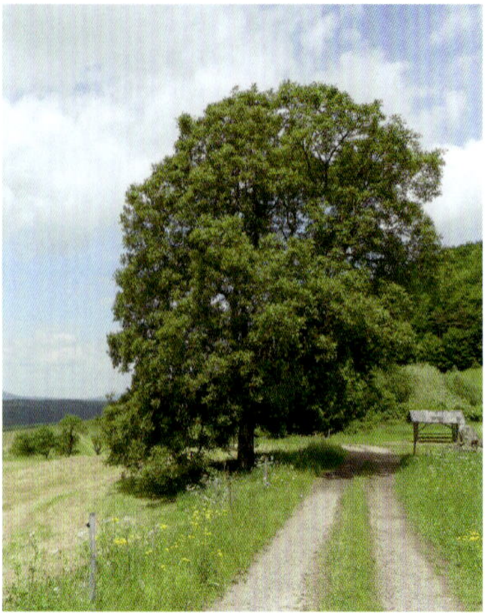

An der ehemaligen Hofstelle Seeleshof

rechts bis zur Straße folgen. Dann wechseln wir den Schildern nach auf die hessische Seite hinüber.

Nun geht es auf Asphalt bis fast an das Örtchen **Boxberg**. Kurz vorher schwenkt unser Weg im spitzen Winkel rechts auf Schotter hinauf. Ein traumhaftes Panorama auf ebener Höhe liegt uns zu Füßen. Die **Wasserkuppe** (950 m) und die **Milseburg** (835 m) sind deutlich zu erkennen. Wir befinden uns auf hessischem Gebiet dicht an der Grenze, die hier aber nicht zu sehen ist.

Am Ende des Waldes biegen wir an einer großen Wegekreuzung rechts ab und finden dann am Ende der Wiese im spitzen Winkel nach links den **Plattenweg** wieder, der uns steil hinab zur **Straße Gotthards-Ketten** leitet. Von hier aus wandern wir auf der jenseitigen Seite links aufwärts.

Wir folgen der Beschilderung, dem Weg auf der hessischen Seite, **parallel zum Kolonnenweg**. Vor einer Linkskurve können wir nach rechts einen Abstecher zum 900 Meter entfernten **Aussichtspunkt auf dem Rößberg** (639 m) machen. Ab hier geht es nun auch schattig und ebener weiter durch den Wald. Eine verdiente Rast bietet sich noch bei **August's Ruh** an.

▲ Karte S. 168

Achtung! Beim Erreichen des nächsten geteerten Weges geht es rechts ein kurzes Stück aufwärts durch den Wald bis zur **Straße Gotthards-Reinhards**. Kurz vorher können wir rechter Hand den ersten Blick auf Reinhards werfen, in dem 24 Menschen teils seit Generationen wohnen. Von hier aus kann man als Alternative der Straße in den Ort folgen. Unser Weg führt aber über die Straße geradeaus den Plattenweg noch einmal aufwärts. Die Höhe ist schnell erreicht. Dann geht es um den 1057 erstmals schriftlich nachgewiesenen **Ort Reinhards** als Teil des Klosters Neidhardshausen links herum, bis uns die Schilder rechts übers Feld zum Ziel nach Reinhards schicken. Zum **Wassermannshof** halten wir uns im Ort rechts. Dort liegt der Dreiseitenhof linker Hand. Ein Stück oberhalb befindet sich die von den Vorfahren der Familie Wassermann 1857 erbaute und 2005 grundsanierte Kapelle.

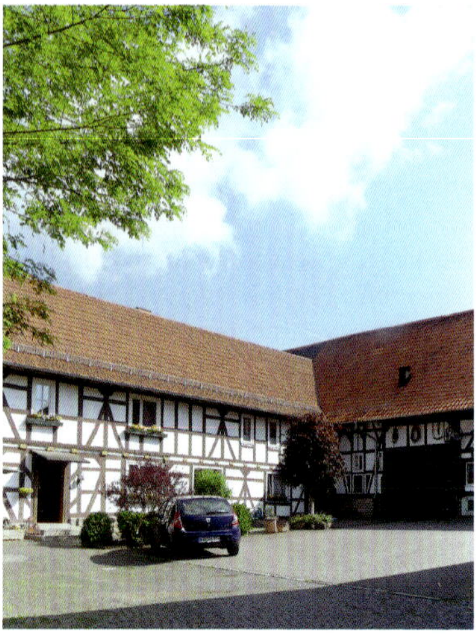

Der schmucke Wassermannshof

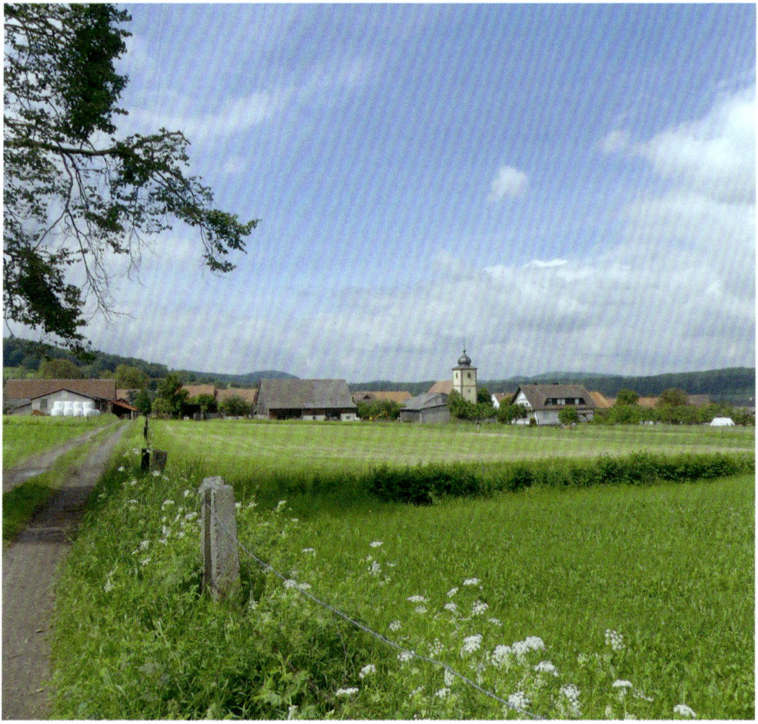

Neuswarts im Ulstertal

Der Berg der wertvollen Sal-Weiden

In alten Überlieferungen wird der Seelesberg auch ›Selesberg‹ geschrieben. Das legt die Vermutung nahe, dass sein Name nicht mit menschlichen Seelen zu tun hat, sondern auf ›Salchen, Salaha‹, also Sal-Weiden zurückgeht. Sie haben vor Jahrhunderten diese Landschaft geprägt. Sal-Weiden weisen auf frische, nährstoffreiche Böden hin, wachsen aber auch auf Brachen, Schutthalden und lehmigen, steinigen Rohböden. Als Pionierpflanzen leiten sie die Waldentwicklung ein. Im Frühjahr sind sie die ersten Futterpflanzen für Honigbienen, Zitronenfalter und Tagpfauenaugen. Um die achtzig Schmetterlingsarten ernähren sich von der Sal-Weide. Raupen und Käfer nutzen die Blätter, der Moschusbock trinkt ihren Saft. Das Wild braucht die Weide zur Äsung und zur Deckung. Die Rinde der Sal-Weide wird zum Gerben verwendet. Das Holz wird zur Herstellung von Pfählen genutzt. Aus ihren biegsamen Ruten können Körbe und Seile hergestellt werden. Die Salicylsäure, die in der Weidenrinde enthalten ist, wird als Konservierungsmittel genutzt. Schon die Germanen und Kelten wussten, dass Weidenrinde Substanzen enthält, die fiebersenkend wirken und Kopfschmerzen beseitigen.

Tour 22

Stadtverwaltung Tann (Rhön), Apr.–Okt. Mo–Fr 9–11.30 Uhr, 13–16 Uhr, Di–Fr 9–17 Uhr, So, So, Ft 10–17 Uhr, Nov.–März Mo–Fr 9–11.30 Uhr, Mo–Mi, 13–16 Uhr, Do 13.30–17 Uhr, Fr 13–15 Uhr, Tel. 06682/96110, Marktplatz 9, 36142 Tann (Rhön). info@tann-rhoen.de www.tann-rhoen.de

Rhönforum e.V., Tel. 036967/59482, Marktplatz 29, 36419 Geisa. info@thueringerrhoen.de www.thueringerrhoen.de

Stadtverwaltung Geisa, Di, Do, Fr 9–12 Uhr, Di 14–18 Uhr, Do 14–16 Uhr, Tel. 036967/690, Marktplatz 27, 36419 Geisa. info@geisa.de, www.geisa.de

An-/Abfahrt Tann (Rhön): Bahn bis Fulda, Mo-Fr und im August samstags: Bus 20 bis Marktstraße, Tann (Rhön). Der Bus fährt voraussichtlich weiter bis Dietgeshof.

An-/Abfahrt Reinhards/Spahl: Bahn bis Hünfeld oder Eisenach, dann Bus nach Geisa, seltene weitere Verbindungen nach Reinhards und Spahl (sonst bleibt nur Abholen).

Wassermannshof (2 Ferienwohnungen), Tel. 036967/51234, Reinhards 6, 36419 Geisa-Reinhards, edmundwassermann@web.de www.wassermannshof.de

Gasthof Heile Schern, Zimmer, Matratzenboden (mit Bettzeug), Tel. 036967/51088, Zum Geisaer Berg 1, 36419 Spahl. www.heileschern.de

Ferienhof Zum Rössberg, Tel. 036967/51115, 0160/5197922, 0151/59454226, Am Ried 14, 36419 Geisa-Spahl. info@ferienhof-roessberg.de www.ferienhof-roessberg.de

Pension Göb, Tel. 06652/918606, Kettener Straße 4, 36419 Geisa-Spahl. familie.biedenbach@web.de www.pension-goeb.de

Pension Kött, Tel. 036967/51126, 0175/3515702, Meritzer Weg 6 bzw. Neue Straße Nr. 6, 36419 Geisa-Spahl. Zimmer@Pension-Koett.de www.pension-koett.de

Gaststätte Zum Weißen Ross, Mi Ruhetag, Sa+So ab 11 Uhr, Tel. 06682/722, Thüringer Straße, 36142 Tann-Neuswarts.

Gasthof Heile Schern, Mai–Okt Mi–So ab 12 Uhr, Nov–April Mi–Fr ab 17 Uhr, Sa+So+Ft ab 12 Uhr, Tel. 036967/51088, Zum Geisaer Berg 1, 36419 Spahl. www.heileschern.de

Altstadt, **Naturmuseum** und **Rhöner Museumsdorf** mit originalen Bauernhäusern und Inventar in Tann.

Picknick am Seeleshof, herrliche Ausblicke zum Verweilen und Genießen

Höhenprofil Tour 22

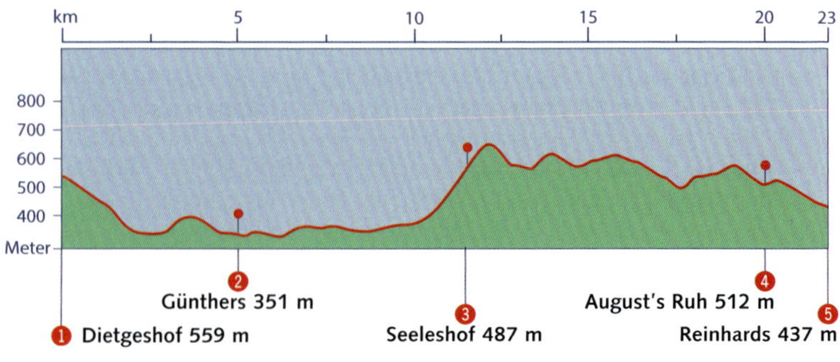

▶ Karte S. 168

Von Angesicht zu Angesicht

Tour 23: Von Reinhards nach Geisa » 15 km/4 Std.

Kurzcharakteristik
Den Morgen beginnen wir auf dem einsamen Plattenweg durch das Naturschutzgebiet Katzenstein. Mit etwas Glück treffen wir Hase und Reh beim Frühstück. Dann wechseln wir an einem verlassenen Beobachtungsturm in die weite Flur. Wir streifen das hessische Setzelbach und schlängeln uns auf Feldrändern durch ein Stück verschwundener Grenze. Danach wandern wir über Lochplatten auf dem Grenzlehrpfad, der von Point Alpha herüberkommt. Auf dem ›Weg der Hoffnung‹ mit Skulpturen, die das Leiden Jesu darstellen, erreichen wir das blaue ›Haus auf der Grenze‹ mit seinen Ausstellungen, einer Freiluftanlage und dem U.S.-amerikanischen ›Observation Point Alpha‹. Nach der Besichtigung geht es mit Blick auf das sanfte Ulstertal in das 1200-jährige Geisa hinab.

Wegebeschaffenheit: Kolonnenweg, Wald- und Feldwege, asphaltierte Nebenstraßen
Markierung: Hinweisschilder und Plattenweg
Schwierigkeit: leicht bis mittel, mit einem steilen Anstieg am Anfang
Wanderkarten: L5324 Hünfeld (Landesamt für Digitalisierung, Breitband und Vermessung Bayern) oder Rhön Nord (Topografische Freizeitkarte von Rhön Tourismus und Service GmBH Rhönclub e.V. und Hessisches Landesamt für Bodenmanagement und Geoinformation oder Kompass Nr. 460 Rhön, Karte 1
Einkauf: in Geisa
Einkehr: am Point Alpha, diverse in Geisa
Teilstrecken: Reinhards-Setzelbach (2 Std.), Setzelbach-Haus auf der Grenze (1,5 Std.), Haus auf der Grenze-Geisa (0,5 Std.)
Besondere Tourhinweise: Es ist eine kurze Tour, aber es gibt viel zu sehen, auch Geisa hat einiges zu bieten. Wer von Spahl kommt, beginnt an der ›Heile Schern‹ und läuft in Richtung Geismar, bis links der Meritzer Weg abgeht, der uns aus dem Ort und dann aufwärts zum Grünen Band führt. Ungefähr 600 Meter hinter der Straße Spahl-Oberaschenbach treffen wir auf den Plattenweg und gehen nach rechts weiter.

Streckenverlauf

Von **Reinhards** wandern wir den gleichen Weg **zurück zum Kolonnenweg** wieder an dem Kruzifix vorbei zu der Stelle, an der wir gestern vom Plattenweg abgebogen sind. Wir gehen nun rechts weiter hinab zur **Straße Mittelaschenbach-Reinhards** und wandern jenseits steiler hinauf. Bergauf, bergab geht es dann zwischen erloschenen Vulkanen hindurch. Wie dicht der Wald auf dem Todesstreifen an der linken Seite inzwischen nachgewachsen ist! Wir überqueren die **Straße Spahl-Oberaschenbach**. Wer von Spahl kommt, biegt sechshundert Meter später nach rechts auf den Plattenweg ein. Nach eineinhalb Stunden entdecken wir, wo wir den Wald verlassen und links abbiegen wollen, geradeaus/rechts einen **ehemaligen Wachturm**.

Zurück am Kolonnenweg folgen wir diesem weiter, bis wir nach einer weiteren halben Stunde das hessische **Setzelbach** erreichen. Wir überqueren die Straße Setzelbach-Geismar. Der Wegweiser leitet uns zuverlässig am Dorfrand entlang. Das Dorfende, an dem einst auch die Bundesrepublik endete, erkennen wir an dem **Wendehammer**. Hier kommen wir an einem Rastplatz vorbei.

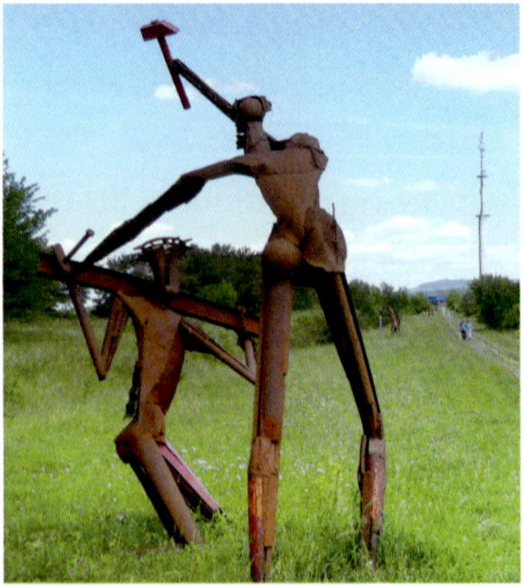

›Mord – Jesus wird ans Kreuz geschlagen‹ auf dem Weg der Hoffnung

Es geht dann den Schildern nach auf einem Wiesenweg durch die Felder. Wir erreichen die Straße **Setzelbach-Wiesenfeld**, laufen ein kurzes Stück rechts abwärts, bis uns die Schilder und die altbekannten Betonelemente im spitzen Winkel nach links schicken. Nun steigen wir wieder auf. Heckenrosen und Holunder säumen unseren Weg.

Von rechts kommt der **Grenzlehrpfad** von Wiesenfeld herauf. Links oberhalb berührte an dieser Stelle die Verbindungsstraße Rasdorf-Setzelbach die Grenze. Auf der rechten Seite leuchtet ein frisch gestrichener **weißer Führungsturm**. Das blaue ›Haus auf der Grenze‹ ist zwar nah, aber noch nicht zusehen. Wir treffen aber schon auf die ersten Besucher, die auf dem Grenzlehrpfad zum Führungsturm wandern. Bunte Wiesenblumen säumen unseren Weg.

Unser Blick schweift rechts übers Ulstertal mit seinen dahinter liegenden markanten Solitärbergen, die in Richtung Norden immer niedriger werden. Der Berg mit dem Turm ist der **Bocksberg** (422 m), rechts hinter dem **Abendberg** (402 m). Dahinter liegen der Roßberg, der Hohe Stern und der Mannsberg, alle haben knapp 700 Meter Höhe. Am höchsten Punkt des sich etwas hinziehenden Anstieges wartet endlich eine Bank zum Verschnaufen auf uns.

Kurz darauf entdecken wir den **Weg der Hoffnung** auf unserem Kolonnenweg, der an der Kunstausstellung von Dr. Ulrich Barnickel entlang führt, bei der die rostroten Figuren bis zum ›Haus auf der Grenze‹ als Kreuzweg Szenen aus dem Leidensweg Jesu darstellen. Sie vermischen sich in unseren Gedanken mit den Geschichten der Menschen an der Grenze, von denen wir auf unserer Wanderung erfahren haben. Wir gehen bis zum 2003 eröffneten blauen ›Haus auf der Grenze‹ vor. Kurz vor der Straße befinden sich die Erklärungen zu den Stationen des ›Weg der Hoffnung‹. Das **Haus auf der Grenze** hat keine historische Vorgängereinrichtung, sondern ist als Museum 2003 komplett neu errichtet worden. Es beherbergt anschauliche Ausstellungen zur Geschichte und zur Naturentwicklung an der Grenze, für die wir aufgrund der kurzen Wanderzeit zum Glück genügend Zeit haben.

Unser Wanderweg führt dann 700 Meter weiter auf der Grenze an aufgebauten Grenzanlagen vorbei, hinüber zum **Point Alpha**, einem US-amerikanischen Observation Point. Das eingezäunte Gelände befindet sich so nah an der Grenze, dass sich die Soldaten beider Seiten direkt in die Augen schauen mussten. Wir besichtigen die Base mit Unterkünften, Fahrzeugen und Büroräumen und besteigen den Turm. Dann geht unser Weg am ›Denkmal für die deutsche Teilung und ihre Überwindung‹ weiter, das am 13. August 2000 aufgestellt wurde.

Geisa liegt nun unter uns im Ulstertal. Um dorthin zu kommen, laufen wir von hier auf dem Wiesenweg parallel zum

▶ Karte S. 175

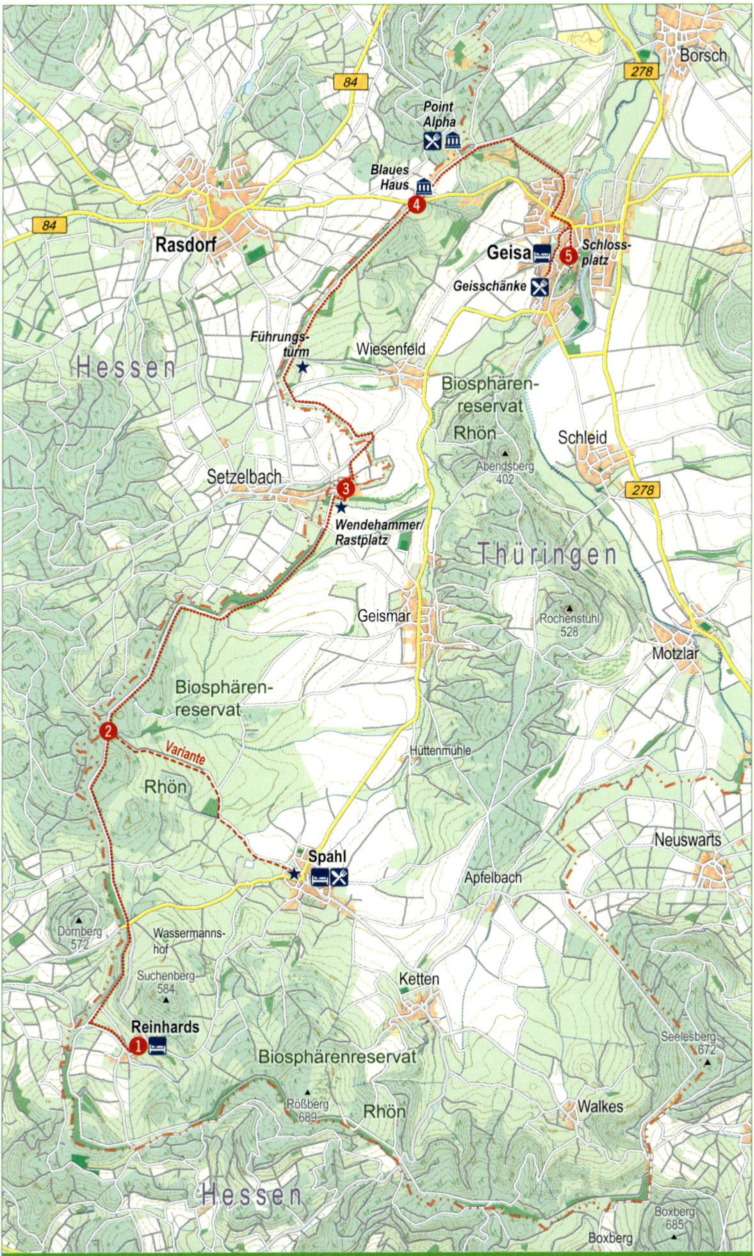

Tour 23: Reinhards–Geisa

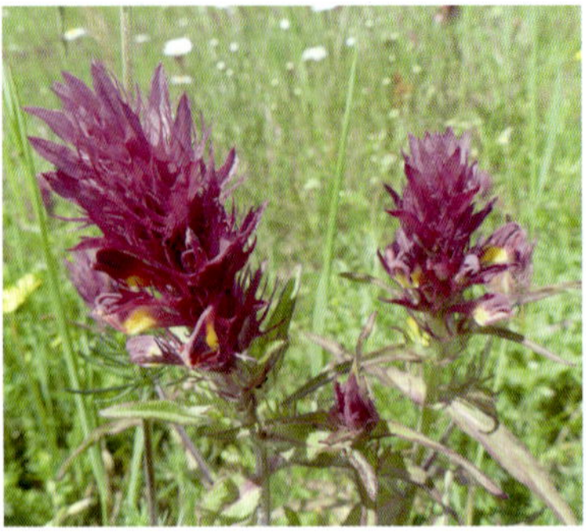

Acker-Wachtelweizen

Kolonnenweg ca. 150 Meter weiter, bis er nach links abbiegt. Wir bleiben hier geradeaus und wandern den Schildern nach später rechts durch die Wiese nach Geisa hinab. An den ersten Häusern betreten wir die Buttlarer Straße. An ihrem Ende biegen wir links in die Rasdorfer Straße ab und gehen an einer größeren Kreuzung geradeaus die Werner-Deschauer-Straße zum Marktplatz und dem dahinter liegenden Schloss hinauf. Zur ›Geisschänke‹ biegen wir an der Kreuzung und vor der Werner-Deschauer-Straße rechts in die Straße ›Eisfeld‹ ab und folgen den Schildern dann nach links etwa einen Kilometer auf ebener Höhe durch die Straße ›An der Geis‹ und an dem Flüsschen Geisa entlang.

Die Grenzüberwachung der Westmächte

Ab 1951 wurde die westdeutsche Grenzsicherung gemeinsam von U.S. Streitkräften, dem Bundesgrenzschutz und dem Deutschen Zoll verantwortet. Dabei hatte der Bundesgrenzschutz die Aufgaben, die Grenze und den Grenzverkehr polizeilich zu überwachen, Grenzfahndungen nachzukommen und Gefahren abzuwenden, wenn die Grenzsicherheit gefährdet wäre. Zunächst wurden ca. 10 000 Soldaten mit ›schwacher Bewaffnung‹ eingesetzt. Ab 1953 stieg dann die Zahl auf 20 000 Mann. Ab den 1960er Jahren wurden an der von der DDR schwer gesicherten Grenze zwei U.S. Kavallerieregimenter stationiert, eins für den Norden, eins für den Süden. Jedes Regiment gliederte sich in drei Panzerbataillone. Ein Einsatz in den Bordercamps und Observation Points an der Grenze erfolgte in regelmäßigen Abständen. Point Alpha war rund um die Uhr besetzt. Vor Ort hatte man 24 Stunden Dienst und war entweder zu Fuß, als Motorradstreife oder als Beobachtungsdienst eingeteilt. Außerdem gab es eine ständig einsatzbereite Alarmbereitschaft. Nach spätestens 30 Tagen wurde man abgelöst. Die Amerikaner hatten dabei folgende Aufgaben: ›Aktivitäten und Bewegungen der Staaten des Warschauer Paktes und der DDR-Grenztruppen beobachten und frühzeitig Angriffe gegnerischer Streitkräfte erkennen, um Vorsorgemaßnahmen zu treffen und Alarmbereitschaft herzustellen.‹ Außerdem galt es, die eigene Stärke zu präsentieren, um den oder die Gegner von Angriffen abzuschrecken. Im Zweifelsfall waren feindliche Angriffe auch unter Einsatz von Waffen zu zerschlagen.

Mit der Deutschen Einheit am 3. Oktober 1990 fanden die Frontstellungen der Besatzungsmächte und des ›Kalten Krieges‹ ein Ende. Bereits im März 1990 zog die Truppe von Point Alpha ab. 1991 wurde ein Teil der U.S.-Soldaten zum Einsatz in den Golfkrieg verabschiedet. Weitere Einsatztruppen wurden bis etwa 1995 aufgelöst. Für das Gelände folgte dann eine wechselvolle Geschichte, bis es schließlich dem dafür gegründeten Verein gelang, eine Mahn-, Gedenk- und Bildungsstätte einzurichten.

▸ Karte S. 175

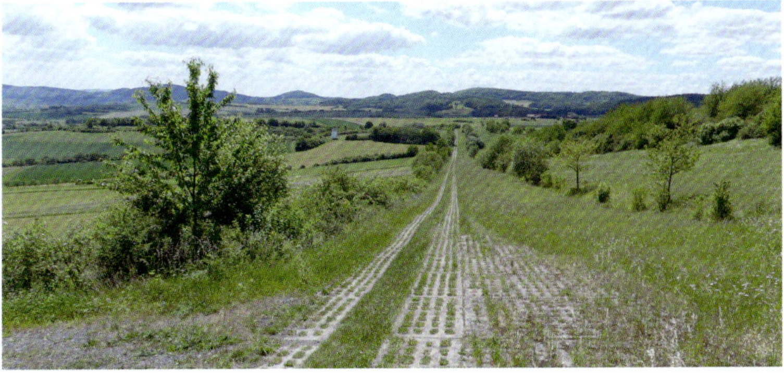

Auf dem Grenzlehrpfad

Geisa und seine Enklavengeschichte

Bereits vor 5500 Jahren lebten Ackerbauern und Viehzüchter im Geisaer Land. Später siedelten hier die Kelten und hinterließen ringförmige Wallanlagen. 817 wurde Geisa erstmals urkundlich erwähnt. 1265 erhielt Geisa die teilweise heute noch existente Stadtmauer. In Folge des Wiener Kongresses wurde das katholische Geisa unter Protesten der Bevölkerung dem mehrheitlich evangelischen Herzogtum Sachsen-Weimar-Eisenach zugewiesen. Als 1921 die thüringischen Kleinstaaten zusammengeschlossen wurden, kam der Amtsgerichtsbezirk Geisa unter erneutem Protest der Bevölkerung zu Thüringen. Erst amerikanisch besetzt, gehörte die Stadt damit zur sowjetischen Besatzungszone und lag im 5-Kilometer-Sperrstreifen. Neben der Aussiedlung und Flucht von angeblich unzuverlässigen Personen wurden auch mehrere Höfe geschleift. Heute leben in der Stadt und den eingemeindeten Orten 4750 Menschen.

i Tour 23

Stadtverwaltung Tann (Rhön), Apr.-Okt. Mo-Fr 9-11.30 Uhr, 13-16 Uhr, Di-Fr 9-17 Uhr, So, So, Ft 10-17 Uhr, Nov.-März Mo-Fr 9-11.30 Uhr, Mo-Mi, 13-16 Uhr, Do 13.30-17 Uhr, Fr 13-15 Uhr, Tel. 06682/96110, Marktplatz 9, 36142 Tann (Rhön). info@tann-rhoen.de www.tann-rhoen.de

Rhönforum e.V., Tel. 036967/59482, Marktplatz 29, 36419 Geisa. info@thueringerrhoen.de www.thueringerrhoen.de

Stadtverwaltung Geisa, Di, Do, Fr 9-12 Uhr, Di 14-18 Uhr, Do 14-16 Uhr, Tel. 036967/690, Marktplatz 27, 36419 Geisa. info@geisa.de, www.geisa.de, www.rhoen.de

An-/Abfahrt Reinhards/Spahl: Bahn bis Hünfeld oder Eisenach, dann Bus nach Geisa, seltene weitere Verbindungen nach Reinhards und Spahl (sonst bleibt nur Abholen)

An-/Abfahrt Geisa: Bahn bis Hünfeld, Bad Salzungen oder Vacha, dann Bus nach Geisa

Zimmervermietung Sigrid Heim, Tel. 036967/75346, Röderweg 3, 36419 Geisa. baderheim@t-online.de

Gaststätte & Pension Geisschänke, Tel. 036967/70651, An der Geis 27, 36419 Geisa. info@geisschaenke.de www.geisschaenke.de

Hotel und Restaurant Schloss Geisa, Tel. 036967/593550, Schlossplatz 4, 36419 Geisa. info@schlossgeisa.de www.schlossgeisa.de

Snackbar (Getränke, Süßes, Eis) im Haus auf der Grenze an der **Gedenkstätte Point Alpha** und Gastronomie (warmes Essen, Kaffee, Kuchen) in der Gedenkstätte Point Alpha (1 km hinter dem Haus auf der Grenze), April–Okt täglich 9–18 Uhr, Nov u. März täglich 10–17 Uhr, Dez–Feb Di–So 10–16.30 Uhr (Mo geschlossen), Tel. 06651/9190-30, Platz der Deutschen Einheit, 36419 Geisa.
service@pointalpha.com
www.pointalpha.com.

Pizzeria Krone, Di–So 11.30–14.30 Uhr, 17–23 Uhr, Tel. 036967/50283, 0171/2133617, Marktplatz 6, 36419 Geisa.

Gaststätte zur Linde, Mai–Sept tgl. 11–22 Uhr, Mo 11–15 Uhr, Okt–April Di 11–14.30 Uhr, Mi–Sa 11.30–14.30 Uhr und 17.30–22 Uhr, So 11–20 Uhr, Tel. 036967/75206, Bahnhofstraße 6, 36419 Geisa. info@zur-linde-geisa.de www.zur-linde-geisa.de

Gedenkstätte Point Alpha (inclusive ›Haus auf der Grenze‹), s.o., Eintritt gilt für alles: 6 €/5 €.

Stadtbesichtigung mit Rundgang an der Stadtmauer Geisa anhand von Schildern. **Schlosspark mit Zentgerichtsstätte** aus dem 11. Jahrhundert, evangelische und katholische Kirche mit Knauf-Orgeln u.a.m.

Heimatmuseum Geisa, Mitte Juli–Mitte Okt Di–So 11–16 Uhr, Mitte Okt–Mitte Juli, Di+Do 11–16 Uhr, Tel. 036967/69115, Schlossplatz 3, 36419 Geisa.

Anneliese Deschauer Galerie, Juni–Sept Di, Do, Fr 11–15, So 11–16 Uhr, Okt–Mai Di, Do, Fr 11–15 Uhr, Tel. 036967/69115, Schlossplatz 1+2, 36419 Geisa

Jüdischer Friedhof Geisa, Standort: von der Ecke Alleestraße/Schleider Straße die Schleider Straße in Richtung Schleid/Ulster, den ersten Weg rechts hineingehen, bis rechts der Friedhof versteckt und verwachsen liegt, aber an den Grabsteinen zu erkennen ist: Schlüssel unter 036967/71843/-71842 bei der Friedhofsverwaltung Geisa, Rasdorfer Str. 15, 36419 Geisa.

Glockenspiel der 49 Glocken um 11/15/19 Uhr vom Kirchturm der Katholischen Stadtpfarrkirche mit seinem Fachwerkaufsatz, Rundgang an der **Außenseite der Stadtmauer** mit der einzigartigen Gelegenheit, lebenswichtige Worte vom Stadtbalkon zu verkünden.

Höhenprofil Tour 23

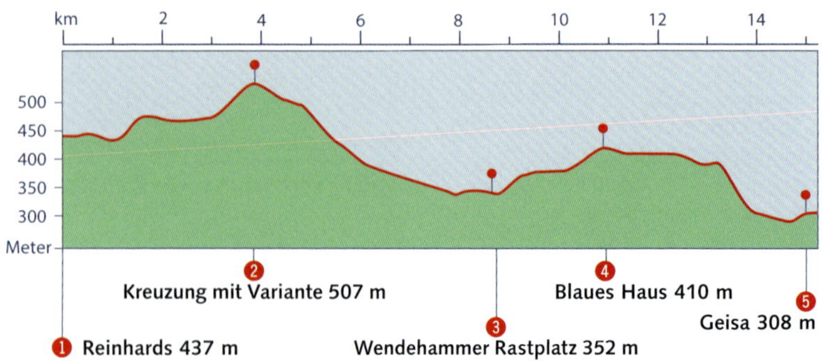

▸ Karte S. 175

Von Turm zu Turm zum Monte Kali

Tour 24: Von Geisa nach Vacha » 26 km/7,5 Std.

Kurzcharakteristik
Wir starten am Point Alpha und wandern über Lochplatten durch den Frühtau des Wiesenstreifens. Bald sehen wir den Monte Kali vor uns. Am Nachmittag werden wir zu seinen Füßen stehen. Auf und ab geht es dann durch mehrere Naturschutzgebiete ins Tal der Taft. Hier können wir den Weg über die ›halbe‹ Buchenmühle wählen oder auf dem Kolonnenweg weiter wandern. Die nächste Besonderheit bietet das Stück von Wenigentaft durch den Ulstersack, eine schmale hessische Schlaufe im Tal der Ulster. Auf Thüringer Seite steigen wir zum Kornberg auf und treffen unterwegs auf ein Gräberfeld aus der Bronzezeit. Danach geht es zum Beobachtungsturm Winterliete, hinab durchs Breizbachtal und wieder hinauf zum Führungsturm am Monte Kali. Nun nähern wir uns wieder dem weiten Ulstertal und steigen jenseits des Flusses zum Lohberg hinauf. Dahinter finden wir das wanderer- und pilgerfreundliche Vacha.

Wegebeschaffenheit: Kolonnenweg, asphaltierte Wege, Wald- und Feldwege, Pfade
Markierung: Lochplatten, teilweise Hinweisschilder
Schwierigkeit: schwierig, einige heftige Auf- und Abstiege, Trittsicherheit erforderlich, zieht sich lang
Wanderkarten: L5324 Hünfeld, L5124, L5126 Eisenach (Hessisches bzw. Thüringer Landesamt für Vermessung/Bodenmanagement/Geoinformation Hessen bzw. Thüringen) oder Waldhessen Ost und West (Herausgegeben vom Hessisch-Waldeckischen Gebirgs- und Heimatverein e.V. und Hessischen Landesamt für Bodenmanagement und Geoinformation)
Einkauf: in Unterbreizbach (Supermarkt ›tegut‹ am Weg) und in Vacha
Einkehr: in Unterbreizbach und Vacha
Teilstrecken: Geisa-Wenigentaft (3 Std.), Geisa-Pferdsdorf (5 Std.), Unterbreizbach-Vacha (1 Std.)
Besondere Tourhinweise: Die Tour zieht sich und ist durch steile Auf- und Abstiege anstrengend. Bei schlechtem Wetter besteht an einzelnen Stellen Rutschgefahr. In diesem Fall empfehlen wir, Zwischenstation in Pferdsdorf zu machen und am nächsten Tag weiterzulaufen. Wer schnell nach Vacha will, kann von Wenigentaft aus im Ulstertal bleiben und über Pferdsdorf und Unterbreizbach auch direkt nach Vacha wandern (ca. 5,5 Std.).

Streckenverlauf

Von **Geisa** wandern wir zurück zur Rasdorfer Straße. Am Abzweig zur Buttlarer Straße folgen wir dieser entweder nach rechts auf dem gleichen Weg zurück zum **Kolonnenweg** bis zum Abzweig am Fischerhof. Oder wir gehen die Rasdorfer Straße in Richtung Point Alpha aufwärts bis zum Ortsausgang und biegen in der nächsten Linkskurve rechts auf einen Feldweg ab, der uns rechts hinüber zum Wanderweg bringt und dem wir am Wald nach links zum Kolonnenweg bis zum Abzweig **Fischerhof** folgen.

Nun geht es auf und ab über Platten durch das Naturschutzgebiet Unterhainberg in Richtung Unterbreizbach. Eine knappe Stunde später erreichen wir die Straße **Rasdorf–Buttlar**. Hier stehen in nächster Nähe zueinander ein **Beobachtungsturm BT 9** und ein **Gedenkkreuz**. Wir wandern geradeaus weiter über den **Standorfsberg** (386 m). Dahinter geht es plötzlich so steil abwärts, dass wir nach rechts auf einen ebenfalls steilen Pfad durch den jungen Wald folgen. Achtung Rutschgefahr! Die Lochplatten des Originalabstiegs wurden extra entfernt, nachdem bei den hier bei Jugendlichen beliebten Crossabfahrten ein tragischer Unfall passiert war. Wir erreichen die Straße und haben zwei Möglichkeiten: Entweder wandern wir auf dem Kolonnenweg weiter. Dafür überqueren wir die Straße geradeaus und finden ihn nach 40 Metern links hinter der Brücke. Dann beginnt wieder der Aufstieg über Lochplatten.

Oder wir gehen an der Straße nach links zur **Schutzhütte**, dann etwa 100 Meter rechts über Asphalt, dann wieder rechts auf einem Wanderpfad bis zu einer Holzbrücke und dahinter auf der hessischen Seite weiter zur **Buchenmühle**. Zwischen zwei Gebäuden verlief hier einst der Grenzzaun, bis die DDR-Behörden den thüringischen Teil mit mehreren Wirtschaftsgebäuden abreißen ließen. Von der Buchenmühle wollen wir nun zum Kolonnenweg. Dazu folgen wir hinter der Mühle dem **Grenzlehrpfad** erst auf

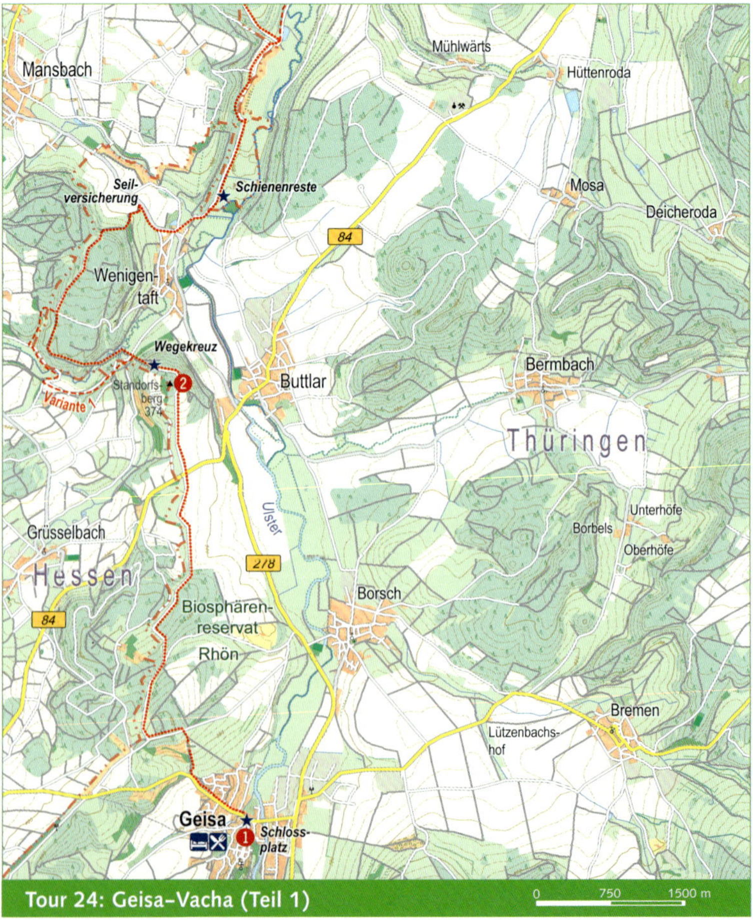

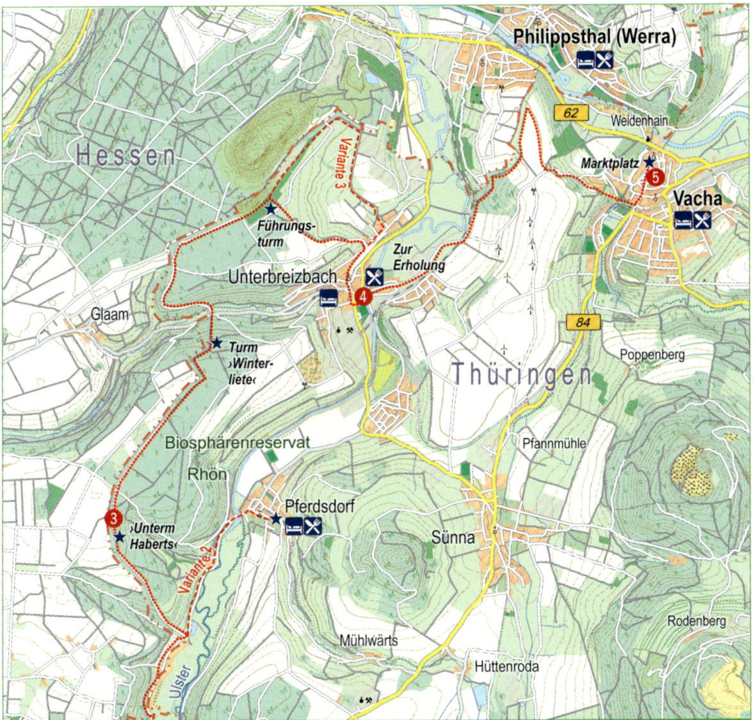

Tour 24: Geisa–Vacha (Teil 2) 0 750 1500 m

asphaltiertem Weg und biegen 350 Meter dahinter rechts auf einem Pfad in ein Seitental ab. Hier sind auch noch Reste des Grenzzauns zu sehen.

Beide Wege treffen sich kurz vor einer Bank, wo rechts ein Weg nach Wenigentaft abzweigt. Hier bleiben wir aber weiter auf dem **Kolonnenweg** und wandern bis zum letzten Rastplatz auf der Höhe. Ein surrealer Blick auf eine **Kali-Abraumhalde** bietet sich uns. Wir wechseln nun nach rechts auf einen Pfad abwärts. Keinesfalls nehmen wir die alte Kolonnenschneise. Im Wald folgt eine seilgesicherte Stelle, dann geht es bald an einer Wiese entlang und kurz nach Wiederbetreten des Waldes – Achtung, blattverdeckte Schilder! – geht es links zwischen hohen Hecken abwärts. Etwa zweieinhalb Stunden sind wir unterwegs. Wir treten in die freie Feldflur und gehen links weiter zur **Straße Mansbach–Wenigentaft**. Wir folgen ihr ein Stück nach links, bis auf der anderen Straßenseite rechts unser Weg als Feldweg weitergeht.

Wenigentaft begrüßt uns mit zwei Teichen, deren Zäune aus Zeugnissen der Vergangenheit bestehen. Einst sollte der kleine Ort nach Bad Salzungen in einen einzigen Wohnblock umgesiedelt werden. Hinter dem ersten Haus biegen wir nach links auf den asphaltierten Weg in Richtung ehemaliger Bahnhof ab. Hinter der Erinnerungstafel können Neugierige links im Wald überwachsene Schie-

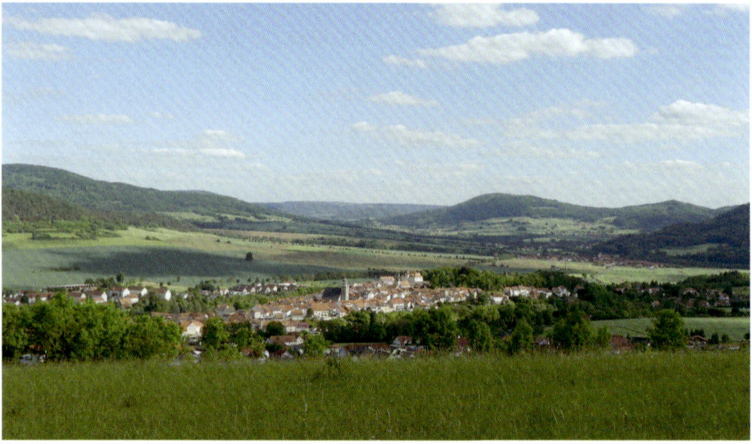

Geisa im Ulstertal

nen der Ulstertalbahn entdecken, die in den 1950er Jahren stillgelegt wurde. Nun wandern wir **parallel zum Bahndamm** durch den **Ulstersack**. Der frühere westdeutsche Zipfel entstand durch den Verlauf der Ulster und reichte vom linken bis zum rechten Wiesenrand. Mit Zustimmung der westdeutschen Behörden wurde das Flüsschen in den 1980er Jahren begradigt, um die Grenze noch stärker zu sichern. Inzwischen befreit sich die Ulster wieder Stück für Stück aus dem Korsett. Dort wo unser Weg links in den Wald schwenkt, befand sich an der engsten Stelle des Flaschenhalses der Zugang von Hessen. Wir wandern, bis der Kolonnenweg vom Ulstertalradweg links abbiegt. Wer hier geradeaus durchs Ulstertal weiterwandert, kommt nach Pferdsdorf und dann nach Unterbreizbach und kürzt somit ein gutes Stück ab.

Wir hingegen steigen auf dem **überschotterten Plattenweg** erst steil, dann allmählicher aufwärts. Nach einer halben Stunde sehen wir rechts eine kleine Holzbrücke und befinden uns nun **Unterm Haberts**. Ein kleiner Abstecher 50 Meter rechts in den Wald hinein, finden wir an einem Rastplatz zwei inzwischen schwer erkennbare **Hügelgräber** aus der mittleren Bronzezeit. Sie wurden 1960 beim Ausbau der Grenze gefunden. Das sie umgebende große Gräberfeld, das danach noch entdeckt wurde, ließ sich von der Grenze nicht beeindrucken. Es erstreckt sich über Ost und West, sodass hier Wissenschaftler beider Seiten mit Untersuchungen beschäftigt waren. Zurück am Kolonnenweg laufen wir rechts bergan und nun immer geradeaus durch den schattigen Kiefernwald. Nach weiteren 40 Minuten kommen wir an den tatsächlich vergessenen **Beobachtungsturm Winterliete**, der zur Besichtigung hergerichtet wurde (vorher organisieren). Nun geht es auf dem Kolonnenweg steil hinab zur **Straße Glaam–Unterbreizbach**. Gegenüber erhebt sich hinterm Wald und in beeindruckender Weise Monte Kali.

Wir steigen auf der anderen Seite des Breizbachtals auf der asphaltierten Straße zum Hirschberg hinauf und folgen der Straße an der Grenze entlang aus dem Wald wieder hinaus, bis uns die weiße

▶ Karte S. 180/181

Abraumhalde des Kaliwerks Hattorf ganz nah mit ihrer gespenstischen Majestät überragt. Wir kommen wieder zu einem Turm, dieses Mal ist es ein **Führungsturm**. Wir biegen rechts übers Feld ab und gehen mit dem späteren Radweg rechts nach **Unterbreizbach** hinab ins Ulstertal und rechts an der Ulster entlang bis zur Brücke. Diesseits liegt ein **tegut-Einkaufszentrum**, jenseits beginnt die Bahnhofstraße, wo sich auf der linken Seite nach wenigen Häusern die Gaststätte mit dem nicht zu verachtenden Namen ›Zur Erholung‹ befindet. Wir laufen auf der Bahnhofstraße aus dem Ort hinaus, bleiben erstmal geradeaus und kommen am **Klärwerk** vorbei. Ab und zu begleiten uns Grüne-Band-Aufkleber an Laternen, bis wir auf freiem Feld nach rechts gehen, die Bahnschienen überqueren und nach links weiter wandern.

Wir laufen nun **parallel zu den Bahnschienen**. Kurz vor der Bahnbrücke führt unser Weg rechts im Schatten hinauf. Beim Verlassen des Waldes fehlen leider die Schilder. Es geht den Asphaltweg rechts aufwärts. Dann halten wir uns links und kommen auf die Höhe. Gigantisch ist der Blick über die Werra und das Ulstertal sowie auf die Halde und Philippsthal. Wir laufen parallel zum Ulstertal, bis rechts ein Feldweg abgeht, der uns in einem Rechtsbogen an Hecken und Obstbäumen entlang zu einer Teerstraße bringt, der wir noch 1,2 Kilometer nach links nach **Vacha** folgen. Am ersten rechts abbiegenden Weg nehmen wir den romantischen Pfad in den Ort. Er verläuft auf einem früheren Bahndamm und geht in den Unterbreizbacher Weg über. Wir bleiben oberhalb auf dem Pfad parallel zu den Bahnschienen. Am Ende gehen wir links zur Straße runter, die vom Netto geradeaus in die Stadt oder rechts zum Busbahnhof führt.

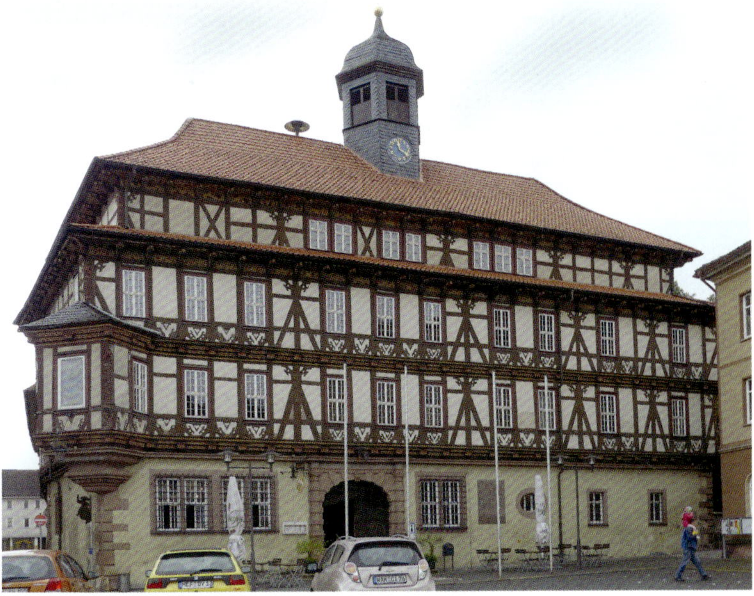

Das Rathaus in Vacha

Unterschiedliche Grenztürme

Die ersten Türme an der deutsch-deutschen Grenze waren aus Holz. Sie wurden zwischen 1952 bis in die 1960er Jahre erst durch zylindrische, neuneckige mit rundem Fuß, später durch viereckige Betontürme für je drei bis fünf Soldaten ersetzt. Der Turm mit dem neuneckigen Kopf entpuppte sich als zu windanfällig, sodass er ab 1975 durch den heute häufig zu sehenden schmalen quadratischen Turm ersetzt wurde, der eine Grundfläche von 2x2 m hat. Die Nummer hinter dem abgekürzten ›BT‹ ist übrigens keine Seriennummer, sondern bezeichnet die übereinander gesetzte Anzahl der Bauelemente. Die Turmhöhe konnte so den örtlichen Gegebenheiten angepasst werden, so dass ein BT-9 lediglich kürzer als ein BT-11 ist.
Entlang der Grenze entstand ein flächendeckendes System von Beobachtungstürmen und sogenannten Führungstürmen, gedrungenen Leitstellen, die eine Grundfläche von 4 x 4 Metern aufweisen und als ›BT 4x4‹ bezeichnet wurden. Die Türme wurden durch eine Stahltür betreten, die zur Grenzseite hin nicht einsehbar war. Versetzte Metallleitern führten durch die Zwischenböden zur Kanzel hinauf. In der Kanzel hatten bis zu fünf Soldaten Platz, die die Alarmgruppe bildeten. Zur Turmausstattung gehörten Sitzgelegenheiten, Waffenständer, Luftfilteranlage, Signalmittel, Dienstbuch, Kartenmaterial und das Kennzeichenverzeichnis des Bundesgrenzschutzes. Dazu gab es eine Fernmeldestandleitung zum Grenzmeldenetz, eine Elektroheizung sowie Notfall- und Rettungsausrüstung. Die Dachterrasse war über eine verschließbare, luftdichte Stahlblech-Luke zu betreten und von einer Reling aus Stahlrohr umgeben. Hier befanden sich schwenk- und fernbedienbare Suchscheinwerfer, später auch Videokameras. Für den Fall des Falles gab es eine Abseilhilfe. Im zweiten Zwischengeschoss waren außerdem Schießscharten angebracht.
Mehrere Beobachtungstürme gehörten in die Zuständigkeit eines Führungsturms. Ende 1989 gab es auf 1396 km Grenze 434 Türme, während es an der Berliner Grenze 302 Türme auf 155 km Länge waren. (Zahlen von Wikipedia und www.berlinermaueronline.de)

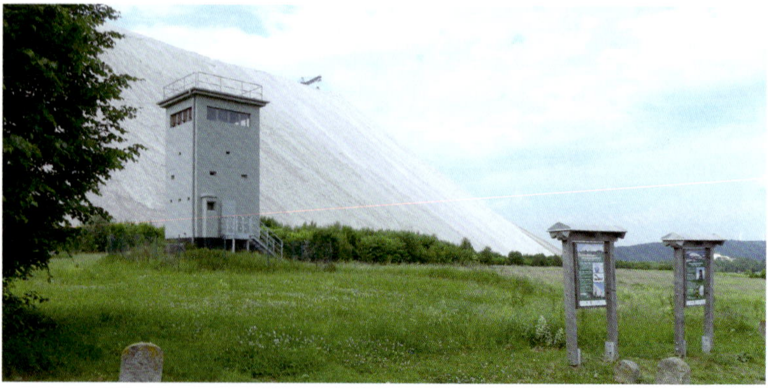

Führungsturm am Monte Kali

▲ Karte S. 180/181

›Vietche im Töpche‹

Der heilige Vitus - aus Sandstein gehauen - steht in einer Römerrüstung auf dem Brunnen vor dem Vachaer Rathaus. Aus einem Gefäß auf einem Schild in seiner Linken schaut ein Männlein heraus. Es erinnert an den Nachtwächter, der sich bei einer neuerlichen Belagerung der Stadt wieder einmal zum befeindeten Lager schlich und es auskundschaftete. Plötzlich wurde er entdeckt und zur Strafe in einen Topf siedenden Öls gesteckt. Die Legende besagt, dass der Nachwächter durch den heiligen Vitus vor dem Tod bewahrt blieb. Er hielt ihn am Leben.

i Tour 24

Rhönforum e.V., Tel. 036967/59482, Marktplatz 29, 36419 Geisa. info@thueringerrhoen.de www.thueringerrhoen.de
Stadtverwaltung Geisa, Di, Do, Fr 9–12 Uhr, Di 14–18 Uhr, Do 14–16 Uhr, Tel. 036967/690, Marktplatz 27, 36419 Geisa. info@geisa.de, www.geisa.de
Gemeindeverwaltung Unterbreizbach, Mo, Di, Do, Fr 9–12 Uhr und Mo 13–15 Uhr, Di 13–16 Uhr, Do 13–18 Uhr (Mittwoch geschlossen), Tel. 036962/512-0, Heinrich-Heine-Str. 3, 36414 Unterbreizbach-Räsa. info@unterbreizbach.de, www.unterbreizbach.de
Stadt Vacha und Ortsteile, Mo–Fr 9–12 Uhr, Mittwoch geschlossen, Di 13–16 Uhr, Do 13–18 Uhr, Tel. 036962/2610, Markt 4, 36404 Vacha, allgemein@vacha.de www.vacha.de, www.rhoen.de, www.rhoenline.de, www.werratal.de

An-/Abfahrt Geisa: Bahn bis Hünfeld, Bad Salzungen oder Vacha, dann Bus nach Geisa
An-/Abfahrt Vacha: Bahn bis Bad Salzungen, Hünfeld oder Bad Hersfeld, dann Bus

Gasthaus Zum grünen Baum, Tel. 036962/22782, Lindenstraße 1, 36414 Pferdsdorf.
Zimmervermietung Ißbrücker, Tel. 036962/24869, Räsaer Tor 6, 36414 Pferdsdorf.
Zimmervermietung Raillon, Tel. 036962/21282 (8–18 Uhr), Tel. 036962/24244 (ab 18 Uhr), Linsengasse 1, 36414 Pferdsdorf.
Zimmervermietung Becker, Tel. 036962/20267, Heinrich-Heine-Straße 2, 36414 Räsa.
Pilgerherberge Vacha, Schlüssel: Mo–Fr, 9–18 Uhr in der Rhönbuchhandlung in der Widemarkter Straße, nach 18 Uhr sowie an Wochenenden und Feiertagen unter Tel. 0151/25804584, (Unkostenbeitrag).
Gasthaus & Hotel Zum Oechsetal, Tel. 036962/177474 oder 036962/24370 (9.30–12.30 Uhr und 14–17 Uhr), Jahnweg 15, 36404 Vacha www.thueringen.info/zum-oechsetal.html
Kellerhaus Gaststätte & Pension, Tel. 036962/53001, Bahnhofstr. 14, 36404 Vacha. www.kellerhaus-vacha.de
Hotel Adler, Tel. 036962/2650, Markt 1, 36404 Vacha. info@hotel-adler-vacha.de www.hotel-adler-vacha.de
Hotel Rhönblick, Tel. 06620/469, Vachaer Straße 2a, 36269 Philippsthal. wuest-philippsthal@t-online.de www.hotel-rhoenblick.de

Gaststätte Zur Erholung, Tel. 036962/20005, Bahnhofstraße 24, 36414 Unterbreizbach (am Weg).
Timo's Bierstübchen, Tel. 036962/22728, Schachtstraße 10, 36414 Unterbreizbach.
Gaststätte Rumpelkammer, Mi–Sa 17–24 Uhr, So 10–14, 17–24 Uhr, Tel. 036962/25205, Gehlberg 3, 36404 Vacha. www.rumpelkammer-vacha.de

Wandertouren

Beobachtungsturm auf der Winterliete, Tel. 036962/5120, Gemeinde Unterbreizbach.

Burg und Museum Wendelstein Vacha (Bauernstube, Uromas Küche, Stadt- und Grenzgeschichte, Jüdische Gemeinde seit 1323, Puppensammlung u.a. mit DDR-Sandmännchen, Pitti Platsch, Frau Elster und ein Grenzturm), Tel. 036962/22839, 036962/25757, Öffnungszeiten: Di, Do, Fr 10–17 Uhr, Mi 10–12 Uhr, Sa, So, Ft 14–17 Uhr, Winterpause: Dez–Mitte März: in dieser Zeit nur mit Anmeldung, 3 Euro, Besichtigung des Grenzturms mit Führungs-/Leitstelle ganzjährig, Tel. 0151/7496040, Untertor 8, 36404 Vacha.
museum-burgwendelstein@t-online.de
www.vacha.de

Es lohnt sich, einen **Rundgang durch Vacha** zu machen: Storchenturm (Wahrzeichen), historische Innenstadt um den Marktplatz, Wandgemälde im Rathaus mit Szenen aus der Geschichte, Burg Wendelstein von 1250 (Museum, Grenzturm), Werrabrücke aus dem Jahr 1342, Serviten-Kloster aus dem 14. Jahrhundert, (Wandmalereien), jüdische Mikwe.

Höhenprofil Tour 24

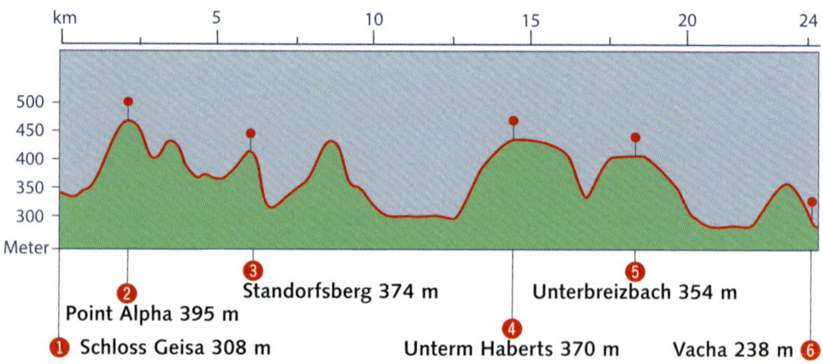

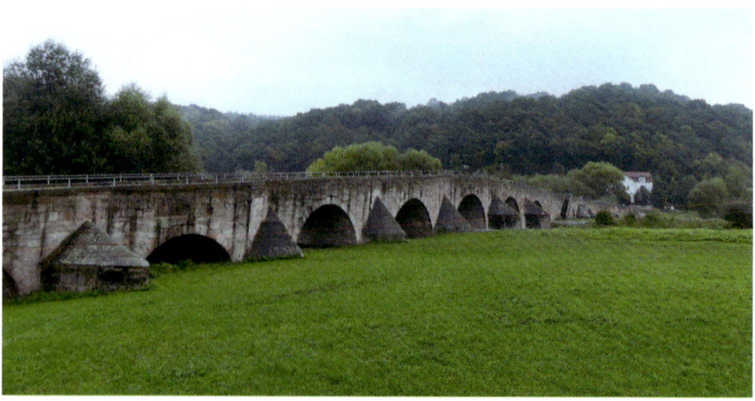

Karte S. 180/181

Bogenbrücke über die Werra bei Vacha

Vom zwölftel Haus zum zwölftel Dorf

Tour 25: Von Vacha nach Dankmarshausen » 18 km/5 Std.

Kurzcharakteristik

Unsere Wanderung beginnt an der breiten roten, mittelalterlichen Bogenbrücke über die Werra. Jenseits zieht uns ein weißes Haus an – die Hoßfeldsche Druckerei mit ihrer hessisch-thüringischen Zwölftel-Geschichte. Wir steigen dann von Philippsthal zur Höhe des Steinkopfs hinauf und wandern durch dichten Wald. Dort, wo wir die freie Flur wieder betreten, ragt der Monte Kali hinter Heringen auf und grüßt herüber. Die Werra hat inzwischen einen Bogen von Ost-West nach Norden gemacht. Wir steigen zum Teich und zum übrig gebliebenen Haus von Gasterode hinab und dahinter wieder aufwärts über den Langenberg zur Landesgrenze. Schließlich geht es auf Platten an ehemaligen Bachfluchtbarrieren und Abflusssperren aus der DDR vorbei durchs Naturschutzgebiet ins schmucke Dankmarshausen.

Wegebeschaffenheit: Kolonnenweg, asphaltierte Wege, Wald- und Feldwege, Pfade
Markierung: Wegweiser, Grüne-Band-Schilder, blaues Viereck, Lochplatten
Schwierigkeit: mittel
Wanderkarten: L5126 Eisenach (Freistaat Thüringen Landesamt für Vermessung und Geoinformation oder Waldhessen Ost und West (Herausgegeben vom Hessisch-Waldeckischen Gebirgs- und Heimatverein e.V. und Hessischen Landesamt für Bodenmanagement und Geoinformation)
Einkauf: in Vacha, Bäckerei Kröckel im Edeka in Dankmarshausen
Einkehr: in Dankmarshausen
Teilstrecken: Vacha bis zur Straße Dippach–Leimbach (4 Std.)
Besondere Tourhinweise: wieder eine sehr schöne Tour, erst einsam durch den Wald, dann mit weitem Blick über die Höhe des Langenberg

Streckenverlauf

Wir beginnen unseren Wandertag am unteren Ende des **Marktplatzes von Vacha**, gehen an der Kirche rechts herum und dann links zur Werrabrücke. Auf der mittelalterlichen Bogenbrücke fangen wir mit Blick zurück das heute nur noch hier zu sehende Ensemble von Vacha-Werra-Mauer-Wachturm ein. Wir gehen zur nördlichen Brückenseite hinüber, wo links ein kunstvoller **Grenzstein** steht, der die Grenze Preußen–Hessen markierte. Dieser steht hier falsch. Folgt man der weißen Linie über die Straße, ist dort am Grundstücksbeginn dessen ehemaliger Stellplatz, der zu seinem Schutz vor dem heutigen Straßenverkehr versetzt wurde. Die weiße Linie markiert den Grenzverlauf, der mitten durch das vor uns stehende weiße Haus der **Hoßfeldschen Druckerei** ging. Ein Zwölftel gehörte zu Thüringen, elf Zwölftel zu Hessen. Was das bedeutete, erzählen wir unten im gelben Kasten.

Um weiterzuwandern, gehen wir an der Brücke links 100 Meter die Straße entlang und biegen dann rechts in den Wald ab. Wir wandern auf dem links den Berg flankierenden **Waldpfad** aufwärts und folgen dem **Grüne-Band-Zeichen**. Oberhalb am Waldrand erreichen wir die Kaffeemühle, ein Vereinshaus, und dann eine **asphaltierte Birkenallee**, der wir rechts auf die Höhe folgen.

Am Waldbeginn, dort wo der Grenzgedächtnisweg rechts nach Thalhausen abbiegt, bleiben wir auf einem weniger belaufenen Weg mit einem **blauen Vier-**

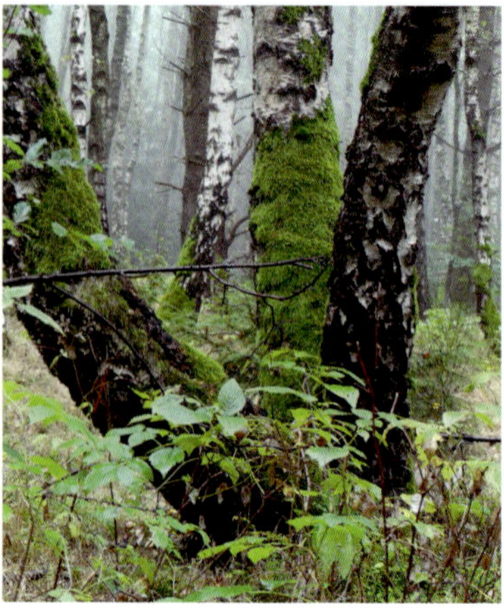

Wald am ›Schwarzen Stock‹

eck geradeaus und erreichen kurz darauf die nur gelegentlich genutzte **Thüringer Hütte** mit Rastplatz und Unterstand. Den Schildern nach wandern wir nun durch dichten Wald auf der hessischen Grenzseite eineinhalb Stunden über den **Schwarzen Stock**, ein früherer ›Bildstock‹, den Napoleon-Grenzstein und den **Steinkopf** (452 m). Ginster und Grenzsteine säumen unseren Weg.

Dann betreten wir die freie Flur und unser Blick kann weit über das **Werratal** hinüber zum Monte Kali bei Heringen schweifen. Am nächsten Asphaltweg, der links abgeht, bleiben wir geradeaus, schwenken dann mit dem Weg rechts und biegen bald darauf an einer Birkenallee links auf die unübersehbaren **Lochplatten** ab. Kurz darauf geht es wieder links. Wir folgen durch die halboffene, hügelige Landschaft und wandern schließlich abwärts, bis wir **Gasteroda** erreichen. Von dem ehemaligen Gut sind etwa ein Zwölftel, der Teich und ein einziges Haus übrig geblieben, weil sich dessen Mieter bis zur Wende 1989 nicht vertreiben ließen. Der Druck der Behörden, die Häuser zu verlassen, die Isolation durch die elektrisch gesicherte Komplettumzäunung, das Wegziehen der Nachbarn und die zunehmende Einsamkeit lasteten enorm auf den Seelen. Jedes Haus, das verlassen wurde, wurde sofort abgerissen.

▶ Karte S. 189

Nachdenklich wandern wir den **asphaltierten Weg nach links** weiter durch das saftige Tal. An der nächsten Möglichkeit biegen wir schräg rechts im spitzen Winkel in einen Feldweg ab und steigen den Berg steil hinauf. Oben folgen wir erst dem Weg nach links, dann geht es waagerecht und an der nächsten Stelle rechts ab. Schließlich erreichen wir die **Straße zwischen Heringen und Berka** dort, wo auch eine Straße nach Widdershausen abgeht.

Wir laufen rechts in Richtung Dippach ein Stück an der Straße entlang, bis wir zur **Grenze** kommen. Rechter Hand weist uns Kunst in Form von aufgehäuften Stacheldrahtrollen auf die Grenze hin. Gleich hinter der Grenze geht links unser Weg am schwarz-gelben Naturschutzschild ab. Erst noch ein Trampelpfad, merken wir bald, dass wir uns wieder auf dem **Kolonnenweg** befinden, der hier teilweise in schlechtem Zustand ist. Wir folgen ihm mangels Alternative bis zur **Werra** und laufen dann rechts, parallel zu Dankmarshausen, das von einem Felssporn herunterblickt, auf dem **asphaltierten Radwanderweg** zur Brücke vor.

Wir überqueren sie und wandern in den fränkischen Ort **Dankmarshausen** hinein, der urkundlich erstmalig 1302 erwähnt wurde, sicher aber schon vor 800 existierte. 1727 brannten bei einem Großbrand das halbe Dorf und die Kirche ab. Im Ort folgen wir links den Lutherwegschildern auf einem schmalen Fußpfad. Aufwärts zwischen den Grundstücken hindurch kommen wir direkt am Bürgerhaus, der Heimatstube, dem Gasthaus Adler und dem Dorfbrunnen

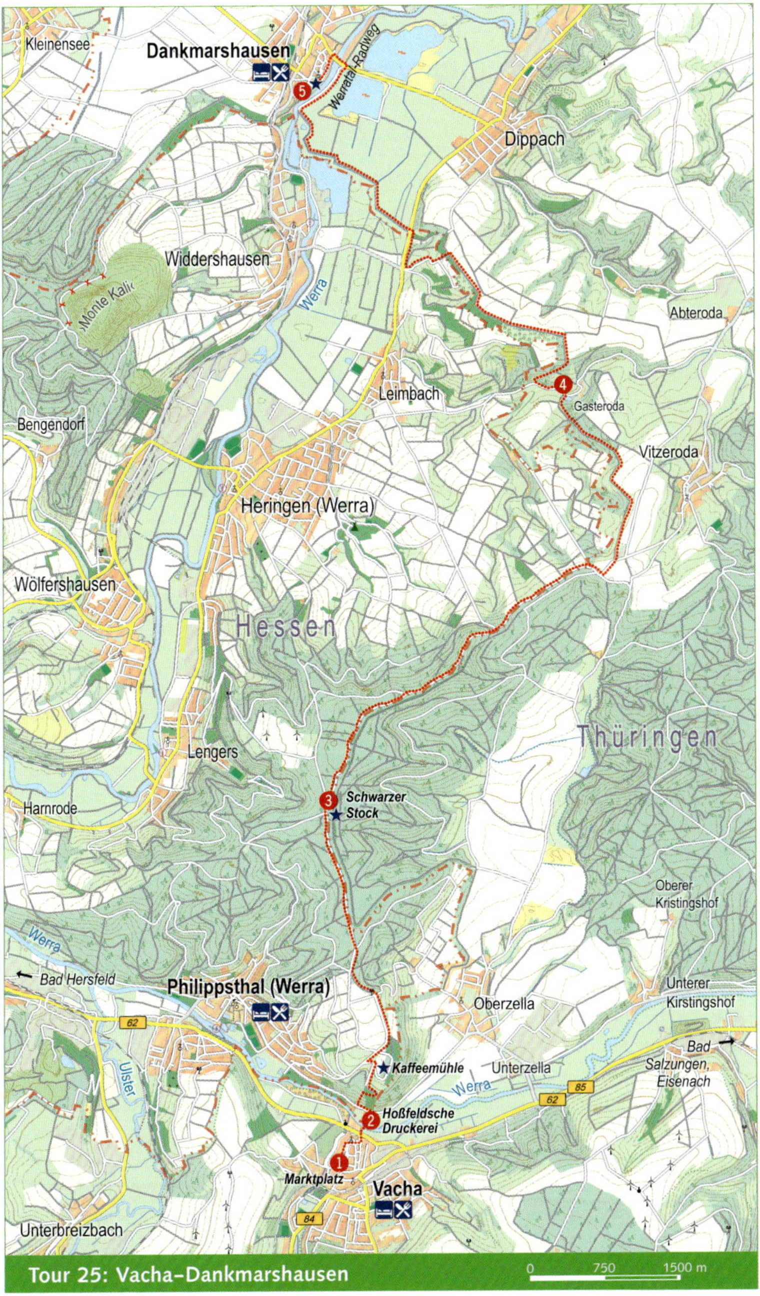
Kleinensee
Dankmarshausen
Werratal-Radweg
Dippach
Widdershausen
Monte Kali
Werra
Abteroda
Leimbach
Gasteroda
Bengendorf
Vitzeroda
Heringen (Werra)
Wölfershausen
Hessen
Thüringen
Lengers
Schwarzer Stock
Harnrode
Oberer Kristingshof
Werra
Bad Hersfeld
Philippsthal (Werra)
Oberzella
Unterer Kirstingshof
62
Ulster
Kaffeemühle
Unterzella
Bad Salzungen, Eisenach
Werra
62
85
Hoßfeldsche Druckerei
Marktplatz
Vacha
84
Unterbreizbach
Tour 25: Vacha–Dankmarshausen
0 750 1500 m

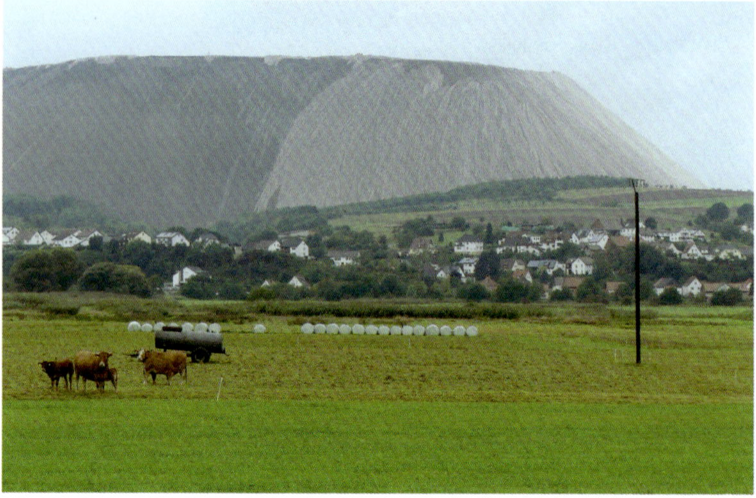

Dankmarshausen und der Monte Kali

wieder heraus. Eine andere Variante wäre hier, parallel zum Gässchen dem Unterdorf in die Schulstraße zu folgen, die an der Kirche vorbei, ebenfalls zu dem kleinen Platz an der ehemaligen Schule führt.

Der Ein-Zwölftel-Streit

Das weiße Haus an der Werrabrücke wurde 1890 als Hoßfeldsche Hofbuchdruckerei erbaut und produzierte zwischen 1893 und 1941 unter anderem die Rhönzeitung. Der Firmensitz wurde in Philippsthal-Vacha eingetragen, das zu Preußen gehörte. 1928 erweiterte die Firma ihre Räumlichkeiten um ein Zwölftel nach Thüringen und verlegte die Druckmaschinen in den neuen Gebäudeteil. Nach 1945 befürchtete Familie Hoßfeld zunehmend, dass ihr Betrieb und ihre Maschinen durch die russische Besatzungsmacht enteignet würden, obwohl sie offiziell zur amerikanischen Besatzungszone gehörten. Außer dem Anbau, dem einen Zwölftel, befand sich auch die Eingangstür auf Thüringer Gebiet, was die Druckerei, laut Argumentation der DDR-Behörden, zu Thüringen gehören ließ. In der Silvesternacht 1951/52 klopfte es in der Druckerei. Das hörte zum Glück nicht der Feind. Die Hoßfelds lösten das Problem auf ihre Weise: Sie mauerten einfach die Verbindungstür zwischen dem 11. und dem 12. Zwölftel zu. Die Druckmaschinen brachten sie zuvor in die hessischen Räume des Hauses. Sie kappten die Telefonleitung und schon war die Hofbuchdruckerei wieder eine rein hessische und mit der DDR nicht mehr verbunden. Die Behörden verweigerten Familie Hoßfeld ab sofort den Zugang zu dem einen Zwölftel des Gebäudes und gestatteten auch keinerlei notwendige Reparaturen. Erst nach Abschluss des Grundlagenvertrages und einer gemeinsamen west-ost-deutschen Grenzvermessung wurde der Besitzerin nach 25 Jahren ab dem 1. Januar 1976 das thüringische Zwölftel wieder zugestanden.

▸ Karte S. 189

Tour 25

Stadt Vacha und Ortsteile, Mo–Fr 9–12 Uhr, Mittwoch geschlossen, Di 13–16 Uhr, Do 13–18 Uhr, Tel. 036962/2610, Markt 4, 36404 Vacha
allgemein@vacha.de
www.vacha.de

Gemeinde Dankmarshausen
www.dankmarshausen.de

Werratal Touristik e.V., Tel. 03695-861459, Kirchplatz 2, 36433 Bad Salzungen.
info@werratal.de
www.werratal.de

An-/Abfahrt Vacha: Bahn bis Bad Salzungen, Hünfeld oder Bad Hersfeld, dann Bus

An-/Abfahrt Dankmarshausen: Bahn bis Eisenach oder Wildeck-Obersuhl, dann Bus

Hotel Rhönblick, Tel. 06620/469, Vachaer Straße 2a, 36269 Philippsthal, wuest-philippsthal@t-online.de
www.hotel-rhoenblick.de

Bürgerhaus Dankmarshausen, Gästezimmer mit Küche, Aufenthaltsraum, Etagendusche der Gemeinde Dankmarshausen, Tel. 0174/4717587 (Frau Körner), Kirchplatz 3, 99837 Dankmarshausen.
www.dankmarshausen.de

Hotel Waldschlösschen, Tel. 036922/2300, Waldstraße 31, 99837 Dankmarshausen. info@urlaub-im-werratal.de
www.urlaub-im-werratal.de

Pizza-Grill Da Vinci, Tel. 036922/37357, Richard-Wagner-Straße 20, 99837 Dankmarshausen.

Gasthof Zum Adler, Jan–April Do–Sa 17–24 Uhr, So 11–14 Uhr, 17–22 Uhr; Mai–Dez Mi–Sa 17–24 Uhr, So 11–22 Uhr, Tel. 036922/30950, Oberdorf 70, 99837 Dankmarshausen.
info@zum-adler.de, www.zum-adler.de

Heimatstube, 1.+3. Montag im Monat: 13–16 Uhr, Tel. 036922/28964 (Frau Langlotz), Tel. 036922/28588 (Frau Otto), Kirchplatz 2, 99837 Dankmarshausen.
www.dankmarshausen.de

Die Geschichten und die Fotos auf der **Gedenktafel von Gasteroda** laden zum Innehalten ein. Ein Abendessen im **Gasthof Adler** sollte dazugehören. Interessant sind hier neben der leckeren Schnitzelparade der Dorfsaal im Charme der 1920er Jahre und das Bergmannsgewölbe, ein ehemaliger Lagerraum im alten Sandsteingewölbe.

Höhenprofil Tour 25

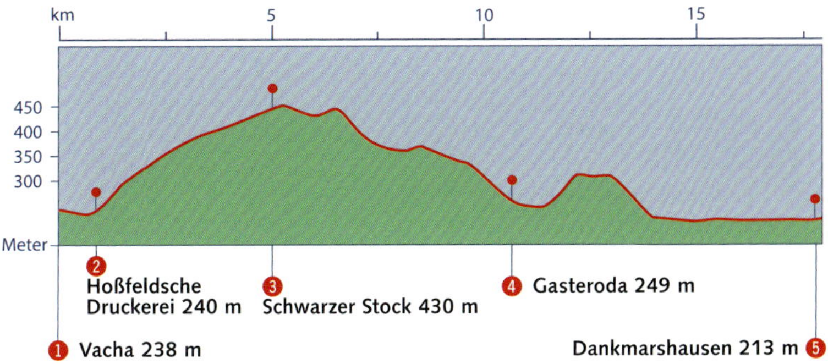

Am Monte Kali durch die Thüringer Zipfel ins Vogelparadies Rhäden

Tour 26: Von Dankmarshausen nach Berka » 20 km/6 Std.

Kurzcharakteristik
Landschaftlich wird es auch heute wieder abwechslungsreich. Erst steigen wir über die freie Flur aufwärts zur ›Schönen Aussicht‹ des Morgens. Dann wandern wir durch den dichten Seulingswald. Das Treiben am Monte Kali, unserem täglichen Begleiter der vergangenen Tage, betrachten wir heute ganz aus der Nähe. Seine monströse Größe, sein Geruch und seine Farbstruktur fordern unsere Sinne heraus. Über die Höhe wandern wir zum Jagdhaus Bodesruh mit Mahnmal und Aussichtsturm. Danach überwinden wir etwa 180 Höhenmeter abwärts und stimmen uns im romantischen Feuchtgebiet zwischen Kleinen- und Großensee auf das Naturschutzgebiet ›Rhäden‹ ein. Unzählige Vögel können wir beim Treiben beobachten. Danach wandern wir parallel zur Kali-Bahn-Linie über die Werra nach Berka.

Wegebeschaffenheit: Kolonnenweg, asphaltierte Wege, Wald- und Feldwege, Pfade
Markierung: Wegweiser, weißes Kreuz auf schwarzem Grund, Grüne-Band-Schilder, Lochplatten
Schwierigkeit: mittel
Wanderkarten: L5126 Eisenach, 5124 Bad Hersfeld (Freistaat Thüringen/Hessen Landesamt für Vermessung und Geoinformation) oder ›Waldhessen Ost und West‹ (Herausgegeben vom Hessisch-Waldeckischen Gebirgs- und Heimatverein e.V. und Hessischen Landesamt für Bodenmanagement und Geoinformation)
Einkauf: Getränkemarkt Heimdrink, Hauptstraße 68, 99837 Großensee, Bäckerei Kröckel und Rewe-Markt in Berka
Einkehr: Kleinensee, Obersuhl, Berka
Teilstrecken: Dankmarshausen–Großensee (4 Std.)
Besondere Tourhinweise: Eine wunderbar abwechslungsreiche Tour. Wenn wir in Berka keine Übernachtung finden, gibt es die nächste Möglichkeit leider erst in Gerstungen (siehe nächste Etappe).

Streckenverlauf

Wir starten in **Dankmarshausen** vor dem Bürgerhaus am achtzehn Meter tiefen Pfarrbrunnen. Zuerst geht es in die Straße ›Oberdorf‹ und dann gleich links durch die ›Schöne Aussicht‹. Nach der Aussicht steigen wir rechts zum **Werraufer** hinab und gehen dort in Richtung des weißen Kalkberges weiter bis zur Straßenkreuzung und leicht links versetzt zum **Gedenkstein für die Opfer von Willkürherrschaften**. Hier geht es rechts durch die **Unterführung der ehemaligen Kali-Bahn**. Die Bahn, die zweimal die Zonengrenze passierte, ist ein gutes Beispiel dafür, dass zwar eine Grenze gezogen werden kann, dabei aber viele Dinge wie Bahnstrecken, Wasserwege etc. ebenfalls geteilt und gemeinsam geregelt werden müssen. 1966 erhielt die Bundesrepublik eine Rechnung von der DDR für die Streckennutzung, rückwirkend ab 1962, die übermäßig hoch gewesen sein soll. Da sie diese nicht beglich, legte die DDR die Bahnstrecke fast zwei Jahre lang still. Erst nachdem die BRD die neu verhandelte Nutzungsgebühr in einer nun wesentlich geringeren Höhe zahlte, verlief der Verkehr bis zur Wende reibungslos.

▸ Karte S. 194/195

Hinter der Unterführung verläuft unser Fußweg rechts, **parallel zum asphaltierten Radweg** und entpuppt sich später als der **Kolonnenweg**. Mit herrlicher Sicht steigen wir an den Hecken des **Lerchenbergs** entlang hinauf. Am Ende des Feldes begrüßt uns der Wald mit der **Schönen Aussicht**. Hier erkennen wir schon Bosserode und Obersuhl, obwohl unser Weg dorthin noch weit ist, da wir mit der Grenze in einem Bogen laufen.

Wir verlassen den Rastplatz und gehen geradeaus in den **Seulingswald** hinein. Wir folgen nun dem **Lutherweg** (weißes Kreuz auf schwarzem Grund) und steigen links aufwärts zur Hornungskuppe (439 m).

Kurz vor dem höchsten Punkt erreichen wir links den Zaun vor der gigantischen **Salzhalde des Monte Kali**, der wir schon seit Tagen folgen und die die Hornungskuppe noch weit überragt. Bei Sonnenschein und leichtem Wind lässt sich mit geschlossenen Augen das Meer riechen. Wir folgen am Zaun entlang dem Pfad durchs teils hohe Gras, bis wir auf eine Asphaltstraße treten. 100 Meter links befindet sich der Eingang zum Betriebsgelände.

Unser Weg geht hier rechts auf einem **Waldweg** weiter. Bald gelangen wir auf ein kurzes Stück Straße und danach wieder auf einen Waldweg parallel zur Straße (mittlerer Weg).

Wir wandern nun auf hessischer Seite und kommen bald wieder auf ein Stück Asphalt. Kurz vor dem **Jagdhaus Bodesruh** und nach insgesamt zwei Stunden Wanderzeit taucht rechter Hand der 1964 aufgestellte **Aussichtsturm mit Blick nach Thüringen** auf. Er sollte die Hoffnung auf die Wiedervereinigung der beiden deutschen Staaten wach halten. Im Jagdhaus, das nach dem Jäger Eduard Bode benannt wurde, können wir uns einen riesigen Windbeutel oder einen deftigen Mittagsschmaus genehmigen.

Dann wandern wir noch ein kurzes Stück bis zur **Straße Hönebach–Kleinensee**. Hier gehen wir eben auf der Straße oder auf dem straßenparallelen Waldpfad auf der rechten Straßenseite nach links, bis rechts eine **rote Schranke** Autos den Weg in den Wald versperrt. Diesen Weg rechts ab, gehen wir hinter der roten Schranke nun steil bergab. Wo wir einen befestigten gekieselten Weg kreuzen, biegen wir nach rechts auf ihn ein, wandern am Berg entlang und weiter abwärts.

Wir treten auf thüringischem Gebiet aus dem Wald auf die **Wiesen des Seulingssees**, von dem schon seit Mitte des 19. Jahrhunderts nichts mehr zu sehen ist, da das sumpfige Gelände trockengelegt wurde. An der nächsten Wegkreuzung ohne Schilder gehen wir rechts auf einem schmalen Pfad über den **Grenzgraben** auf die hessische Seite hinüber. Wir stehen nun wieder an einer Wiese, auf der Wasserbüffel neugierig unser Er-

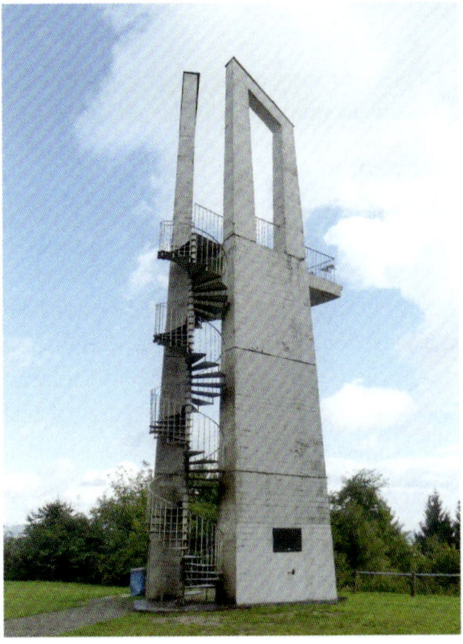

Der Aussichtsturm Bodesruh

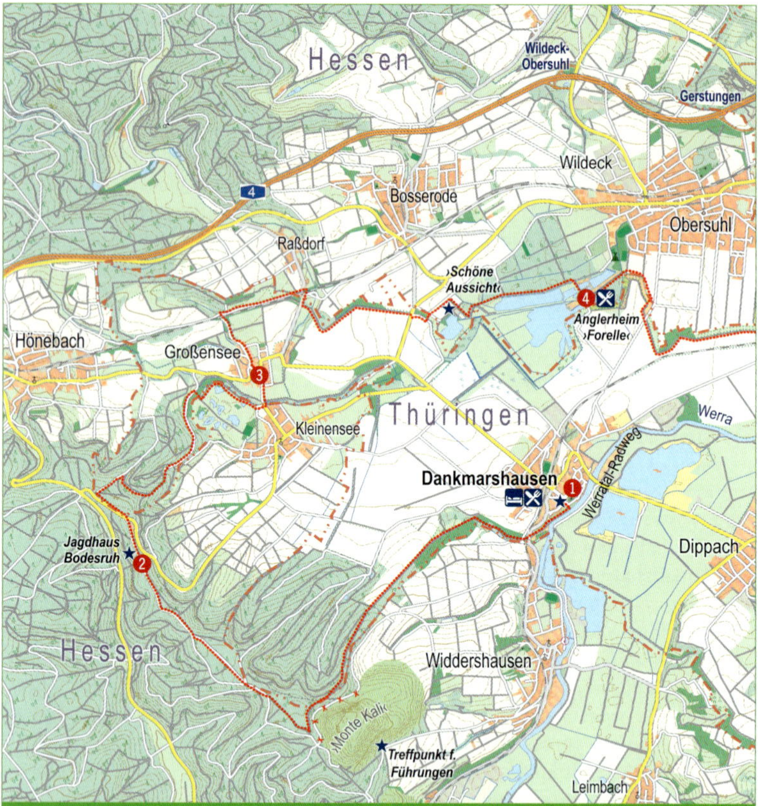

Tour 26: Dankmarshausen–Berka

scheinen betrachten. Es ist schwer, den Überblick zu behalten, auf welcher Seite der Grenze wir uns gerade befinden, weil die Zipfel des Grenzverlaufs wie Finger ineinander greifen. 1952 verlor hier die westdeutsche Gemeinde Kleinensee durch die Grenzanlagen 65 Hektar landwirtschaftliche Fläche. Dieser Verlust traf die Hälfte der Landwirte und Bauern, da ein Großteil ihres Besitzes nun in der Ostzone lag.

Links wandern wir nun **am Bach** entlang. Dann gehen wir leicht links hinüber zur Straße. Wir überqueren die **Grenze**, an der Mauer- und Zaunreste stehen und erfahren vom Tod der 17-jährigen Hilde Wehner, die am 9. April 1946 von einem amerikanischen Soldaten erschossen wurde.

Auf der Straße wandern wir weiter zur gotischen Kirche ins vor uns liegende thüringische **Großensee**. Im Ort begegnen wir schönen Fachwerkhöfen und mehreren ehemaligen Töpferwerkstätten, in denen Werrakeramik hergestellt wurde. Wir gehen links an der Kirche vorbei, biegen dann rechts in die Obergasse und laufen aus dem Ort hinaus, bis wir die **Bahn** unterquert haben. Dahinter gehen wir rechts auf den parallelen Bahnweg,

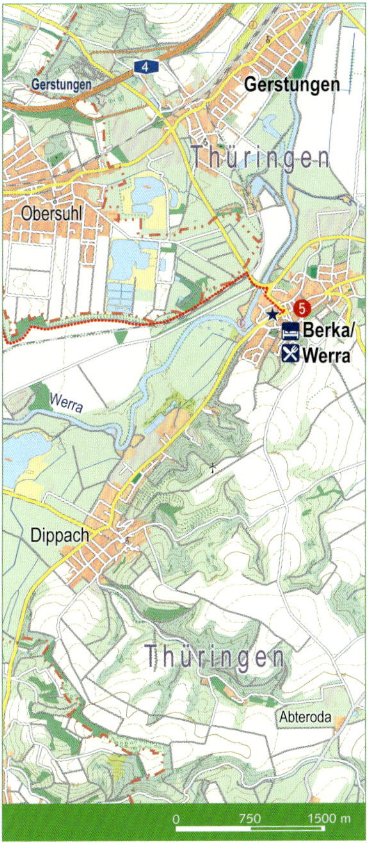

bis links eine Straße von Raßdorf kommt. Wir tauchen mit ihr rechts unter den Gleisen hindurch auf die ursprüngliche Gleisseite und überqueren wieder die Grenze. Auf thüringischem Boden folgen wir nun dem **Asphaltweg** geradeaus. Hinter der ersten markanten **Baumreihe** auf der linken Seite wandern wir parallel zu ihr links über die Wiese den Hang hinauf. Die Platten wurden hier entfernt. Oben folgen wir dem Weg links herum am Feld entlang, bis wir die **Straße Obersuhl–Kleinensee** überqueren.

Wir wandern geradeaus weiter und biegen nach etwa 50 Metern links auf den **Rhäden-Rundweg** ab. Hier gehen wir geradeaus weiter, bis er auf der Mitte des Feldes rechts abbiegt. Wir folgen nun diesem Hauptweg durch eine schöne Allee ins **Naturschutzgebiet ›Rhäden‹**. Das einstige Feuchtgebiet mit weiten Auenwäldern wurde ab 1859 trockengelegt, um es landwirtschaftlich zu nutzen. In den 1970er Jahren begannen Renaturierungsmaßnahmen auf hessischer Seite. Die Teiche aus den 1980er Jahren gehen auf westdeutsche Naturschützer zurück, die kurz vor der Grenze einen Bach stauten. Nach 1989 konnten auch auf der Thüringer Seite die Naturschutzmaßnahmen fortgeführt werden. Seit 2015 leben und ›arbeiten‹ nun Heckrinder und Wildponys im Naturschutzgebiet. Zwei Aussichtspunkte auf die geschützten Vogelbrutreviere erwarten uns. Zahlreiche Wat-, Wasser-, Wiesen- und Zugvögel brüten in den Teichen des ehemaligen Grenzgebietes und 190 verschiedene Vogelarten nutzen die Flächen zeitweise oder ganzjährig als Lebensraum.

Kurz vor Obersuhl biegen wir mit dem Rundweg rechts ab und kommen zum **Anglerheim Forelle Obersuhl e.V.** Hinter dem See wandern wir auf dem breiten Fahrweg nach links. Von geradeaus kommend, trifft eine andere Wegvariante des Grünen Bandes ein. Vom Fahrweg geht es rechts auf einen schönen Pfad, der von **GSW-Grenzsteinen** (Großherzogtum Sachsen-Weimar) gesäumt wird. Für uns geht es nun wieder etwas ruhiger durch die Natur. Wir kommen zur **Straße Untersuhl–Berka** und überqueren nach rechts die Bahnlinie. Wir laufen nach **Berka** hinein oder biegen gleich hinter den Gleisen links auf den Radweg nach Untersuhl ab. Wenn wir in Berka keine Übernachtung gefunden haben, gibt es die nächste Möglichkeit erst in Gerstungen hinter Untersuhl (siehe nächste Etappe).

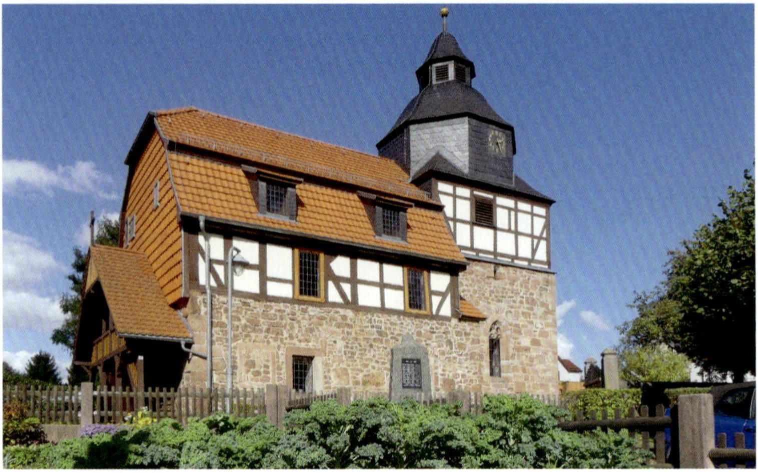

Die Kirche in Großensee

Vom Salz in der Suppe

Bei der Gewinnung von Kalisalzen entstehen Abfallsalze, die entsorgt oder aufbereitet werden wollen. Drei Varianten der Entsorgung werden derzeit angewandt: die Aufhaldung (Monte Kali), die unterirdische Verklappung im Plattendolomit und die Einleitung von Salzabwassern in die Werra. Große Einleitungsstellen lagen 2005 in Unterbreizbach (Ulster), Dorndorf (Werra) und Heringen (Werra).

Bereits seit 1900 wird in die Werra Salz eingeleitet. 34 Fischarten waren zuvor in der Werra bekannt. Da der Salzgehalt stetig stieg, wurde 1942 ein Grenzwert von 2500 mg/Liter festgelegt. In der folgenden Zeit wurde dieser Wert stetig überschritten und entsprach zeitweise dem Salzgehalt in der Ostsee. Der höchste Wert lag bei 40 000 mg/Liter. Damit wurde das Süßwasserökosystem nahezu komplett zerstört. Nur noch vereinzelte wirbellose Flusstierarten wie eine eingeschleppte neuseeländische Schnecke, eine Bachflohkrebsart und ein Strudelwurm lebten in der Werra. In Perioden geringerer Belastungen wanderten Fische aus den Zuflüssen in die Werra, woraufhin die Zahl toter Fische zunahm. Diese Fischsterben wiederholten sich immer wieder. Die Werra war bis 1990 Grenzfluss zwischen beiden deutschen Staaten. Sie kommt aus Ostdeutschland und fließt dann durch Westdeutschland in die Nordsee. Mit ihr floss auch das Verschmutzungsproblem. Zuerst leitete die DDR erhebliche Mengen Salz in die Werra, dann folgte die Bundesrepublik mit geringeren Mengen in den schon überlasteten Fluss. Es gab Problemlösungsversuche, die auf höchster diplomatischer Ebene stattfinden mussten und scheiterten. Erst nach der Wende wurden Anfang der 1990er Jahre größere Maßnahmen zur Reduzierung der Werra-Versalzung ergriffen mit dem Ziel, den Grenzwert von 1942 zurückzuerlangen und nicht mehr zu überschreiten. Die Werra erholte sich danach etwas, wenn auch längst nicht ausreichend. Zwar konnten um 2005 wieder neunzehn Fisch-

▸ Karte S. 194/195

arten in der Werra nachgewiesen werden, doch deuteten die geringe Fischdichte (6,2 im Verhältnis zu 50) und die fehlende Reproduktion auch von anspruchslosen Fischarten, wie Barsch und Plötze, auf die nachhaltig bestehenden Verschmutzungsfolgen in der Werra hin. (Weitere Infos unter www.wasser-in-not.de und www.living-rivers.de).

Tour 26

Gemeinde Dankmarshausen
www.dankmarshausen.de
Gemeinde Berka
www.berkawerra.de
Werratal Touristik e.V., Tel. 03695-861459, Kirchplatz 2, 36433 Bad Salzungen. info@werratal.de
www.werratal.de

An-/Abfahrt Dankmarshausen: Bahn bis Eisenach oder Wildeck-Obersuhl, dann Bus
An-/Abfahrt Berka: Bahn bis Eisenach, dann Mo–Sa Bus 52 nach Berka

Jagdhaus Bodesruh, tgl. außer Mi 11–22 Uhr, Tel. 06678/311, 36266 Kleinensee (Heringen), www.bodesruh.de
Gasthof zur Post, Tel. 036922/28842, 0177/2599234, Lutherstraße 46, 99837 Berka/Werra. info@zur-post-berka.de
www.zur-post-berka.de
Gasthaus Zum Weißen Hirsch mit Pension Erna, Tel. 036922/42643, Lutherstraße 42–43, 99837 Berka.
www.zum-weissen-hirsch.eu

Freizeitcamp Berka, Zeltplatz mit Blockhausvermietung, Tel. 036922/809971 oder 0173/2958531, Hinter der Stadt 2, Anfahrt über Mühlweg 9a, 99837 Berka/Werra, werratours@live.de
www.freizeitcamp-werra.de

Anglerheim Forelle Obersuhl e.V.,Mo, Mi, Fr, So 17–20 Uhr, Tel. 06626/8277.
www.asvobersuhl.de

Blick vom **Aussichtsturm Bodesruh** und das **Naturschutzgebiet & Vogelparadies Rhäden**.
Wer schnell und frühzeitig am Anglerheim ist, kann dem **Rundweg noch auf die Südseite des Rhäden** folgen und erlebt die Vogelbrutreviere auch von der anderen Seite.
Ortsrundgang in Berka mit Kirche (Fünfknopfturm), ältestem Gasthof ›Der alte Stern‹ (Martin Luther war hier zu Besuch), Storchenbäckerei (mindestens 14. Jahrhundert) und Untertor (Wahrzeichen der Stadt).

Höhenprofil Tour 26

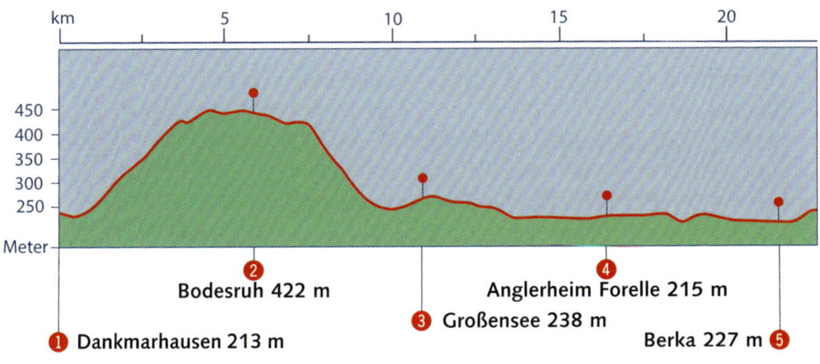

Halbalpin von Hütte zu Hütte durch den einst gesperrten Wald

Tour 27: Von Berka nach Herleshausen » 26 km/7 Std.

Kurzcharakteristik

Vom Werratal steigen wir in die Höhen des einst gesperrten Fuldaischen Waldes hinauf. Abenteuerlich drehen wir von Hütte zu Hütte eine halbe Runde über mehrere Gipfel und können uns ins Gipfelbuch des Kleinen Arnsberg (466) eintragen. Oder wir streifen durchs liebliche Blankenbachtal an den Kohlbergschen Teichen entlang. An der ›Kirche‹ treffen wir uns wieder und steigen ins weite Werratal hinab. Nun geht es durch Neustädt und Sallmannshausen. Dann kommen wir durchs Werratal nach Lauchröden mit seiner gigantischen doppelten Burgruine Brandenburg. Von hier überqueren wir die Grenze ins einst westdeutsche Herleshausen, wo der Bahnhof als stiller Zeitzeuge von Hoffnung, Glück und Tränen kündet.

Wegebeschaffenheit: Kolonnenweg, asphaltierte Wege, Wald- und Feldwege, Pfade
Markierung: Wegweiser, weißes Kreuz auf schwarzem Grund, Grüne-Band-Schilder, Lochplatten
Schwierigkeit: schwer, weil ein starkes Steilstück durch aufwachsende Natur dabei ist. Die einfachere Variante (mittel) durchs Blankenbacher Tal beinhaltet ein weniger heftiges Steilstück.
Wanderkarten: L5126 Eisenach, L5124 Bad Hersfeld (Freistaat Thüringen/Hessen Landesamt für Vermessung und Geoinformation)
Einkauf: mehrere Einkaufsmöglichkeiten und Banken in Herleshausen
Einkehr: mehrere Gaststätten in Gerstungen und Herleshausen
Teilstrecken: Berka–Untersuhl (45 Minuten), Berka–Neustädt (5,5 Std.)
Besondere Tourhinweise: Auch in dem kleinen netten Lauchröden gibt es mehrere Übernachtungsmöglichkeiten. Von hier aus ist die Burgruine Brandenburg, eine der größten Doppelburganlagen Mitteldeutschlands, nur einen Kilometer entfernt.

Streckenverlauf

Wir laufen von Berka zurück zur **Werrabrücke**, überqueren sie und wechseln vor der Bahnlinie nach rechts auf den Radweg. Durchs Naturschutzgebiet geht es erst rechts, dann links der Bahn nach **Untersuhl**. Hier besichtigen wir die beeindruckende kleine **Rundkirche** mit Wandmalereien aus dem frühen 15. Jahrhundert.

Dann führt unser Weg von der Kirche links die Straße ›Am Bach‹ entlang zur **Landstraße Obersuhl–Untersuhl–Gerstungen**. (Wer nach Gerstungen will, kann rechts der Straße folgen.) Wir überqueren die Straße leicht links versetzt und gehen den dortigen Fußweg durch den **Tunnel** hindurch. Auf der anderen Tunnelseite folgen wir der Straße nach links und biegen vor der Fernverkehrsstraße rechts in den Asphaltweg und **unter der Autobahnbrücke** hindurch.

Danach folgt noch eine weitere Brücke, und dahinter wandern wir nun etwa einen Kilometer aufwärts auf den **Fuldaischen Berg** (322 m). Der Name erinnert uns daran, dass diese Gegend früher zum Kloster Fulda gehörte. Am Feld gehen wir links aufwärts und erreichen bald darauf die freie Kuppe mit Blick auf eine große dreieckige Schutzhütte, die **›Flugwache‹**. Mit erhabenem Höhengefühl und herrlicher Aussicht rasten wir und wandern dann weiter.

▸ Karte S. 200/201

Bald verdichtet sich um uns herum der Wald. Abgehende Wege ignorieren wir, wir bleiben auf den nächsten Kilometern direkt auf dem **Plattenweg**. Nachdem wir auf unserem Halbkreis um Gerstungen von Nordwest nach Nordnordost geschwenkt sind, erreichen wir nach 2 Stunden Gesamtwanderzeit im Auf und Ab den **Stillmes** (420 m).

Von hier folgen wir dem **Grünen Band** 35 Minuten bis zum Abzweig **Blankenbacher Tal mit Schutzhütte**.

Wer ein paar Höhenmeter sparen und einen Kilometer abkürzen will, biegt hier auf die **Variante** des Grünen Bandes rechts ab. Wir folgen in diesem Fall dem schönen Weg hinab durchs **Blankenbachtal** zu den drei Kohlbachsteichen. Am Damm des untersten Teiches finden wir eine Heilquelle. Rechts lässt sich noch ein Abstecher zum ehemaligen **Jagdhaus Kohlbachshäuschen** machen. Von der Quelle geht es dann aber weiter nach links, erst sanft, dann steiler hinauf zur ›Kirche‹, wo wir auf die Wanderer des originalen Plattenwegs treffen.

Für die, die dem **Plattenweg** treu bleiben, geht es geradeaus erst steil, dann noch steiler bergauf. Am oberen Ende erwartet uns am höchsten Punkt des Tages das **Hüttchen ›Arnsberge‹** neben einem DDR-Grenzstein. Wir stehen am Kleinen Arnsberg (466 m). Unser letzter Blick zurück gilt dem schon weit entfernten Monte Kali. Unser nächstes Ziel ist nun nach 800 Metern das **Gipfelkreuz mit Gipfelbuch**, das wir nun leicht auf der Kammlinie erreichen.

Dann folgen wir dem Berg hinab, erreichen einen Fahrweg und biegen an der nächsten Möglichkeit mit dem **Grünen Strich** rechts ab. Wir kommen erst am **›Wartburgblick‹** vorbei, dann an der **Schutzhütte ›Dittmars Ruh‹** und erreichen nach weiteren 300 Metern die sogenannte ›Kirche‹. An der kleinen Hütte

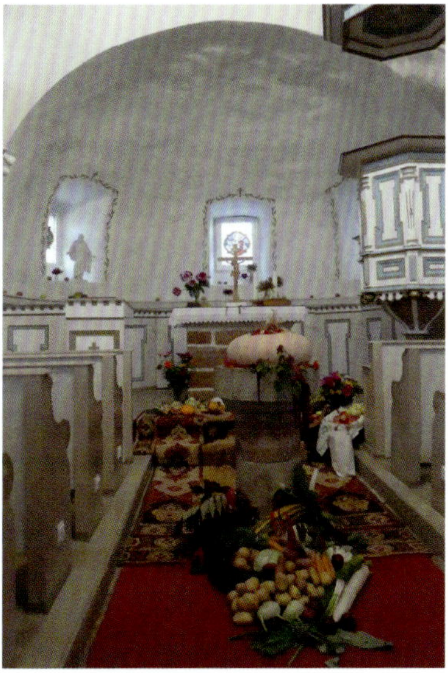

In der Rundkirche von Untersuhl

treffen wir die Wanderer, die den anderen Weg gegangen sind.

Von hier wandern wir auf dem Weg links abwärts (Grüne-Band-Schild) nach **Neustädt** und beenden diese hochalpinanmutende Waldrunde durch den zu DDR-Zeiten komplett gesperrten Wald. Hinter der Autobahnbrücke steigen wir an der nächsten Möglichkeit rechts ins Werratal ab und kommen in Neustädt (etwa 311 Einwohner) automatisch zum Dorfkern mit seinem Ensemble aus Kirche (von 1741), Pfarrhaus, Ziehbrunnen und Schule. Das Schiff der Kirche ist nicht breiter als der Turm, sodass man von vorn eine optische Täuschung erleben kann.

Wir gehen nun links und dann rechts in die Straße ›Im Eisfeld‹, danach wieder links. Dann geht es rechts weiter über die Bahnschienen und die Werrabrücke ins vor uns liegende Fischer- und Bauerndorf **Sallmannshausen**. Im Ort wandern wir links bis zur Kirche mit ihrem gotischen

Wandertouren

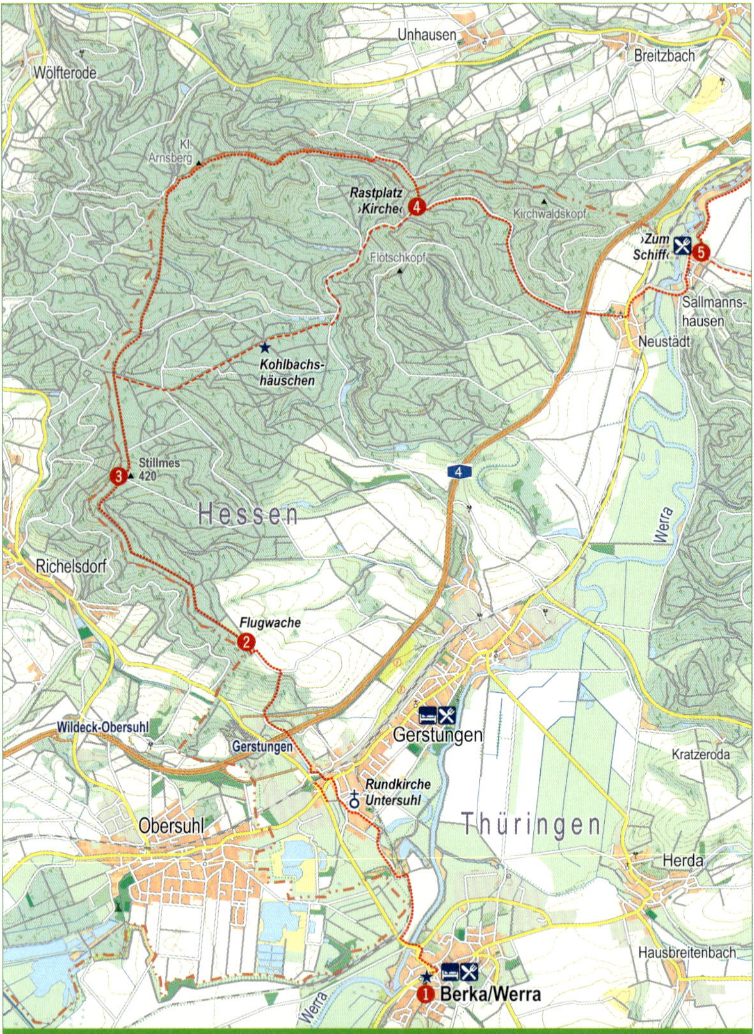

Tour 27: Berka–Herleshausen

Kreuzgewölbe und einem prächtigen Flügelaltar, der aus der Zeit um 1500 stammt. Links der Kirche kommen wir zum Gasthof ›Zum Schiff‹.

Hier geht es dann rechts den Weg entlang, bis das **Grüne Band** links abgeht. Am letzten Haus führt uns das Grüne Band links hinunter zur Werra, die hier wieder Grenzfluss ist. Wenn dieser Weg aber nicht freigehalten wird, kann man dort ohne Machete nicht weiter laufen. Dann geht man statt links vor dem letzten Haus rechts zur Straße und zum **Werratalradweg**.

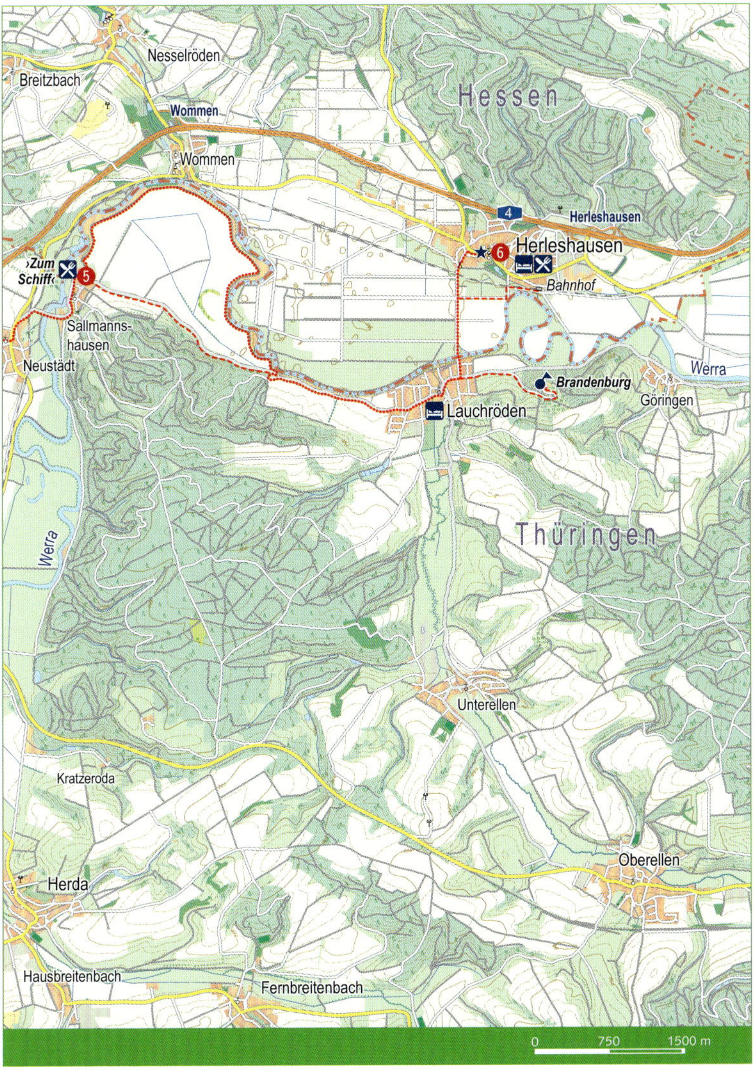

Nach einer Stunde Wanderzeit sind wir in **Lauchröden**. Hier gelang der 19-jährigen Irmgard Machold 1965 die Flucht aus der DDR. Sie überstieg am 30. August den Grenzzaun mit einer Leiter und wurde am Lauchröder Ufer von einem Boot abgeholt, das sie nach Herleshausen brachte. Lauchröden ist heute ein freundliches Dorf mit Unterkünften, über dem die östliche und westliche Brandenburg thront. Unser Weg führt über die Gerstunger Straße links in die Eisenacher Straße. Zur **Brandenburg** laufen wir auf der Eisenacher Straße 300 Meter weiter aus

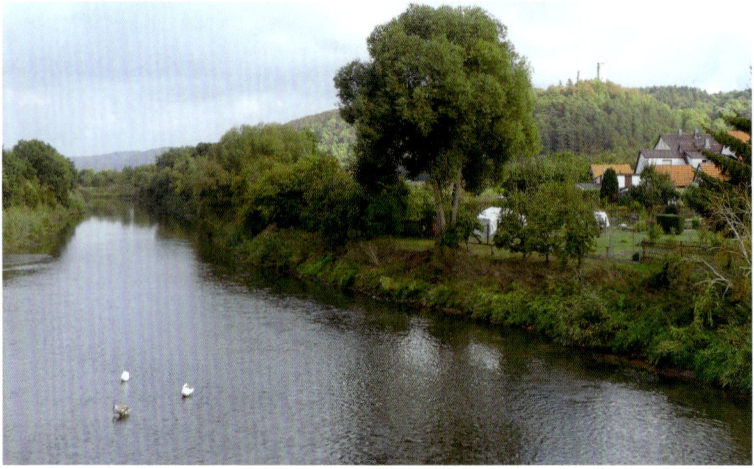

Blick über die Werra, im Hintergrund die Brandenburg

dem Ort bis zu einem Wanderparkplatz hinaus. Rechts geht dort der Wanderweg zur Ruine noch 500 Meter aufwärts. Nach Herleshausen biegen wir kurz vor Ende des Dorfes mit der Radwegebeschilderung nach links von der Eisenacher Straße in die **Herleshäuser Straße** ab und sehen schon die bald beginnende Allee für Fußgänger und Radfahrer, die uns über eine weitere **Werrabrücke** nach gut eineinhalb Kilometern zum Ziel bringt. Am jenseitigen Brückenufer befindet sich ein künstlerisch gestaltetes **Denkmal an die im Fluss verlaufende Grenze**. Auf der von Bäumen gerahmten Allee geht es nun über die Felder mit Blick in die Weiten des Werratals. Wir laufen geradeaus in den Ort **Herleshausen** hinein. Wer aber zum Bahnhof möchte, biegt vorher nach rechts ab. Im Bahnhof gibt es ein 2015 eingerichtetes Museum für Spätheimkehrer. Erinnert wird an die 7796 letzten deutschen Kriegsgefangenen, die zwischen dem 10.10.1955 und dem 16.01.1956 aus sowjetischer Kriegsgefangenschaft entlassen wurden.

›Bahnhof der Hoffnung‹ Herleshausen

Zehntausende hoffnungsvolle Kinder und Erwachsene kamen zwischen Oktober 1955 und Januar 1956 zum Bahnhof Herleshausen, um unter den letzten entlassenen sowjetischen Kriegsgefangenen endlich ihre Angehörigen zu finden. Insgesamt waren fast 2,4 Millionen deutsche Armeeangehörige in sowjetischer Kriegsgefangenschaft. Viele konnten den Vater, Sohn oder Ehemann wirklich in die Arme schließen. Für andere schwand die letzte Hoffnung auf ein Wiedersehen.

Die Bahnstrecke war bis zum Zweiten Weltkrieg eine der wichtigsten Ost-West-Fernverbindungen. Obwohl die Linie mehrfach die Grenze überquerte, wurde sie nach der deutschen Teilung nicht sofort stillgelegt. Allerdings baute die DDR eine aufwendige Bergstrecke über Förtha als Umleitung für den Abschnitt Eisenach–Gerstungen, die dann ›Trasse‹ genannt wurde. Hierüber

▶ Karte S. 200/201

verlief im Anschluss der sogenannte ›Interzonenverkehr‹, sodass Herleshausen nur noch für Güterzüge und Umleitungen vorgehalten wurde. 1978 wurde der Zugverkehr komplett eingestellt. Ende der 1980er Jahre stand die Gleisanlage kurz vor ihrem Rückbau, bis man sich nach der Grenzöffnung wieder der Vorteile der Werratalstrecke erinnerte. Heute ist sie wieder eine der wichtigsten Ost-West-Verbindungen, die zuletzt 2017 für ICE-Fahrten von 160 km/h ausgebaut wurde.

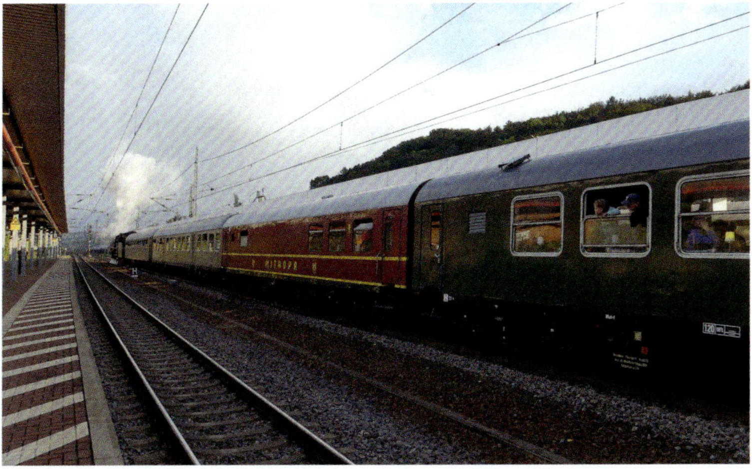

Historischer Zug der Deutschen Reichsbahn im Bahnhof von Herleshausen

Tour 27

Einheitsgemeinde Gerstungen, Di, Do, Fr 9-12 Uhr und Di 14-18 Uhr, Do 14-15.30 Uhr, Tel. 036922/245-0. www.gerstungen.de

Gemeinde Berka, www.berkawerra.de

Gemeinde Herleshausen, Mo, Mi, Do, Fr 8.30–12.30 Uhr und Do 14–17.30 Uhr, Tel. 05654/989500, 05654/98950, Bahnhofsstraße 15, 37293 Herleshausen, www.herleshausen.de

Werratal Touristik e.V., Tel. 03695/861459, Kirchplatz 2, 36433 Bad Salzungen. info@werratal.de, www.werratal.de

An-/Abfahrt Berka: Bahn bis Eisenach, dann Mo–Sa Bus 52 nach Berka

An-/Abfahrt Herleshausen: über Eisenach bis Herleshausen Haltepunkt (Hp)

Lauchröden hat zwar keinen Bahnanschluss, ist aber zu Fuß (1,6 km) gut von Herleshausen zu erreichen.

Hofmeisters Pension Wolf, Tel. 036922/30062, 0171/3848191, Karlstraße 9, 99834 Gerstungen. info@hof-meisters.de, www.hof-meisters.de

Gasthaus Lindenallee, Tel. 036922/20184, Richelsdorfer Straße 5 bzw. Berkaer Allee, 99834 Gerstungen.

Werrapension, Tel. 036927/90624, Werrastraße 36, 99843 Lauchröden, peter.bracke@web.de, www.werrapension.de

Wanderherberge Aßmanns Hof, Tel. 036927/90619, Gerstunger Straße 4, 99834 Lauchröden. rein.schneider1@freenet.de

Herberge Zur Radschmiede, Tel. 036927/91777, Tel. 0170/2877569, Triftstraße 11, 99834 Lauchröden.
Hotel und Restaurant Gutsschänke, Tel. 05654/9248363, Karl-Fehr-Straße 2, 37293 Herleshausen.
Hotel-Restaurant-Fleischerei Schneider, Tel. 05654/6428, Am Anger 7, 37293 Herleshausen.
info@hotel-fleischerei-schneider.de
www.hotel-fleischerei-schneider.de
Gästehaus Bornscheuer, Tel. 05654/6537, Sackgasse 8, 37293 Herleshausen.

Café & Imbiss Bäckerei Eichholz, Mo–Fr 6.30–18 Uhr, Sa 10–12 Uhr, So 7.30–10.30 und 14–17 Uhr, Tel. 036922/439786, Wilhelmstraße 76, 99834 Gerstungen
www.baeckerei-eichholz.de
Gaststätte Der Drache, Juni–Sept Mo–Mi, Fr–Sa 11–14 Uhr, 17-01 Uhr, So 11–14 Uhr, 17-21 Uhr, Okt–Mai Mo–Mi 17-01 Uhr, Fr 17-01 Uhr, Sa 15-01 Uhr, So 11–14 Uhr, 15-21 Uhr, Tel. 036922/20887, Markt 1, 99834 Gerstungen.
www.der-drache-gerstungen.de
Gasthaus Zum Schiff, Tel. 036922/31754, Unterstraße 22, 99834 Sallmannshausen.
Landbäckerei Stange mit Café, Mo–Sa 7–18 Uhr, So 8–17 Uhr, Tel. 05654/1470, Hainertor 2, 37293 Herleshausen.
Pizzeria am Bahnhof (Hol- und Bringservice), Tel. 05654/9233833, Bahnhofstraße 28, 37293 Herleshausen.

Werratalmuseum Gerstungen (Geologie, Ur- und Frühgeschichte, Volkskunde, Eisenbahngeschichte, Keramik), Mai–Okt tgl. 14–17 Uhr, Tel. 036922/31433, Sophienstraße 4, 99834 Gerstungen, 3/1 € Eintritt, museum@gerstungen.de
www.gerstungen.de
Doppelburganlage Ruine Brandenburg in Lauchröden: frei zugänglich, Burgmuseum mit Aussichtsplattform: April–Sept, bei verfügbarem Aufsichtspersonal, Tel. 0176/56958352, 1 € Eintritt, Führungen über Tel. 036927/90619 buchen.
info@die-brandenburg.de
www.die-brandenburg.de
Spätheimkehrer-Museum des GrenzBahnhof für Zeitgeschichte Herleshausen e.V. im Bahnhof Herleshausen, 1. Wochenende im Monat: 9–18 Uhr, Tel. 05654/206308, Bahnhofstrasse 34, 37293 Herleshausen.
info@grenzbahnhof-fuer-zeitgeschichte.de
www.grenzbahnhof-fuer-zeitgeschichte.de

Wir empfehlen ein Blick in die Rundkirche in Untersuhl, einen Besuch der Burgruine Brandenburg in Lauchröden und das Museum im Bahnhof Herleshausen.

Höhenprofil Tour 27

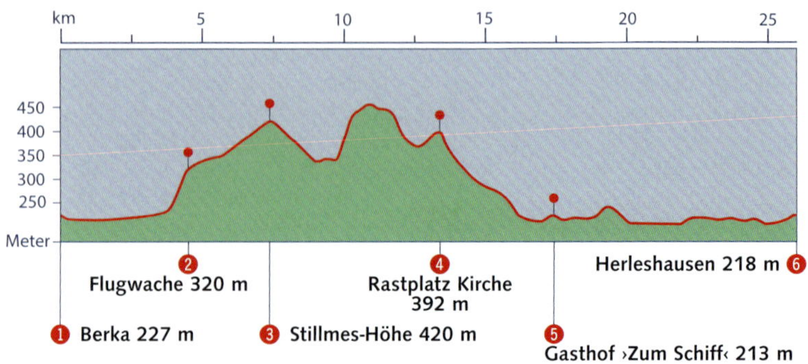

Karte S. 200/201

Über das Iftaer Baumkreuz zum König des Werratals

Tour 28: Von Herleshausen nach Heldra » 25 km/7 Std.

Kurzcharakteristik
Über die südlichen leicht auf- und abfallenden Ringgauvorberge wandern wir auf der hessischen Grenzseite in den Ringgau hinein, dessen Waldgebiete einst von Kelten besiedelt waren. Am Wegesrand liegen in Willershausen das Wasserschloss und die Marienkirche. Am folgenden Stück Kolonnenweg blühen zahlreiche Orchideen. Wir kommen zum Iftaer Baumkreuz, das durch die Anpflanzung von sich überschneidenden Eschen und Linden entstanden ist. Durchs Ziegental steigen wir zum Heldrastein auf 504 Höhenmeter hinauf und genießen die Aussicht von der Hangkante oder 30 Meter höher vom ›Turm der Einheit‹, bis wir 320 Höhenmeter tiefer über die blaue Brücke, eine einstige Flusssperre, das Werratal wieder betreten.

Wegebeschaffenheit: Kolonnenweg, asphaltierte Wege, Wald- und Feldwege, Pfade
Markierung: Wegweiser, Grüne-Band-Schilder, Lochplatten
Schwierigkeit: mittel
Wanderkarten: L5126 Eisenach, L4926 Eschwege (Freistaat Thüringen/Hessen Landesamt für Vermessung und Geoinformation)
Einkauf: Bäcker und Fleischer in Heldra, Einkaufsmöglichkeiten und Banken in Treffurt
Einkehr: auf dem Heldrastein und in Heldra
Teilstrecken: Herleshausen–Heldrastein (5,5 Std.)
Besondere Tourhinweise: Das Stück zwischen dem Hagenberg und dem Herkules-Wartburg-Radweg war in der Vergangenheit wenig gepflegt. Ihm folgt aber bald nach dem Hochsitz und einer 45°-Rechtskurve ein frisch gemachtes Stück, sodass die Hoffnung besteht, dass auch das Zwischenstück zukünftig gepflegt wird. Wir können aber auch am Beginn des Kolonnenwegs weiter dem Weg nach Ifta folgen und im Ort die zweite Abbiegung links am Augraben entlang dem Herkules-Wartburg-Radweg nach Westen zum Kolonnenweg folgen. Der Weg verläuft jedoch vorwiegend über Asphalt.

Streckenverlauf

Wir verlassen das hessische **Herleshausen** vom Schloss Augustenau durch die Garten- und die Waldstraße und kommen auf einen geteerten Pfad, auf dem wir die **Autobahn** unterqueren.
Danach geht es rechts die **asphaltierte Straße hinauf**. Nach 40 Minuten teilt sich unser Weg. Wir gehen rechts und erreichen nach fünf Minuten den Teich und oberhalb den frisch gestrichenen, weißschwarzen **Siegelshof**.
Wir folgen dem Feldweg links aufwärts. Nicht weit hinter dem Vier-Seiten-Hof, der 1368 erstmals erwähnt wurde, passieren wir die **Grenze nach Thüringen**. Wir erreichen die **Höhe am Kielforst** und laufen jenseits geradeaus hinab.
Am Ende des Waldes geht es links auf Asphalt hinüber nach **Willershausen**. Am Ortsbeginn führt unser Weg links durch das große, teils verfallende Gut am renovierten Wasserschloss vorbei zur Kirche hinauf. Eine Besichtigung lohnt sich. Die Marienkirche Willershausen wurde im 15. Jahrhundert als Wallfahrtskirche genutzt. Siegismund Treusch versuchte 1464 an die Kirche ein Kloster anzuschließen, das bereits nach vier Jahren von den Mönchen wieder verlassen wurde. Willershausen und die angrenzenden Orte gehörten 1383 dem oberfränkisch-

hessischen Adelsgeschlecht Treusch von Buttlar. Wohn- und Wehrturm des alten Schlosses entstanden Ende des 13. Jahrhunderts. Das Gut und die Wasserburg wechselten dann ab 1757 die Besitzer. Dann gehen wir von der Kirche nach links weiter und biegen rechts in die nächste Straße, die **Iftaer Straße** ein und verlassen den Ort nach Norden in Richtung Ifta. Wir wandern durch eine liebliche hügelige Landschaft und treffen auf der Höhe auf den **Kolonnenweg**, dem wir auf der thüringischen Seite nach links folgen. Nun laufen wir durch eine wahre Blumenpracht (Orchideen!!) leicht auf und ab, bis wir unmerklich den höchsten Punkt am **Hagenberg** (415 m) erreicht haben. Dahinter steigen wir an der steil abfallenden **Felskante** in Serpentinen hinab. Achtung, der Weg ist in einem schlechten Zustand. Wir kreuzen den **Ölbach** und steigen wieder auf. Im Sommer kann es hier ordentlich zuwachsen, die Betonplatten sind aber vorhanden und dienen uns zur Orientierung. Teils auf den Platten, teils auf der daneben ver-

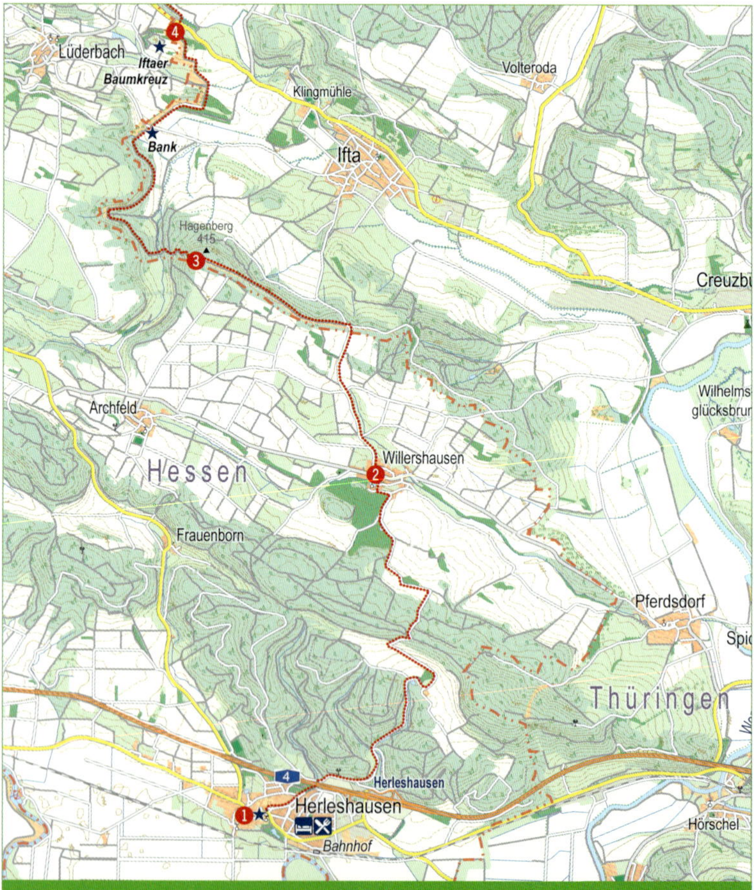

Tour 28: Herleshausen–Heldra (Teil 1)

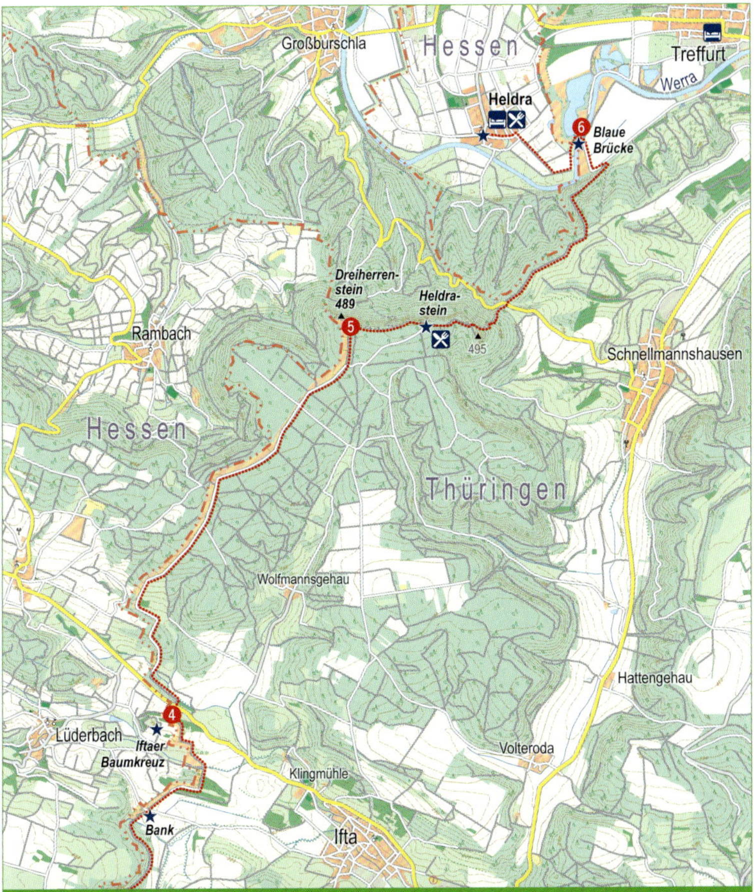

Tour 28: Herleshausen–Heldra (Teil 2)

laufenden Fahrspur erreichen wir nach einem wilden Waldstück den kreuzenden Asphaltweg, den **Herkules-Wartburg-Radweg** zwischen Lüderbach und Ifta, an einer Bank.

Wir folgen dem nun gut gepflegten Plattenweg in Richtung **Iftaer Baumkreuz**. Nach Auf und Ab und einigen Ecken entdecken wir ein Stück Streckmetallzaun, mit angepflanzten Bäumen, die das Iftaer Baumkreuz bilden. Eschen und Linden überkreuzen sich hier. Wir folgen dem Pfad bis zur Straße und überqueren sie. Achtung, auf der gegenüberliegenden Straßenseite geht es durch ein **Wildschutztor** weiter, das eventuell etwas klemmt.

Unser Weg geht auf dem **Kolonnenweg** weiter durchs Ziegental. Linker Hand begleitet uns ein breiter Wiesenstreifen den Berg allmählich ansteigend in Richtung **Dreiherrenstein** (489 m) bis zum höchsten Punkt. Die Abzweige nach Rittmannshausen (links) und zum

Heldrastein (rechts) ignorieren wir. Der höchste Punkt liegt bereits an der Hangkante. Hier können wir nun 200 Meter nach links einen Abstecher zum Dreiherrenstein machen.

Dann wandern wir weiter nach rechts in 800 Metern an der insgesamt etwa zwei Kilometer langen **Hangkante des Heldrasteins** (504 m) entlang hinüber zum **Aussichtssturm**. Wir befinden uns 320 Höhenmeter über der Werra und genießen die gigantische Aussicht von der Kanzel ins Tal. Unter uns fällt der Fels bis zu 62 Meter fast senkrecht in die Tiefe. Neben den Rastplätzen ragt der ›**Turm der Einheit**‹ 30 Meter in die Höhe, den wir jederzeit über 162 Stufen besteigen können. Am 8. Mai 1997 wurde der Turm eingeweiht. Rund um den Turm wird anhand sehenswerter Originalfotos und Zeitungsartikel die Geschichte um den einstigen Karl-Alexander-Turm, die Verschließung des Heldrasteins durch die Staatssicherheit, die Öffnung des Geländes und Begehung durch die Bevölkerung 1989 und das Engagement in den letzten Jahren lebendig. Im Sommer bietet die ehrenamtlich betriebene **Florian-Henning-Hütte** an Sonn- und Feiertagen Imbiss und Getränke an.

Schließlich wandern wir unserem Etappenziel entgegen. Wer nach **Großburschla** (1,5 Stunden) will, läuft den Weg am Hang ein Stück zurück, bis rechts ein ausgeschilderter Pfad durch den Wald führt. Dem folgen wir geradeaus bis zur Werra hinab und gehen dort links.

Nach Heldra (45 Minuten) und Treffurt geht es in der entgegengesetzten Richtung auf dem **Premiumwanderweg P6** weiter, der nach 400 Metern links steil an der Bergseite hinabführt. Nach einer Viertelstunde erreichen wir am Parkplatz die zu DDR-Zeiten einzige Zufahrt nach Großburschla, die zu diesem Zweck extra in den Hang gesprengt wurde. Nach Heldra nehmen wir entweder den kürzeren steileren Weg links durch den Wald oder wir bleiben auf dem Plattenweg und folgen ihm bis in die Ebene zur ›**Blauen Brücke**‹, einer umfunktionierten Flusssperre. Wir überqueren das eiserne Denkmal. Dahinter geht es links nach Heldra und rechts nach Treffurt. Ein Blick zurück zeigt uns, woher der Heldrastein (›Heller Stein‹) seinen Namen hat. Der sichtbare Kalkfelsen glänzt weithin in der Sonne. Das hessische **Heldra** verfügt über alles, was ein Dorf ausmacht. Am zentralen August-Hermann-Francke-Platz gibt es

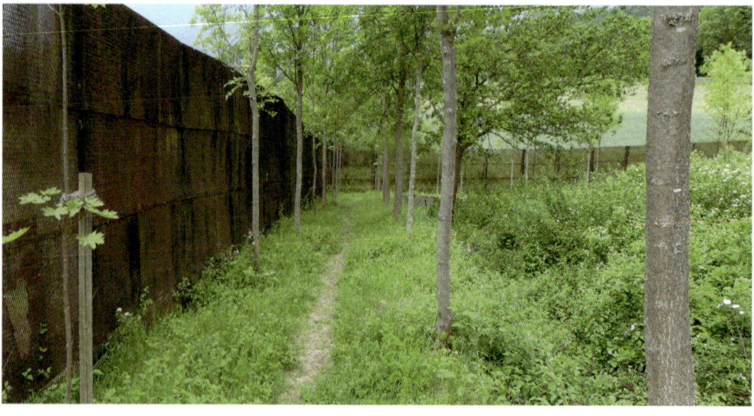

Streckmetallzaun am Iftaer Baumkreuz

▲ Karte S. 206/207

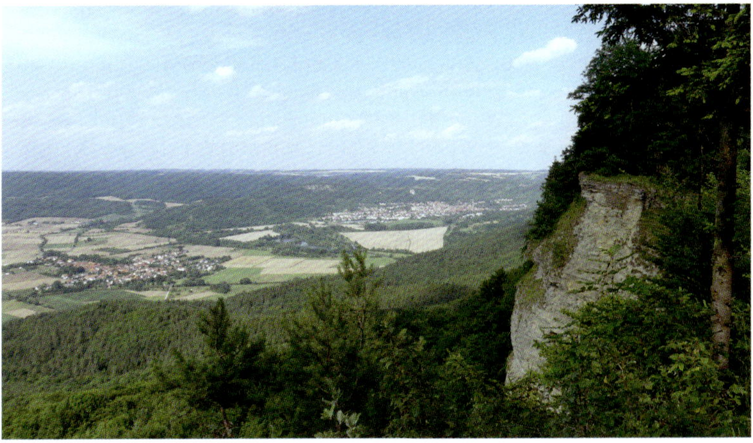

Felswand am Heldrastein

schmucke Fachwerkhäuser, den alten Baum des Dorfes, die Feuerwehr, ein Dorfmuseum, ein Wohnmobilstellplatz sowie Einkehr- und Übernachtungsmöglichkeiten. Hinter dem ältesten Baum des Dorfes betritt man das Franckesche Gut, die heutige ›Herberge im Kleegarten‹. Sie wurde 1999–2003 durch das enorme Engagement der dafür gegründeten Bürgerinitiative restauriert und so in letzter Minute vor dem Zerfall bewahrt. Schon vor dem Dreißigjährigen Krieg gehörte die hier lebende Familie Francke zu den alteingesessenen Familien Heldras. Aus ihr ging der in Lübeck am 22. März 1663 geborene Theologe und Pädagoge August Hermann Francke hervor. Er gründete 1695 in Halle/Saale zuerst eine Armenschule und ließ dann Waisenhaus, Erziehungsanstalt, Apotheke, Bibliothek und manches mehr folgen. Die Einrichtungen bilden heute als kleiner Stadtteil die Francke'schen Stiftungen. Francke starb am 8. Juni 1727 in Halle.

Flusssperren

Menschen flüchteten aus der DDR nicht nur über Land, sondern versuchten es auch durch die Bäche und Flüsse, wie zum Beispiel die Werra. Um Fluchten zu verhindern, wurden in die Bäche Röhren mit Metallgittern eingesetzt. Für die breite Werra brauchte man aber eine neue Technologie. Bei Dankmarshausen zog die DDR 1963 eine Stacheldrahtrolle quer durch den Fluss. Schnell war klar, dass sich darin Treibholz und Unrat sammelt, so dass der Draht schnell riss. Deshalb begann man in den 1970er Jahren ein aufwendiges Sperrwerk mit Brücke und im Flusswasser hängenden Gitterrosten, sogenannten ›Rechen‹ zu errichten. Wer hier durchs Wasser fliehen wollte, wäre durch die Strömung so unter den Rechen gedrückt worden, dass er mit höchster Wahrscheinlichkeit ertrunken wäre. Zur Reinigung konnten die Gitter einzeln hochgezogen werden. Nur bei Hochwasser mit Überflutungsgefahr öffnete die Armee die Wassersperren. Im Heldrazipfel gab es drei Flusssperren: zwei bei Großburschla und die dritte ist die heutige blaue Brücke, nun ohne Rechen.

Die jüngere Geschichte des Heldrasteins

1890 entstanden auf dem Heldrastein der Karl-Alexander-Turm und eine Wandererunterkunft des Turnvereins Wanfried. Ab 1923 wurde sie von dem jungen Ehepaar Gertrud und Albert Lorbach durchgängig bewirtschaftet. Da die Wirtschaft florierte und manchmal sonntags die Besucher in Scharen kamen, begannen die emsigen Wirtsleute 1928 mit dem Ausbau des einstöckigen Fachwerkhauses zu einem geräumigen Berggasthof mit Fremdenzimmern. Später kam noch ein Wildgehege hinzu. Als 1945 die sowjetische Armee den strategisch genial liegenden Gasthof für sich beanspruchte, flüchtete die Familie zuerst nach Wolfmannsgehau und wohnte schließlich eineinhalb Jahre in Schnellmannshausen. Dann kehrten sie nach Abzug der Armee zurück auf den Heldrastein - jedoch nicht für lange. 1952 kam die Anweisung der Behörden, den Heldrastein innerhalb von fünf Tagen zu verlassen. Das trieb die Familie nun endgültig in den Westen. Die Gaststätte, die Wanderherberge und der Turm, die erst noch enteignet und der FDJ übergeben worden waren, wurden nun abgerissen. Der Heldrastein durfte ab sofort von der Bevölkerung nicht mehr betreten werden. Gleichzeitig richtete sich die Staatssicherheit auf dem Gelände ein, das auch die angrenzende Hüneburgruine umfasste. Sie stellte einen neuen Turm mit Radar- und Abhöranlagen auf. Es kamen Unterkünfte für die Stasimitarbeiter hinzu. Am Heiligabend 1989 gelang es engagierten Bürgern aus der Umgebung, die Öffnung des Geländes zu erreichen. Sie fanden im Holzhaus auf der Hüneburg zahlreiche Kabelanschlüsse für hochwertige Abhörgeräte und funk- und schallisolierte Räume. Danach schlossen sich die anliegenden Gemeinden zur ›Interessengemeinschaft Heldrastein‹ zusammen, die sich als Erstes um einen neuen Aussichtsturm bemühte. Aus rechtlichen Gründen wurde ein Neubau im Naturschutzgebiet aber nicht gestattet. Ein Umbau des noch bestehenden Turmes war hingegen möglich. 20 000 Deutsche Mark kostete damals zunächst das Grundstück, das von der Treuhand zurückgekauft werden musste. Am 8. Mai 1997 wurde der fertige Turm eingeweiht.

i Tour 28

Gemeinde Herleshausen, Mo, Mi, Do, Fr 8.30–12.30 Uhr, Do 14–17.30 Uhr, Tel. 05654/98950, Bahnhofsstraße 15, 37293 Herleshausen. www.herleshausen.de

Werratal Touristik e.V., Tel. 03695/ 861459, Kirchplatz 2, 36433 Bad Salzungen. info@werratal.de, www.werratal.de

Interessengemeinschaft Heldrastein e.V., Tel. 05655/924682, Zum Leistersberg 40, 37281 Wanfried. info@ig-heldrastein.de, www.ig-heldrastein.de

Touristinformation im Bürgerhaus Treffurt, Mo, Mi, Do, Fr 10–15 Uhr, Di 10–18 Uhr, Tel. 036923/51542, Puschkinstraße 3, 99830 Treffurt. Außerhalb der Öffnungszeiten steht ein Infopunkt gegenüber dem Bürgerhaus mit Toiletten und Fahrradboxen zur Verfügung. info@treffurt.de, www.treffurt.de

An-/Abfahrt Herleshausen: Bahn über Eisenach bis Herleshausen Haltepunkt (Hp)

An-/Abfahrt Heldra/Treffurt: Bahn bis Eisenach oder Eschwege dann Bus 170

Herberge im Kleegarten, Tel. 05655/ 923444, Vor der Lücke 1, 37281 Heldra. kleegarten@yahoo.de

▸ Karte S. 206/207

www.herberge-im-kleegarten.de
Gemeindeschänke Heldra, Tel. 0177/ 6518026, Obergasse 7, 37281 Heldra. kontakt@gemeindeschaenke-heldra.de
www.gemeindeschaenke-heldra.de
Hotel Waldblick, Heidewickchen 14, Tel. 036923/80488, 99830 Treffurt.
info@waldblick-treffurt.de
www.waldblick-treffurt.de
Ferienwohnung Angelika Meißner, Frühstück möglich, Tel. 036923/50252, 0171/1618402, Gartenstraße 10, 99830 Treffurt, kontakt@ferienwohnung-meissner-treffurt.de
www.ferienwohnung-meissner-treffurt.de
Ferienwohnung Familie Seelig, Tel. 036923/50747, 0160/5503652, Hessische Str. 40, 99830 Treffurt.
wittig@pension-weiherstrasse.de
www.pension-weiherstrasse.de
Ferienwohnung Gabriele Engelhardt, Tel. 036923/50213, Friedrich-Ebert-Straße 43, 99830 Treffurt
engelhardt.treffurt@freenet.de
www.fewo-engelhardt-thueringen.beepworld.de.

Gemeindeschänke Heldra, s.o., Mi–Sa ab 17 Uhr, So ab 12 Uhr.
Herberge im Kleegarten, s.o., Mo, Di Ruhetag, Mi, Do 17–22 Uhr, Fr–Sa 14–22 Uhr, So 10.30–21 Uhr.
Imbiss Florian-Henning-Hütte auf dem Heldrastein, Mai–Okt So+Ft 10–17 Uhr, Interessengemeinschaft Heldrastein e.V., Tel. 05655/924682, Zum Leistersberg 40, 37281 Wanfried
info@ig-heldrastein.de, www.ig-heldrastein.de

Heldrastein, Turmbesteigung und Foto- und Informationstafeln, jederzeit zugänglich.
Dorfmuseum Heldra, geöffnet zu besonderen Anlässen und nach Absprache: Tel. 05655/8259/-679/-681 (Fotos und Ausstellungsstücke, Küche aus den 1920er Jahren, Arbeitsplatz eines Zigarettenmachers, Arbeitsmittel einstiger Handwerke, Erinnerungen an die deutsche Teilung aus westdeutscher Perspektive).

Abend im **Kleegarten** mit Übernachtung auf Heumatratzen oder im Wohnwagen im ehemaligen Franckeschen Gut (Herberge im Kleegarten).

Höhenprofil Tour 28

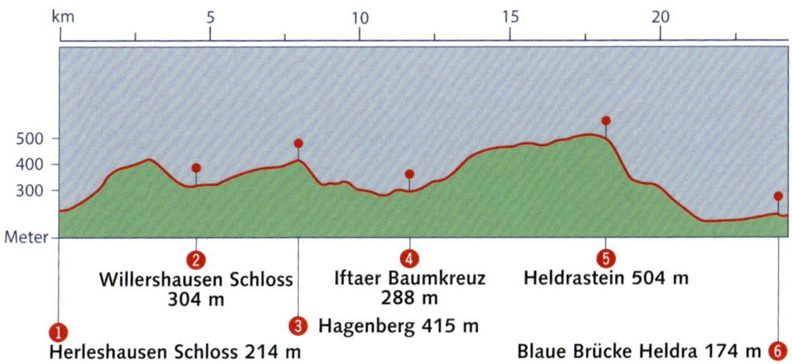

Über die Höhen des Treffurter Stadtwaldes ins katholische Eichsfeld

Tour 29: Von Heldra nach Döringsdorf » 22 km/6 Std.

Kurzcharakteristik
Wir beginnen im Werratal und wandern durchs Naturschutzgebiet ins sehenswerte Städtchen Treffurt. Hier erklimmen wir die romantische Burg Normannstein. Dann steigen wir auf schmalem Pfade zum Aussichtspunkt Adolphsburg, allerdings ist hier von einer Burg keine Spur. Wir kommen auf den Kolonnenweg durchs Tal des Heldrabachs. In den 1950er Jahren sprangen Flüchtende hier einfach aus der Bimmelbahn auf hessisches Gebiet. Dann begleitet uns wieder eine lange Zeit das grün-bunte Blumenband mit dem typischen Grenzaufbau. Wir treffen auf eine vermeintliche Agentenschleuse und zwei Grenztürme. Später lernen wir die Plesse kennen, einen nackten Steilhang, der zur Wochenstube für Wanderfalken wurde. Kurz vor unserem Ziel werden wir an das geschleifte Gut Keudelstein erinnert und erreichen Döringsdorf unter dem Wallfahrtskloster Hülfensberg.

Wegebeschaffenheit: Feld- und Waldwege, asphaltierte Wege, Pfade, Kolonnenweg
Markierung: Wegweiser, zeitweise ›T3‹ und Adolphssteig, Grüne-Band-Schilder, Lochplatten
Schwierigkeit: schwierig, mit mehreren steilen An- und Abstiegen
Wanderkarten: L4926 Eschwege, L4726 Heilbad Heiligenstadt oder LVT Südliches Eichsfeld (Freistaat Thüringen/Hessen Landesamt für Vermessung und Geoinformation)
Einkauf: diverse Geschäfte in Treffurt
Einkehr: in Treffurt und auf der Burg Normannstein
Teilstrecken: Heldra–Treffurt Ortsmitte (1 Std.)
Besondere Tourhinweise: Sollte man keine Übernachtung in Döringsdorf bekommen, bietet sich als nächste Möglichkeit nur Wanfried. Das sind noch vier Kilometer am Ende eines langen Wandertages. Vielleicht würde der Gastgeber der Unterkunft die Wanderer auch abholen und am nächsten Morgen wieder hochfahren? Fragen kostet nichts.

Streckenverlauf

Am **August-Herrmann-Francke-Platz** vor dem Franck'schen Gut beginnen wir unsere Wanderung in Richtung Treffurt und wandern (wie gestern gekommen) auf dem **Weg P6** zum Ende des Ortes. Hinter dem letzten Grundstück biegen wir, wie auf den Schildern angegeben, nach rechts ab und betreten an der ersten **Furt mit Holzbrücke** das Naturschutzgebiet. Wir wandern an der **Blauen Brücke**, die einst Teil einer Grenzflusssperre war, und an den schwimmenden Schwänen im Frankenloch vorbei. Dahinter geht es links, bis wir etwa 50 Meter vor Erreichen der Straße rechts in das erste **Wohngebiet Treffurts** hineinlaufen. Treffurt lag, trotzdem es auch damals eine Stadt war, zu DDR-Zeiten in der 5-km-Zone und konnte nur durch einen Passierschein betreten werden.

▶ Karte S. 214

Wir befinden uns auf der **Straße des Friedens**, die am Ende auf die B 250 trifft. Wir gehen auf der Straße ›Am Bahnhof‹ nach links und folgen dann der nächsten Puschkinstraße nach rechts. So kommen wir am künstlerisch anmutenden Schilderwald, an einem der drei Amtshöfe und am **Bürgerhaus** (Touristeninfo) vorbei.

Mit der Rathausstraße laufen wir ein kleines Stück rechts zum **Marktplatz** mit seinem sehr sehenswerten Fachwerk-Rathaus hinab. Unser Weg führt von hier über den Platz und auf der jenseitigen Seite links die Kirchstraße hinauf.

Hinter der evangelischen **Bonifatiuskirche** wenden wir uns nach links in die Torstraße, bis wir rechts einen **Wanderinfopunkt** finden. Hier gehen wir geradeaus in den Wald hinein und in einfachen Serpentinen zur romantischen mittelalterlichen Burg hinauf. Seit Heldra sind etwa 75 Minuten vergangen.

Die **Burg Normannstein** war einst der Sitz der Ritter von Treffurt. 1333 und 1336 verbündeten sich die drei größten Nachbarn, der Landgraf von Thüringen, der Erzbischof von Mainz und der Landgraf von Hessen gegen die Ritter und vertrieben sie. Sie gründeten drei Amtshöfe, den Mainzer, den Hessischen und den Sächsischen Amtshof und regierten die Stadt und die umliegenden Dörfer gemeinsam. Von 1978 bis 1990 befand sich in der Burg ein Jugendclub.

Links hinter der Burg führt unser Weg zum **Berg Adolphsburg** (379 m) weiter, der zu DDR-Zeiten für die Bevölkerung nicht zugängig war. Wir laufen an der Hangkante entlang, überschreiten links versetzt eine Straße, und erreichen wieder die Hangkante. Mal nennt sich hier der **Weg T3**, mal **Adolphssteig** (gelbes A).

Wir erreichen die restaurierte **Aussichtshütte der Adolphsburg**, die 1989 als Erste wieder für die Treffurter Bevölkerung zugängig wurde. Dann geht es weiter geradeaus – nahezu alpin – an der **freien Felskante entlang** und wieder in den Wald: Bald führt unser Weg scharf links herum und in vermeintlich entgegengesetzter Richtung und steiler abwärts zu einem breiten Weg. Hier geradeaus, kommen wir kurz darauf zu einem **Wegekreuz**, an dem wir rechts abbiegen.

Das gelbe A des Adolfsteigs und das Grüne-Band-Zeichen führen uns nun direkt zum **Kolonnenweg**, auf dem wir nach rechts weiter wandern. Kurz vor der B 250 queren wir an einem Steil-

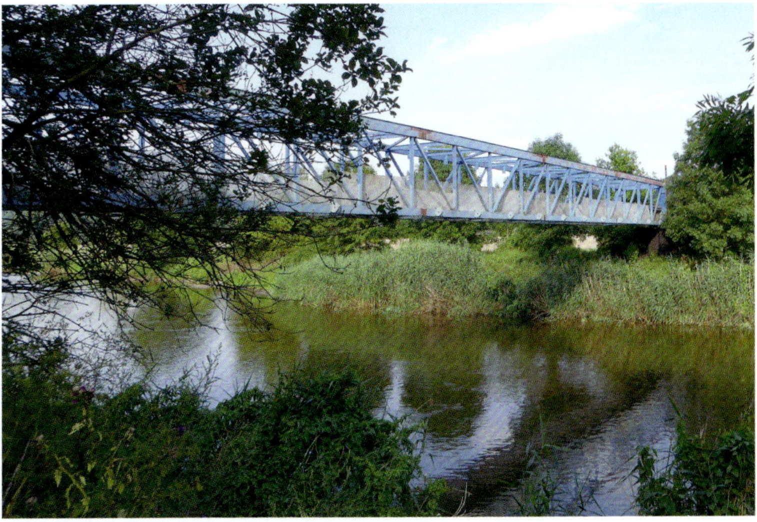

Die Blaue Brücke

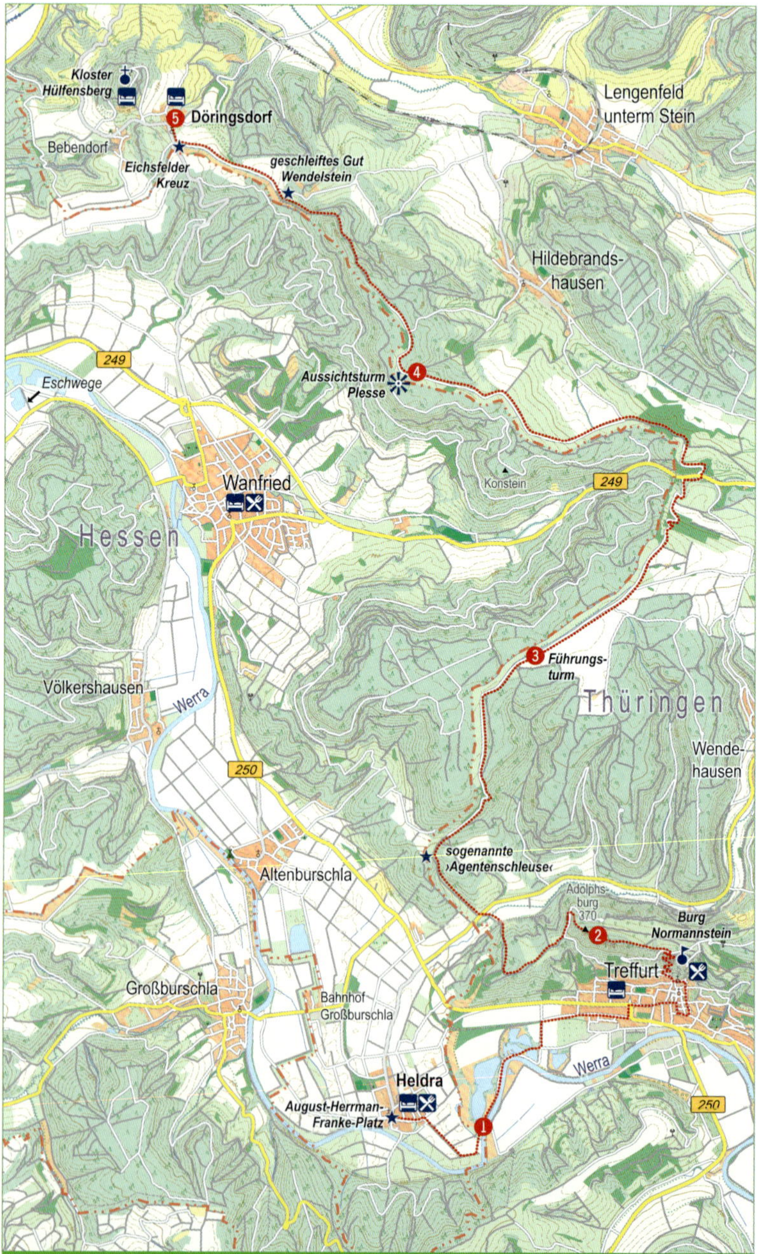

Tour 29: Heldra–Döringsdorf

stück den **Werra-Radweg** der auf der Trasse der Vogteier Bimmelbahn (Treffurt-Mühlhausen) entlang führt. Rechts wartet ein Rastplatz mit Informationstafeln auf Wanderer. Am nicht weit entfernten, links liegenden Haltepunkt ›Feldmühle‹ führte ein kurzes Streckenstück über hessisches Gebiet. Hier fuhren die Züge bis 1952 ohne Halt durch. Trotz verschlossener Türen sprangen in dieser Zeit zahlreiche Flüchtende kurzer Hand aus dem Zug in die Freiheit.

Wir kommen als nächstes zum **Drei-Kreise-Eck** mit interessanten Originalfotos aus der Grenzzeit. Dann überqueren wir die Straße Heldra–Feldmühle–Wendehausen und steigen gegenüber auf dem Plattenweg 30 Minuten an bunten Wiesen mit lila blühender Pfefferminze zur **Agentenschleuse** aus dem Anfang der 1980er Jahre auf. Nur ein Wasserdurchlass oder tatsächlich eine Agentenschleuse? Man fragt sich, ob Agenten es wirklich nötig hatten, durch feuchte, dunkle Rohre zu kriechen. Eher bewegten sie sich wohl legal mit falschen Namen und Pässen über die offiziellen Grenzübergänge.

Nachdem wir auf etwa 450 Metern Höhe das **Naturschutzgebiet Mainzer Köpfe** über dem Langen Grund erreicht haben, folgt nun ein ebenes Stück. Linker Hand begleiten uns der **Grenzgraben**, die sogenannte Fahrzeugsperre, sowie weiter entfernte Grenzsteine am jenseitigen Waldesrand. Die Hochebene wird von Kühen aus Wendehausen beweidet. Erst kommen wir am **Karnberg** (448 m) an einem **Beobachtungsturm** vorbei. Dann, etwa eine Stunde hinter der sogenannten Agentenschleuse, können wir ›Auf der Delle‹ (461 m) nach rechts einen Abstecher zum dortigen **Führungsturm** machen. Er wird heute vom Heimatverein Wendehausen betreut und beherbergt eine Ausstellung, die von Ostern bis zum Tag der Deutschen Einheit sonntags besichtigt werden kann.

Bald danach geht es in **Serpentinen** 100 Höhenmeter steil abwärts zur **B 249** zwischen Wanfried und Katharinenberg. Wir gehen an der Straße rechts entlang, bis wir nach gut 100 Metern auf der linken Seite den **Plattenweg** wiederfinden. Er führt uns zurück auf eine Höhe von 400 bis 450 Höhenmeter und wird uns bis nach Döringsdorf begleiten.

Das **Grüne Band** entpuppt sich auch hier als ein bunter, lang gezogener Blumenstreifen. Rechts von uns blicken wir auf Hildebrandhausen. Die abzweigenden Wege nach links ignorieren wir solange, bis wir nach etwa eineinhalb Stunden zu einem abzweigenden Weg nach rechts in den Wald mit einem runden Tisch kommen. Hier führt nach links ein schmaler Pfad über die Grenze und durch Buchenwald 100 Meter ins **Naturschutzgebiet Plesse-Konstein** zum hessischen Plesseturm hinüber. Auch wenn der **Aussichtsturm** gesperrt ist, haben wir dennoch einen wunderbaren Fernblick über Wanfried zum dahinter liegenden Schlierbachswald.

Rechts vom Turm befindet sich eine senkrecht abfallende, 200 Meter breite und 50 Meter hohe **nackte Felswand**, in der seit 1978 Wanderfalken brüten. Die offene Wand stammt von einem heftigen Bergsturz in der stürmischen Nacht des 24. Januar 1640. Auf der Hochzeitstafel des Klaus Fischer in Wanfried sollen die Tassen aus diesem Anlass eine Elle hoch gehüpft sein. Ob hinterher noch etwas drin war, ist nicht überliefert.

Wir gehen **zurück zum Plattenweg**. Nun wird es noch einmal wilder und steiler im Auf und Ab, bis wir eine halbe Stunde später an der Erinnerungstafel für das **ehemalige Gut Keudelstein** stehen. Das kulturhistorisch wertvolle Ensemble aus dem Jahre 1669, in dem um die 50 Per-

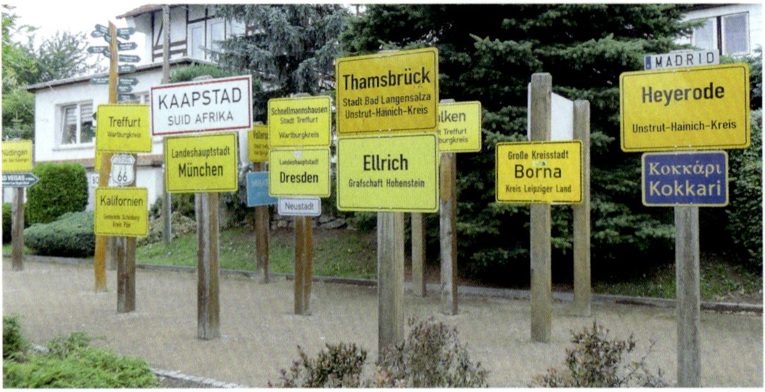

Die weite Welt in Treffurt

sonen wohnten und arbeiteten, wurde 1945 enteignet und 1978 abgerissen. Nach der Grenzöffnung fanden einige damals geflüchtete Bewohner nichts mehr vor, was das Gut bezeugen könnte. Nach einem Kilometer erreichen wir unser Ziel **Döringsdorf**. Kaum 15 Meter liegt der Plattenweg vom ersten örtlichen Bestandteil, dem Friedhofszaun, entfernt. Wir wandern an der Kirche vorbei in den Ort hinein und bleiben solange geradeaus, bis links die Enge Gasse abgeht. An der linken Ecke befindet sich die Ferienwohnung von Simone König, die sich rührend um Wanderer kümmert. Wer hier keine Übernachtung findet, kann im oberhalb auf dem Hülfensberg liegenden Franziskanerkloster nachfragen oder hat noch vier Kilometer abwärts nach Wanfried.

Das Eichsfelder Kreuz

Nähern wir uns Döringsdorf vom geschleiften Gut Keudelstein auf dem Plattenweg, entdecken wir linker Hand, kurz bevor wir die Straße Wanfried–Döringsdorf betreten, gleich hinter der Grenze auf hessischem Gebiet das aufragende weiße Eichsfelder Kreuz.

Bis 1952 bestanden intensive Kontakte zwischen der Wanfrieder Kirchengemeinde und dem Hülfensberg. Regelmäßig nahm die Gemeinde an den Wallfahrten auf den Hülfensberg teil. Mit der Grenzverstärkung ab 1952 war das den Wanfriedern nicht mehr möglich. Viele Thüringer Eichsfelder flüchteten noch in dieser Zeit in die Nachbarorte in Hessen, bis die todessichere Befestigung der Grenze 1961 das kaum noch zuließ. Ehemalige Eichsfelder gründeten damals den ›Eichsfelder Verein‹, der bis heute aktiv ist. Sie errichteten in den 1970er Jahren an der Döringsdorfer Straße – von Wanfried bis zur Grenze bei Döringsdorf – einen Kreuzweg aus Holzkreuzen. Als Ersatz für den Hülfensberg wurde am 14. Juni 1980 als neues Ziel der Wallfahrt das Eichsfelder Kreuz aufgestellt und eingeweiht. Eine hochgelegene, geeignete Stelle, gut einsehbar auch für die Döringsdorfer mit Blick auf den Hülfensberg und so nah wie möglich an der Grenze, wurde ausgewählt. Ab sofort fanden wieder Prozessionen zum Hülfensberg statt, die nun am Eichsfelder Kreuz endeten.

▲ Karte S. 214

Der Abschluss wurde per Mikrofone und Lautsprecher übertragen, damit die Döringsdorfer jenseits der Grenze teilhaben konnten. Ihnen wurde Hoffnung und Zusammengehörigkeit zugesprochen.

Eine Döringsdorferin, die 1980 etwa neun Jahre alt war, erinnerte sich an die Einweihung des Eichsfelder Kreuzes: »Irgendetwas tat sich jenseits der Grenze. Bewegung war dort, Fahrzeuge fuhren, Lärm und Stimmen drangen hinüber. Wir wussten ja nichts und waren neugierig. Meine Mutter pflückte schnell ein paar Blumen im Garten, nahm mich an die Hand und wir gingen zum Friedhof. Unterwegs trafen wir auf einen Grenzer und wurden befragt, wohin wir zu dieser Zeit wollten. Meine Mutter sagte, wir wollten nur auf den Friedhof, um Blumen zu gießen. Das konnte er uns schließlich nicht verwehren. Was für eine gute Idee von ihr: Der Friedhof lag hinter der Kirche, kaum 15 Meter von der Grenze entfernt. Als wir den Friedhof betraten, entschied sich meine Mutter kurzerhand für den Kirchturm und schlüpfte mit mir ungesehen zur Kirchentür hinein. Sie hatte einen Schlüssel und stieg mit mir auf den Turm. Wir schauten durch das Turmfenster. Dummerweise verdeckte uns aber ein Baum die Sicht. Plötzlich sahen wir, dass sich im Nachbargrundstück etwas im Baum bewegte. Es war der Nachbar, durch die Blätter schwer zu erkennen. Er versuchte wohl auch etwas davon zu verstehen, was über die Mikrofone geredet wurde. Leider drang der Schall durch den Wind eher zur anderen Seite. Je länger ich in die Bäume sah, entdeckte ich an anderen Stellen noch eins, zwei Personen in weiteren Bäumen. Das waren aber Grenzer. Da wir nicht viel verstanden und nichts sahen, legten wir noch unsere Blumen aufs Grab und gingen wieder nach Hause.«

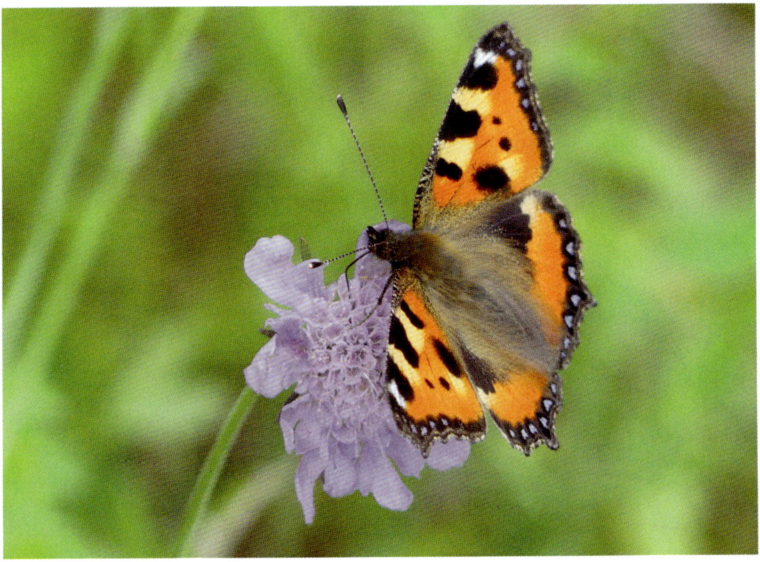

Ein Kleiner Fuchs

Tour 29

Werratal Touristik e.V., Tel. 03695/861459, Kirchplatz 2, 36433 Bad Salzungen. info@werratal.de, www.werratal.de

Tourist-Information Eschwege, Mai–Sept Mo–Fr 9–18 Uhr und Sa 10–13 Uhr, Okt–April: Mo–Fr 9–16.30 Uhr, Tel. 05651/331985, Hospitalplatz 16, 37269 Eschwege
tourist-info@werratal-tourismus.de
www.werratal-tourismus.de

Touristinformation im Bürgerhaus Treffurt, Mo, Mi, Do, Fr 10–15 Uhr, Di 10–18 Uhr, Tel. 036923/51542, Puschkinstr. 3, 99830 Treffurt. Außerhalb der Öffnungszeiten steht ein Infopunkt gegenüber dem Bürgerhaus mit Toiletten und Fahrradboxen zur Verfügung.
info@treffurt.de, www.treffurt.de

Heimat- und Verkehrsverband (HVE) Eichsfeld Touristik e.V., Tel. 03605/2006760, Conrad-Hentrich-Platz 1, 37327 Leinefelde. info@eichsfeld.de, www.eichsfeld.de

An-/Abfahrt Heldra/Treffurt: Bahn bis Eisenach oder Eschwege, dann Bus 170

An-/Abfahrt Döringsdorf: Bahn bis Heilbad Heiligenstadt, dann Mo–Fr Bus 8 nach Geismar-Döringsdorf

Gästezimmer über Restaurant Burg Normannstein, Mi–Sa 11.30–21 Uhr, So 11.30–20 Uhr, Tel. 036923/828744, 0162/1544298, Burg Normannstein, 99830 Treffurt.
info@restaurant-normannstein.de
www.restaurant-normannstein.de

Hotel zum Schwan, Mo, Do–Sa, 17–23 Uhr, So 11–14 Uhr, 17–23 Uhr, Tel. 05655/924900, Marktstraße 20, 37281 Wanfried; www.zum-schwan-wanfried.de

Ferienwohnung König, Tel. 036082-42140, Enge Gasse 1, 37308 Döringsdorf. fewos.koenig@web.de

Pilgerunterbringung im Kloster Hülfensberg, Tel. 036082/45500, Hülfensberg 1, 37308 Geismar-Döringsdorf.
info@huelfensberg.de
www.huelfensberg.de

Burg Normannstein Treffurt, Ausstellung ›Werraburgen über Werrafurten‹, Mi–Sa 11.30–21 Uhr, So 11.30–20 Uhr.

Mahnmal Grenzturm Wendehausen, Auf der Delle, Gemeindeverwaltung Katharinenberg, Ostermontag bis 3. Oktober, So 13–17 Uhr, Tel. 036024/5600, Brückenstraße 3, 99988 Diedorf
heimatverein@katharinenberg.de
www.katharinenberg.de
www.grenzturm.eu

Ein abendlicher Spaziergang von Döringsdorf zum **Eichsfelder** Kreuz lohnt sich.

Höhenprofil Tour 29

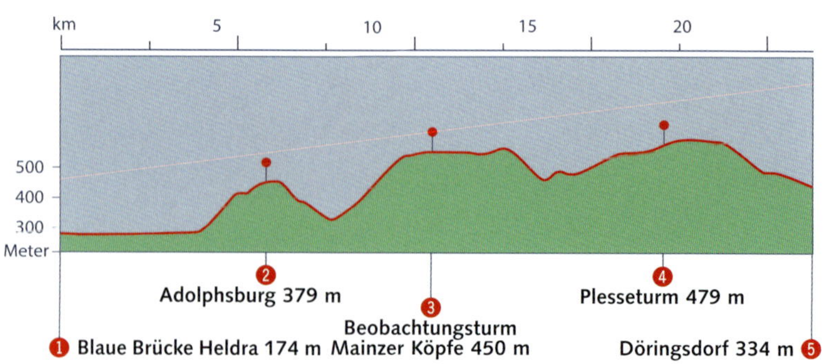

▲ Karte S. 214

Der letzte Pater, die eingesperrte Kapelle und die abgeschlossene Gobert

Tour 30: Von Döringsdorf nach Asbach-Sickenberg » 20 km/6 Std.

Kurzcharakteristik
Auf dem Weg durch die Eichsfelder Schweiz führt uns heute eine der schönsten Touren zuerst zum Wallfahrtsort Kloster Hülfensberg, der die DDR-Zeit überlebte. Dann durchstreifen wir kurz die evangelische Diaspora im Friedatal und wandern zwischen dem Großen Dachsberg und dem Schloßberg hinüber nach Kella. Hinter Kella besuchen wir die Kapelle, die einst zwischen den Grenzzäunen stand. Wir erklimmen die Höhe des Meinhard (491 m) und laufen auf dem Rücken des höchsten Eichsfelder Berges durch die traumhaften Blumenwiesen und Schmetterlingskolonien des Grünen Bandes zur Gobert (543 m). Dann geht es steil abwärts nach Asbach, wo wir eine Nacht am geografischen Mittelpunkt Deutschlands verbringen.

Wegebeschaffenheit: Feld- und Waldwege, asphaltierte Wege, Pfade, Kolonnenweg,
Markierung: Wegweiser, zeitweise rotes Viereck und X5, dann rotes Wagenrad und P5, P16 und die Lochplatten
Schwierigkeit: schwierig mit mehreren steilen An- und Abstiegen
Wanderkarten: L4726 Heilbad Heiligenstadt oder LVT Südliches Eichsfeld (Freistaat Thüringen/Hessen Landesamt für Vermessung und Geoinformation)
Einkauf: keine Möglichkeit
Einkehr: in Asbach
Teilstrecken: Döringsdorf–Kella, Grenzkapelle (3 Std.)
Besondere Tourhinweise: Aufgrund der Streckenlänge lohnt sich eine Übernachtung in Asbach. Wer hier nichts bekommt, läuft eine halbe Stunde weiter nach Sickenberg (Wegbeschreibung siehe nächste Tour). Im Hof Sickenberg gibt es vier schöne Zimmer und Hartgesottene dürfen im Sommer auch auf dem Heuboden in der Scheune übernachten.

Streckenverlauf

Unser Morgen beginnt mit dem Aufstieg durch die **Enge Gasse** zum katholischen **Kloster Hülfensberg** (448 m). Am Ende der Gasse wenden wir uns an dem alleinstehenden Haus nach rechts und wechseln dann am Beginn des Waldes auf den Fußweg geradeaus durch den Wald den Berg hinauf. Wir wandern auf dem Pfad, den zahlreiche Gläubige im Jahr hinaufpilgern. Die Straße ist die allmählichere Alternative. Oben genießen wir die Aussicht zu beiden Seiten des einfachen Franziskanerklosters. Drei Mönche leben derzeit hier. Zu DDR-Zeiten hielt ein letzter Pater die Stellung. Vom nördlich gelegenen, knapp 19 Meter hohen Dr. Konrad-Martins-Kreuz schauen wir in das katholische Eichsfeld, von der Südspitze des Plateaus in die wunderbare Natur des evangelischen Werratals. Wir besichtigen die 1367 fertiggestellte Klosterkirche, die bis 1810 von Zisterzienserinnen betreut wurde. Sie beherbergt das 900 Jahre alte Hülfenskreuz, das gegen 1070 geschnitzt wurde und dem Berg seinen Namen gab. Jesus ›der Gehülfe‹ schaut vom Kreuz freundlich auf jeden, der vor ihm steht, ungeachtet dessen, was er auf den Schultern trägt. Seit rund 800 Jahren, die sich das Kreuz auf diesem Berg befindet, der zuvor Stuffenberg hieß, ist es das Ziel zahlreicher Gläubigen und Hilfesuchenden. Nach den Zisterzi-

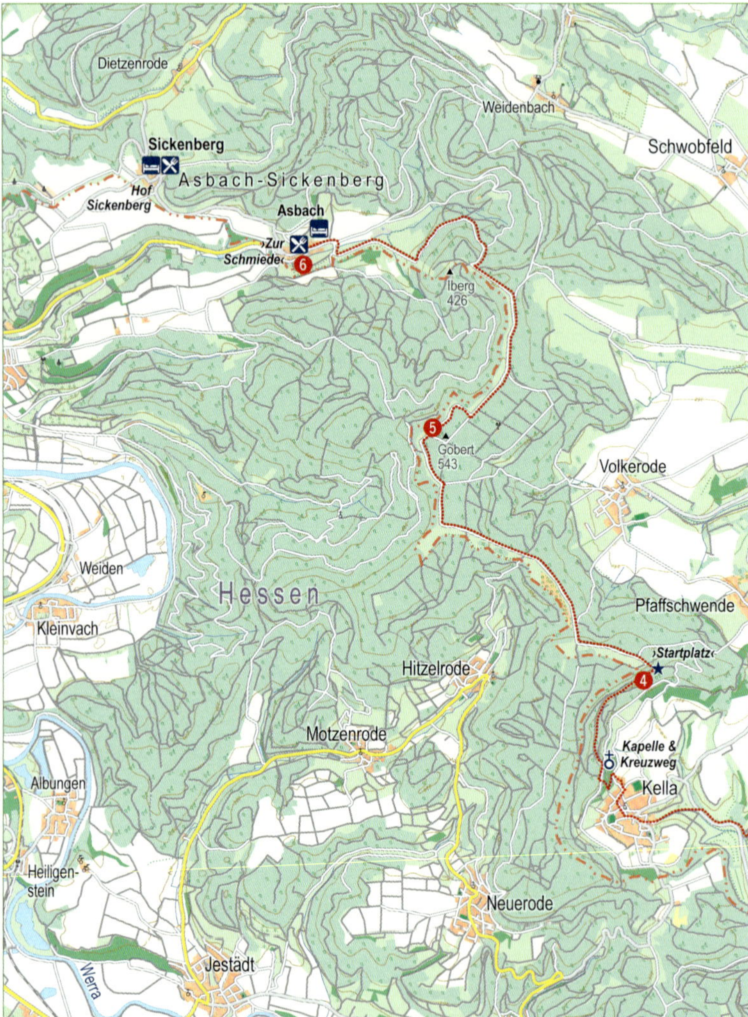

Tour 30: Döringsdorf–Asbach-Sickenberg

enserinnen wurden 1860 Franziskaner zur Seelsorge und Betreuung der Wallfahrten und Pilger auf den Berg berufen. Während der geschlossenen Grenzzeit fanden immerhin die vier traditionellen Wallfahrten statt. Daran konnten nur Bewohner der 5-km-Sperrzone teilnehmen, die vorher auf einer Liste erfasst wurden und eine Genehmigung bekamen oder auch nicht.

Vom Kloster gehen wir die Straße ein Stück abwärts und biegen an der ersten Kurve rechts auf den **Weg mit dem roten Viereck** (Leine-Werra) ab. Später biegt

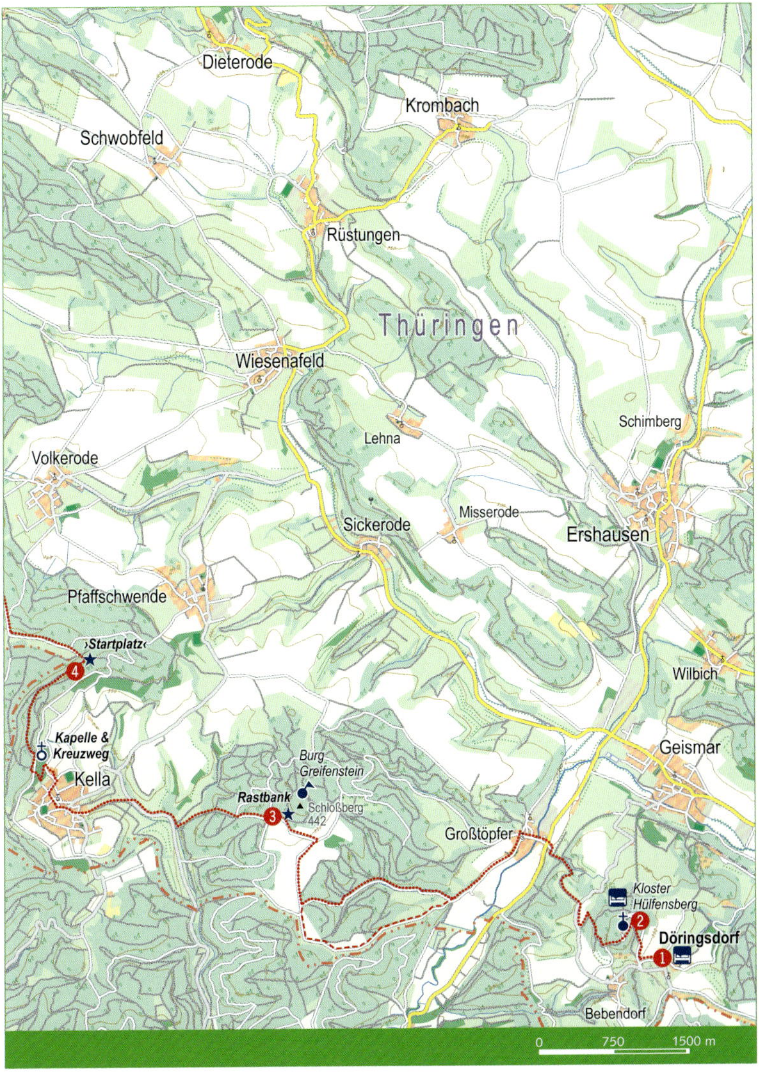

das rote Viereck links ab, sodass wir ab hier dem **P5** und dem **Roten Wagenrad**, dem Wahrzeichen des Mainzer Bistums, zu dem das Eichsfeld einst gehörte, in Richtung Großtöpfer folgen. Wir kommen aus dem Wald heraus zur **Straße Bebendorf–Geismar**, gehen an ihr rechts entlang und biegen am nächsten Schild nach links ab.

Nach etwa einer halben Stunde Abstieg erreichen wir nach einer Bahnunterführung **Großtöpfer**. Die Ortsdurchfahrt überqueren wir, gehen geradeaus die Straße entlang und biegen hinter der evangelischen (!) Kirche (geöffnet, Getränke) links ab. Nun laufen wir am Friedhof vorbei aus dem Ort hinaus durch das **Tal der Frieda**. Dort, wo zwischen Maisfeldern von links der Plattenweg kommt und rechts aufwärts führt, nehmen wir den rechten Forstweg. Wer stattdessen dem Plattenweg treu bleiben will, hat ein sehr steiles Stück vor sich und biegt dann auf der Höhe auf dem Plattenweg rechts herum in Richtung Schlossberg ab. Von der Kreuzung steigen wir auf dem **Forstweg** allmählich auf und erreichen nach 45 Minuten die Höhe, wo wir dem **querenden Plattenweg**, einem Grenz-Zubringer, nach rechts folgen. Hier treffen wir auf die Wanderer, die den steilen Anstieg genommen haben. Wir laufen nun am Feld entlang auf die von Bäumen verborgene **Ruine Greifenstein** auf dem Schlossberg (442 m) zu und halten uns am nächsten Querweg links. Bald finden wir rechts am höchsten Punkt eine **Rastbank** mit Blick zurück übers weite Feld zum **Großen Dachsberg** (363 m). Dann wandern wir weiter und erreichen beim Eintauchen in den Wald ein **Wegekreuz**, wo wir geradeaus weiter gehen. Nach einigen Minuten macht der Weg an einem **Hochsitz** eine rechtwinklige Rechtskurve, die wir nicht mitmachen, sondern geradeaus, am Hochsitz vorbei, auf einer Schneise durchs Gras wandern. Es geht gerade den Berg hinab und im Tal rechts herum zur Straße vor.

Wir wenden uns an der Straße nach rechts in **Richtung Kella**, bis links hinter einem Bachbrückchen ein Feldweg nach Kella hinaufführt, den wir nehmen. Bis zur Eschweger Landstraße geht es aufwärts, dann rechts weiter und danach wieder links aufwärts in den Angerweg und den Roostengraben. Ab und zu sehen wir unsere Wanderzeichen, das **ro-**

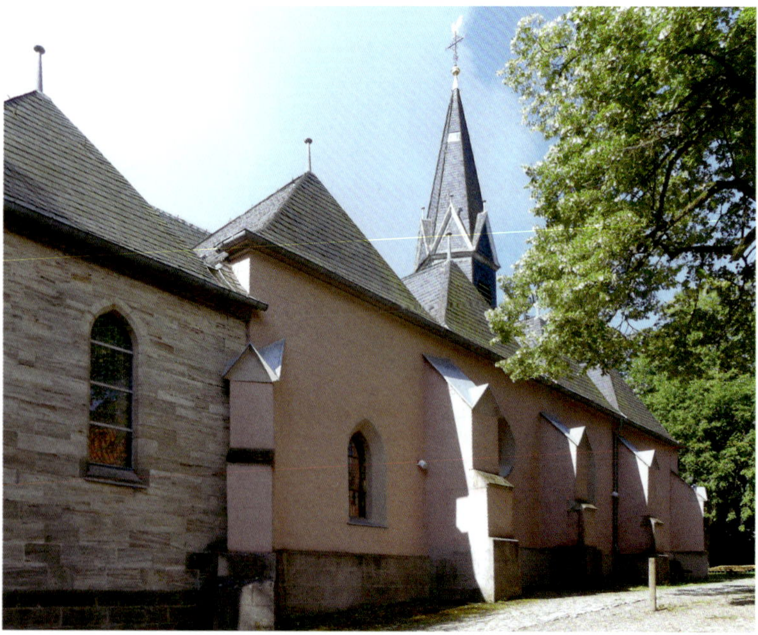

Karte S. 220/221

Die Kirche des Klosters Hülfensberg

te Mainzer Rad und **X5**. Hinter einem Zaun auf der rechten Seite führt rechts ein Fußweg ab, dem wir bis zur obersten Straße, dem Gartenweg, folgen.
Nun gehen wir rechts und biegen dann links in Richtung Kapelle in die **Gopfertstraße** ab. Oberhalb begrüßt uns der **Kellsche Blick**, ein vollkommener Rastplatz mit Grillstation. Von hier aus folgen wir auf der rechten Seite einem Pfad im Linksschwenk auf eine Geländeebene weiter oben zur **Hütte des Heimatvereins** mit einer noch tolleren Aussicht.
Dahinter, wenige Höhenmeter höher, treffen wir auf den **Lochplattenweg** und wandern auf ihm nach rechts zur **Kapelle**. Das Kirchlein wurde 1946 an der Stelle der 1867–88 erbauten und durch Nationalsozialisten zerstörten Kapelle neu errichtet und 1950 eingeweiht. Je weiter die Grenze zwischen 1952 bis 1961 gesichert wurde, je weniger war die Kapelle zugänglich. Am Ende stand sie zwischen zwei Grenzzäunen und durfte von den Besitzern nicht mehr betreten werden. Soldaten nutzten sie als Aufenthaltsort. Am 25. November 1989 versammelten sich hier nach fast 30 Jahren zum ersten Mal wieder die Bewohner zum gemeinsamen Kreuzweg. Der Kreuzweg wurde während der Grenzzeit erstaunlicherweise nicht zerstört. Nur eine Station wurde nicht wieder gefunden.
Für uns geht es an der Kapelle steil aufwärts in Richtung Gobert/Volkerode. Im Wald halten wir uns nach den ersten **Kreuzwegstationen rechts** und folgen nun den zahlreichen **roten Wagenrädern** und später einem Schild in Richtung **Startplatz**. Auf einem schmalen Pfad geht es alpin am **Hang des Meinhard** (491 m) entlang, und tatsächlich betreten wir, wo wir den Wald verlassen, den Meinhard und einen Startplatz für Paragliding. An der Hangkante verlief einst die DDR-Grenze, während sich der Signalzaun einige Höhenmeter weiter unten befand.
Uns empfängt eine **herrliche Sicht über Kella**. Das südliche Eichsfeld liegt uns zu Füßen. Wo könnte es in diesem Moment schöner sein? Der **Kolonnenweg** geht am Rastplatz links ab. Nach einer halben Stunde Wanderung durch vielfältige Blumen- und Schmetterlingswiesen erreichen wir an der Verbindung zwischen Hitzelrode (Hessen) und Volkerode (Thüringen) das **Sägewerk** und Relikte, die an die Grenzöffnung erinnern. Einst standen in der Nähe ein Forsthaus und ein Sägewerk, die aufgrund der Grenzsicherung 1961/1962 abgerissen wurden. Grundmauern kann man noch finden. Jedes Jahr am 28. Dezember treffen sich hier heute noch Menschen aus Ost und West zur gemeinsamen Gedenkwanderung.
Die **Muschelkalk-Hochfläche der Gobert**, die wir nun überqueren, wird von Ziegen beweidet, die wir sicher unterwegs treffen werden. Es gibt wohl wenige Fleckchen in Deutschland, an denen sich so viele Schmetterlinge einfinden. Wer Glück hat, entdeckt hier auch Fransenenzian. In den Wäldern rechts und links des Grenzbandes dürfen keine Bäume mehr gefällt werden, sodass sich hier der reinste Urwald entwickeln kann, der Luchs und Wildkatzen gefallen dürfte.
Nach weiteren 30 Minuten treffen wir in einer Kurve auf ein **großes Wasserohr**, das 38 Meter unter der Grenzanlage entlang führt. Die Länge bzw. die Enden erkennen wir an den aufgestellten Schildern. Auch hier wird eine Stasischleuse vermutet. Nach weiteren 10 Minuten erreichen wir auf 543 Metern über dem Meeresspiegel kaum merklich den höchsten **Punkt des Eichsfelds**. Der **Gipfel der Gobert** liegt rechts im Wald, wohin wir einen Abstecher machen können. Wir folgen dem Kolonnenweg, bis wir an einer **Schanze** stehen.

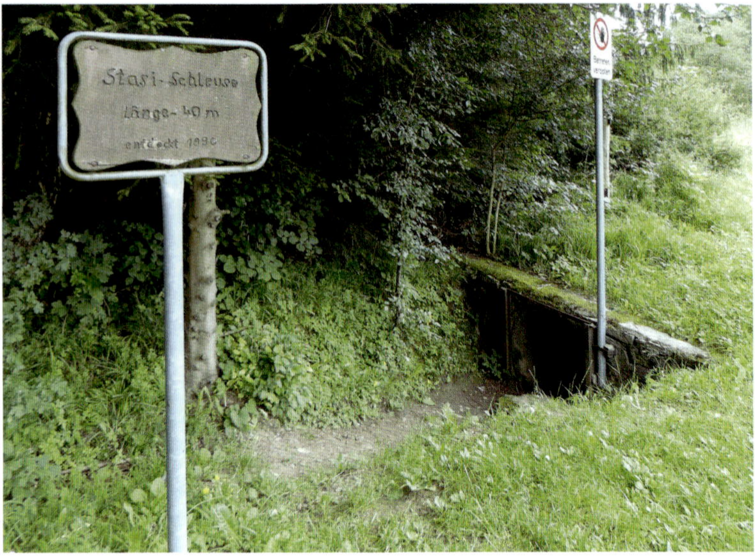

Die sogenannte Stasischleuse

Sie bietet einen herrlichen Ausblick, allerdings nicht für den folgenden Abstieg. Nach dem ersten Steilstück (Vorsicht bei Nässe!) führt der **Kolonnenweg** rechts abwärts und geht dann links um den Berg herum. Unterwegs führt einmal links der **Pfad P16** ab. Den können wir nehmen, da er wieder auf den Plattenweg zurückkommt. Von hier kommend geht es dann links auf Platten weiter und bald danach rechts hinab ins Tal. Wo wir die Talsohle erreichen, laufen wir parallel zum **Alten Hainsbach**. Dann endet der Plattenweg und es geht rechts über den Alten Hainsbach und dann an der **Straße Asbach–Weidenbach** links ins schon 740 Jahre alte **Asbach** hinein. Links am Weg kommt gleich am Ortsanfang der Gasthof ›Zur Schmiede‹.

Wer nach **Sickenberg** weiter will (etwa eine halbe Stunde), der findet die Beschreibung in der folgenden Tour. Die beiden einst hessischen Orte wurden 1946 durch einen Gebietsaustausch der Alliierten der sowjetischen Besatzungszone zugewiesen.

Der lange Weg der Grenzöffnung an der Gobert

Am 28. Dezember 1989 um 11 Uhr wurde das erste Mal der Streckmetallzaun am Sägewerk auf der Gobert geöffnet. Geplant war eine Öffnung für zwei Stunden. 600 bis 700 Menschen aus Volkerode, Hitzelrode und Umgebung hatten sich eingefunden. Nach sieben statt der zwei Stunden, etlichen Litern Bier und unzähligen gegrillten Bratwürsten wurde das abgenommene Zaunfeld wieder angebracht und die Grenze, als wäre nichts gewesen, wieder verschlossen. Jeder soll sich dann wieder auf seiner Seite befunden haben. Am Abend konnten die Beteiligten nicht absehen, ob es eine einmalige Gelegenheit für lange Zeit gewesen sein würde. Ab diesem Tag fanden die Grenzsoldaten nun fast täglich

▸ Karte S. 220/221

ausgeschnittene Schlupflöcher im Streckmetallzaun und aufgebrochene Schlösser an den vergitterten Wasserrohren. Sie flickten die Löcher und hängten neue Schlösser auf. Wo an einer Stelle geflickt wurde, entstand fast gleichzeitig an anderer Stelle ein neuer Durchbruch durch den Eisernen Vorhang. Wieder flickten sie und hängten Schlösser auf. Erst am Rosenmontag, dem 26. Februar 1990 begann das Ende der Grenzbefestigung mit der offiziellen Entfernung der ersten Drei-Meter-hohen Streckmetallflächen. Ab da war der Weg frei.

Tour 30

Werratal Touristik e.V., Tel. 03695/861459, Kirchplatz 2, 36433 Bad Salzungen. info@werratal.de, www.werratal.de
Tourist-Information Eschwege, Mai–Sept Mo–Fr 9–18 Uhr und Sa 10–13 Uhr; Okt–April Mo–Fr 9–16.30 Uhr, Tel. 05651/331985, Hospitalplatz 16, 37269 Eschwege
tourist-info@werratal-tourismus.de
www.werratal-tourismus.de
Heimat- und Verkehrsverband (HVE) Eichsfeld Touristik e.V., Tel. 03605/2006760, Conrad-Hentrich-Platz 1, 37327 Leinefelde. info@eichsfeld.de, www.eichsfeld.de
Tourist-Info Bad Sooden-Allendorf, Mo–Fr 9–17 Uhr, Sa (Apr–Okt.) 9–12 Uhr, Tel. 05652/95870, Landgraf-Philipp-Platz 1-2, 37242 Bad Sooden-Allendorf
touristinfo@bad-sooden-allendorf.de
www.bad-sooden-allendorf.de

An-/Abfahrt Döringsdorf: Bahn bis Heilbad Heiligenstadt, dann Mo–Fr Bus 8 nach Geismar-Döringsdorf

An-/Abfahrt Asbach: Bahn bis Heilbad Heiligenstadt, dann Mo–Fr Bus 13 nach Asbach, Asbach-Sickenberg

Urlaubs- und Jagdpension Zur Schmiede, Tel. 036087/90074, Dorfstraße 21, 37318 Asbach; Restaurant und Café Mi–So 11–20 Uhr, Nebensaison: Fr–So 11–20 Uhr,
restaurant@asbach-uralt-schmiede.de
www.asbach-uraltschmiede.de
Weitere Möglichkeit im sehr schönen **Hof Sickenberg** und in Bad Sooden-Allendorf (4 km von Sickenberg entfernt).

Klosterkirche Hülfensberg mit Erläuterungen zu den kunsthistorischen Schätzen auf dem ausliegenden Flyer, **Kapelle Kella**.

Klosterbesichtigung auf dem Hülfensberg, Wild aus eigener Jagd in der Uraltschmiede Asbach und hausgemachte Kuchen, Käse und Wurst im Hof Sickenberg

Höhenprofil Tour 30

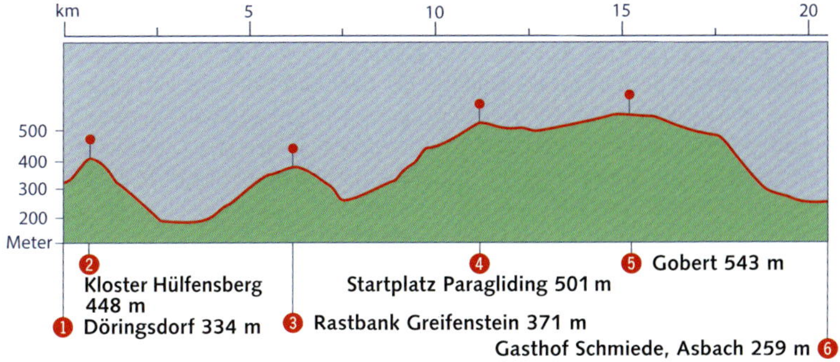

Wandertouren

Über Schifflersgrund und Teufelskanzel zur Burg Hanstein

Tour 31: Von Asbach-Sickenberg nach Bornhagen » 17 km/5 Std.

Kurzcharakteristik
Am Morgen wandern wir zuerst zum Grenzmuseum Schifflersgrund und können die Grenzanlagen, die damalige Technik und die heutige Erinnerungskunst besichtigen. Das Schicksal von Heinz-Josef Große im Kopf geht es in das idyllische Werratal. Ein Abstecher nach Bad Sooden-Allendorf ist vorher möglich. In Lindewerra erwartet uns die einst gesprengte, nun wieder begehbare Werrabrücke und wir erfahren vom Segen der Stockmacherei für die Familien des Ortes. Dann geht es auf den Spuren von Theodor Storm zur Berghütte auf den Höheberg hinauf. An der Teufelskanzel überwältigt uns der gigantische Blick über die Werraschleife. Dann folgen weitere Höhepunkte, wie die Besteigung der Junkerkuppe und der Burg Hanstein. Der Tag endet mit der Erkundung der Wurstmacherei und dem mittelalterlichen Ambiente des Klausenhofs.

Wegebeschaffenheit: Feld- und Waldwege, asphaltierte Wege, Radweg, Kolonnenweg
Markierung: Wegweiser, Zeichen des Werratalradweges, Theodor-Storm-Weg
Schwierigkeit: mittel, ein steiler Anstieg
Wanderkarten: L4726 Heilbad Heiligenstadt, L4724 Witzenhausen oder LVT Südliches Eichsfeld (Freistaat Thüringen/Hessen Landesamt für Vermessung und Geoinformation)
Einkauf: in Bornhagen
Einkehr: Sickenberg, Wahlhausen, Lindewerra, Rothebach, Bornhagen
Teilstrecken: Asbach–Sickendorf (0,5 Std.) Asbach–Lindewerra (2,75 Std.)
Besondere Tourhinweise: Die Tour ist nicht so lang, birgt aber viele Möglichkeiten unterwegs und auch ein Abstecher in die hübsche Kurstadt Bad Sooden-Allendorf wäre zu schaffen. Wer am Ende des Tages das Strohlager als herausragendes Erlebnis wählt, benötigt Schlafsack, Handtuch, idealerweise eine Unterlage (Isomatte) und eine Stirn- bzw. Taschenlampe, Dusche und Toilette sind vorhanden.

Streckenverlauf

► Karte S. 228/229

In **Asbach** wandern wir auf der Hauptstraße durch den Ort und an der westlichen Straßenkreuzung abwärts in Richtung Hainsmühle. Unten am Ortsende zweigt rechts ein **Feldweg in Richtung Sickenberg** ab. Den nehmen wir und wandern bergan. Rechts liegt der Lindenberg (394 m). Wir bleiben am nächsten Abzweig rechts und erreichen nach einer halben Stunde **Sickenberg**, das sich lange vor uns verborgen hielt. Wir kommen geradeaus abwärts in den kleinen Ortskern zur Hauptstraße, wo wir rechts in der Nähe der Bushaltestelle den **Hof Sickenberg** finden.

Weiter geht es geradeaus die Straße entlang und an der nächsten Kreuzung rechts in **Richtung Dictersdorf**. Nachdem wir etwas abwärts gelaufen sind, finden wir links den **Kolonnenweg**, der uns links direkt zum **Grenzmuseum Schifflersgrund** bringt. Das Museum wurde am 3. Oktober 1991 als eines der ersten an der innerdeutschen Grenze eröffnet. Neben den originalen Grenzanlagen und der damals modernsten Militär- und Sicherheitstechnik finden wir hier auch das Fluchtfahrzeug von Heinz-Josef Große. Er überwand am 29. März 1982 mit Hilfe eines Radladers die Grenze am Schifflersgrund, erreichte aber die westdeutsche

Seite nicht. Von neun Schüssen getroffen, schaffte er es den noch ostdeutschen Hang nicht mehr hinauf und verblutete. Unsere Wanderung setzen wir danach innerhalb der Grenzanlage auf dem **originalen Plattenweg** fort. Linker Hand haben wir den Vergleich zwischen dem geharkten Streifen wie zur Grenzzeit und der nachgewachsen Natur der letzten 30 Jahre. Wir kommen an einem der ersten hölzernen Beobachtungstürme und dem mehrjährigen **Kunstprojekt 1000 Steine** aus dem Jahr 2015 vorbei und betreten bald darauf die Feldflur mit Blick aufs **Werratal**.

Vor uns können wir gut erkennen, dass der Plattenweg bis zur Straße vorgeht, von wo die Grenze geradeaus bis zum Ufer der Werra und dann in der Werra nach rechts weiter verlief. Linker Hand schmiegen sich die beiden hessischen Orte Bad Sooden und Allendorf an beide Seiten des Ufers. Nach links kann man dorthin wandern. Wir biegen hier nach rechts ab und wandern nicht auf dem Plattenweg, sondern parallel zur Straße auf dem kreuzenden **geschotterten Wanderweg** nach rechts weiter. So sparen wir uns das Stück Straße.

Oberhalb des nächsten Ortes **Wahlhausen** biegen wir links in den Allendorfer Weg ab und wandern in den Ort hinab zur Kreisstraße und hier rechts an der Kirche vorbei. Hier treffen wir auf den gut befahrenen **Werratalradweg**, dem wir nach **Lindewerra** folgen. Nun können wir das Werratal mal so richtig genießen und ordentlich ausschreiten. Im letzten Drittel begleitet uns wieder der überwachsene Kolonnenweg, dessen Platten extra nicht entfernt wurden.

Wir betreten **Lindewerra** an einer der **schönsten Brücken** über die Werra, deren verbindende Funktion fast 40 Jahre lang nicht gefragt war. 1900/1901 wurde die Brücke gebaut, die Kriege überstand sie unbeschadet, bis die deutsche Wehrmacht beschloss, die Brücke dem längst angerückten Feind nicht zu überlassen. Sie sprengte sie einen Monat vor dem offiziellen Kriegsende am 8. April 1945. Nur die Brückenköpfe blieben stehen. Der direkt danach geplante Wiederaufbau erledigte sich mit dem Beginn der sowjetischen Besatzung im Juli 1945 an der östlichen Uferseite. An der westlichen Uferseite stellte sich in den folgenden Jahrzehnten zahlreicher

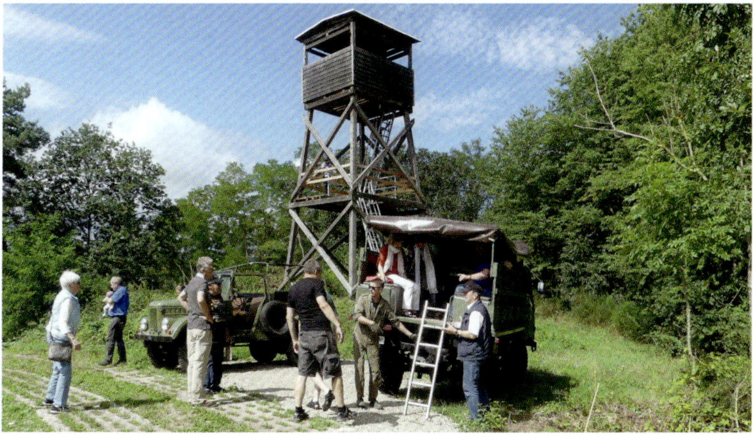

Safari am hölzernen Beobachtungsturm am Schifflersgrund

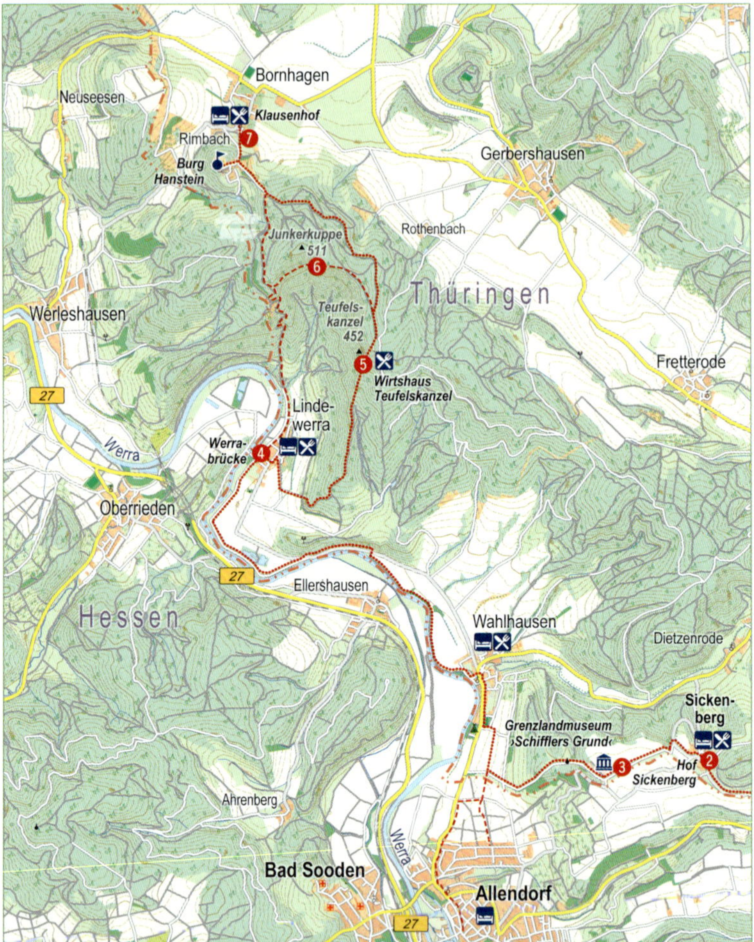

Tour 31: Asbach-Sickenberg–Bornhagen

Besuch ein. Nur an wenigen Stellen der Grenze war es möglich, die Grenzanlagen so ›live‹ und dicht zu erleben, zumal man buchstäblich über den Eisernen Vorhang in das Leben des bewohnten Dorfes schauen konnte. Nach der deutschen Einheit kam es erst 1998–1999 durch das Drängen einer Bürgerinitiative zur endgültigen Wiederherstellung der Brücke.

Berühmt ist Lindewerra für die Herstellung von Spazierstöcken geworden. Der 1836 zugezogene Wilhelm Ludwig Wagner fand hier das richtige Holz für sein Handwerk und lehrte bald die Dorfbewohner in der Herstellung von Wanderstöcken. Er vermittelte ihnen, dass das Handwerk ihre Chance wäre, die finanzielle Not und Armut selbst zu überwinden. Durch die zunehmende Bekanntheit

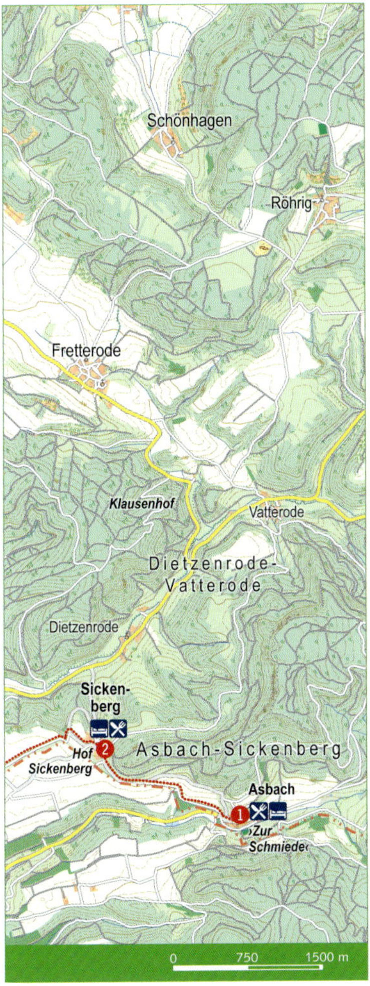

des Ortes gelang dies tatsächlich. Sind wir hier an einem Sonntag, sollten wir dem **Stockmachermuseum** einen Besuch abstatten.

Für unseren weiteren **Weg nach Bornhagen** gibt es nun **zwei Varianten**. Wer dem **originalen Grenzverlauf** treu bleiben will, läuft an der Werrabrücke weiter geradeaus, am Restaurant ›Zur alten Stockmacherei‹ vorbei und aus dem Ort hinaus. Dieser Weg ist bereits der alte Kolonnenweg, der sich dann sehr steil, später auch in Kehren über die Steilstufe unter der Junkerkuppe (511 m) bis zum Generalsblick hinaufzieht. An einer Weggabelung im oberen Drittel gehen wir rechts und wandern links an der Junkerkuppe vorbei nach Rimbach und zur Burg Hanstein.

Interessanter und von uns **empfohlen ist der andere Weg**, der etwas allmählicher aufsteigt und nur eine halbe Stunde länger dauert. Er führt über die Teufelskanzel (Wirtshaus und herrliche Aussicht) ebenfalls nach Rimbach und zur Burg Hanstein. Theodor Storm ist ihn im Mai 1857 mit seiner Familie gewandert und berichtete davon in seiner Novelle ›Eine Malerarbeit‹. Um ihm zu folgen, gehen wir **an der Werrabrücke rechts** in die Straße der Einheit am Stockmachermuseum vorbei, biegen an ihrem Ende links in die Dorfstraße, gehen dann rechts in die Hirtengasse und bleiben am Denkmal rechts auf dem **Hohlweg** in Richtung Teufelskanzel. Am Ende des Ortes geht es links aufwärts zum Wald und dann durch den Wald mal steiler, mal weniger steil, stetig bergan.

Direkt an der holzverkleideten **Berghütte von 1882** erreichen wir nach einer Stunde die Höhe und die steinerne **Teufelskanzel,** von der wir einen atemberaubenden Blick auf die ebenmäßige Werraschleife und die Bahnbrücke der Whisky-Wodka-Linie (→ S. 237) haben. Über die Teufelskanzel meinte Theodor Storm einst: ›Wer dessen noch fähig war, der musste hier von Lebens- und Liebeslust bestürmt werden‹. Nach einer Lebens- und Liebespause, draußen unter Eichen oder drinnen am Feuer, wandern wir nun ohne besondere Steigungen über den roten tonigen Waldboden. Da wir nur noch eine Stunde von Bornhagen entfernt sind, können wir bei schönem

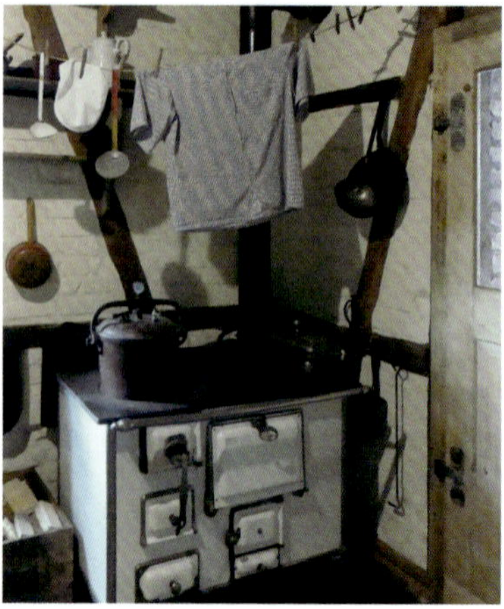

Im Wurstmuseum Klausenhof

Wetter links zur **Junkerskuppe** (511 m) aufsteigen und jenseits zum **Kolonnenweg** wandern, dem wir dann nach rechts folgen. Gehen wir nicht zur Junkerskuppe, führt unser Weg bald links um den Berg herum und wir treten 35 Minuten später aus dem Wald heraus.

Ganz überraschend liegen plötzlich der **Ort Rimbach**, die **Kirche** mit ihrem Fachwerkturm und die **Burg Hanstein** vor uns. Wir besichtigen die Kirche und steigen zur Burg hinauf, für die wir Eintrittskarten (bis 18 Uhr geöffnet) an einem kleinen Kassenhäuschen kaufen. Die 1070 erstmals erwähnte rote Sandsteinburg mit ihren weitläufigen Wehranlagen wird nach und nach renoviert. Eine Besichtigung lohnt sich aber in jedem Falle. Zwei Türme können wir besteigen, die Hofanlage mit einer Ausstellung besichtigen, und es gibt Toiletten.

Um nun nach Bornhagen zu kommen, gehen wir die Burgauffahrt wieder hinunter und am Ende nach links. Kaum sieben Minuten Abstieg bringen uns über den **Wiesenweg zur evangelischen Friedenskirche** (1678 gebaut, Schlüssel im Klausenhof) und direkt zum gegenüberliegenden **Klausenhof Bornhagen**. Hier müssen wir, egal ob Fleischfresser oder Vegetarier, unbedingt das **Wurstmuseum** mit seinen originalen Stuben und Geräten besichtigen. Oben drüber befindet sich das Schlaflager im Stroh, gewärmt vom drunter liegenden Schweinekoben, in dem die Schweine schlafen.

Die Burg Hanstein im ›Kalten Krieg‹

Während der Bodenreform 1947, die unter der sozialistischen Parole ›Junkerland in Bauernhand‹ stattfand, wurden der Besitz der Familie Hanstein, die Burg und insgesamt etwa ein Hektar Fläche beschlagnahmt. Die sozialistische Jugendorganisation Freie Deutsche Jugend (FDJ) wollte in der Burg eine Jugendburg einrichten und erhielt die Eigentumsrechte am 28. Juli 1948 mit dem Eintrag ins Grundbuch. Dann besann man sich, dass die Grenznähe ungeeignet für das Vorhaben war, sodass die Burg ab 1. Januar 1951 der Gemeinde Bornhagen als neuer Eigentümerin mit allen Pflichten zugeschlagen wurde. Mit dem Ausbau der Sperrzone kam der Tourismus so gut wie zum Erliegen. Bis zum 13. August 1961 konnten nur noch Einwohner der umliegenden Orte innerhalb der Sperrzone und Schulklassen aus Bornhagen mit Genehmigung das Burggelände besuchen. Einfache Reparaturen wurden von den Nachbarn durchgeführt. Ab 1961 wurde die Burg zur Grenzsicherung genutzt und verfiel zunehmend, sodass eine Sprengung der Burg in Erwägung gezogen wurde. 1982 wurde die Burg zudem wegen Einsturzgefahr gesperrt. Heimatverbundene von beiden Seiten der Grenze übten massiven Druck gegen den Abriss aus und es gelang ihnen, dass ab 1985 erstmals wieder Erhaltungsmaßnahmen stattfanden.

▶ Karte S. 228/229

Tour 31

Werratal Touristik e.V., Tel. 03695/861459, Kirchplatz 2, 36433 Bad Salzungen. info@werratal.de, www.werratal.de

Tourist-Information Eschwege, Mai–Sept Mo–Fr 9–18 Uhr und Sa 10–13 Uhr; Okt–April Mo–Fr 9–16.30 Uhr, Tel. 05651/331985, Hospitalplatz 16, 37269 Eschwege. www.werratal-tourismus.de tourist-info@werratal-tourismus.de

Heimat- und Verkehrsverband (HVE) Eichsfeld Touristik e.V., Tel. 03605/2006760, Conrad-Hentrich-Platz 1, 37327 Leinefelde. info@eichsfeld.de, www.eichsfeld.de

Tourist-Info Bad Sooden-Allendorf, Mo–Fr 9–17 Uhr, Sa (Apr–Okt.) 9–12 Uhr, Tel. 05652/95870, Landgraf-Philipp-Platz 1-2, 37242 Bad Sooden-Allendorf touristinfo@bad-sooden-allendorf.de www.bad-sooden-allendorf.de

An-/Abfahrt Asbach: Bahn bis Heilbad Heiligenstadt, dann Mo–Fr Bus 13 nach Asbach, Asbach-Sickenberg

An-/Abfahrt Bornhagen: Bahn bis Arenshausen, dann Bus 14 Richtung Lindewerra

Hof Sickenberg, Tel. 036087/97696, Sickenberg 9, 37318 Sickenberg; hauseigene Veranstaltungen. info@hof-sickenberg.de www.hof-sickenberg.de

Pias Radlerrast, Tel. 036087/97780, Kreisstraße 16, 37318 Wahlhausen. uwe@piasradlerrast.com www.piasradlerrast.com

Gastrockscher Hof, Tel. 36087-90160, Kreisstr. 35, 37318 Wahlhausen. kontakt@gastrock-mey.de www.gastrock-mey.de

Pension Alte Brücke, Tel. 036087/98398, Straße zur Einheit 5, 37318 Lindewerra. pension-alte-bruecke@lindewerra.de www.lindewerra.de

Klausenhof (Zimmer, Gemeinschaftslager, Strohlager) Tel. 036081/61422, Friedensstraße 28, 37318 Bornhagen. info@klausenhof.de, www.klausenhof.de

Hofcafé Sickenberg, s.o., 1. April–17. Dez Sa, So, Ft 14–18 Uhr.

Getränke im Grenzmuseum Schifflersgrund, s.u.

Pias Radlerrast, s.o.

Klausenhof, s.o., 1.11.–2.02. Fr, Sa 12–22 Uhr, So 12–20 Uhr, 9.4.–1.11. Do–So 12–22 Uhr, auch an Feiertagen geöffnet.

Kanzelblick, Café und Restaurant, April–Okt 11–22 Uhr, Di geschlossen, Nov–März 11–20 Uhr, Mo, Di Ruhetag, Tel. 036087/979737, Straße zur Einheit 1, 37318 Lindewerra. info@kanzelblick.de www.kanzelblick.de

Zur Alten Stockmacherei, täglich 12–22 Uhr außer Donnerstag, Tel. 036087/970803, Am Rasen 14, 37318 Lindewerra. info@zur-alten-stockmacherei.de www.zur-alten-stockmacherei.de

Berghütte und Wirtshaus Teufelskanzel, täglich 12–17 Uhr, Nov–März nur Sa, So, Ft 12–17 Uhr, Tel. 036081/61237, Rothenbach 142, 37318 Gerbershausen. teufelskanzel@gmx.de www.teufelskanzel.de

Bornhagener Fleisch- und Wurstspezialitäten GmbH, Di–Fr 9–17.30 Uhr, Sa 7.30–11 Uhr, Tel. 036081/61361, Am Kulturzentrum 12, 37318 Bornhagen. www.hansteinwurst.de

Grenzmuseum Schifflersgrund, durchgängig täglich 10–17 Uhr außer Heiligabend und Silvester, Tel. 036087/98409, Platz der Wiedervereinigung 1, 37318 Asbach-Sickenberg. info@grenzmuseum.de www.grenzmuseum.de

Stadtrundgang Bad Sooden-Allendorf mit Kurviertel, Gradierwerk, Fachwerkarchitektur, Blick von der Werrabrücke auf das Allendorfer Fischerstad.

Stockmachermuseum, April bis Oktober, So 13.30 bis 17 Uhr und Führungen nach Vereinbarung, Tel. 036087/98300, -970803, -98310, Straße zur Einheit 2, 37318 Lindewerra. www.lindewerra.de heimatverein@lindewerra.de

Burgruine Hanstein, März–Okt täglich 10–18 Uhr, Nov täglich 10–16 Uhr, Dez–Febr Sa, So, Ft: 10–16 Uhr, Tel. 036081/61311 Gemeindeverwaltung Bornhagen, Tel. 036081/67856 Kasse, 37318 Burg Hanstein. info@burgruine-hanstein.de www.burgruine-hanstein.de

Evangelische Friedenskirche Bornhagen (Schlüssel im Klausenhof).

Wurstmuseum in der Scheune gegenüber dem Klausenhof in Bornhagen (gehört zum Klausenhof).

!

Rast im Berggasthof Teufelskanzel und Blick von der Teufelskanzel.

Mittelalterliches Burgfest am 1. Wochenende im August auf Burg Hanstein.

Originale Gerätschaften im **Wurstmuseum Bornhagen**.

Höhenprofil Tour 31

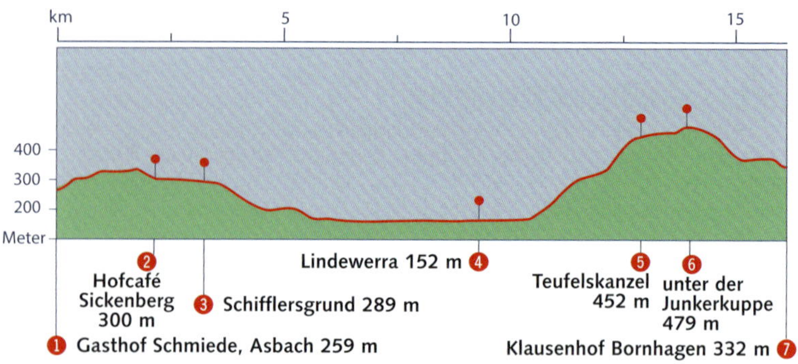

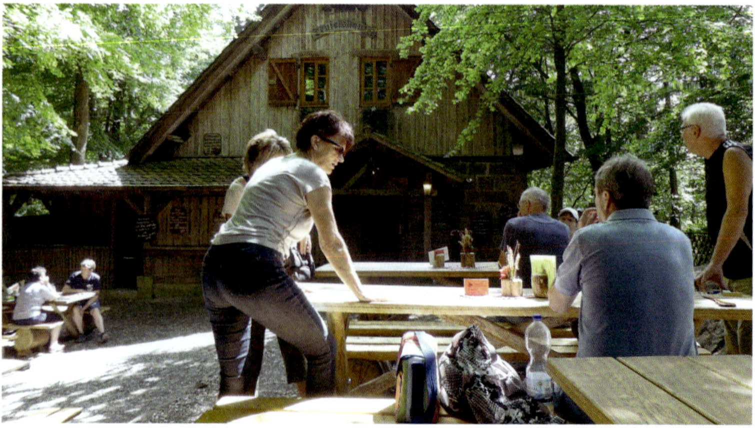

Rastende Wanderer an der Berghütte Teufelskanzel

▲ Karte S. 228/229

Durch das Tor zur Freiheit

Tour 32: Von Bornhagen nach Reiffenhausen » 14 km/4 Std.

Kurzcharakteristik
Hügel um Hügel lassen wir heute bei überwältigender Fernsicht das Werrabergland hinter uns und wandern durch die agrarische Ebene nach Neu-Eichenberg, dem Verkehrsknotenpunkt im Dreiländereck Hessen, Niedersachsen und Thüringen. Wir passieren die Kirche von Hottenrode und kommen zum Rittergut Besenhausen, wo wir im Café Rosenwinkel einkehren können. Dabei genießen wir das 700-jährige Hofambiente, das ebenfalls den Hansteins gehört und 1945 mitten durch geteilt werden sollte. Nach der Besichtigung der Handweberei im Haus wandern wir weiter zum ›Tor zur Freiheit‹, dem Nachkriegsnadelöhr zwischen Ost und West in den Jahren 1945 bis 1952. Danach umrunden wir den Pferdeberg und lassen den Abend im Waldschwimmbad Reiffenhausen ausklingen.

Wegebeschaffenheit: Kolonnenweg, asphaltierte Nebenstraßen, Feldwege
Markierung: Wegweiser
Schwierigkeit: einfach mit zwei kurzen steilen Anstiegen
Wanderkarten: LVT Nördliches Eichsfeld oder L4724 Witzenhausen, L4524 Göttingen, L4526 Duderstadt (Freistaat Thüringen/Hessen Landesamt für Vermessung und Geoinformation)
Einkauf: Fleischerei in Neu-Eichenberg, Bäcker in Kirchgandern, Hofladen in Reiffenhausen
Einkehr: in Friedland und Reiffenhausen
Teilstrecken: Bornhagen–Bahnhof Eichenberg (2 Std.), Bornhagen–Gut Besenhausen (2,75 Std.)
Besondere Tourhinweise: Obwohl es viele kleine Orte in Thüringen und Niedersachsen gibt, kann es schwierig werden, eine Unterkunft zu finden. Deshalb empfehlen wir in Reiffenhausen zu reservieren oder auf Kirchgandern oder Besenhausen auszuweichen. Mehr Möglichkeiten gibt es derzeit nicht.

Streckenverlauf

Vom **Klausenhof Bornhagen** gehen wir die Hauptstraße aufwärts an der Kirche vorbei und rechts herum in Richtung Werleshausen. Am Ende des Ortes wandern wir auf der Straße abwärts, bis wir den von Rimbach kommenden **Kolonnenweg** kreuzen und nach rechts auf ihn einbiegen. Im Zickzack geht es steil hinauf.

Oben werden wir mit einem grandiosen Blick auf die **Ruine Hanstein** belohnt. Wir bleiben auf dem **Plattenweg**. Vor uns liegen nun die Hügel **Winterberg** (375 m), **Stürzlieder** Berg (343 m) und **Almas Höhe** (306 m), die wir nacheinander bei herrlicher Fernsicht erklimmen. In 68 Kilometer Luftlinie winkt bei passendem Wetter sogar der **Brocken** herüber. Nach etwa 45 Minuten Gesamtwanderzeit überqueren wir die **Straße Bornhagen–Neuseesen**. Dann geht es steil hinauf zum Stürzlieder Berg. Auf der Höhe wandern wir zwischen Hecken, Weideflächen und Kühen bis zu einem kleinen Weiher weiter. Dahinter enden auf der Höhe die Betonplatten und wir gehen auf dem Weg leicht rechts versetzt geradeaus zur Straße **B 80** vor. An der befahrenen Straße halten wir uns links etwa 150 Meter hinab und biegen in der nächsten Linkskurve

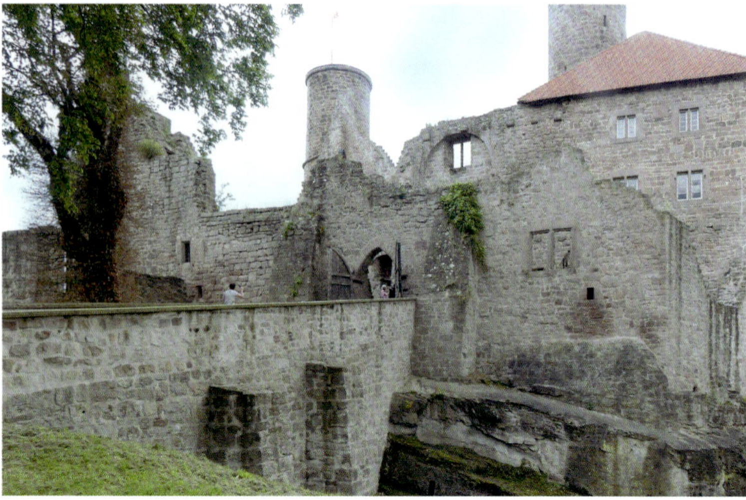

Die Burgruine Hanstein

rechts auf einen asphaltierten Weg ab. Nun liegt das Werrabergland schon so gut wie hinter uns.

Unser nächstes Ziel ist **Neu-Eichenberg**, das wir durch die Felder rasch erreichen. Dazu geht es quer übers Feld, dann am Feldsaum rechts und danach links über die Bahnbrücke. Auf der anderen Brückenseite biegen wir rechts ab. Parallel zu den Schienen geht es bis zum Bahnhofsgebäude vor und rechts die Stufen hinunter. Am **Bahnhofsgebäude** vorbei biegen wir dahinter links in die Bahnhofsstraße ein und wandern zwischen roten Backsteinhäusern hindurch. Am Ende geht es rechts durch die Eichsfelder Straße an der Fleischerei vorbei.

Wir folgen dem **asphaltierten Weg** und seinen Kurven in die Natur unter zwei **Bahnbrücken** hindurch. Hier befinden wir uns im Dreiländereck Hessen, Niedersachsen, Thüringen, weswegen sich hier auch drei Bahntrassen treffen. Wo wir wieder die weite Landschaft betreten, sind wir in Niedersachsen. Hier biegen wir auf den ersten Feldweg links ab und wandern direkt auf die **Kirche** und den baumreichen **Friedhof von Hottenrode** zu. Wer lieber dem Asphaltweg treu bleiben will, kommt an dem alleinstehenden Haus Hottenrode 3-4 vorbei und biegt zur Kirche hin an der nächsten T-Kreuzung links ab. Die Kirche gilt inmitten des Friedhofs als Symbol für das Überleben in den schwierigen Zeiten der Jahrhunderte. Sie steht seit je her an einer politischen Grenze und seit der Reformation ebenso an einer religiösen Grenze, an der sich Protestanten und Katholiken heftige Kämpfe lieferten. Das Dorf Hottenrode gibt es schon seit der Zeit um 1400 nicht mehr, der Name aber ist geblieben.

Beim Weitergehen kommen wir an dem **Bahnwärterhäuschen Hottenrode** vorbei, folgen der Straße, bis wir kurz vor einem kleinen Anstieg vor dem vor uns liegenden Ort Niedergandern rechts in einen Feldweg mit Schranke abbiegen. An der nächsten Kreuzung gehen wir nach rechts und erreichen das kleine niedersächsische **Grenzdorf Besenhausen**, ein hübsches Fachwerkdorf an der Leine.

▶ Karte S. 235

Wir überqueren an einem herrlichen Bauerngarten und einem **Wehr** die rechts und links unterschiedlich hoch fließende **Leine** und biegen etwa 50 Meter weiter rechts zum **Rittergut Besenhausen** ab. Im Sommer 1945 verlief die Demarkationslinie laut Potsdamer Abkommen zwischen britischer und sowjetischer Besatzungszone mitten durch das Gutsgelände. Das Gutshaus aus dem Jahr 1690 und der Hof lagen in der sowjetischen Zone, die Wassermühle und die Arbeiterhäuser in der britischen. Die meisten Ländereien lagen im Westsektor. Ohne Land wäre das Gut so nicht mehr existenzfähig gewesen. Die Familie Hanstein überredete daraufhin die sowjetische Militäradministration zu einem Tausch, der gelang. Die

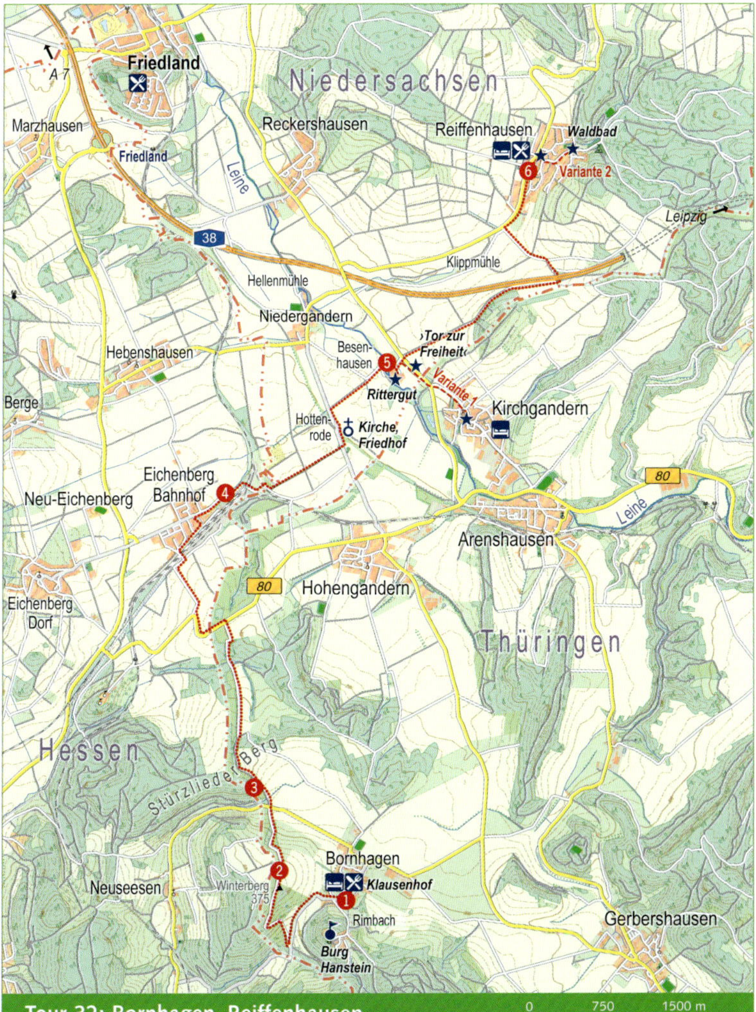

Tour 32: Bornhagen–Reiffenhausen

Sowjets verschoben die Grenze um einige Hundert Meter in Richtung Südosten, sodass das Gut nach Niedersachsen kam. Dafür durften die sowjetischen Truppen es drei Tage lang plündern. Das kleinere Übel, denn eine Existenz im Osten hätte mit Sicherheit den Abriss des ganzen Gutes zur Folge gehabt.

Nach einem kleinen Rundgang durch das Rittergut, das seit seinem 700-jährigen Bestehen ununterbrochen im Familienbesitz derer von Hansteins ist, kehren wir ins **Café Rosenwinkel**, einen sozialen Betrieb mit großer Außenterrasse ein. Im Gebäude befand sich ab 1836 für fünf Jahre lang eine Zuckerfabrik. Heute stehen hier unterm Dach die 20 Webstühle der **Handweberei**, deren hochwertige Produkte im Café verkauft werden. Mit Glück ist sogar eine Besichtigung des Arbeitsbodens mit den Webstühlen und der naturbelassenen Holzdecke möglich.

Vom Rittergut laufen wir zurück und zur **Fernverkehrsstraße Reckershausen–Kirchgandern** vor und überqueren sie. Bevor wir geradeaus den Pferdeberg hinaufsteigen, machen wir nach rechts noch einen kurzen Abstecher zum kleinen grauen Holzhäuschen auf der rechten Straßenseite. Hier weiter geradeaus kämen wir in nur wenigen Minuten nach Kirchgandern.

Vorher stehen wir jedoch am **Holzhaus Tor der Freiheit**. So wurde gleichzeitig auch das nur wenige Kilometer entfernte Durchgangslager Friedland bezeichnet, das wir auf unserer Wanderung nicht direkt passieren. An dieser heute unscheinbaren Stelle aber verdichteten sich zwischen 1945 und 1952 die Flüchtlings- und Wanderungswege, um als Flüchtlinge oder als ehemalige Kriegsgefangene und Zwangsarbeiter über die Grenze in die britische Besatzungszone zu kommen oder gen Osten nach Hause zurückzukehren. Es gab viele Gründe, die Grenze zu passieren. Am 12. Oktober 1945 errichtete das Deutsche Rote Kreuz zur Erstversorgung einen Refugee Exchange Point in einer Wellblechbaracke. 1949 wurde sie durch das hölzerne Zollhaus ersetzt. Dann wurde am 27. Mai 1952 der Übergang, der sich auf niedersächsischem Boden befand, von der sowjetischen Besatzungsmacht geschlossen. Danach durften nur noch Sondertransporte passieren, bis 1956 auch diese endeten und der Grenzübergang vollständig geschlossen blieb. Mehr als zwei Millionen Menschen hatten bis dahin die Grenze

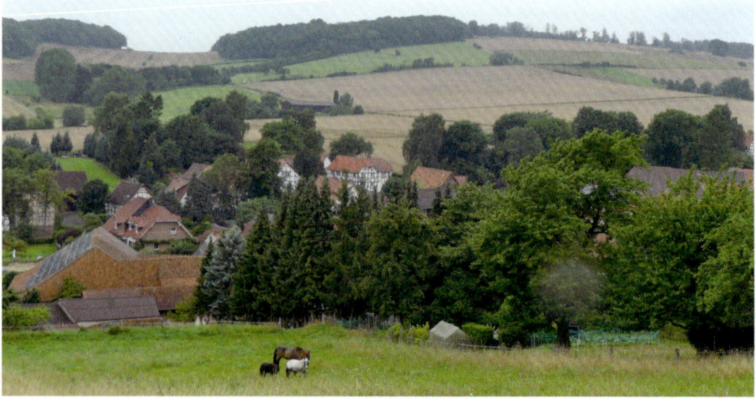

Blick auf Reiffenhausen

▸ Karte S. 235

passiert. Im November 1989 wurde das Gebäude nach der Öffnung der Grenzen erneut zur Abfertigung von Zoll und Bundesgrenzschutz reaktiviert und tat insgesamt sechs Monate seinen Dienst. Seit dem 13. Oktober 2005 erinnert nun ein Gedenkstein an die historische Funktion der einfachen Holzbaracke. Hoffen wir, dass sie historisch bleibt. Nicht jeder hat es geschafft, das ›Tor der Freiheit‹ zu durchschreiten: Die 11-jährige Brigitte Frauendorf wollte mit ihren Eltern die Großmutter in Neu-Isenburg besuchen und da die Familie keinen Interzonenpass hatte, schlossen sie sich am 26. Juli 1949 einer Gruppe zu Fuß über die ›grüne Grenze‹ an. Brigitte wurde im nächtlichen Kornfeld durch einen Schuss in den Unterleib getroffen und war zehn Minuten später tot. (Näheres dazu unter Dullau, Michael: Schweigegeld. und http://www.fu-berlin.de/sites/fsed/Das-DDR-Grenzregime/Biografien-von-Todesopfern/index.html).

Wir gehen zurück zum Abzweig und steigen nun rechts steil zum **Pferdeberg** (273 m) auf, der zu DDR-Zeiten ebenfalls nicht zu betreten war. Unterhalb der Kuppe führt ein Weg, dem wir links herum in Richtung der deutlich hörbaren Autobahn A 38 folgen. Wir wandern

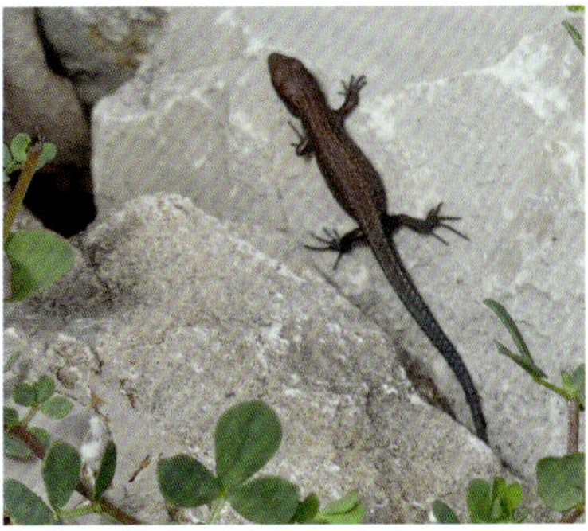

Zauneidechse

nun **parallel zur Autobahn** weiter, lassen den Pferdeberg hinter uns und wandern auf den **Heidkopftunnel** zu. Es wird um uns herum deutlich ebener, bis wir linker Hand die schon zuvor gesichtete Unterführung erreichen. Hier gehen wir auf die andere Seite des rasenden Bandes und wandern auf dem Hauptweg abwärts bis zu einer T-Kreuzung, wo wir auf der Straße nach rechts nach **Reiffenhausen** hineingehen. In Reiffenhausen können wir bei schönem Wetter das Ende des Tages im vorgeheizten **Waldschwimmbad** verbringen. Hier gibt es auch einen Kiosk, und in der dahinter liegenden Clubgaststätte am Zeltplatz bekommt man sicher noch eine Bratwurst.

Whisky-Wodka-Abkommen

17. September 1945. Bei Wanfried fahren Militärfahrzeuge auf das Gut Kalkhof der Familie von Scharfenberg. Amerikanische und sowjetische Offiziere höchsten Ranges steigen aus. Was wird gleich passieren? Die Bahnlinie Göttingen–Bebra verläuft 5,6 Kilometer durch die sowjetische Besatzungszone und führt deshalb zu Streit. Wie soll es weitergehen? Im Auftrag von Harry S. Truman und Josef Stalin (Sowjetunion) verhandeln Hauptmann Michael Burda (USA) und General Vassili S. Askalepov (SU) das ›Wanfrieder Abkommen‹. Es besagt, dass die Grenze verlegt wird und sieben Dörfer die Seite wechseln. Neuseesen und Werleshausen kommen zur amerikanischen Besatzungszone. Sickenberg, Asbach, Vatterode, Weidenbach und Hennigerode gehören zukünftig zur sowjetischen Zone. Eine Flasche Wodka und eine Flasche Whisky wechseln die Besitzer und die Sache ist quitt. Das Abkommen wurde seitdem nicht wieder aufgehoben und gilt bis heute als das einzig amtlich bestätigte seiner Art.

Tour 32

Heimat- und Verkehrsverband (HVE) Eichsfeld Touristik e.V., Tel. 03605/2006760, Conrad-Hentrich-Platz 1, 37327 Leinefelde. info@eichsfeld.de, www.eichsfeld.de

Verwaltungsgemeinschaft Hanstein-Rusteberg, Tel. 036081/6220, Steingraben 49, 37318 Arenshausen-Hohengandern. info@vghr.de, www.vg-hanstein-rusteberg.de

Tourismusverein Friedland e.V., Gemeinde Friedland, Mo–Do 8.30–12 Uhr und Fr 8.30–12.30 Uhr sowie Di 13.30–15.30 Uhr, Do 13.30–17.30 Uhr, Tel. 05504/8020, 05504/80238, Bönneker Straße 2, 37133 Friedland-Groß Schneen. info@friedlandtourismus.de www.friedland-tourismus.de www.reiffenhausen.de

An-/Abfahrt Bornhagen: Bahn bis Arenshausen, dann Bus 14 Richtung Lindewerra

An-/Abfahrt Reiffenhausen: Bahn bis Göttingen, Mo–Sa, Bus 140 bis Groß Schneen, dann Bus 141 Richtung Ischenrode bis Reiffenhausen, So AST 9140 (Anmeldung 45 min vor Fahrtbeginn unter Tel. 0551/34034)

Privatzimmer Familie Stoffel, Tel. 05504/937638, An der Handweberei, 37133 Besenhausen. wolfgangstoffel@web.de

Goldener Löwe Kirchgandern, Di–Fr ab 16 Uhr, Sa ab 11 Uhr, So 9–12.30 Uhr und ab 16 Uhr, Tel. 036081/61384, Heiligenstädter Str. 17, 37318 Kirchgandern. GoldenerLoewe@aol.com

Ferienwohnung (für Pilger/Wanderer), Tel. 05504/7539, 0177/7591616, Seibigstraße 11, 37133 Reiffenhausen. knobloch.g@web.de

Ferienwohnung im Tal Reiffenhausen, Tel. 05504/98158, Talstraße 6, 37133 Reiffenhausen; kontakt@sahlbach-online.de

Café Rosenwinkel, Handweberei & Werkstattladen im Rittergut Besenhausen, Mi–So 13–18 Uhr, Tel. 05504/7497, 37133 Friedland. www.diehandweberei.de

Clubgaststätte am Campingclub Reiffenhausen e.V., Tel. 05504/7098, Talstr. 27, 37133 Reiffenhausen. www.camping-reiffenhausen.de

Kiosk im Waldschwimmbad, Mitte Mai–Anfang Sept täglich 10–20 Uhr, Frühschwimmen Mo–Fr 6–8 Uhr, Sa–So 8–10 Uhr, bei schlechtem Wetter: 10–12 Uhr und 18–20 Uhr, Talstraße 23, 37133 Reiffenhausen, beheizt. www.tsv-reiffenhausen.de

Einkehr im Café Rosenwinkel und Besichtigung der Handweberei.

Besuch des Waldschwimmbads zum Ausklang des Abends.

Höhenprofil Tour 32

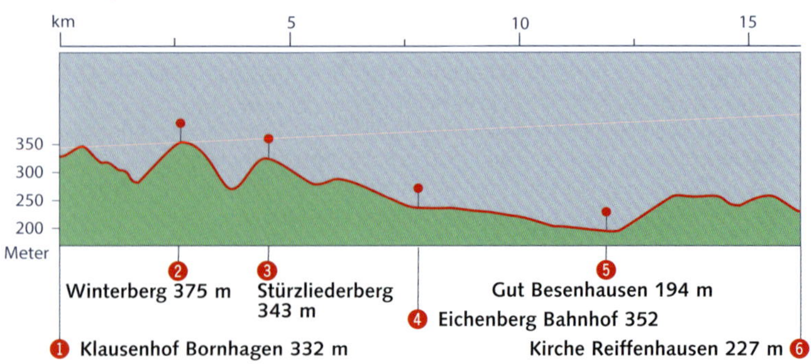

Karte S. 235

Ins Revier der Zaunspechte

Tour 33: Von Reiffenhausen nach Weißenborn » 22 km/6 Std.

Kurzcharakteristik
Agrarisch und sanft-hügelig zeigt sich uns das Obereichsfeld auf unserer heutigen Wanderung. Zunächst geht es über den Heidkopftunnel zur Magdalenenkapelle. Dann wandern wir am Rohrberg entlang und durch die weite Landschaft voller Felder und ferner Blicke. Unser Weg zieht sich einsam über das Grüne Band hin, bis wir das Hohe Kreuz (371,5 m) besteigen. Danach kommen wir nach Siemerode und überschreiten die Grenze nach Niedersachsen in das Pferde-geprägte Weißenborn oder wir biegen in Siemerode ins Heilbad Heiligenstadt ab, wo wir die mittelalterliche Atmosphäre mit moderner Entspannung gut verbinden können.

Wegebeschaffenheit: Kolonnenweg, asphaltierte Nebenstraßen, Feldwege
Markierung: lila Kreuz (Pilgerweg Loccum-Volkenroda), Wegweiser
Schwierigkeit: mittel
Wanderkarten: LVT Nördliches Eichsfeld oder L4524 Göttingen (kleine Ecke am Anfang), L4526 Duderstadt (Freistaat Thüringen/Hessen Landesamt für Vermessung und Geoinformation)
Einkauf: Heilbad Heiligenstadt
Einkehr: diverse in Siemerode und Heilbad Heiligenstadt.
Teilstrecken: Reiffenhausen-Siemerode (5,5 Std.)
Besondere Tourhinweise: Wer in Weißenborn keine Unterkunft findet oder wer ein bisschen Stadtluft schnuppern will, der biegt in Siemerode in das fünf Kilometer entfernte Heilbad Heiligenstadt ab. Ein Besuch lohnt sich allemal. Man kann an der Straße entlang wandern oder den Bus nehmen. Eine andere Möglichkeit wäre, von Weißenborn mit Bus 155 nach Duderstadt zu fahren und am nächsten Morgen zum Ausgangspunkt zurückzukehren und weiterzuwandern.

Streckenverlauf

Wer in Kirchgandern oder Besenhausen übernachtet hat, wandert am ›Tor zur Freiheit‹ vorbei nach **Kirchgandern** und von hier auf dem **Weg der Geschichte** (Stationen 1–4) auf der Straße ›Am Kahlenberg‹ hinaus zur Magdalenenkapelle. Dahinter treffen wir über dem Heidkopftunnel auf den **Pilgerweg Loccum–Volkenroda**, auf die Wanderer, die aus Reiffenhausen kommen und auf das Grüne Band.

Von Reiffenhausen aus folgen wir dem Pilgerweg Loccum–Volkenroda und seinem lila Kreuz in Richtung Rustenfelde. Es geht an der Kirche vorbei, einen Wiesenweg abwärts, dann rechts und am Haus Nr. 7 links, dann oben wieder links und nochmal rechts aus dem Ort hinaus. Wir bleiben auf dem Pilgerweg und wandern auf dem Hauptweg aufwärts über den **Heidkopf** (354 m, Autobahntunnel). Nach 45 Minuten haben wir die Höhe erreicht und kurz dahinter den **Kolonnenweg**. Wir treffen auf die Wanderer, die aus Kirchgandern kommen und machen einen 200 Meter kurzen **Abstecher nach rechts** den Schildern nach zur **Magdalenenkapelle**. Sie wurde samt dem dorthin führenden Kreuzweg 1989 von den besorgt nachsehenden Anwohnern als Schutthaufen aufgefunden. Zwischen 1975 und 1985 wurde sie von den Grenzsoldaten zerstört, um ein freies Schussfeld zu gewinnen. Es folgten etliche freiwillige Arbeitsstunden,

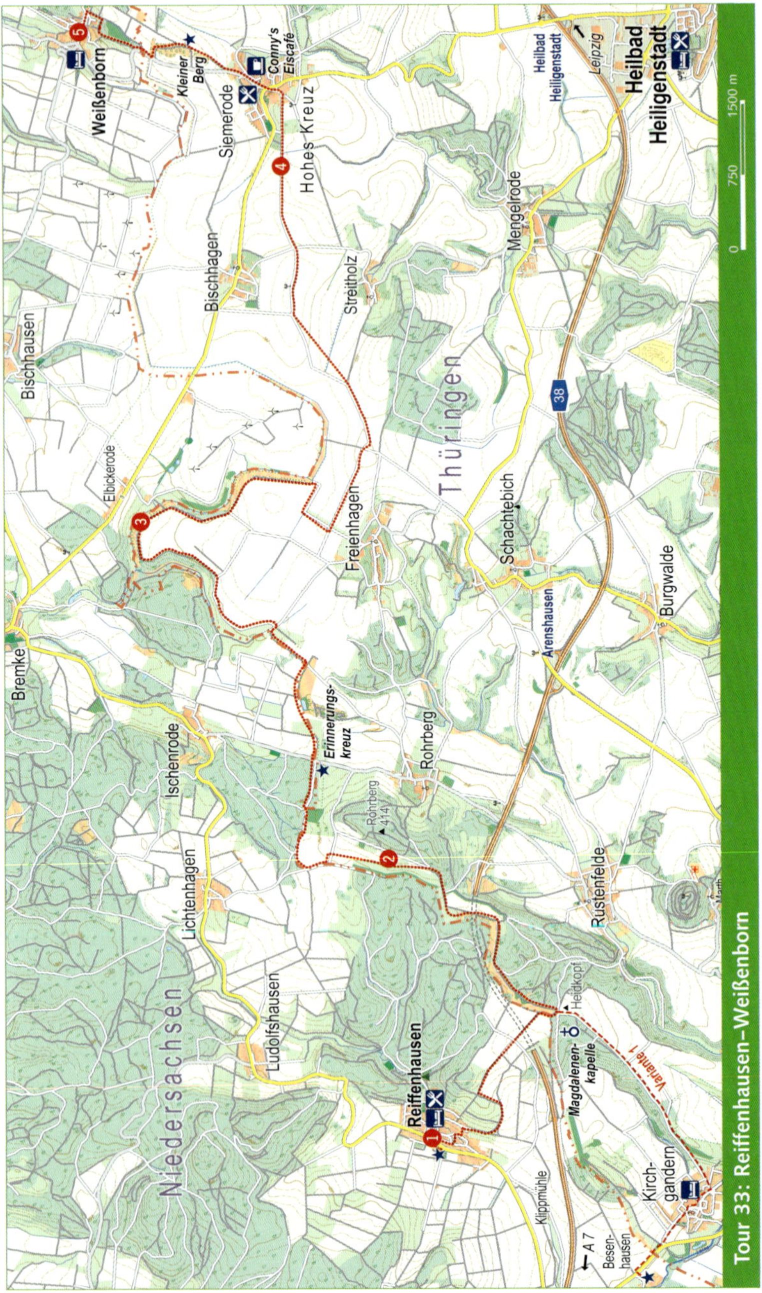

Tour 33: Reiffenhausen–Weißenborn

um sie wieder neu zu errichten. Am 22. Juli 1991 wurde sie feierlich eingeweiht. Von hier gehen wir zurück zum Heidkopf und dann auf dem **Grünen Band** weiter in Richtung Lichtenhagen. Die Platten sind verschwunden. Wir laufen deshalb links davon. Im lustigen Auf und Ab folgen wir den Fahrspuren an einer Wiese entlang, bis wir zum **Rohrberg** (415 m) ansteigen. Den Plattenweg, der von rechts kommt, ignorieren wir. Gleich im Wald geht es links um den Berg herum. Am Wegweiser gehen wir links in **Richtung Lichtenhagen** weiter.

Am nächsten Abzweig geht es dann rechts herum, nun auf der niedersächsischen Grenzseite entlang. Geradeaus kommen wir bald zur **Straße Ischenrode–Rohrberg**, die wir überqueren (Erinnerungskreuz, Bank). Nun wandern wir geradeaus weiter, wieder auf thüringischem Gebiet auf einem Wiesenweg am Heinebrink entlang, wo früher Kalkstein gebrochen wurde. Wir gehen am offenen Feld entlang, bis ein geschotterter Weg mit Grenzstein kreuzt, der rechts nach Rohrberg führt. Hier gehen wir links abwärts.

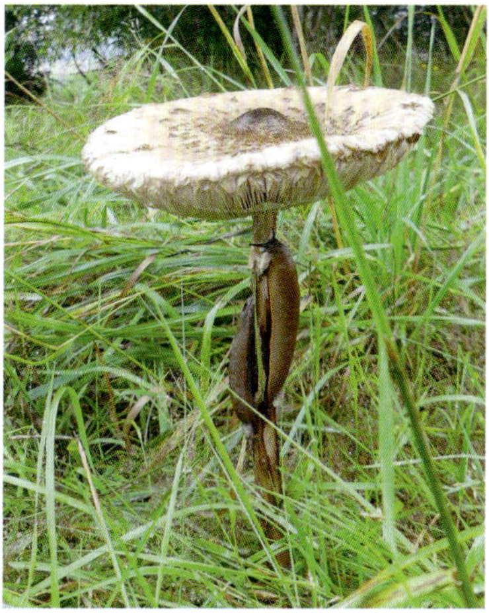

Parasolpilz als Schneckendach

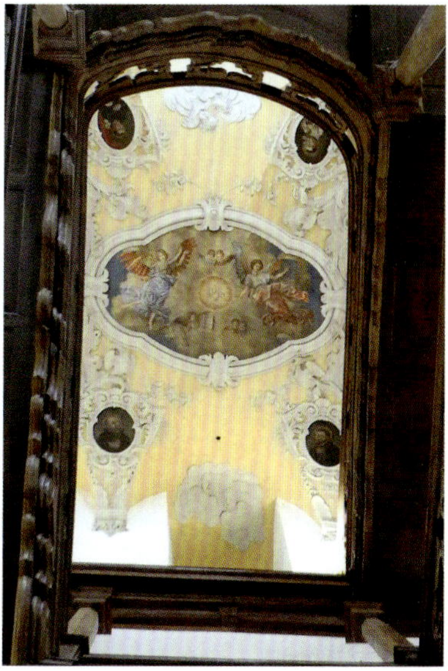

Deckengemälde von Johann Martin Hummel im Eichsfelder Heimatmuseum

Am nächsten Querweg wandern wir nach rechts und finden dort am nächsten **großen Wegekreuz** links den **Kolonnenweg mit Lochplatten** wieder. Dem folgen wir nun an einem riesigen Feld entlang. Einmal tauchen wir in den Wald ein und gehen rechts herum. Dann schimmern links durch die Bäume die Häuser von Elbickerode. Plötzlich endet der Kolonnenweg so unverhofft, wie er vorher aufgetaucht war.

Wir gehen rechts herum auf einem Feldweg weiter, später wenden wir uns mit ihm nach links, bis wir oberhalb von Freienhagen auf den **geteerten Rumbergweg** treffen (Bank). Nun laufen wir links auf dem Rücken entlang und genießen die Höhe und die schöne Aussicht rechts auf den Ort und links zur Grenze und darüber hinweg. Der Teerweg geht in einen **geschotterten Weg** über, dem wir leicht abwärts, dann wieder aufwärts folgen. Der geschotterte Weg teilt

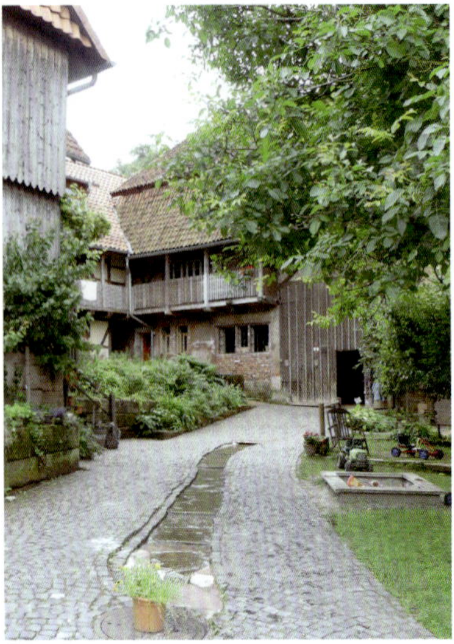

Pension Pferdebrunnen in Weißenborn

sich dann in zwei geschotterte Wege. Wir wandern rechts zum **Hohen Kreuz** (371 m) hinauf, wo sich ein Wasserhaus zwischen den Bäumen versteckt. Dahinter geht es abwärts nach **Siemerode**. Wir laufen geradeaus zur Hauptstraße vor und von dort aus links in den Ort hinein. In der Ortsmitte befinden sich die Bushaltestelle und die Magdalenenkapelle (1703–06 erbaut). Rechts führt die Hauptstraße nach **Heilbad Heiligenstadt**, die sehenswerte Eichsfelder Hauptstadt. Wir können kurz einen Blick in die große katholische Wehrkirche St. Nikolaus von 1732/33 werfen. Der Turm wurde nach einem Bombentreffer am 7. April 1945 wieder neu errichtet. Auf dem Weg dorthin geht links die Gasse ›Winkel‹ zum Gasthof Vizekönig ab.

Zurück an der Hauptstraße folgen wir nun der **Straße in Richtung Weißenborn**. 100 Meter später passieren wir Connys Eiscafé. Am Ortsausgangsschild steigen wir dann rechts über einen Wiesenweg zum kleinen kalkhaltigen Berg mit herrlichem Magerrasen, Gräsern und Blumen auf. Wir laufen geradeaus über die Höhe, bis am Ende links ein Weg abwärts führt. Diesem folgen wir bis zur **Straße Siemerode–Weißenborn** und wandern rechts weiter. Wir überqueren die Landesgrenze, die hier auch die Religionsgrenze ist, und kommen ins weitgehend evangelisch geprägte Göttinger Land. Wir bleiben auf der Straße. Rechts steht ein interessanter Bildstock. In der scharfen Kurve vor uns verlassen wir die Straße geradeaus auf einem Wiesenweg. Vor uns liegt **Weißenborn** und rechts im Wald versteckt sich die Kirche. Am ersten Abzweig nach links gehen wir weiter geradeaus, tauchen dann oberhalb des Ortes nochmal kurz in den Wald ein und gehen dann links die Treppen hinab. Am ersten Haus gehen leicht rechts versetzt wieder Stufen abwärts, die uns hinab ins Dorf und kurz vor dem Platz mit der Baumbank auf der linken Seite in die Pension am Pferdebrunnen bringen.

Mauerspechte – Zaunspechte

Mauerspechte wurden ab 1989 diejenigen genannt, die aus der bunten Berliner Mauer kleine Stücke herausklopften. ›Die Zaunspechte‹ nannte sich die im Januar 1992 gegründete Gruppe von damals zwölf Männern aus Siemerode und Weißenborn. Sie hatten sich zusammengefunden, um zu beraten, wie man die beiden Orte mehr zusammenführen und das Ossi-Wessi-Denken aus den Köpfen vertreiben könnte. So kam man auf gemeinsame Feste, zu denen bis heute der ›Tanz in die Einheit‹ am 3. Oktober, der Karnevalsumzug und eine gemeinsame Wanderung am 1. Mai gehören.

▸ Karte S. 240

Tour 33

Heimat- und Verkehrsverband (HVE) Eichsfeld Touristik e.V., Tel. 03605/2006760, Conrad-Hentrich-Platz 1, 37327 Leinefelde.
info@eichsfeld.de, www.eichsfeld.de, www.weißenborn-im-gartetal.net www.gleichen.de

Tourist-Information Heiligenstadt, Mo–Fr 9–17 Uhr, Sa 10–12 Uhr, Tel. 03606/ 677141, Marktplatz 15, 37308 Heilbad Heiligenstadt.
touristinfo@heilbad-heiligenstadt.de www.heilbad-heiligenstadt.de

An-/Abfahrt Reiffenhausen: Bahn bis Göttingen, Mo–Sa Bus 140 bis Groß Schneen, dann Bus 141 Richtung Ischenrode bis Reiffenhausen, So AST 9140 (Anmeldung 45 min vor Fahrtbeginn unter Tel. 0551/34034).

An-/Abfahrt Weißenborn: Bahn bis Göttingen, Bus 155 Richtung Duderstadt bis Weißenborn, Damental

Busverbindung Siemerode–Heilbad Heiligenstadt: Mo–Fr Bus 2, letzte Abfahrt: 16.36 Uhr

Pension zum Pferdebrunnen, Tel. 05508/ 977011, Zur Gartequelle 10, 37130 Weißenborn (Gleichen).
biopension-pferdebrunnen@t-online.de www.biopension-pferdebrunnen.de

Unterkunfstsauswahl in Heilbad Heiligenstadt:

Pension Perriello, Tel. 03606/6528870, 0176/63491885, Lindenallee 18, 37308 Heilbad Heiligenstadt.
pension-perriello@freenet.de

Hotel ›Zur Traube‹, Tel. 03606/612253, Bahnhofstraße 2, 37308 Heilbad Heiligenstadt, info@hotel-traube-heiligenstadt.de, www.hotel-traube-heiligenstadt.de

Hotel und Gasthaus Schwarzer Adler, Tel. 03606/612250, Wilhelmstrasse 2, 37308 Heilbad Heiligenstadt.
schwarzer-adler-heiligenstadt@web.de www.schwarzer-adler-heiligenstadt.de

Bergkloster der Schwestern der heiligen Maria Magdalena Postel, Gästezimmer mit Verpflegung, Tel. 03606/673104, 03606-67301, Friedensplatz 6, 37308 Heilbad Heiligenstadt.
sr.pia-elisabeth@smmp.de www.smmp.de

Jugend- und Erwachsenenbildungshaus Marcel Callo (Einzelgäste, Gruppen), Mo–Do 8–17 Uhr, Fr 8–19 Uhr, Sa, So 9–14 Uhr, Tel. 03606/667-0, Lindenallee 21, 37308 Heilbad Heiligenstadt.
info@mch-heiligenstadt.de

Unterkünfte in Duderstadt: siehe nächste Tour.

Bäckerei Schneider, Mo–Sa 6–11 Uhr, Di, Do, Fr 14.30–18 Uhr, Tel. 03606/553610, Hauptstr. 65, 37308 Siemerode (Hohes Kreuz).

Gaststätte Zum Vize-König, Mi–Fr ab 17 Uhr, Sa ab 15 Uhr und So 10–12.30 und ab 17 Uhr (Mittagessen nach Vorbestellung), Tel. 03606/619089, Im Winkel 40, 37308 Siemerode (Hohes Kreuz).

Conny's Gaststube & Eiscafé, Di Ruhetag, Mi–Mo ab 14 Uhr, im Winter ab 16 Uhr, Tel. 03606/613526, Weißenbörner Straße 107, 37308 Siemerode.

Gasthaus St. Martin, Di–Fr 11.30–14.30 Uhr und 17.30–23.30 Uhr, Sa 12–14 Uhr und 14.30–24 Uhr, So 12–14.30 Uhr, Tel. 03606/602860, Wilhelmstraße 22, 37308 Heilbad Heiligenstadt
www.gasthaus-sankt-martin.de

Weitere Cafés und Restaurants in Heilbad Heiligenstadt.

Literaturmuseum Theodor Storm, Di–Fr 10–17 Uhr, Sa, So, Ft 14.30–16.30 Uhr, Tel. 03606/613794, Am Berge 1, 37308 Heilbad Heiligenstadt, kontakt@stormmuseum.de
www.stormmuseum.de (2/1 € Eintritt).

Eichsfelder Heimatmuseum im ehemaligen Jesuitenkolleg, Di–Fr 10–17 Uhr, Sa,

So 14.30–17 Uhr, Tel. 03606/612618, Kollegiengasse 10, 37308 Heilbad Heiligenstadt, heimatmuseum@heilbad-heiligenstadt.de (2/1 € Eintritt).
Eichsfeld Therme, Mo–Fr 6.30–22 Uhr, Sa 7–22 Uhr, So 7–21 Uhr, Tel. 03606/663-90, In der Leineaue 1, 37308 Heilbad Heiligenstadt.
www.vitalpark-heiligenstadt.de
Sechs Kirchen: Katholische St. Ägidien mit Maria-Hilf-Kapelle, (Marktplatz 5), Evangelische St. Martin (Knickhagen 15), Katholische St. Marien mit St. Annen-Kapelle (Lindenallee 44), Katholische St. Gerhard (Auf der Rinne 18).

!

Heiligenstädter Palmsonntags-Prozession am Palmsonntag vor Ostern durch die Innenstadt, Beginn 14 Uhr.
Barockgarten hinterm Heimatmuseum und **Rosengarten** hinter dem Theodor-Storm-Museum (beide öffentlich zugängig).
Blick durch das Treppenhaus im **Eichsfelder Heimatmuseum** hoch zum Deckengemälde von Johann Martin Hummel.
Rundgang durch die mittelalterliche Altstadt innerhalb der gut erhaltenen Stadtmauer mittels Flyer: ›Die Altstadt erleben‹.

Höhenprofil Tour 33

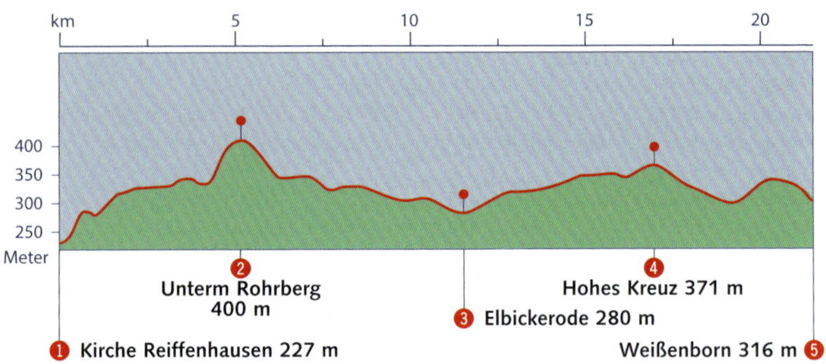

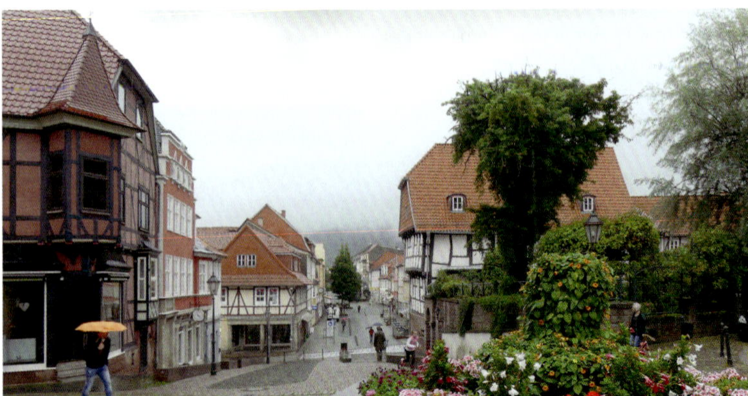

Heiligenstadt im Regen

Karte S. 240

Von Pferden und Wegen ins Paradies

Tour 34: Von Weißenborn zum Duderstadter Pferdeberg » 18 km/5 Std.

Kurzcharakteristik
Wälder, Felder, kleine Dörfer und die Geschichte der Flucht einer Gemeinde – abwechslungsreich wird unsere Wanderung durch das niedersächsisch-thüringische, hügelige, nördliche Eichsfeld. Die kulturhistorische Prägung des Mittelalters ist bis heute noch erkennbar. In Weißenborn beginnen wir den Tag mit der Besichtigung einer der seltenen erhaltenen Kirchenhofburgen aus dem 12./13. Jahrhundert. Am Ziel auf dem Pferdeberg bei Duderstadt und in der Stadt selbst finden wir noch Erinnerungen und originale Bestandteile mittelalterlicher Befestigungsanlagen, die vor Feinden schützten. Sie stehen damit im krassen Gegensatz zur DDR-Grenzbefestigung des 20. Jahrhunderts, deren Feinde sich nicht außen, sondern im Inneren befanden.

Wegebeschaffenheit: Kolonnenweg, asphaltierte Nebenstraßen, Feldwege, Waldpfade
Markierung: einzelne Wegweiser
Schwierigkeit: mittel
Wanderkarten: LVT Nördliches Eichsfeld oder L4526 Duderstadt (Freistaat Thüringen/Hessen Landesamt für Vermessung und Geoinformation)
Einkauf: Duderstadt
Einkehr: Gasthof ›Schöne Aussichten‹ auf dem Pferdeberg.
Zahlreiche Cafés und Restaurants zwischen Ober- und Untermarkt in Duderstadt.
Teilstrecken: Weißenborn–Glasehausen (1,25 Std.), Pferdeberg–Duderstadt (45 Minuten)
Besondere Tourhinweise: Duderstadt ist eine sehr schöne mittelalterliche Stadt und lohnt sich für einen Zwischenstopp. Wer das plant, übernachtet in der Stadt oder am Pferdeberg und wandert vom Pferdeberg oder nimmt von dort den Bus in die Stadt.

Streckenverlauf

In **Weißenborn** steigen wir die Treppen, die wir gestern herabgekommen sind, wieder hinauf. Am Wald biegen wir aber nicht rechts ab, sondern folgen dem Pfad die wenigen Meter geradeaus zur **Kirche**, die schon durch die Bäume schimmert. Wir befinden uns hier in einer der wenigen erhaltenen Anlagen einer mittelalterlichen Kirchhofburg aus dem 12./13. Jahrhundert. Eine sechs Meter starke Ringmauer mit einem umlaufenden Wehrgraben und Erdwall schützten die Burg und damit die Bevölkerung, die mit ihrem Vieh und Habe Zuflucht vor einfallenden Truppen fand. Da hier die Grenze zwischen dem Mainzer und dem Welfischen Herrschaftsgebiet verlief, kam es bis zum Dreißigjährigen Krieg häufiger zu Streitigkeiten und Überfällen. Hinter der Kirche gehen wir rechts den schmalen Pfad entlang, um nach rechts auf den **Feldweg** zu kommen. Wir folgen ihm rechts, bis wir auf den nächsten Feldweg nach links wechseln und zum Wald hinüber laufen. An einer Bank biegen wir rechts auf den Waldweg ab und laufen nun jenseits des Rückens durch den Wald abwärts, bis wir auf einen geteerten Weg stoßen. Hier gehen wir ebenfalls rechts.

Wer es eilig hat, läuft am Teerweg nicht rechts, sondern etwas links versetzt geradeaus abwärts, quert dann den Weg im Tal geradeaus, läuft im Linksschwenk parallel zum Bach, überquert den Bach und läuft auf der gegenüberliegenden westdeutschen Seite aufwärts über den Auberg (343 m) zur Straße **Beienrode–**

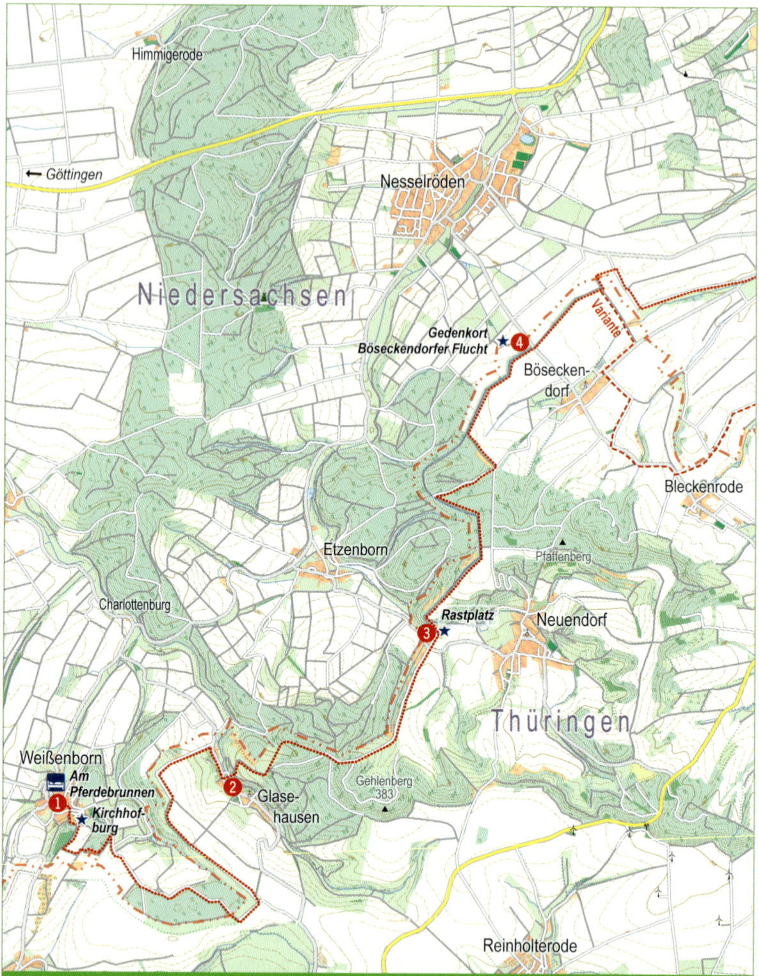

Tour 34: Weißenborn–Duderstadter Pferdeberg

Glasehausen. Dann wandern wir auf der Straße rechts zur Grenze und nach Glasehausen hinein, wo wir der weiteren Beschreibung folgen.

Der längere **Weg auf dem originalen Grenzverlauf** folgt dem **geteerten Weg** nach rechts, der in einen gelben westdeutschen Vollplattenweg übergeht. Wir laufen ein gutes Stück am Feld und durch den Wald, Struth genannt, bis der Plattenweg an einem **Wendehammer** uns das Ende von Niedersachsen anzeigt.

Wir treten aus dem Wald hinaus auf eine Wiese und wenden uns nach links, wo wir den **ostdeutschen Lochplattenweg** finden. Die Unterschiede sind deutlich erkennbar. Wir folgen ihm links, bis er (Achtung!) kurz vor einer Kreuzung

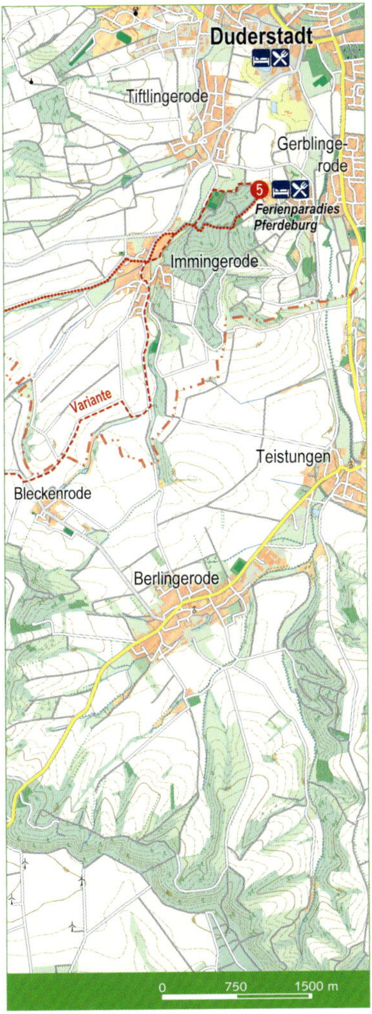

links im 90-Grad-Winkel abbiegt. Rechter Hand sehen wir Günterode liegen. Auf dem Plattenweg wandern wir auf der ostdeutschen Seite über den Auberg zum **Ortseingang von Glasehausen**. Hier treffen wir nach etwa 80 Minuten Wanderzeit auf die Wanderer der westdeutschen Runde. Gegenüber der Straße hat sich die Natur den Plattenweg zurückgeholt, weswegen wir nun gemeinsam rechts auf der **Hauptstraße in den Ort** mit seinen 174 Einwohnern hinein gehen und an der nächsten Möglichkeit links abbiegen.

Über einen gepflasterten Weg kommen wir über die **Brücke des Glasehausener Baches** zu einem Brunnen. Unser Weg führt oberhalb weiter. Dafür können wir den Weg rechts herum gehen oder wir nehmen links am Brunnen den Fußpfad ein paar Meter aufwärts. Jenseits der Baumreihe erreichen wir einen roterdigen Feldweg, dem wir links aufwärts und dann im Rechtsschwenk über eine Wiese zum Wald hinauf folgen. Am Wald geht es links hinein. Wir kommen an einem Wohnwagen vorbei und zu einem geschotterten Weg, der aus einer weiteren **Wendeschleife** hinausführt. Diesem folgen wir nun erst abwärts, dann aufwärts. Links entdecken wir einen **Schießstand**, auch als Bunker oder Unterstand nutzbar. Hinter der Höhe geht es wieder abwärts und aus dem Wald hinaus.

Das erste Paradies liegt uns schon zu Füßen: Kühe und Pferde, Greifvögel und Insekten könnten nicht glücklicher sein. Wer genau hinsieht, findet einige Zeugnisse vergangener Zeiten: **Originale Grenzzaunpfosten** halten die Koppel, Schlagbaumreste und die Platten unter unseren Schritten, die mehr und mehr von hellem Schotter überdeckt werden. Etwa eine Stunde von Glasehausen entfernt erreichen wir die **Straße Neuendorf–Etzenborn**. Nach der Überquerung finden wir vor dem nächsten Anstieg rechts einen Rastplatz. Auf der Höhe umrunden wir einen Schlagbaum und gehen geradeaus weiter. Nun begleiten uns Farne, Moose, Pilze, Birken und Lärchen. Wo rechts bald ein geschotterter Weg abgeht, ist das Grüne Band sehr verwachsen. Deshalb biegen wir hier rechts ab und entspannen dabei die Füße.

Der Weg führt uns durch den Wald bis zum **Rastplatz am Bösekendorfer Waldkreuz**, das hier schon vor Ewigkeiten die alte Poststraße säumte. Das letzte Kreuz von 1921 wurde während der sowjetischen Besatzung zerstört und konnte erst 1996 wieder erneuert werden.

Nun biegen wir links ab. Auf einem Zubringerweg geht es **zurück zur Grenze**, der wir am Waldsaum nach rechts folgen, bis wir die **Straße Nesselröden–Bösekendorf** erreicht haben. Wir machen hier einen kurzen Abstecher zu dem Gedenkplatz 50 Meter links die Straße herunter mit einer **Skulpturengruppe** von Roger Bischoff. Der Ort erinnert an die Bösekendorfer Flucht 1961 und die Grenzöffnung 1989.

Nach einer Rast gehen wir **zurück zum Plattenweg** und wandern nun nach links auf ihm weiter, bis wir zu einem **T-Kreuz** kommen. Der kürzere Weg zum Ziel führt hier links wenige Meter auf Lochplatten aufwärts, von dort rechts auf einem Grasweg weiter, bis wir einen betonierten Querweg erreichen, dem wir rechts abwärts folgen und so im Linksschwenk auf der niedersächsischen Seite nach **Immingerode** kommen. An der Kirche gehen wir rechts, dann wieder links zur Hauptstraße vor und biegen rechts ab in ›Am Anger‹. Hinter der Brücke, jenseits der ›Muse‹, steigen wir nun gerade den Berg hinauf und halten uns oben an der Wiese links. So gelangen wir direkt zum **Kolping-Familienferienpark**, ein weiteres Paradies.

Dichter am originalen Grenzverlauf, aber länger auf mehr Asphalt und zwei kurze Stücke an befahrenen Straßen entlang, führt der Weg ab dem T-Kreuz rechts hinab und über eine Brücke bis zur Straße **Immingerode–Bösekendorf**. Jenseits liegt ein weites Feld, da ist von einem Grünen Band nichts mehr zu sehen. Deshalb gehen wir auf der Straße rechts nach **Bösekendorf** und biegen am ersten Weg links, vor einem Rastplatz, ein. Der geschotterte Weg führt uns rechts herum zur **Straße nach Bleckenrode**. Dieser folgen wir nach links. Auf der Höhe biegen wir vor dem Ort links in die erste Nebenstraße ein.

Nun laufen wir am **Schierenberg** (258 m) entlang. Teilt sich der Weg, bleiben wir rechts und wandern über den Hügelrücken abwärts. Bei der nächsten Straßenteilung halten wir uns, ebenfalls rechts, steiler hinab ins Tal der ›Muse‹ und befinden uns nun auf niedersächsischem Gebiet.

Eine Fortführung des Grünen Bandes jenseits des Bachtales gibt es leider nicht, deshalb wandern wir im Tal links bis zur **Bushaltestelle von Immingerode**. Dort gehen wir rechts und können gleich hinter der Brücke links auf einem Pfad am Wasser entlang laufen. Am Ende des Waldes biegen wir hinter den Sportplätzen rechts ab und folgen an der Waldkante rechts-links aufwärts gen Osten, bis wir in Richtung Gerblingerode den Familienferienpark der Kolping-Familie erreichen. Oder wir wandern an der Brücke

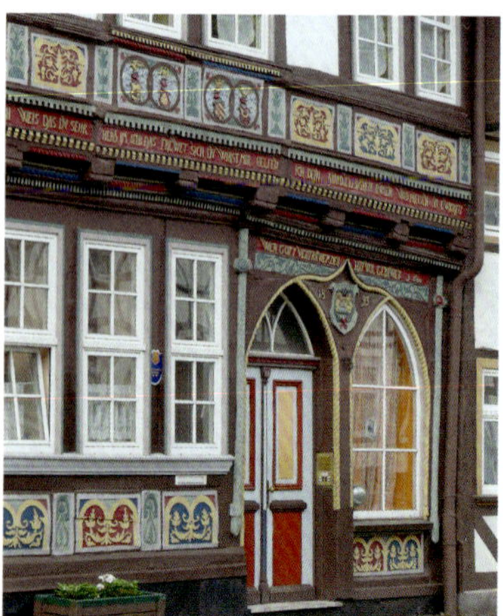

Fachwerk in Duderstadt

▶ Karte S. 246/247

die Straße ›Am Pferdeberg‹ aufwärts bis auf die Höhe, gehen dann nach links und wieder abwärts zum Familienferienpark. Leider ist die Beschilderung sehr mager. Doch mit einem Blick in die Karte, Fragen und Gottvertrauen kommen wir ans Ziel. Am **Pferdeberg** (279 m), dessen höchsten Punkt wir auf unserem morgigen Weg erreichen, soll um 929 ein Gestüt von König Heinrich I. gestanden haben. Außerdem wurde der Pferdeberg im Mittelalter für die Warte, ein Teil des Sicherheitskonzeptes der Stadt Duderstadt, genutzt. Die Warte war ein runder, zehn Meter hoher Turm, der mit einem Wächter besetzt war, der Einblick über das Gelände, die Zuwege und bis zur nächsten Warte hatte. Ihren ehemaligen Standort auf der Südostseite besuchen wir morgen.

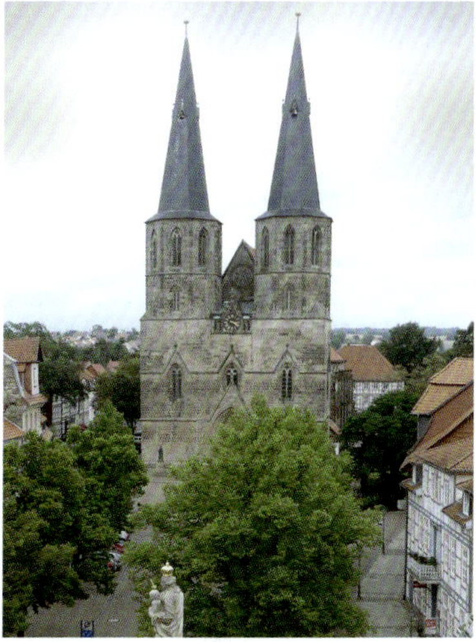

Der Dom in Duderstadt

Die Bösekendorfer Flucht – ein Dorf zieht um

Nach der Zeit, als am 13. August 1961 die Mauer in Berlin gebaut und die Landesgrenze noch undurchdringlicher befestigt wurde und als die Deportationslisten für eine weitere Ausweisungsaktion ›Kornblume‹ in den grenznahen Dörfern erstellt wurden, entschlossen sich am Abend des 2. Oktober 1961 fast die Hälfte der Dorfbewohner, 16 Bösekendorfer Familien mit 53 Mitgliedern, davon 21 Kinder, mit ihren Pferdewagen über die einen Kilometer entfernte verminte Grenze nach Nesselröden zu fliehen. In der Nacht vom 22. zum 23. Februar 1962 gelang weiteren 13 Einwohnern die Flucht. Heimatlos und hoffnungsvoll erreichten sie das Aufnahmelager in Friedland. Der katholische Lagerpfarrer Monsignore Wilhelm Scheperjans kümmerte sich um sie. Ihm gelang es, die Bösekendorfer als Gruppe in Angerstein bei Göttingen anzusiedeln. Fortan lebten sie gemeinsam in dem von ihnen und anderen so benannten ›Neu-Bösekendorf‹.

Tour 34

Heimat- und Verkehrsverband (HVE) Eichsfeld Touristik e.V., Tel. 03605/2006760, Conrad-Hentrich-Platz 1, 37327 Leinefelde. info@eichsfeld.de, www.eichsfeld.de www.weißenborn-im-gartetal.de

Gästeinformation Duderstadt, im historischen Rathaus, Mo–Fr 10–16.30 Uhr, Sa, So 10–16.30 Uhr, Tel. 05527/841200, 05527/19433, Marktstraße 66, 37115 Duderstadt. www.duderstadt.de

An-/Abfahrt Weißenborn: Bahn bis Göttingen, Bus 155 Richtung Duderstadt nach Weißenborn, Damental

Busverbindung Siemerode–Heilbad Heiligenstadt: Mo–Fr Bus 2, letzte Abfahrt: 16.36 Uhr

An-/Abfahrt Duderstadt, Am Pferdeberg: Bahn bis Göttingen, Bus 155 bis Immingerode Am Pferdeberg, Duderstadt

Ferienparadies Pferdeberg, Tel. 05527/5733, Bischof-Janssen-Straße, 37115 Duderstadt. info@kolping-duderstadt.de, www.kolping-duderstadt.de
Gasthof Schöne Aussichten Pferdeberg, am Wochenende ca. 10–20 Uhr geöffnet, Tel. 0151/14780392, Auf dem Pferdeberg 999, 37115 Duderstadt.
info@schoene-aussichten-pferdeberg.de
Hotel Hahletal, Tel. 05527/14781478, Teistunger Str. 43, 37115 Gerblingerode.
info@hotel-hahletal.de
www.hotel-hahletal.de
Jugendgästehaus Duderstadt, Tel. 05527/98470, Adenauerring 23, 37115 Duderstadt. jgh-duderstadt@gmx.de
www.jugendgaestehaus-duderstadt.de
Pension Frau Schmidt, Tel. 0170/5042413, Obertorstr. 66, 37115 Duderstadt.
info@pensionfrauschmidt.de
www.pensionfrauschmidt.de
Hotel zum Halben Mond, Tel. 05527/2698, Haberstraße 17-19, 37115 Duderstadt. zum-halben-mond@t-online.de
Hotel Budapest, Tel. 05527/98630, Marktstr. 99, 37115 Duderstadt.
hotelbudapest@aol.com
Hotel Kurmainzer Eck, Tel. 05527/5046, Am Sulberg 2-6, 37115 Duderstadt.
info@hotel-duderstadt.de
www.hotel-kurmainzer-eck-duderstadt.de

Ein Spaziergang über den **Stadtwall**, durch die wunderschönen Fachwerkgässchen, Kirchen und entlang der komplett erhaltenen mittelalterlichen Stadtbefestigung von Duderstadt (Flyer für Stadtrundgang in der Touristeninfo sowie Schilder an den Sehenswürdigkeiten).
Rathaus (9-etagig) mit Ausstellungen, Mo–So 10–16.30 Uhr, Tel. 05527/841200, Marktstraße 66, 37115 Duderstadt. www.duderstadt.de
Westerturm-Ensemble (Turmbesichtigung unter der gedrehten Haube, Schützenmuseum und Georgsturm auf der Stadtmauer): Di–So 10–12 und 14–16 Uhr, Auf der Spiegelbrücke 19, 37115 Duderstadt. www.westerturm.de
Ursulinenkloster, Mo-Fr, 8–17 Uhr, Tel. 05527/91450, Neutorstraße 9, 37115 Duderstadt. www.ursulinen-duderstadt.de
Historisches Museum Duderstadt, Fr–So 11.00–16.00 Uhr, Tel. 05527/2539, Bei der Oberkirche 3, 37115 Duderstadt.
Kirchen: Evangelische St. Servatiuskirche (9–18 Uhr geöffnet) am Untermarkt (mit Jugendstilgestaltung im Inneren) gegenüber dem katholischen Eichsfelder Dom am Obermarkt, der die von Papst Franziskus 2015 zur Basilika Minor ernannte St. Cyriakuskirche ist.

Ein **Tag in Duderstadt** lohnt sich auf jeden Fall. Zum Beispiel so: zwei Nächte am Pferdeberg mit einem Tagesausflug nach Duderstadt verbinden. Unsere Wanderung setzen wir dann einfach am über nächsten Tag fort.

Höhenprofil Tour 34

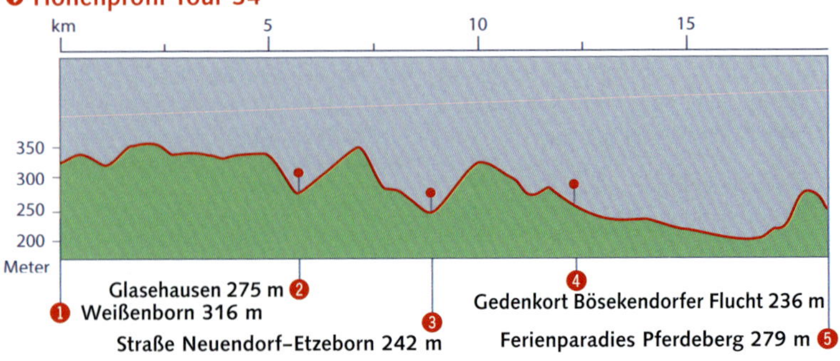

Karte S. 246/247

Durch das kleine Ohmgebirge zum West-Östlichen Tor

Tour 35: Vom Duderstadter Pferdeberg nach Brochthausen » 22 km/7 Std.

Kurzcharakteristik
Von der Südostseite des Duderstadter Pferdebergs wandern wir durch den Freilandbereich des Grenzlandmuseums. Mit herrlicher Sicht in die Ferne blicken wir dabei auf vergangene Gemäuer: die ehemalige Grenzübergangsstelle und die Reste des Klosters Teistungenberg. Uns begleiten beim tüchtigen Auf- und Absteigen durch das Ohmgebirge nicht nur Heidenelken, Rehe und Hasen. Auch die Geschichten der Menschen, die hier an der Grenze ums Leben kamen oder von mutigen Menschen gerettet wurden, bewegen uns. Wir passieren das West-Östliche Tor, das 2002 als Symbol für das Zusammenwachsen von West und Ost gepflanzt wurde. Den ganzen Tag ist der Plattenweg unser Wegweiser. Mit einer kleinen Unterbrechung bei Fuhrbach führt er uns schließlich bis zum nördlichen Ende von Brochthausen zur ›Endstation‹.

Wegebeschaffenheit: Kolonnenweg, asphaltierte Nebenstraßen, Feldwege, Pfade
Markierung: einzelne Wegweiser
Schwierigkeit: schwierig, da mehrere kurze steile An- und Abstiege
Wanderkarten: LVT Nördliches Eichsfeld oder L4526 Duderstadt, L4528 Bad Sachsa (Freistaat Thüringen/Hessen Landesamt für Vermessung und Geoinformation)
Einkauf: unterwegs keine Möglichkeit
Einkehr: Gasthof ›Schöne Aussichten‹ auf dem Pferdeberg, im Grenzlandmuseum Eichsfeld, im Forsthaus Rote Warte, in Fuhrbach und Brochthausen
Teilstrecken: Duderstadter Pferdeberg–Fuhrbach (5,75 Std.)
Besondere Tourhinweise: Die Tour ist durch die vielen An- und Abstiege anstrengend, aber durch die Fernblicke und die Abwechslung sehr schön und interessant. Wer abkürzen möchte, kann in Fuhrbach im Soolbachtal bleiben und auf dem Radweg nach Brochthausen laufen.

Streckenverlauf

Wir verlassen das **Ferienparadies** und gehen rechts vom Café hinterm Haus aufwärts, an der Wiese entlang bis zum höchsten Punkt des **Pferdebergs** (280 m). Geradeaus laufen wir bis ans Ende der zweiten Wiese. Dort geht es in den Wald und auf einem breiten Weg weiter rechts den Berg hinauf und aus dem Wald wieder hinaus. Hier haben wir nun die jenseitige östliche Aussicht vor uns. Links befinden sich der ›**Gasthof Schöne Aussichten**‹, und der 14 Meter hohe **Pferdebergturm**. Der Aussichtsturm wurde am 22. November 1984 eingeweiht. Er diente der westdeutschen Seite, dem Bundesgrenzschutz wie auch Touristen zur Beobachtung der zu Füßen liegenden Grenze. Zuvor hatte hier ab 1948 bereits ein Turm gestanden, der aufgrund von Grenzverschiebungsversuchen durch DDR-Grenzer am 14. August 1964 eine Aussichtsplattform erhielt. Daneben stand seit 1952 das Pferdebergkreuz, das nach der Grenzöffnung umgesetzt wurde.

Rechts geht es auf einem befestigten Weg am Wald entlang abwärts, bis wir links zur **Gedenkstätte** und zum **Plattenweg** kommen. Wir betreten die ehemalige Grenzanlage, die schon zum Grenzlandmuseum gehört, und laufen nach links auf den Platten weiter. Um uns herum betrachten wir Grenzzaun, Führungsturm, Hundelaufanlage und Beleuchtung.

Vor uns haben wir einen schönen Blick auf das **Kloster Teistungenburg**. Es wurde um 1260 für zehn Nonnen gegründet und musste 1809 seine Dienste aufgeben. Ein Großteil des ehemaligen Zisterzienserinnenklosters wurde aufgrund der Grenznähe 1962 bzw. 1975 abgerissen.

Im Tal davor erkennen wir die frühere Grenzübergangsstelle, das heutige **Grenzlandmuseum Eichsfeld**. Der Grundlagenvertrag vom 21. Dezember 1972 ermöglichte die Einrichtung eines Grenzübergangs, der am 21. Juni 1973 seine Tore öffnete. Heute können wir hier die originale Zollabfertigungsbaracke mit Schleuse zur Personenkontrolle, Nachrichtenraum und Arrestzellen besichtigen. Eine Tafel erinnert an Verletzte und Getötete an diesem Grenzabschnitt. Erinnert wird unter anderem an die am 14.12.1971 bei Brochthausen verletzte Jutta Jahn.

Der Plattenweg führt leicht rechts versetzt über die befahrene **Straße Duderstadt–Teistungen** hinweg wieder aufwärts. Bald erinnert eine **Tafel** an den 19-jährigen André Rößler, der hier am

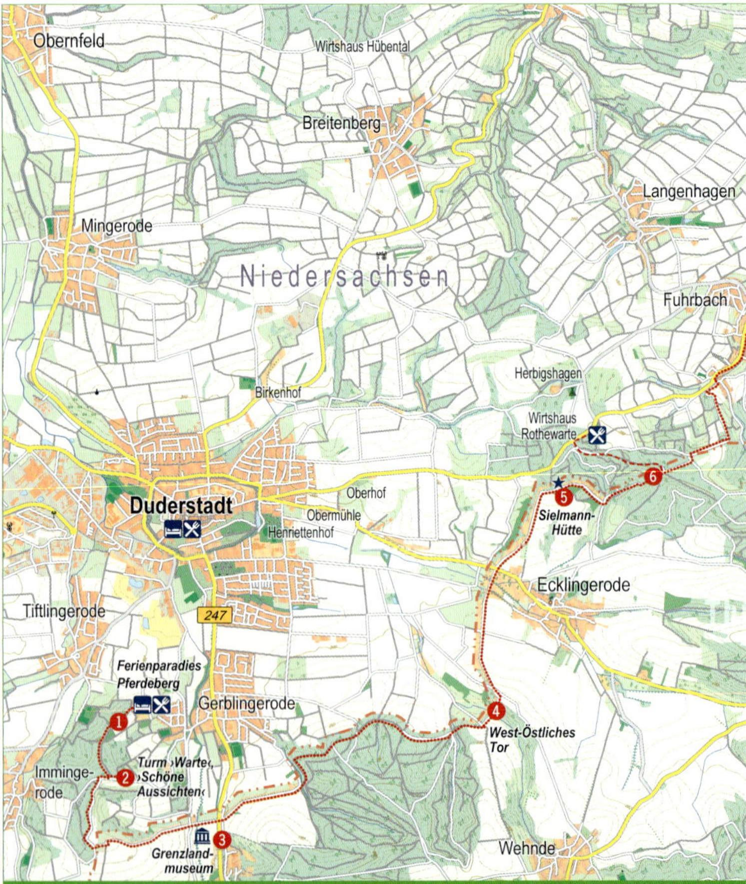

Tour 35: Duderstadter Pferdeberg–Brochthausen

4. September 1976 durch zwei Splitterminen ums Leben kam. Sie berichtet auch davon, mit welcher Strategie die Staatssicherheit nach dem Tod verfahren wollte.

15 Minuten später kommen wir zum **Pferdestallgrund**. Links könnten wir nach Duderstadt und Gerblingerode, rechts nach Teistungen wandern. Wir gehen jedoch geradeaus aufwärts weiter und erreichen als nächstes die **Schutzhütte Lindenberg** (262 m). Bis in die 1960er Jahre standen hier ein Forsthaus und eine Kapelle, zu der es bis 1945 jährliche Prozessionen zu Himmelfahrt gab. Beide wurden durch die DDR-Grenztruppen abgerissen.

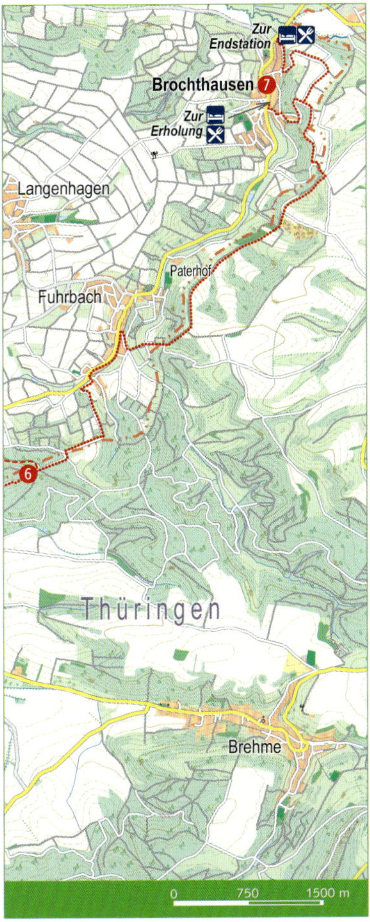

Am nächsten Querweg bleiben wir geradeaus in **Richtung Gut Herbigshausen** und passieren auf der nächsten Höhe die **Schutzhütte Thomasberg** (230 m). Weiter geht es ab und auf durch die Ausläufer des nicht zu unterschätzenden **kleinen Ohmgebirges**, bis wir nach dem steilsten Anstieg des Tages auf dem Kutschenberg am **West-Östlichen Tor** (Rastplatz) stehen. Zwei zwölf Meter hohe Eichenstämme sind am Boden mit einer Edelstahlschwelle verbunden und werden von 66 Roteichen eingerahmt. Die Künstler Anka Förster und Robert Schützle haben dieses Symbol für das Zusammenwachsen von Ost und West auf Initiative der Naturschutzorganisation BUND geschaffen. Das Projekt wurde 2002 von Michail Gorbatschow, dem einstigen sowjetischen Staatschef zur Zeit der Grenzöffnung, und dem damaligen Bundesumweltminister Jürgen Trittin eingeweiht. Aus diesem Anlass wurde der aktuelle Zustand des Grünen Bandes fachlich überprüft und der Politik die Vorstellungen zu einem bundesweiten Biotopverbund und einer Unterschutzstellung entlang der ganzen ehemaligen Grenze dargelegt.

Am West-Östlichen Tor wandern wir nach links auf dem **Plattenweg** weiter und kommen nun in die freie Flur. Schöne Aussichten bieten sich uns an: Rechts liegt Ecklingerode, links Duderstadt. Wir überqueren die **Brehme** und die Straße zwischen den beiden Orten und steigen jenseits wieder aufwärts. Nach 25 Minuten erreichen wir die **Sielmann-Hütte** (283 m). An Rastplätzen mangelt es heute nicht.

Hinter der Hütte führt ein Abstecher eineinhalb Kilometer zum **Gut Herbigsha-**

gen. Es wird durch die Stiftung des 2006 verstorbenen Tierfilmers und Publizisten Heinz Sielmann als Naturerlebniszentrum betrieben und beherbergt eine Franz-von-Assisi-Kapelle.

Für uns geht es weiter ins **Bachtal**, in den Saalgrund hinunter. Dort gehen wir links und gleich wieder rechts auf einem geschotterten Weg in Richtung Fuhrbach weiter. Kurz darauf endet unser Weg an einem großen Platz und führt links auf dem **grasüberwachsenen Plattenweg** weiter. Nun steigen wir eine steile Schanze zum **Bunzenberg** (362 m, Bank) auf und wandern oben geradeaus weiter. An der Kreuzung ›Sielmannweg‹ geht links ein Weg (1,6 km) zum **Forsthaus Rote Warte**, wo man täglich außer montags einkehren kann. Wir wandern geradeaus weiter zum nächsten Querweg am **Quellestein**. Der **Plattenweg** führt geradewegs über die Wiese. Die Platten sind aber sehr verwachsen, und je nach Beschaffenheit der Wiese können wir hier gut links auf die niedersächsische Seite wechseln und gehen dann auf der Höhe rechts auf dem **Teerweg in Richtung Fuhrbach** weiter.

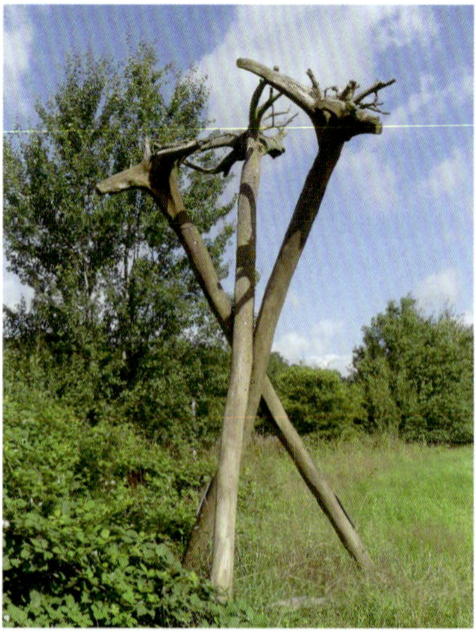

Kunst am Grenzweg am Pferdeberg

▲ Karte S. 252/253

Nach links haben wir bei passendem Wetter eine hervorragende Fernsicht zum Harz und zu seinem höchsten Berg, dem Brocken (1141 m).

Wir bleiben der Straße treu bis **nach Fuhrbach hinein**. Wir laufen auf der Fuhrbacher Straße in die Ortsmitte und biegen hinter der Bushaltestelle rechts in die Straße ›Im Winkel‹ ab und folgen ihr rechts auf die Höhe. Hier können wir gleich hinter dem Bioland-Gelände links durch die Wiese zur jenseitigen Talseite (Kreuzung) wandern oder wir folgen dem geteerten Wanderweg ein Stück in Richtung Sonnenstein und biegen kurz darauf am nächsten Weg nach links ab, wo wir abwärts und über eine Brücke auf die jenseitige Talseite zu der gleichen **Wegekreuzung** kommen.

Vom Wegekreuz gehen wir nun in Richtung Wald aufwärts, wechseln dann aber auf den schräg links aufwärts führenden Wiesenweg über die Grenze auf die thüringische Seite und den dortigen **Plattenweg**. Im Auf und Ab wandern wir nun auf dem Plattenweg nach links oberhalb des Soolbachtals, bis die Platten plötzlich enden. Hier gehen wir geradeaus und parallel zum Waldrand über die Wiese weiter. Am nächsten Feldrand biegen wir rechts ab und sehen nun schon im **Tal vor uns die Hütte**, in deren Richtung wir gehen. Unvorhergesehen taucht plötzlich ein querender Feldweg auf, dem wir nach links in den Talgrund folgen. Dort geht es dann rechts und dann noch vor der Hütte links auf einem roterdigen Feldweg die jenseitige Höhe wieder hinauf.

Oben folgen wir dem **geteerten Radweg** nach links und finden bald hinter einer Kurve einen **überdachten Rastplatz**, wo an die dramatische Flucht der Familie Jahn erinnert wird. Von hier folgen wir dem Radweg durchs **Tanzental** abwärts und haben am nächsten rechten Abzweig zwei Möglichkeiten: Entweder wir folgen

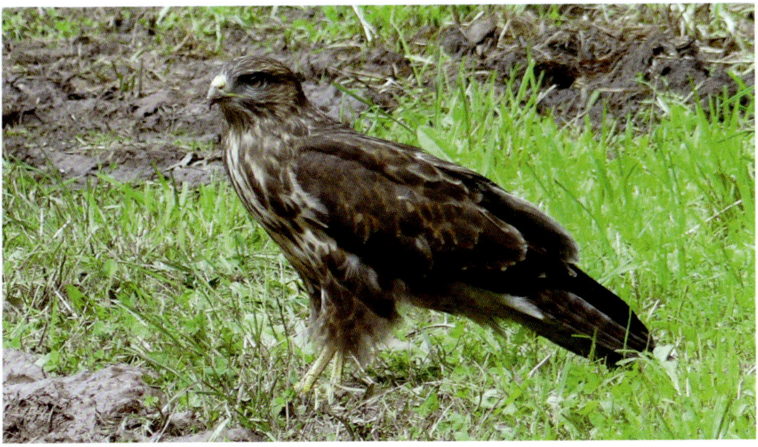

Ein Bussard

dem Radweg weiter und wandern dann nach rechts von Süden in den **Ort Brochthausen** hinein, was auch der kürzere Weg zum Hotel ›Zur Erholung‹ ist. Oder wir gehen am Abzweig rechts aufwärts in Richtung Zwinge. Nach einer Links-Rechts-Kurve biegen wir links ab und kommen dann im Rechtsschwenk direkt zum **Gasthof Endstation** am nördlichen Ende von Brochthausen, wo an der Ellerbrücke fast vierzig Jahre lang der jeweilige Teil der jeweiligen Welt zu Ende waren. Die Gastwirtsfamilie kann so manche Geschichte aus dieser Zeit berichten.

Der Schicksalsabend im Tanzental

Am Abend des 14. Dezember 1976 hört Frau Brämer kurz nach 18 Uhr in der Nähe der Tischlerei in Brochthausen erst eine detonierende Mine, dann ein schreiendes Baby. Mehrere Menschen laufen zur dortigen Grenze im Tanzental. Auf der anderen Seite sind keine DDR-Grenzstreifen zu sehen. Aber ein Erwachsener und ein Kind liegen mitten im Minenfeld. Die Brochthäuser entschließen sich kurzer Hand, den Zaun von der westdeutschen Seite her zu öffnen und die scheinbar verletzte Frau und das noch nicht einjährige Mädchen zu retten. Den Mann, der noch am ostdeutschen Minenfeldrand steht, entdecken sie erst später. Die Helfer mühen sich mit aller Kraft und brauchen doch eine gefühlte Ewigkeit, um den Streckmetallzaun soweit zu öffnen, dass der schmale 17-jährige Dieter, der Enkel der Frau Brämer, durchpasst. Nun beginnt der Ehemann von der Ostseite herüber zu robben. Wie durch ein Wunder entzündet er dabei keine weitere Mine. Panik ergreift den jungen Dieter, angesichts der vielen Minen, die hier liegen mussten. Ein westdeutscher Zöllner, der die Art der Minenverlegung einst beobachtet hatte, kommt ihm zu Hilfe. Er weiß, dass das, was sie hier tun, auch auf westdeutscher Seite unter Strafe steht. Schließlich befinden sie sich hinterm Zaun im Todesstreifen auf DDR-Gebiet. Doch die anderen wischen die Einwände beiseite. Sie sehen die Not und wollen helfen. Schnell trägt der Zöllner die ohnmächtig gewordene

Frau. Sie helfen der Familie ohne weitere Verletzungen auf die westdeutsche Seite. Erst jetzt erfahren sie, dass der Frau durch eine Mine beide Füße abgerissen wurden, dass das Baby aber unverletzt blieb. Als gegen 19 Uhr eine Streife der DDR-Grenztruppen erscheint, ist die Familie in Sicherheit und auf dem Weg ins Krankenhaus.

Tour 35

Heimat- und Verkehrsverband (HVE) Eichsfeld Touristik e.V., Tel. 03605/2006760, Conrad-Hentrich-Platz 1, 37327 Leinefelde. info@eichsfeld.de, www.eichsfeld.de
Gästeinformation Duderstadt, im historischen Rathaus, Mo–Fr 10–16.30 Uhr, Sa, So 10–16.30 Uhr, Tel. 05527/841200, 05527/19433, Marktstraße 66, 37115 Duderstadt. www.duderstadt.de

An-/Abfahrt Duderstadt, Am Pferdeberg: Bahn bis Göttingen, Bus 155 bis Immingerode, Am Pferdeberg, Duderstadt
An-/Abfahrt Brochthausen: Bahn bis Göttingen, Bus 150 bis Duderstadt, Mo–Fr Bus 161, Sa früh: Linientaxi LT 161 Richtung Hilkerode bis Brochthausen-Friedhof

Hotel Zum Kronprinzen, Tel. 05527/9100, Fuhrbacher Straße 31–33, 37115 Fuhrbach. info@der-kronprinz.de, www.der-kronprinz.de
Landgasthaus Zur Endstation, Tel. 05529/919283, Deichstraße 2, 37115 Brochthausen. zurendstation@web.de www.landgasthaus-zur-endstation.de
Hotel Zur Erholung, Tel. 05529/96200, Brochthäuser Straße 65, 37115 Brochthausen. moneke@zurerholung.de, www.zurerholung.de

Zusätzlich zu den oben genannten Hotels: **Forsthaus Rote Warte**, Di–So 11–24 Uhr, Tel. 05527/943707, Rote-Warte-Straße 50, 37115 Duderstadt. info@rotewarte.de www.rotewarte.de

Grenzlandmuseum Eichsfeld, Di–So 10–17 Uhr, Tel. 036071/97112, Duderstädter Straße 7–9, 37339 Teistungen, 4 € Eintritt. www.grenzlandmuseum.de

Blick vom Pferdebergturm, Besichtigung der Grenz- und Abfertigungsanlagen im Grenzlandmuseum Teistungen, Rast am West-Östlichen Tor, Einkehr in der ›Endstation‹.

Höhenprofil Tour 35

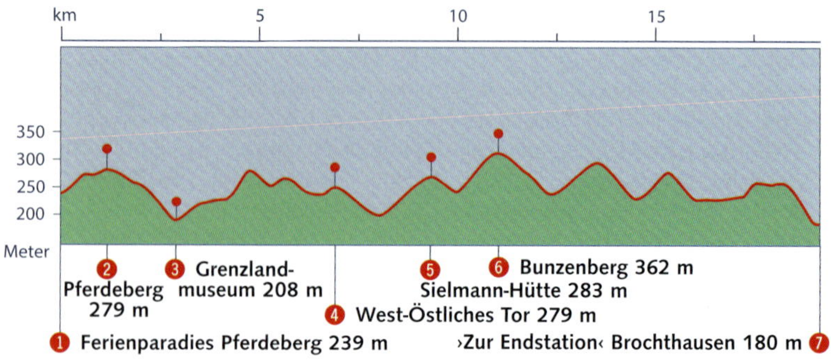

Karte S. 252/253

Ins Steingrabental am südlichen Harzrand

Tour 36: Von Brochthausen nach Bartolfelde » 17 km/4,5 Std.

Kurzcharakteristik
Wir verlassen das nördliche Eichsfeld und nähern uns dem südlichen Harzrand. Erste Blicke lassen sich schon auf das dunkel daliegende Gebirge und seinen höchsten Berg, den Brocken (1141 m), erhaschen. Zunächst geht es einsam nördlich auf dem Kolonnenweg entlang der Schmalau, die wir aber kaum zu Gesicht bekommen. Dann knickt die Grenze unter dem Barbiserkopf (308 m) nach Osten weg und führt auf der Höhe unmerklich über den Großen Bornberg (325 m) zu einem privaten Führungsturm an der Bartolfelder Straße. Wir genießen die Fernsichten und enden schließlich in Bartolfelde, wo der Schierker Feuerstein, der berühmte Harzer Kräuterlikör, nach der Grenzschließung sein Zuhause fand.

Wegebeschaffenheit: Kolonnenweg, asphaltierte Nebenstraßen, Feldwege
Markierung: Wegweiser, Plattenweg
Schwierigkeit: einfach mit kurzen An- und Abstiegen
Wanderkarten: LVT Nördliches Eichsfeld oder L4528 Bad Sachsa (Freistaat Thüringen/Hessen Landesamt für Vermessung und Geoinformation)
Einkauf: unterwegs keine Möglichkeit
Einkehr: unterwegs keine Möglichkeit
Teilstrecken: keine
Besondere Tourhinweise: Diese Tour ist eine gemütliche Wanderung, und am Ziel kann man schön entspannen. Wem das zu wenig ist, der kann noch einen kleinen Ausflug ins drei Kilometer entfernte Bad Lauterberg machen.

Streckenverlauf

Von der **Endstation in Brochthausen** laufen wir ein Stück auf der Straße **Richtung Zwinge**. Wir überqueren die Eller, kommen an der **Ellermühle**, einer Sägemühle, vorbei, wandern mit der Rechtskurve und überqueren die **Schmalau**, einen Zufluss der Eller. Dahinter finden wir noch vor dem ersten Grundstück auf der linken Seite den **Plattenweg** und folgen ihm nun – zunächst am eingezäunten Solarfeld entlang – gen Norden. Wir befinden uns parallel zur Schmalau, die hier Grenzfluss ist und die wir kaum zu Gesicht bekommen werden. Auf der Hälfte der nördlichen Strecke schallen von der westlichen Seite Geräusche vom Golfclub des Rittergutes Rothenberghaus herauf.

Nach häufigem einsamen Auf und Ab treten wir etwa eineinhalb Stunden später, unterhalb des Barbiserkopf (308 m) aus dem Wald heraus und wandern auf der Höhe nun gen Osten an **Windrädern** vorbei (Bank). Unser Blick schweift rechts hinüber, zurück in Richtung Pferdeberg und über das hinter uns liegen-

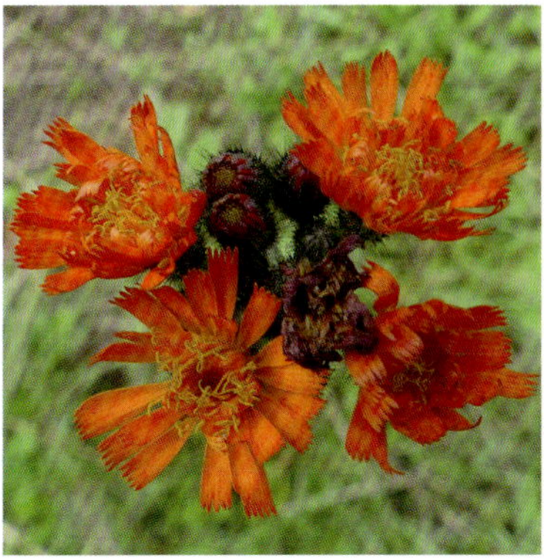

Habichtskraut

Wandertouren

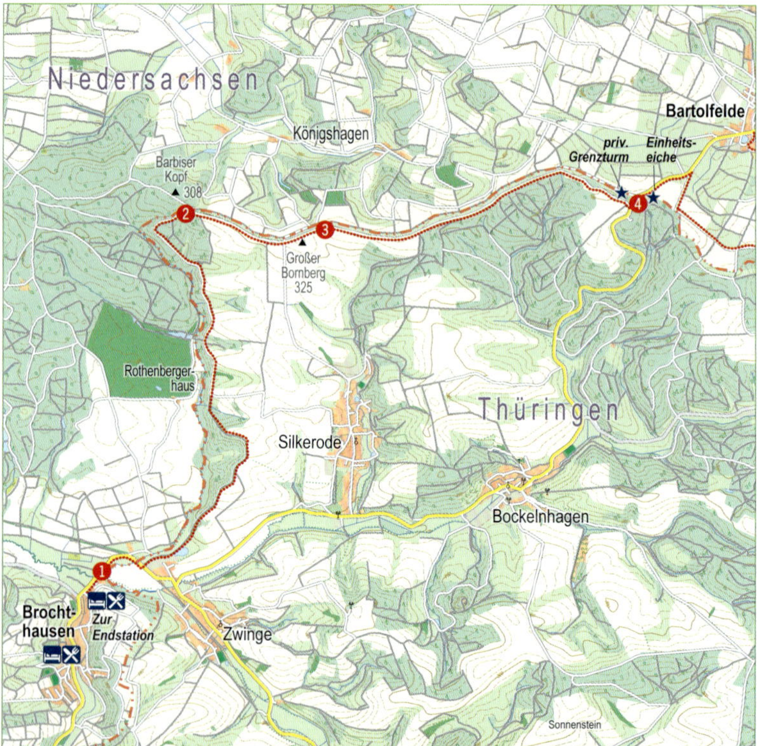

Tour 36: Brochthausen–Bartolfelde

de Ohmgebirge. Wir überqueren kaum merklich den **Großen Bornberg** (325 m) und wandern auf den Platten weiter bis zur **Straße Bartolfelde–Bockelnhagen**. Linker Hand befindet sich eine **Schutzhütte**, und ab und zu lassen sich linker Hand schon ein paar Blicke auf den dunklen Harz erhaschen. Bis zum nächsten **Grenzturm**, der an eine Privatperson verkauft wurde und nun mit einer persönlichen Ausstellung im Garten an der Bartolfelder Straße aufwartet, geht es nun noch ungefähr 75 Minuten auf ebener Höhe durch Baum- und Strauchaufwuchs weiter.

Das sich dann anschließende Stück Kolonnenweg ist so zugewachsen, dass wir der Straße nach links folgen. Wir kommen an der **Einheitseiche** vorbei, die zwei Mal an einem 3. Oktober hier gepflanzt wurde und nun schon eine gewisse Größe entwickelt hat. Wer es eilig hat, kann auf der **Straße direkt in den Ort Bartolfelde** wandern.

Ist auf dem nach der Einheitseiche folgenden rechten Wiesenfeld das Gras trocken, können wir über die Wiese am Waldrand entlang gehen, bis wir einen asphaltierten Weg erreichen, dem wir am **Brockenblick** vorbei, geradeaus den Hügel hinauf folgen. Oder wir laufen die Straße 150 Meter weiter in Richtung Bartolfelde, bis wir rechts auf den ersten asphaltierten Weg einbiegen, der uns

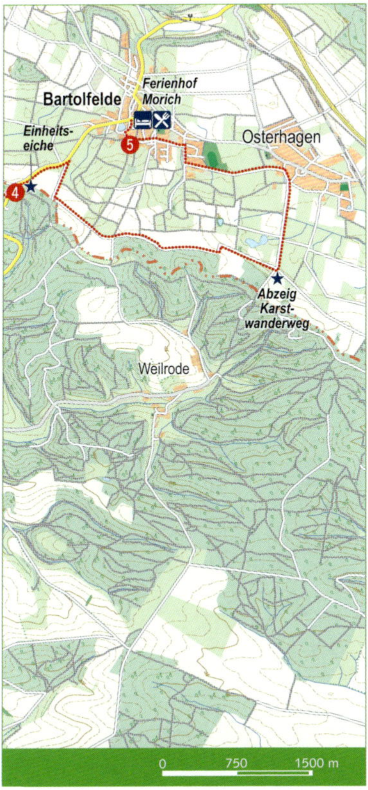

direkt zu dem oben schon beschriebenen ›Brockenblick‹ führt. Wir gelangen schnell auf die Höhe und folgen dem Weg am Wald entlang, dann im rechten Winkel erst nach links, dann nach rechts. Links unter uns liegen Bartolfelde und Osterhagen, dahinter sehen wir den Fernmeldeturm von Staufenbüttel.

An dem folgenden querenden Weg mit Wegweisern erreichen wir den **Karstwanderweg** (roter Strich mit weißem K) und biegen hier links in Richtung **Osterhagen** ab. Im Ort halten wir uns leicht rechts durch die Wegengasse, um die Kirche zu besichtigen. Dann gehen wir durch die Wegengasse wieder zurück, biegen erst rechts in den Weilroder Weg ein und danach die nächste Straße links in die Danziger Straße. Wir laufen aus dem Ort hinaus und nach **Bartolfelde** wieder hinein. Rechts biegen wir in die Königsberger Straße ab und gehen dann die Tilsiter Straße links rein, die uns geradeaus zur Ringstraße bringt, der wir bis zum Jugendraum, dann rechts zum Dorfteich und dort rechts herum zum Ferienhof Morich folgen.

Die Wiedervereinigung der Schierker Feuersteine

Der Schierker Feuerstein stammt, wie es der Name sagt, aus dem Oberharzer Ort Schierke. Willy Drube hatte 1908 die Konzession für die dortige Apotheke erhalten und experimentierte mit Wässerchen, die die häufigen Verdauungsprobleme der Kurgäste beheben sollten. 1924 wurde sein beliebter Kräuterbitter patentiert. Die Produktion lief gut, auch wenn sie während des Zweiten Weltkrieges etwas zurückging. Danach beschloss die Familie aufgrund der wirtschaftspolitischen Entwicklung in der sowjetischen Zone, dass die Tochter Margret Geyer 1952 mit dem Originalrezept nach Bartolfelde/Bad Lauterberg übersiedelte. Der originale ›Feuerstein‹ wurde nun hier produziert. Kurz darauf starb Willy Drube in Schierke und ließ auf seinen Grabstein schreiben: ›In dieser Erdengrube ruht Apotheker Drube. Oh Wanderer, eile fort von hier, sonst kommt er raus und trinkt mit Dir!‹

Die Enkelin Ingeburg der anderen Drube-Tochter Erika Dobberkau experimentierte indes an einer Rezeptur, die mit den in der DDR beschaffbaren Zutaten produziert werden konnte. Sie entwickelte einen Halbbitter, der aufgrund des Zuckergehalts deutlich süßer, aber auch sehr beliebt war. 1972 verstaatlichten die DDR-Behörden den Schierker Betrieb, wobei die Firmengeschicke zum Glück in der Hand der Drube-Nachkommen blieben. Nach der deutschen Wiedervereinigung bemühte sich 1990 der niedersächsische Drube-Enkel Dieter Geyer intensiv um eine Wiedervereinigung der Betriebe zur Schierker Feuerstein GmbH & Co. KG und um die Rückkehr des Firmensitzes an den traditionsreichen Standort in Schierke. Das gelang: Das Stammhaus befindet sich heute wieder in Schierke und produziert nach dem etwas bittereren Originalrezept, während die Anlagen in Bartolfelde zur Abfüllung genutzt werden.

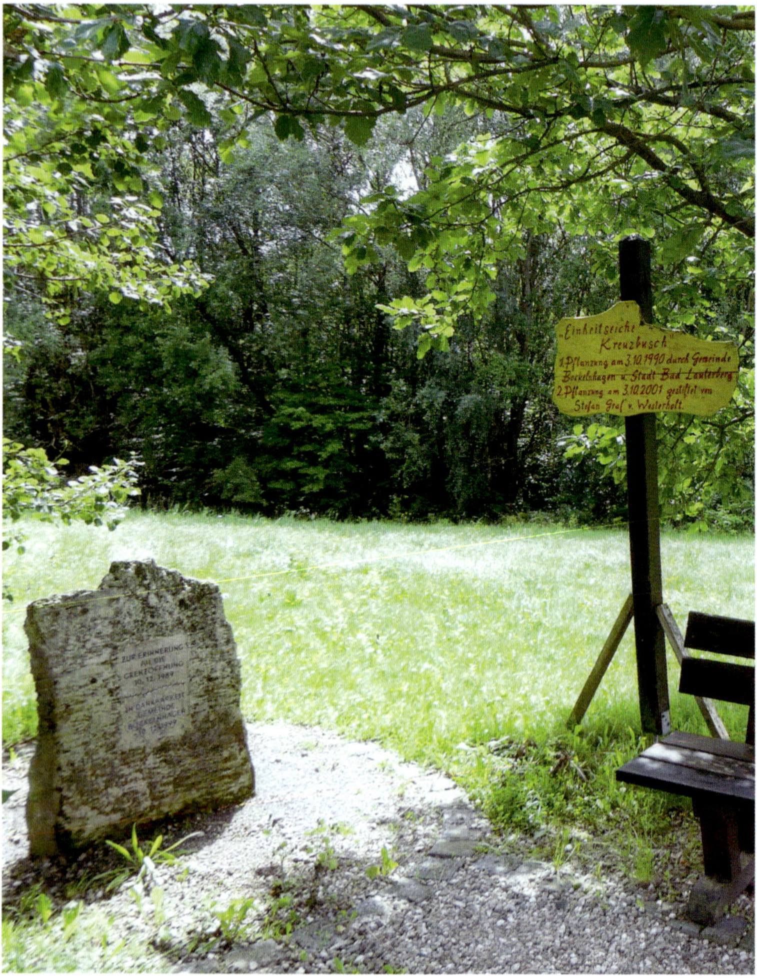

▲ Karte S. 258/259

An der Einheitseiche

Tour 36

Heimat- und Verkehrsverband (HVE) Eichsfeld Touristik e.V., Tel. 03605/2006760, Conrad-Hentrich-Platz 1, 37327 Leinefelde. info@eichsfeld.de www.eichsfeld.de

Gästeinformation Duderstadt, im historischen Rathaus, Mo–Fr 10–16.30 Uhr, Sa, So 10–16.30 Uhr, Tel. 05527/841200, 05527/19433, Marktstraße 66, 37115 Duderstadt. www.duderstadt.de

Tourist-Information Bad Lauterberg, Mo–Fr 9–12 Uhr und 14–17 Uhr, Sa + Ft 9.30–13 Uhr, Tel. 05524/853190, Ritscherstraße 4, 37431 Bad Lauterberg im Harz.
info@badlauterberg.de
www.badlauterberg.de

An-/Abfahrt Brochthausen: Bahn bis Göttingen, Bus 150 bis Duderstadt, Mo–Fr Bus 161, Sa früh: Linientaxi LT 161 Richtung Hilkerode bis Brochthausen-Friedhof

An-/Abfahrt Bartolfelde: Bahn bis Bad Lauterberg, Barbis, Bus 471 nach Bad Sachsa bis Bartolfelde, Ringstraße

Ferienhof Morich, Tel. 05524/4924, 05524/1308, Bockelnhagener Straße 3 und 5, 37431 Bartolfelde (Bad Lauterberg).
Ferienhof.Morich@t-online.de
www.ferienhofmorich.de

Gasthof Zur Post, Tel. 05524/3741, 0175/9162290, Zimmer für eine Nacht nur kurzfristig, Osterhagener Straße 6, 37431 Osterhagen (Bad Lauterberg).
info@zur-post-osterhagen.de
www.zur-post-osterhagen.de

Gasthof zur Post, s.o., Di, Fr, Sa ab 18 Uhr.

Müllers Hofcafé & Bacchus-Keller, Fr–So 14–17 Uhr und 19–23 Uhr, Tel. 05524/2007, Bartolfelder Straße 41, 37431 Bartolfelde (Bad Lauterberg).

Kemmlings Backstube, Mo–Fr 6–12 Uhr und 15–16 Uhr, Tel. 05524/3543, Herrenstraße 5, 37431 Bartolfelde (Bad Lauterberg).

Grenzturm mit Ausstellungsstücken im Garten an der Ecke Kolonnenweg/Bartolfelder Straße.

Schierker Feuerstein GmbH & Co. KG, Tel. 05524/92660, Schierker-Feuerstein-Platz 1–5, 37431 Bartolfelde.
www.schierker-feuerstein.de

Ein schönes erstes Foto vom Brocken lässt sich gut am Grenzturm an der Bartolfelder Straße machen.

Höhenprofil Tour 36

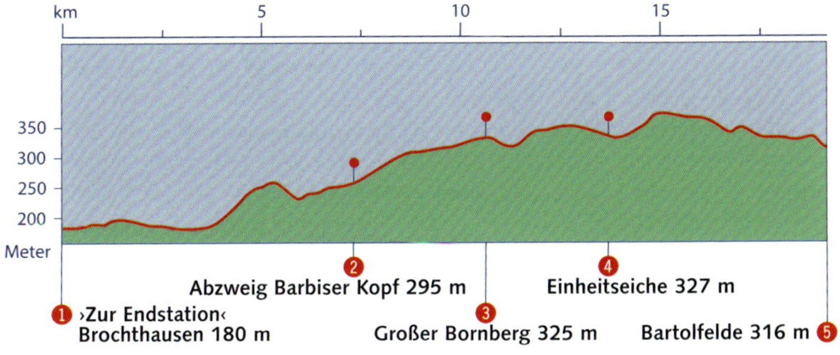

Klösterlicher Abschluss im Zisterzienserkloster am Harz

Tour 37: Von Bartolfelde nach Walkenried » 19 km/5 Std.

Kurzcharakteristik
Auf der letzten Etappe des südlichen Grünen Bandes folgen wir dem Steingrabental weiter nach Osten, mal auf dem versteckten Kolonnenweg, mal auf dem Karstwanderweg. Dabei nutzen wir eine von KZ-Häftlingen erbaute, nie betriebene Bahnlinie, lernen Erdfälle und das Wadi der Ichte kennen. Der Südrand des Harzes erhebt sich neben uns, doch wir wandern gleichbleibend auf einer Höhe von etwa 300 Metern. Erst geht es durch die offene Flur, dann durchsteigen wir das vogelreiche Naturschutzgebiet am Großen Warteberg (322 m) und kommen über ein kurzes Stück Straße nach Branderode. Hinter dem Ort geht es aufwärts über die Grenze zum alten Steinbruch Röseberg (337 m). Erst hier sehen wir Walkenried zum ersten Mal. Die Ruinen des 900 Jahre alten Zisterzienserklosters geben ein seltsames Bild in der Abendsonne ab.

Wegebeschaffenheit: Kolonnenweg, Nebenstraßen, Feldwege, Pfade
Markierung: Wegweiser, roter Strich mit weißem K (Karstwanderweg)
Schwierigkeit: einfach mit kurzen kurzen An- und Abstiegen
Wanderkarten: LVT Nördliches Eichsfeld oder L4528 Bad Sachsa (Freistaat Thüringen/Hessen Landesamt für Vermessung und Geoinformation)
Einkauf: Edeka Mackenrode-Hohenstein, Mo–Sa 7.30–18 Uhr (an der Kirche).
Einkehr: in Mackenrode, Hohenstein und Walkenried
Teilstrecken: Bartolfelde–Mackenrode (2,75 Std.)
Besondere Tourhinweise: Sollte sich in Walkenried keine Übernachtung finden, bietet sich auch Bad Sachsa dafür an. Dafür laufen wir die Bahnhofstraße bis zum Bahnhof, dann den Sachsaer Weg weiter, links am Priorteich vorbei und gerade aus nach Bad Sachsa. Hier gehen wir die Walkenrieder Straße entlang und kommen dann rechts durch die Bahnhofstraße zur Marktstraße ins Stadtzentrum.

■ Streckenverlauf

Von **Bartolfelde** laufen wir zunächst auf dem Weg zurück in Richtung Osterhagen und gehen dann aber am Ende der Tilsiter Straße nicht durch die Danziger Straße weiter, sondern steigen am Ende der Königsberger Straße geradeaus und im Linksbogen aufwärts zum **Jacobsberg** (364 m).

Von hier wandern wir nach Osten auf dem **Karstwanderweg** (roter Strich mit weißem K) wieder abwärts, bis wir oberhalb von Osterhagen mit dem Karstwanderweg rechts abbiegen.

Wo der Karstwanderweg als nächstes links abbiegt, verlassen wir ihn und wandern **geradeaus weiter** hinauf in **Richtung Weilrode**, bis wir im Wald am **Baum der Einheit** den querenden Plattenweg erreichen. Hier biegen wir links ab, halten uns an der nächsten Gabelung links und folgen dem 2017 neu angelegten **Weg auf dem Grenzstreifen**.

Es geht auf- und abwärts durch die typische Grenzschneise mitten im Mischwald. Wir kommen zu einem querenden ausgebauten **Wanderweg**. Diesem folgen wir nach links. Geradeaus ist zwar eine steile Kolonnenwegschneise gut zu erkennen. Weiter oben wird sie aber undurchdringlich und ist im Sommer von tausenden Mücken bewohnt.

Der Wanderweg links führt uns aus dem Wald hinaus ins **Steingrabental**. Wir sehen von links die von KZ-Häftlingen 1944/45 erbaute **Bahntrasse der Hel-**

▲ Karte S. 264

metalbahn hinüber kommen, die niemals vollendet und 1946 wieder demontiert wurde.

Dann wandern wir **zwischen Teichen** und einem Privatgrundstück hindurch und biegen, kurz bevor wir die laut brummende Bundesstraße und die ersten Häuser der **historischen Zollstelle Nüxei** erreichen, rechts an einem Schild des **Karstwanderwegs** über eine Wiese in den Wald ab. Große runde Löcher rechts und links des Weges sind Senken und Erdfälle. Sie entstehen, weil das Grundwasser ständig das Gipskarstgestein in der Tiefe auswäscht und so plötzlich Löcher und Senken einbrechen, die bis zur Erdoberfläche reichen können. Die größten von ihnen haben bis zu 40 Meter Durchmesser. Je nach Grundwasserstand füllen sie sich mit Wasser oder trocknen aus.

Wir wandern über einen Buchenblätterteppich durch den geschützten **Mackenröder Forst**, in dem während der stillen Grenzjahre Wildkatzen und Schwarzstörche siedelten. Bald treten wir kurz aus dem Wald heraus. Die laute Bundesstraße **B 243** ist hier sehr nah.

Wir gehen auf dem breiten Querweg nach rechts und nach 70 Metern mit dem ›K‹ auf einem Pfad wieder links in den Wald. Als nächstes durchqueren wir die **Steina-Furt**, die aus dem Harz kommt und die meiste Zeit des Jahres ihr Wasser wie ein Wadi bis zu sechs Meter unterhalb des Bachgrundes führt. Linker Hand begleitet uns weiterhin die laute Bundesstraße.

Am Ende des Waldes treten wir auf eine Wiese und kommen nun zum **Flussbett der Ichte**, an dem wir bis zu einem querenden geschotterten Weg entlang laufen. Hier biegen wir links ab und gehen nun **zur Bundesstraße** vor, wo wir direkt an der ehemaligen Grenze herauskommen. Rechts liegen die ersten Häuser von **Mackenrode**. Wir queren die Straße geradeaus und folgen wieder dem sichtbaren ›K‹. Für uns geht es erst links, dann rechts durch ein Stück

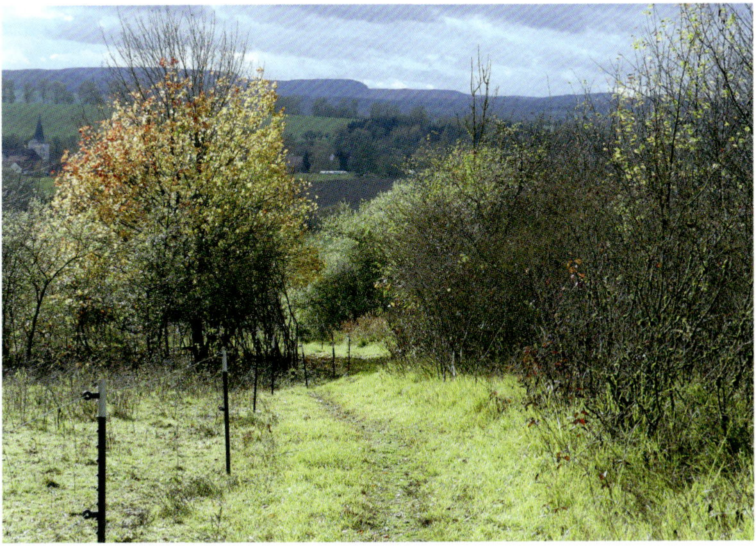

Blick zurück vom Warteberg auf Mackenrode

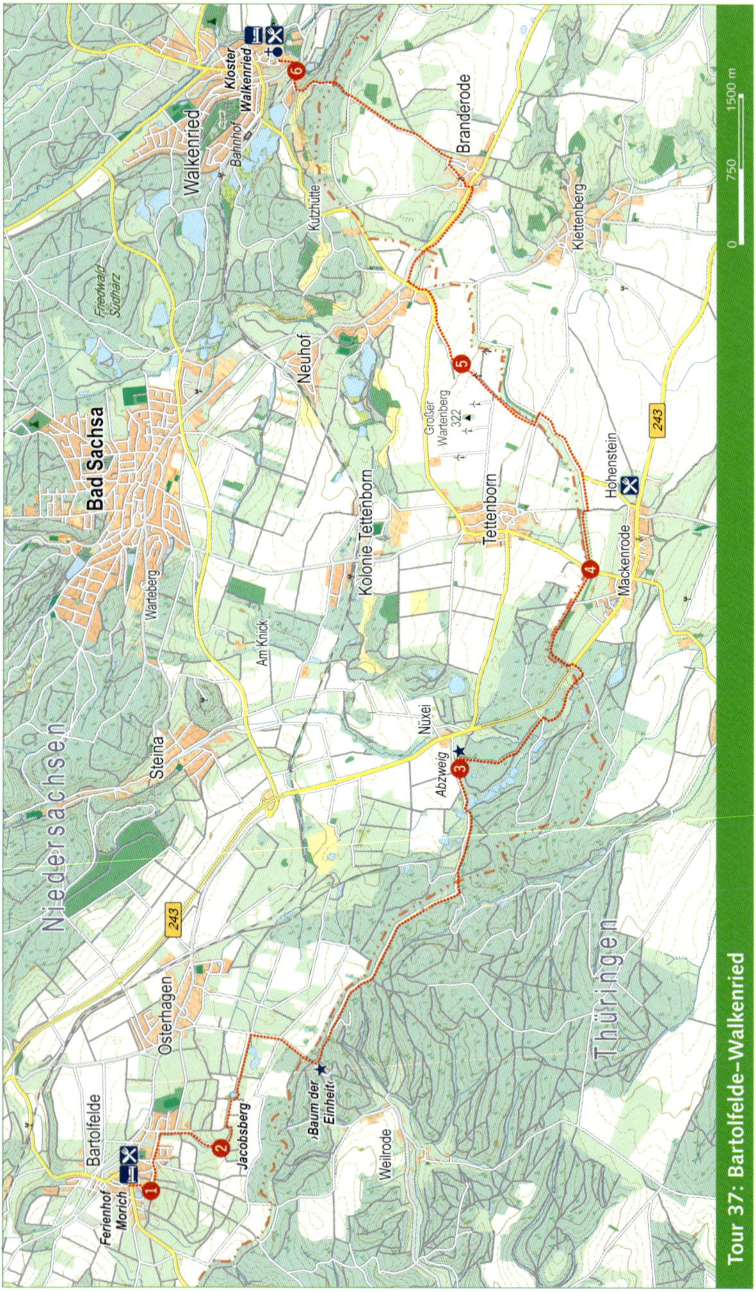

Tour 37: Bartolfelde–Walkenried

Naturschutzgebiet gerade den Berg hinauf. Ein paar Höhenmeter weiter oben schwenkt unser Weg nach rechts und führt uns waagerecht (Bank) und bald an einem Mackeröder Haus aus dem Wald heraus. Rechts können wir in den Ort hineinlaufen und finden Einkaufsmöglichkeiten und Gaststätten.

Unser Weg geht an dieser Stelle weiter geradeaus an dem **Hecken-Baum-Saum** entlang, parallel zu dem lang gestreckten Doppelort Mackenrode–Hohenstein. Direkt auf der Grenze überqueren wir die **Straße Tettenborn–Mackenrode** und wandern geradeaus weiter. Rechts entdecken wir bald eine noch allein stehende Brücke, die in naher Zukunft eine Umgehungsstraße erwarten lässt.

Dort, wo an der Brücke links der Feldweg nach Tettenborn führt, bleiben wir auf dem **Grünen Band** und wandern zum **Großen Warteberg** (322 m) hinauf. Unser Weg wird zum Pfad und führt uns durch ein traumhaftes Stück Natur, wo unzählige Vögel zu Hause sind.

Am höchsten Punkt überschreiten wir die schmale **Straße Tettenborn–Klettenberg** und wandern nun auf niedersächsischer Seite an den Windrädern vorbei geradeaus über die Höhe. Auf der anderen Bergseite steigen wir auf einem erst geschotterten, dann asphaltierten Weg ins unten liegende **Neuhof** hinab. Wir wandern in den Ort hinein und links hindurch, bis rechts die **Straße nach Branderode** abgeht. Diese laufen wir nun entlang, da in diesem Bereich der Plattenweg abgebaut wurde.

In **Branderode** biegen wir direkt hinter der Brücke, wo die Hauptstraße den Sachsengraben überquert, links ab und gehen kurz darauf rechts den Fußweg ›Am Schulberg‹ zur **Kirche** hinauf, die daliegt wie eine Sphinx mit untergeschlagenen Beinen. Hinter der Kirche folgen wir der Rittergasse zum Ort hinaus und treffen dann rechts auf den Weg, der nach links nach Walkenried führt. Der letzte Anstieg des Tages ist nicht zu lang und daher leicht zu bewältigen.

Wir nähern uns der **Grenze**, kreuzen geradeaus den Plattenweg, wandern noch einmal in den Wald und stehen am höchsten Punkt **oberhalb von Walkenried**. Nun geht es nur noch abwärts auf dem breiten Weg in leichten Kehren durch den **Steinbruch** bis ins Tal. Am Ende betreten wir im Tal die Straße ›Am Röseberg‹ und wenden uns hier nach rechts über die Bahnschienen.

Geradeaus liegt nun das **Kloster Walkenried** mit Museum und Einkehrmöglichkeiten. Vom Klosterhof links durch das Torhaus kommt man schnell zum Klosterhotel an der Bahnhofstraße, an dessen anderen Ende sich der **Bahnhof** befindet. Wer nicht zum Kloster, sondern direkt zum Bahnhof will, geht hinter den Bahnschienen links die Turmstraße entlang und folgt dann links der Bahnhofstraße zum Bahnhof.

Walkenried ist eins der südlichen Tore zum Harz und geprägt von dem 900-jährigen Zisterzienserkloster im Ort. Dessen Ruinen überragen die Dorfgebäude mit beachtlicher Höhe und tragen so zu einer besonderen Atmosphäre bei. Hier finden wir an unserem letzten Abend die Ruhe, die vergangenen Wandertage gebührlich ausklingen und die Erlebnisse am Grünen Band Revue passieren zu lassen. Gut, dass wir uns diese Zeit und diesen Weg gegönnt haben. Gut Fuß auf die Kilometer, die wir gelaufen sind. Was auch immer jede und jeder von uns erlebt hat, es hat Spuren hinterlassen. Eine großartige Leistung: Herzlichen Glückwunsch! Wir sind am Ziel angekommen! Das muss gefeiert werden!

Und wenn Sie weiter wandern möchten, empfehlen wir den zweiten Teil: Grünes Band. Der Norden, Trescher Verlag 2020.

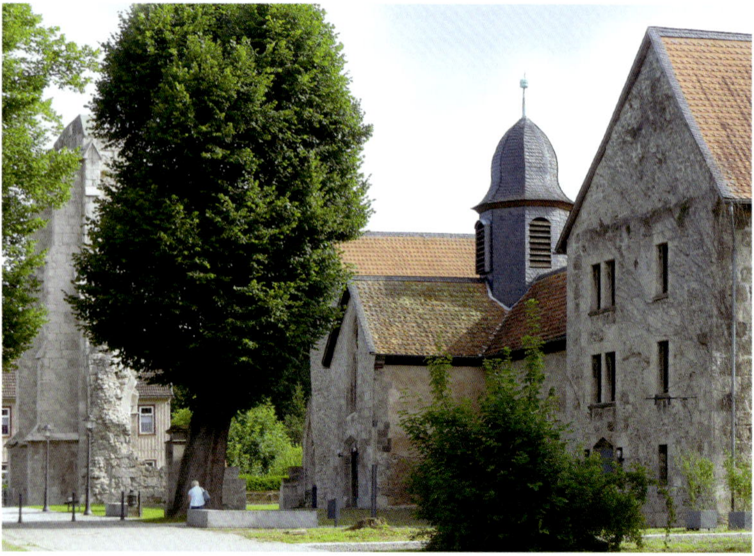

Kloster Walkenried

Kloster Walkenried

900 Jahre währt die wechselvolle Geschichte des Kloster Walkenried. 1127 stiftete Adelheid von Walkenried das gotische Kloster als drittes Zisterzienserkloster in Deutschland. Die drei wichtigsten Bedingungen trafen in Walkenried zu: ein Wasserlauf, wirtschaftliche Entfaltungsmöglichkeiten und eine abgeschiedene Lage. Für Zisterzienserinnen und Zisterzienser sind das Gebet, die Lesung und die Arbeit mit den eigenen Händen die wesentlichen Lebensinhalte. Mit 12 Mönchen begann das Klosterleben, das sich durch die Trockenlegung der Sümpfe, die Landwirtschaft und den Bergbau schnell erfolgreich entwickelte. In den ersten beiden Jahrhunderten wuchsen die Tätigkeitsfelder und die Einnahmen des Klosters erheblich. 400 Jahre währte das Zisterzienserleben in Walkenried. Danach wechselten sich gute und schlechte Zeiten rund um das Kloster ab. Immer wieder verfiel ein Teil der Anlage, stürzte ein oder wurde abgerissen, dann folgten wieder Restaurierungsarbeiten, Aufbau und Gebäudeerschließungen. Im Museum lässt sich das gut nachlesen.

i Tour 37

Tourist-Information Walkenried, Mo+Fr 9.30–16 Uhr, Di+Do, 9.30–13 Uhr, Sa, 9.30–12.30 Uhr (nur Ostern–Okt.), Tel. 05586/962991, Kostenlose Hotline: 0800/5887894, Am Kurpark 4, 37449 Walkenried (Zorge). touristinfo@walkenried-tourismus.de www.walkenried-tourismus.de www.harzinfo.de

An-/Abfahrt Bartolfelde: Bahn bis Bad Lauterberg, Barbis, Bus 471 nach Bad Sachsa bis Bartolfelde Ringstraße. **An-/Abfahrt Walkenried**: Bahn bis Walkenried

▸ Karte S. 264

Ferienwohnung Becker, Tel. 0172/9671273, 036336/50062, Hauptstraße 50, 99755 Mackenrode.
ferienwohnung_becker@gmx.de
www.ferienwohnung-mackenrode.jimdofree.com
Klosterhotel Walkenried, Mi–Fr 18–22 Uhr, Fr–So 11.30–14 Uhr, Sa, So 11.30–22 Uhr, Tel. 05525/1316.
info@klosterhotel-walkenried.com
www.klosterhotel-walkenried.com
Ferienwohnungen in Walkenried.

Gaststätte Zum Wutz, Mo–Fr 9–18 Uhr, Sa, So 9–14 Uhr, Tel. 036336/56481, Hauptstr. 92, 99755 Mackenrode (Hohenstein).
Grillstübchen, Mi+Do, 11–16 Uhr, Fr–So 10–17 Uhr,Tel. 036336/56743, Mackenroder Hauptstr. 112, 99755 Mackenrode (Hohenstein).
grillstuebchen.mackenrode@gmail.com
www.grillstuebchen-mackenrode.jimdo.com
Truck Stop Mackenrode, bis 19 Uhr geöffnet, Tel. 036336/57947, Steinfeldstraße 2, 99755 Hohenstein.
Klosterhotel Walkenried, Kontakt s.o., mit Cafégarten und Restaurant.
Der Klosterhof, japanische Küche, Mi–Fr 18–21 Uhr, Sa–So 12–21 Uhr, Reservierung erbeten, Tel. 05525/8234951, Pfarrplatz 8, 37445 Walkenried.
www.klosterhof-walkenried.de
Bischoffs-Eck, Mittwoch Ruhetag, April–Okt täglich ab 12 Uhr, Nov–März täglich ab 17 Uhr, sonntags ab 11 Uhr, Tel. 05525/639, Schlossstraße 13a, 37445 Walkenried.
www.bischoffs-eck.de

Zisterziensermuseum Kloster Walkenried, Di–So und Ft: 10–17 Uhr, Tel. 05525/9599064, Steinweg 4a, 37445 Walkenried; Eintritt: 6 €.
info@kloster-walkenried.de
www.kloster-walkenried.de

Klosterführungen im Kerzenschein von September bis April, Konzert im Kloster
Waldfreibad Priorteich Walkenried, täglich 11–19 Uhr (bei gutem Wetter), Tel. 05525/2324, 37445 Walkenried Eintritt: 1,50 € (vom Bahnhof Walkenried führt der Sachsaer Weg in Richtung Bad Sachsa zum Priorteich).

Höhenprofil Tour 37

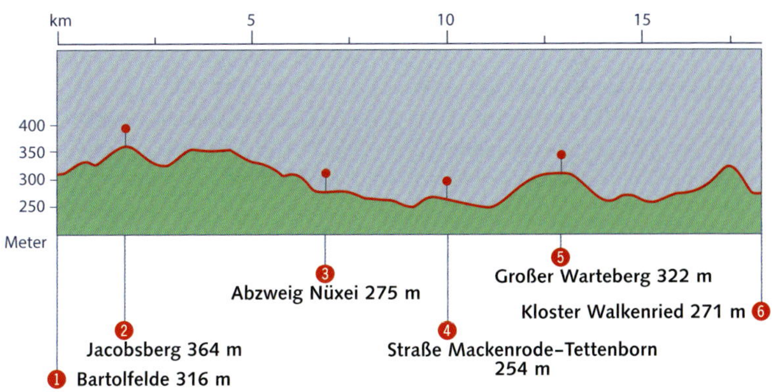

Vertraut den neuen Wegen

1. Vertraut den neuen Wegen,
auf die der Herr uns weist,
weil Leben heißt: sich regen,
weil Leben wandern heißt.
Seit leuchtend Gottes Bogen
am hohen Himmel stand,
sind Menschen ausgezogen
in das gelobte Land.

2. Vertraut den neuen Wegen
und wandert in die Zeit!
Gott will, dass ihr ein Segen
für seine Erde seid.
Der uns in frühen Zeiten
das Leben eingehaucht,
der wird uns dahin leiten,
wo er uns will und braucht.

3. Vertraut den neuen Wegen,
auf die uns Gott gesandt!
Er selbst kommt uns entgegen.
Die Zukunft ist sein Land.
Wer aufbricht, der kann hoffen
in Zeit und Ewigkeit.
Die Tore stehen offen.
Das Land ist hell und weit.

Klaus-Peter Hertzsch schrieb im Sommer 1989 das Lied ›Vertraut den neuen Wegen‹ für die Hochzeit seiner Patentochter in Eisenach. Das Lied verbreitete sich rasant, da es das Gefühl der Zeit so unverwechselbar wiedergab. Es begleitet uns auf unserer Wanderung am Grünen Band von Süd nach Nord und kann mal lautstark, mal fordernd und mal flüsternd gesungen werden.

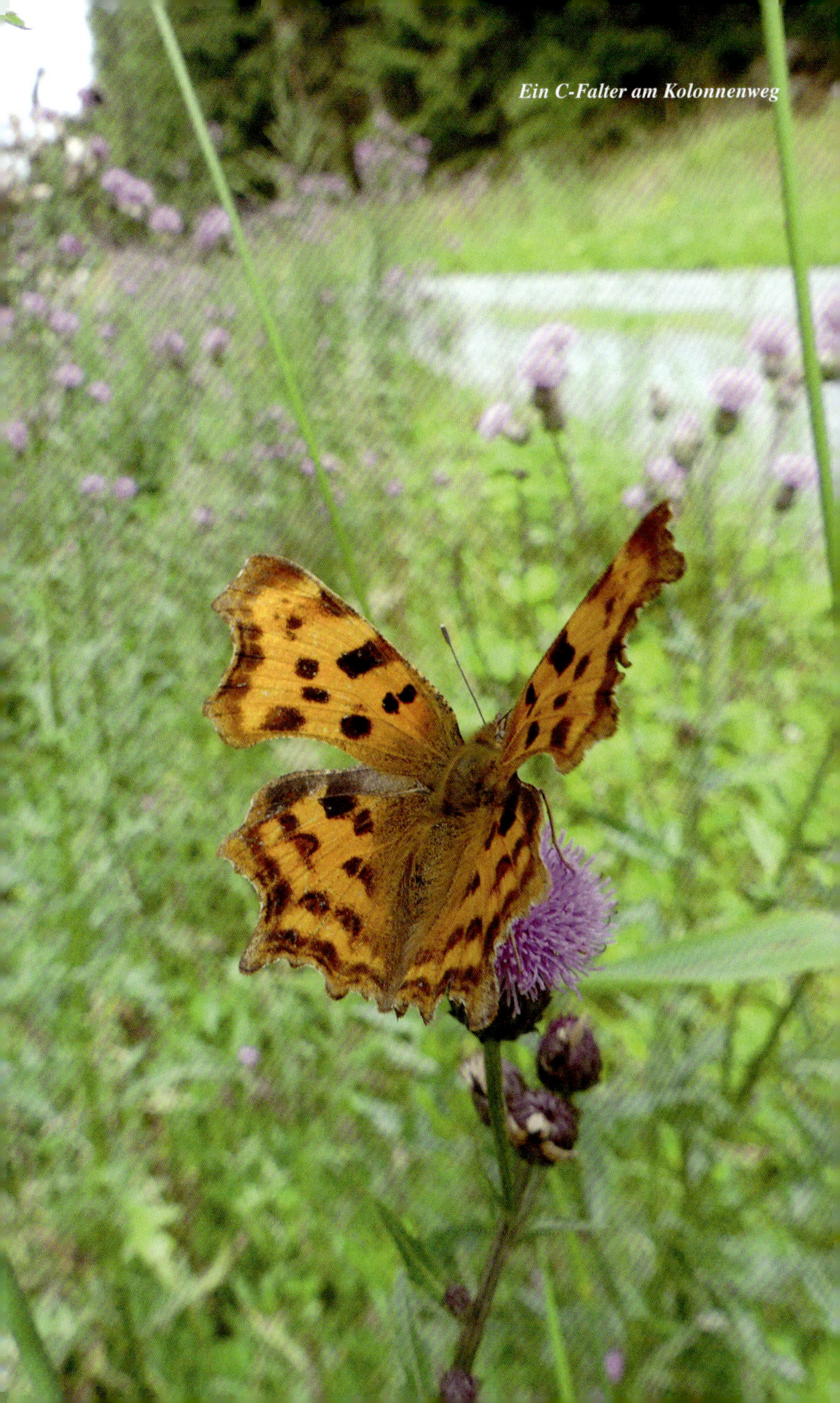
Ein C-Falter am Kolonnenweg

Verordnungen zum Grenzausbau

Verordnung vom 26. Mai 1952

über Maßnahmen an der Demarkationslinie zwischen der Deutschen Demokratischen Republik und den westlichen Besatzungszonen Deutschlands
ergänzt durch Verordnung vom 9. Juni 1952 (GBl. S. 451)
aufgehoben und ersetzt durch **Verordnung zum Schutze der Staatsgrenze** vom 19. März 1964 (GBl. II. S. 255)

Die Regierung der Deutschen Demokratischen Republik hat der Bonner Regierung und den Regierungen der Westmächte Vorschläge über die Durchführung freier gesamtdeutscher Wahlen und den baldmöglichsten Abschluß eines Friedensvertrages mit Deutschland zugeleitet. Dabei ließ sich die Regierung der Deutschen Demokratischen Republik von dem einmütigen Willen des Volkes leiten, der auf die Erhaltung des Friedens und die Einheit Deutschlands gerichtet ist. Diese Vorschläge wurden von der Bonner Adenauer-Regierung abgelehnt, die auf Weisung der amerikanischen; englischen und französischen Besatzungsmächte sich anschickt, den Generalkriegsvertrag abzuschließen, der gegen den Friedensvertrag und die Wiederherstellung der Einheit Deutschlands gerichtet ist.

In Befolgung ihrer Kriegspolitik haben die Bonner Regierung und die westlichen Besatzungsmächte an der Demarkationslinie einen strengen Grenz- und Zolldienst eingeführt, um sich von der Deutschen Demokratischen Republik abzugrenzen und dadurch die Spaltung Deutschlands zu vertiefen.

Das Fehlen eines entsprechenden Schutzes der Demarkationslinie seitens der Deutschen Demokratischen Republik wird von den Westmächten dazu ausgenutzt, um in immer größerem Umfange Spione, Diversanten, Terroristen und Schmuggler über die Demarkationslinie in das Gebiet der Deutschen Demokratischen Republik zu schleusen. Diese haben nach Ausführung ihrer verbrecherischen Aufgaben bislang leicht die Möglichkeit, ungehindert über die Demarkationslinie nach Westdeutschland zurückzukehren;

Auf diese Art versuchen die feindlichen Agenten die Erfolge des friedlichen wirtschaftlichen und kulturellen Aufbaus der Deutschen Demokratischen Republik zu untergraben, die weitere Hebung des Wohlstandes der Bevölkerung der Deutschen Demokratischen Republik zu erschweren und die demokratische Ordnung und Gesetzlichkeit, die Stütze des deutschen Volkes im Kampf für Frieden, Einheit und friedlichen Aufbau, zu erschüttern.

Durch diese Handlungen der amerikanischen, englischen und französischen Besatzungsmächte und der Bonner Regierung sieht sich die Regierung der Deutschen Demokratischen Republik gezwungen, Maßnahmen zu ergreifen, die die Verteidigung der Interessen der Bevölkerung der Deutschen Demokratischen Republik zum, Ziele haben und die ein Eindringen von feindlichen Agenten in das Gebiet der Deutschen Demokratischen Republik unmöglich machen.

Die Regierung der Deutschen Demokratischen Republik verordnet:

§ 1. Das Ministerium für Staatssicherheit wird beauftragt, unverzüglich strenge Maßnahmen zu treffen für die Verstärkung der Bewachung der Demarkationslinie zwischen der Deutschen Demokratischen Republik und den westlichen Besatzungszonen, um ein weiteres Eindringen von Diversanten, Spionen, Terroristen und Schädlingen in das Gebiet der Deutschen Demokratischen Republik zu verhindern.

§ 2. Alle zur Durchführung dieser Maßnahmen getroffenen Anordnungen; Bestimmungen und Anweisungen sind unter dem Gesichtspunkt zu erlassen, daß sie bei

einer Verständigung über die Durchführung gesamtdeutscher freier Wahlen zur Herbeiführung der Einheit Deutschlands auf demokratischer und friedlicher Grundlage sofort aufgehoben werden können.
siehe hierzu u.a. die Polizeiverordnung über die Einführung einer besonderen Ordnung an der Demarkationslinie vom 26. Mai 1952 (im GBl. oder Ministerialblatt nicht veröffentlicht), die ersetzt wurde durch die Anordnung über die Neuregelung der Maßnahmen an der Demarkationslinie zwischen der Deutschen Demokratischen Republik und Westdeutschlands vom 18. Juni 1954 (ZBl. S. 286), diese wiederum ersetzt durch dieVerordnung zur Erleichterung und Regelung von Maßnahmen an der Grenze zwischen der DDR und der Deutschen Bundesrepublik vom 3. Mai 1956 (GBl. I. S. 385).

§ 3. Diese Verordnung tritt mit dem heutigen Tage in Kraft.
in Kraft getreten am 26. Mai 1952; verkündet am 27. Mai 1952.
Berlin, den 26. Mai 1952

Die Regierung der Deutschen Demokratischen Republik
Der Ministerpräsident Grotewohl

Polizeiverordnung vom 26.5.1952

über die Einführung einer besonderen Ordnung an der Demarkationslinie
aufgehoben und ersetzt durch Anordnung über die Neuregelung der Maßnahmen an der Demarkationslinie zwischen der DDR und Westdeutschland vom 18. Juni 1954 (ZBl. S. 266)

Die Regierung der Deutschen Demokratischen Republik hat der Bonner Regierung und den Regierungen der Westmächte Vorschläge über die Durchführung freier gesamtdeutscher Wahlen und den baldmöglichsten Abschluß eines Friedensvertrages mit Deutschland zugeleitet. Dabei ließ sich die Regierung der Deutschen Demokratischen Republik von dem einmütigen Willen des Volkes leiten, der auf die Erhaltung des Friedens und die Einheit Deutschlands gerichtet ist. Diese Vorschläge wurden von der Adenauer-Regierung abgelehnt, die auf Weisung der amerikanischen, englischen und französischen Besatzungsmächte sich anschickt, den Generalvertrag abzuschließen, der gegen den Friedensvertrag und die Wiederherstellung der Einheit Deutschlands gerichtet ist.
In Verbindung mit dieser Spaltungspolitik haben die Bonner Regierung und die westlichen Besatzungsmächte an der Demarkationslinie einen strengen Grenz- und Zolldienst eingeführt. Damit grenzen sie sich tatsächlich von der Deutschen Demokratischen Republik ab und vertiefen somit die Spaltung Deutschlands.
Das Fehlen eines entsprechenden Schutzes der Demarkationslinie seitens der Deutschen Demokratischen Republik wird von den Westmächten dazu ausgenutzt, um in immer größerem Umfange Spione, Diversanten, Terroristen und Schmuggler über die Demarkationslinie in das Gebiet der Deutschen Demokratischen Republik zu schleusen. Diese haben bislang nach Ausführung ihrer verbrecherischen Aufgaben leicht die Möglichkeit gehabt, ungehindert über die Demarkationslinie nach Westdeutschland zurückzukehren.

Auf diese Art versuchen die westlichen Agenten die Erfolge des friedlichen wirtschaftlichen und kulturellen Aufbaues der Bevölkerung der Deutschen Demokratischen Republik zu erschweren und die demokratische Ordnung und Gesetzlichkeit, die Stützen des deutschen Volkes im Kampf für Frieden, Einheit und friedlichen Aufbau zu erschüttern.
Durch Handlungen der anglo-amerikanischen Besatzungsmächte und der Bonner Regierung hat sich die Regierung der Deutschen Demokratischen Republik gezwungen gesehen, durch eine Regierungsverordnung

Maßnahmen anzuordnen, die das Ziel haben, die Interessen der Bevölkerung der Deutschen Demokratischen Republik zu verteidigen und das Eindringen von feindlichen Agenten in das Gebiet der Deutschen Demokratischen Republik unmöglich zu machen.

Durch diese Regierungsverordnung wird entlang der Demarkationslinie eine besondere Sperrzone errichtet, in der eine besondere Ordnung eingeführt wird.

Zur Durchführung dieser Regierungsverordnung ergeht folgende Polizeiverordnung:

§ 1. Die entlang der Demarkationslinie zwischen der Deutschen Demokratischen Republik und Westdeutschland festgelegte Sperrzone umfaßt einen 10 m breiten Kontrollstreifen unmittelbar an der Demarkationslinie, anschließend einen etwa 500 m breiten Schutzstreifen unmittelbar an der Demarkationslinie und dann eine etwa 5 km breite Sperrzone.

§ 2. Die Bestimmungen über den kleinen Grenzverkehr sind sofort aufgehoben. Die Demarkationslinie darf nur mit gültigem Interzonenpaß an den vorgesehenen Kontrollpunkten passiert werden.

§ 3. Für Personen, die im Sperrgebiet wohnen, werden ab sofort keine Interzonenpässe mehr ausgegeben. Für Personen, die in Westdeutschland wohnen, werden für das Sperrgebiet keine Aufenthaltsgenehmigungen mehr erteilt. Die Einreise in das Sperrgebiet mit Interzonenpaß oder Visum ist mit sofortiger Wirkung verboten.

§ 4. Das Überschreiten des 10 m Kontrollstreifens ist für alle Personen verboten. Personen, die versuchen, den Kontrollstreifen in Richtung der Deutschen Demokratischen Republik oder Westdeutschland zu überschreiten, werden von den Grenzkontrollstreifen festgenommen. Bei Nichtbefolgung der Anordnungen der Grenzstreifen wird von der Waffe Gebrauch gemacht.

§ 5. Die Bewohner der 5 km Sperrzone sind verpflichtet, sich innerhalb von 48 Stunden nach Inkrafttreten dieser Verordnung, bei den für sie zuständigen Meldestellen der Deutschen Volkspolizei zu melden. Die Personalausweise dieser Ortsansässigen erhalten einen Stempel, der den Ausweisinhabern die Wohnberechtigung in der 5 km Sperrzone gibt. Kinder unter 15 Jahren müssen in dem Deutschen Personalausweis des Vaters oder der Mutter bzw. des Pflegeberechtigten eingetragen sein.

§ 6. In der 5 km Sperrzone sind alle öffentlichen Veranstaltungen, Versammlungen, Kundgebungen und Massenveranstaltungen jeder Art genehmigungspflichtig. Die Genehmigung ist durch die örtlichen Verwaltungsorgane 24 Stunden vor Beginn von der zuständigen Grenzpolizei-Kommandantur einzuholen.

Alle Veranstaltungen, Versammlungen usw. müssen bis 24 Uhr beendet sein.

§ 7. Personen, die in der Deutschen Demokratischen Republik wohnen, aber in der 5 km Sperrzone arbeiten, haben die Pflicht, sich innerhalb von 48 Stunden nach Inkrafttreten dieser Polizeiverordnung bei der für sie zuständigen Volkspolizeibehörde zu melden. Dort erhalten sie einen befristeten Ausweis, der sie zur Ausübung von Arbeiten in der 5 km Sperrzone berechtigt.

§ 8. Einwohner der Deutschen Demokratischen Republik außerhalb der Sperrzone, die aus beruflichen oder anderen Gründen (z. B. Dienstfahrten, Besuch von Angehörigen usw.) vorübergehend in die Sperrzone einreisen wollen, müssen bei dem für ihren Ort zuständigen Kreisamt der Deutschen Volkspolizei einen Passierschein für die Einreise in die 5 km Sperrzone beantragen. Personen, die in die 5 km Sperrzone vorübergehend einreisen, sind verpflichtet, sich mit einer Frist von 12 Stunden bei den örtlichen Polizeibehörden anzumelden, bzw. beim Verlassen des Gebietes abzumelden.

§ 9. Die in dem 500 m Schutzstreifen ortsansässigen Bewohner sind verpflichtet, sich innerhalb von 48 Stunden nach Inkrafttreten dieser Polizeiverordnung in den örtlichen Polizeirevieren zu melden. Dort erhalten sie in ihren Deutschen Personalausweis einen Stempel, der zum Aufenthalt in der 5 km Sperrzone berechtigt.
Nachdem die örtlichen Polizeireviere die Personalausweise dieser Personen mit dem Berechtigungsstempel versehen haben, haben sich die vorgenannten Personen in den zuständigen Kommandos der Grenzpolizei zu melden. Dort erhalten sie einen besonderen Stempel, der ihnen das Wohnrecht in dem 500 m Schutzstreifen gibt.
Kinder unter 15 Jahren, die in diesem Gebiet wohnen, müssen in den Deutschen Personalausweis des Vaters oder der Mutter bzw. des Pflegeberechtigten eingetragen sein.
Die Bevölkerung ist verpflichtet, alle Personen, die sich widerrechtlich in dem 500 m Schutzstreifen aufhalten, sofort der Deutschen Grenzpolizei zu melden.

§ 10. Innerhalb des 500 m Schutzstreifens ist der Aufenthalt auf Straßen und Feldern, der Verkehr aller Art von Transportmitteln und die Ausführung von Arbeiten aller Art außerhalb der Wohnungen nur von Sonnenaufgang bis Sonnenuntergang gestattet. Die Ausführung von Arbeiten in unmittelbarer Nähe des 10 m Kontrollstreifens ist nur unter Aufsicht der Grenzpolizei gestattet. Zum Aufsuchen der Arbeitsplätze außerhalb der Ortschaften dürfen nur die von der Grenzpolizei vorgeschriebenen Wege benutzt werden.

§ 11. Öffentliche Gaststätten, Kinos, Pensionen, Erholungsheime und andere öffentliche Lokale, die sich in dem 500 m Schutzstreifen befinden, werden geschlossen. Versammlungen und Massenveranstaltungen jeder Art sind verboten.

§ 12. Bauliche oder andere Veränderungen im Gelände dürfen ohne Genehmigung der zuständigen Grenzkommandantur der Deutschen Grenzpolizei nicht vorgenommen werden.

§ 13. Personen, die in der 5 km Sperrzone wohnen, aber in dem 500 m Schutzstreifen arbeiten, sind verpflichtet, sich bei dem zuständigen Grenzkommando registrieren zu lassen.
Nur die bei dem zuständigen Grenzkommando listenmäßig erfaßten Personen haben das Recht, den 500 m Schutzstreifen zu betreten. Zum Aufsuchen der Arbeitsplätze dürfen nur die von der Grenzpolizei festgelegten Wege benutzt werden.

§ 14. Personen, die in der 5 km Sperrzone wohnen und sich aus anderen Gründen (z. B. Dienstfahrten, Besuch von Angehörigen) vorübergehend in dem 500 m Schutzstreifen aufhalten wollen, müssen bei dem zuständigen Grenzkommando einen besonderen Passierschein für den 500 m Schutzstreifen beantragen. Diese Besucher sind verpflichtet, ihren Aufenthalt bzw. Abreise unverzüglich bei der nächsten Grenzwache zu melden. Zur Erreichung des Ortes, für den der Passierschein gültig ist, dürfen nur die von der Grenzpolizei vorgeschriebenen Wege benutzt werden.

§ 15. Personen, die in der Deutschen Demokratischen Republik außerhalb der Sperrzone wohnen, und die aus beruflichen oder familiären Gründen den 500 m Schutzstreifen betreten wollen, müssen bei dem für ihren Ort zuständigen Kreisamt der Deutschen Volkspolizei einen besonderen Passierschein für das Betreten des 500 m Schutzstreifens beantragen. Diese Bewohner sind verpflichtet, ihre Ankunft bzw. Abreise unverzüglich der nächsten Grenzwache zu melden. Die ortsansässige Bevölkerung ist dafür verantwortlich, daß die in den §§13 und 14 genannten Besucher, die sich bei diesen aufhalten, diese Bestimmung einhalten.

Diese Verordnung tritt am 27. Mai 1952 0.01 Uhr in Kraft.

Ministerium für Staatssicherheit
Der Minister gez. Zaisser

Literatur

Viele der Bücher zum Leben und Schicksal der Menschen an der innerdeutschen Grenze erschienen in den 1990er Jahren und sind inzwischen vergriffen. Man findet sie in Bibliotheken und Antiquariaten, im Zentralverzeichnis antiquarischer Bücher (www.zvab.de) sowie in manchen Unterkünften vor Ort. Als Begleitung empfehlen wir:

Grafe, Roman: Mehr Licht. Das Lebenswerk des Roten Itting, Mitteldeutscher Verlag Halle (Saale) 2012.

Kieling, Andreas: Ein deutscher Wandersommer, NG Taschenbuch 2013.

Naumann, Kati: Was uns erinnern lässt, Harper Collins 2019. (Geschichte eines Hotels im 500-m-Streifen)

Oeder, Otto: Grenzgänger am Eisernen Vorhang, Books on Demand, 2014.

Wagner, Reinhard: Da war Schluss! Auf dem Grünen Band entlang der ehemaligen innerdeutschen Grenze, Books on Demand 2016

Welsch, Wolfgang: Ich war Staatsfeind Nr. 1, Piper Verlag 2006.

Schultke, Dietmar: Keiner kommt durch: Die Geschichte der innerdeutschen Grenze 1945–1990, Aufbau-Verlag, atb 2008.

Weitere, auch regionale Literatur auf der Seite des Landesbeauftragten des Freistaates Thüringen zur Aufarbeitung der SED-Diktatur unter www.thla-thueringen.de

Verwendete Quellen

Albert, Reinhard: Jüdische Friedhöfe im Landkreis Rhön-Grabfeld, Heft 1 der Schriftenreihe der Kulturagentur des Landkreises Rhön-Grabfeld, 2015.

Der vergessene Aufstand, in Tagesspiegel am 12.05. 2012 (Tour 13).

Die Wustungen im Landkreis Sonneberg. http://www.bnv-son.de/~son0007/wustungen/(Tour 10).

Dullau, Michael: Schweigegeld. Gewaltsame Todesfälle von Kindern und Jugendlichen im Grenzgebiet der DDR zur BRD. Stiftungs- und Initiativenverlag Schweinfurth 2019. (Tour 32)

Eichhorn, Eberhard: Ummerstadt. Aktion Ungeziefer 1952 auf www.ummerstadt.de (Tour 15).

Friedrich, Walter: Pfarrei Mupperg im Sonneberger Unterland, Salier Verlag 2013. (Tour 10).

Fuchs, Norbert: Billmuthhausen. Das verurteilte Dorf. Verlag Frankenschwelle 1991. (Tour 14).

Grafe, Roman: Die Grenze durch Deutschland. Siedler Verlag 2002.

Gunkel, Stephan: Ökologische Auswirkungen der Salzbelastung an der Werra 2005 siehe www.living-rivers.de/werra/downloads/vortraege_werra/salz_in_der_Suppe.pdf (Tour 26)

Herz, Andrea: Sperrgebiet und die Barrikaden von Streudorf. Eine Geschichte von Widerstand und Solidarität im Zuge der Einrichtung der 5-km-Zone und der Zwangsaussiedlung Ungeziefer in Thüringen, Broschüre, 2012. (Tour 13, Tour 15, Essay1)

Interessengemeinschaft IG Heldrastein (Hg): Der Heldrastein. ca. 1997. (Tour 28).

Nowakowski, Gerd: Der vergessene Aufstand, in Tagesspiegel am 12.05.2012 (Tour 13)

Reichel, Michael; Scherzer, Landolf; Schwinges, Gerd: Menschen im Grenzland, Suhler Verlagsgesellschaft 2005.

Schmude, Klaus: Fallbeil-Erziehung: Der Stasi/SED-Mord an Manfred Smolka. Tykve, Böblingen (Tour 5).

Tätigkeitsbericht 2012 der Landesbeauftragten des Freistaats Thüringen für die Unterlagen des Staatssicherheitsdienstes, S.24 in der Drucksache des Thüringer Landtages 5/5925 vom 27.03.2013 auf www.parldok.thueringen.de

Wolf, Waldemar: Eine deutsche Wunde. 15 Jahre Zollgrenzdienst am Eisernen Vorhang., Verlag G.H. Hofmann 2010.

Werratalverein Herleshausen (Hg.): Wo der Grenzzaun seine Schatten warf, Band 1, Dezember 2015. (Fluchtgeschichte der Irmgard Machold, Tour 28).

Links

www.bundesstiftung-aufarbeitung.de
www.stasi-mediathek.de
www.thla-thueringen.de
www.bund.net/gruenes-band

Abkürzungen

BRD	Bundesrepublik Deutschland (westdeutscher Staat)
DDR	Deutsche Demokratische Republik (ostdeutscher Staat)
FDJ	Freie Deutsche Jugend (staatliche Jugendorganisation der DDR)
MfS	Ministerium für Staatssicherheit der DDR
NVA	Nationale Volksarmee (Armee der DDR)
Stasi	Staatssicherheitsdienst der DDR
SED	Sozialistische Einheitspartei Deutschlands (DDR-Staatspartei)

Die Autorin

Anne Haertel, Jahrgang 1972, aufgewachsen in Blankenburg/Harz, verbrachte nach der Wende 1989 und dem Schulende 1991 längere Auslandsaufenthalte in Israel, Palästina und in Russland. Sie arbeitete zeitweise in mehreren Ländern Osteuropas und Zentralasiens, wo sie die Jugendarbeit der deutschen Minderheiten unterstützte. Sie nutzte jegliche Möglichkeiten zu ausgedehnten Reisen in alle Welt und unternahm in den letzten Jahren vermehrt Fernwanderungen und mehrere Alpenüberquerungen. Anne Haertel studierte Sozialpädagogik, Sozialmanagement und Journalismus in Aachen, Köln und Berlin und leitet heute einen Jugendhilfeverein in Berlin, wo sie auch lebt. In ihrer Freizeit schreibt sie Reise- und Wanderführer – wenn sie nicht gerade unterwegs ist.

»Ein Wanderführer zum Grünen Band ist für mich ein Lebenstraum. Bewegung, Natur, gutes Essen, Geschichte und Kultur sind meine Grundbedürfnisse und sie lassen sich alle auf dem Weg am Grünen Band verbinden. Der Weg und das Buch vermitteln meine tiefe Einsicht darüber, dass Grenzen und Mauern fallen müssen und dass am Ende nichts verborgen bleiben wird. Die ganze Geschichte und ihre Wahrheit drängen irgendwann ans Licht. Unser höchstes Gut ist die Würde jedes einzelnen Menschen, die nicht mit Füßen getreten werden darf. Jeder Mensch ist in aller Einzigartigkeit so viel wert wie ein anderer. Das müssen wir durch alle politischen Zeiten hinweg stets im Blick behalten und schützen.«

Von Anne Haertel ist außerdem erschienen:
›Adlerweg‹ im Bergverlag Rother.
Grünes Band. Der Norden im Trescher Verlag.

Dank

Mein Dank gilt den lieben Kollegen vom Trescher Verlag, den erzählfreudigen und freundlichen Gesprächspartnern und Gastgebern unterwegs und daheim, der akribischen Korrekturleserin, den naturverliebten Biologen für die Bestimmung der Fauna und Flora sowie meinen kaffeekochenden Nachbarn, meinen unterstützenden Freunden und meiner begeisterten Familie.

Bildnachweis

alle Fotos von Anne Haertel

Copyright Karten

onmaps.de©GeoBasis-DE/BKG/ZSHH 2018, Martin Kapp

BUND-Reisen

Nah dran. Natur erleben und verstehen

BUND Naturschutz in Bayern e.V.

BUND FRIENDS OF THE EARTH GERMANY

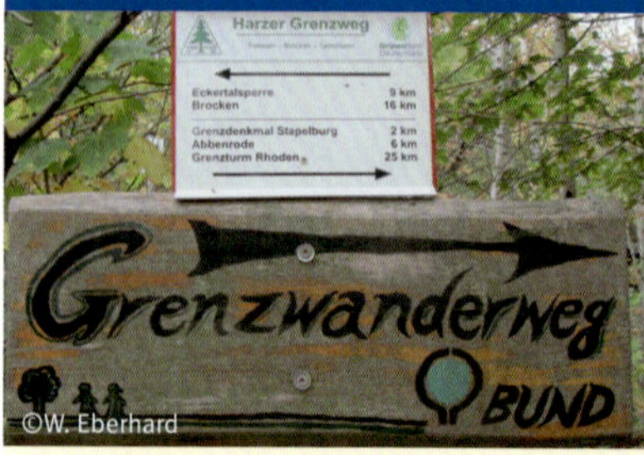

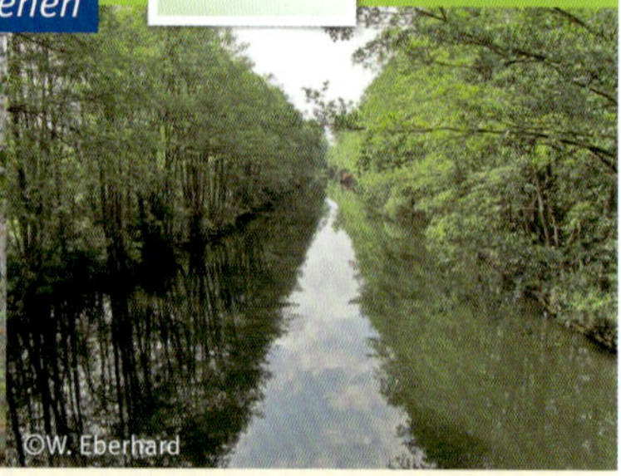

Ihr Wanderstudienreisen-Spezialist für Reisen entlang des grünen Bandes sowie zu den schönsten Naturlandschaften Deutschlands und Europas.

Fordern Sie unseren Jahreskatalog an!

BUND-Reisen • Stresemannplatz 10 • D-90489 Nürnberg
Tel. +49 (0)911 58888-20 • Fax +49 (0)911 58888-22
info@bund-reisen.de, **www.bund-reisen.de**

- » 30 Tagesetappen mit detailgetreuen Beschreibungen
- » Maßstabgerechte Karten und Höhenprofile
- » Ausführliche Informationen und Tipps zur Einkehr, Übernachtung, Anreise usw.
- » Hinweise und Beschreibungen zu Sehenswürdigkeiten am Wegesrand
- » Grenzgeschichte und Geschichten am Wanderweg
- » Zahlreiche Varianten für die Tourengestaltung und Ausflugsmöglichkeiten

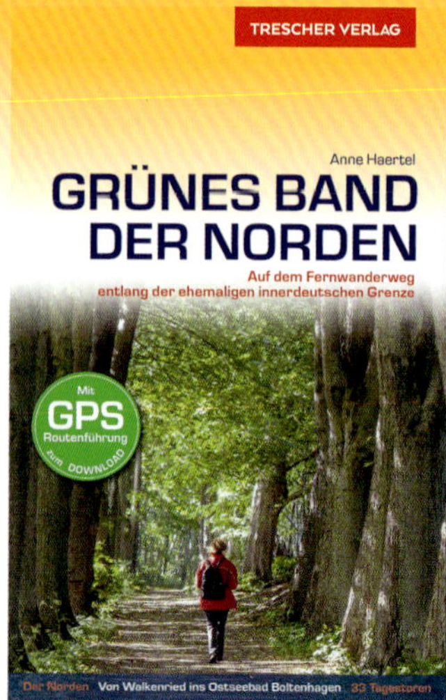

trescher-verlag.de

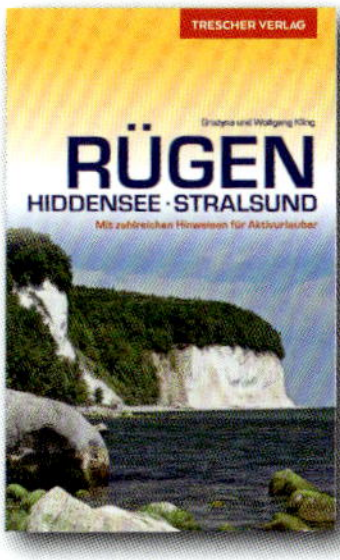

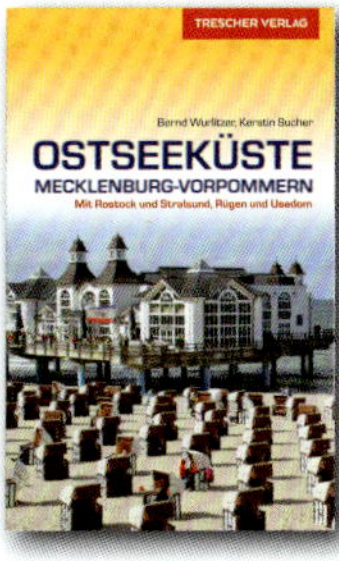

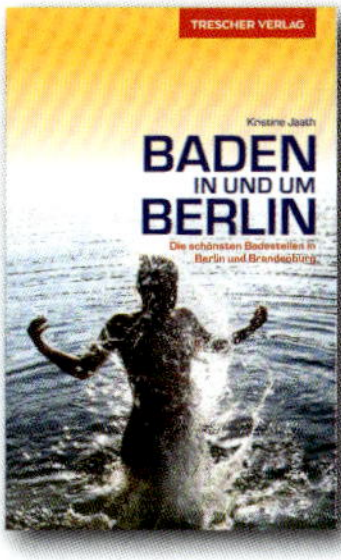

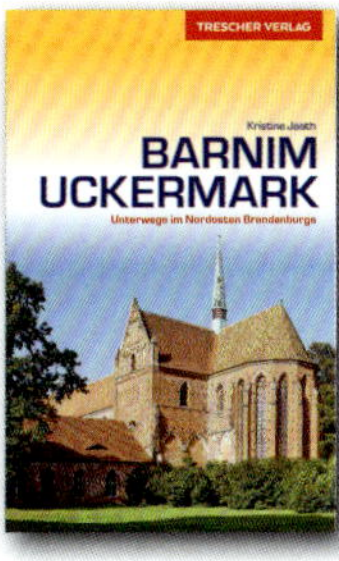

MEHR WISSEN. BESSER REISEN.

REISEFÜHRER AUS DEM TRESCHER VERLAG

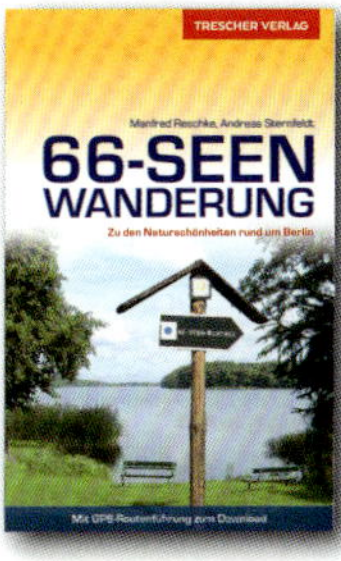

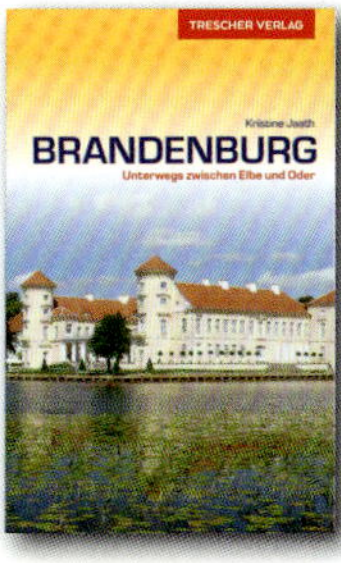

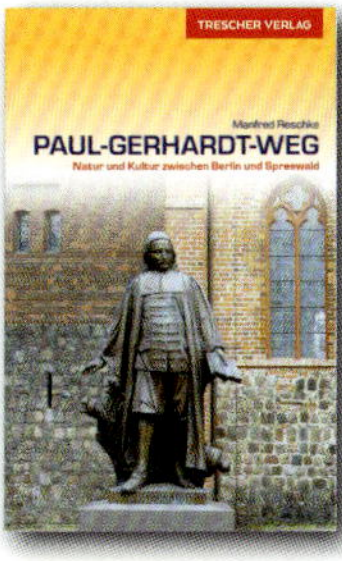

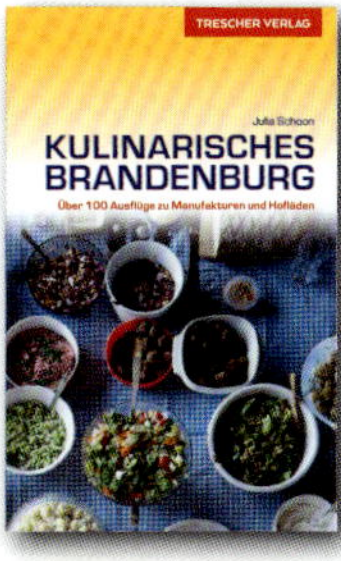

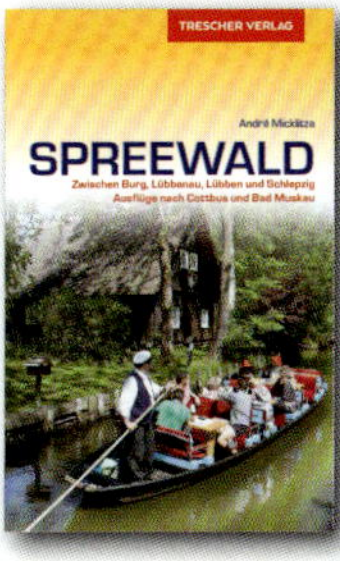

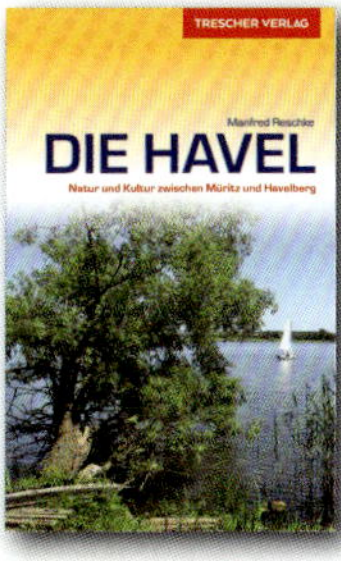

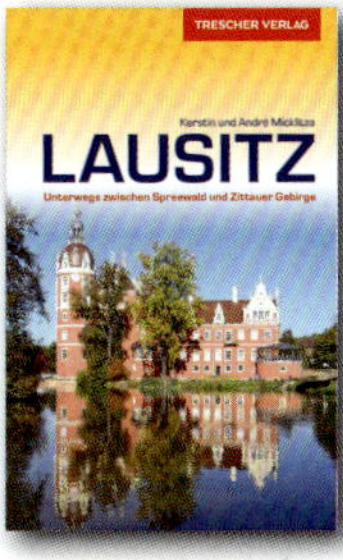

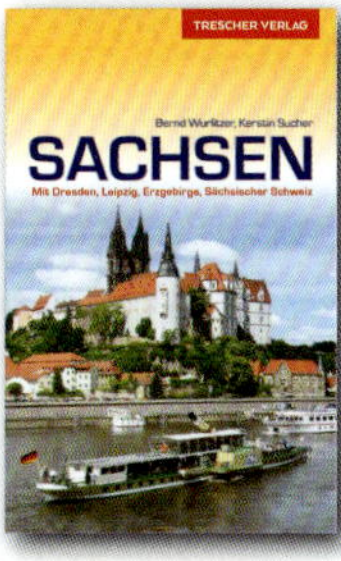

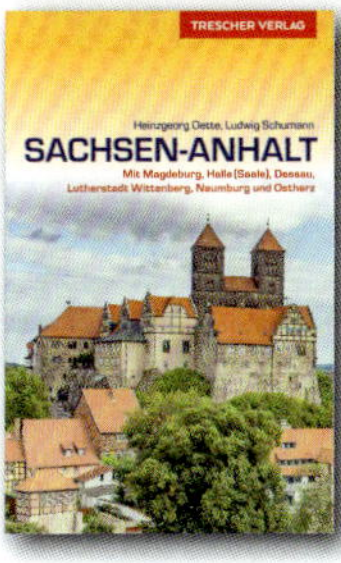

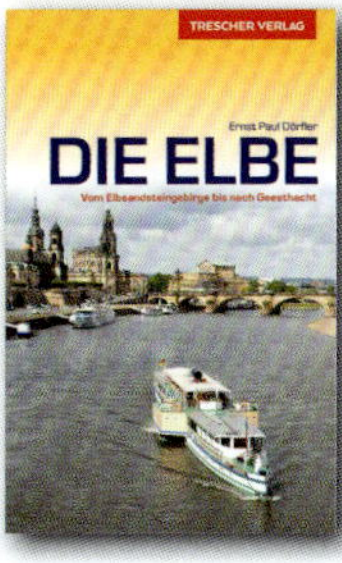

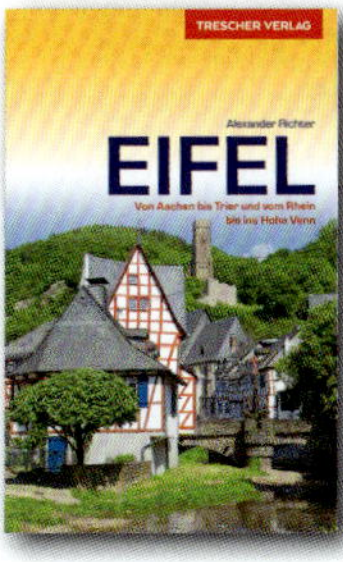

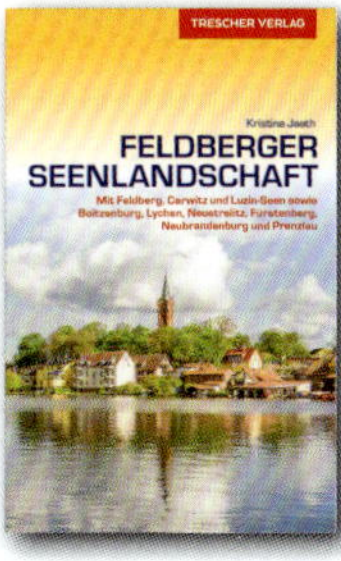

Kartenlegende

- Burg
- Burgruine
- Schloss
- Kloster
- Kirche
- Aussichtspunkt
- Übernachtung
- Restaurant/Wirtshaus
- Hotel/Pension
- Museum/Ausstellung
- Rastplätze, Sehenswertes
- Café, Bäckerei
- Berg (Höhenangaben in m ü. N. N.)
- 1 Wegepunkt

- 93 Autobahn
- 4 Bundesstraße
- 85 Bundesstraße
- Landesstraße
- Kreisstraße
- sonstige Straßen
- Wege
- Wege
- Wanderroute
- Staatsgrenze
- Bundesländergrenze

Zeichenlegende

- Allgemeine Informationen, Tourismusämter
- Bahnverbindungen
- Busverbindungen
- Hotels und Pensionen
- Restaurants, Imbissbuden
- Cafés
- Museen und Gedenkstätten
- Interessantes am Wegesrand, Vorschläge für Aktivitäten
- Hofläden, andere Einkaufsmöglichkeiten